백범일지
(白凡逸志)

나남
nanam

백범학술원 총서 · ②

백범일지(학술원판)
ⓒ백범김구선생기념사업협회

2002년 5월 5일 초판 발행
2002년 8월 15일 초판 3쇄
2004년 3월 5일 재판 발행
2023년 2월 5일 재판 44쇄

저자_ 金 九
발행자_ 趙相浩
발행처_ (주)나남
주소_ 10881 경기도 파주시 회동길 193
전화_ (031)955-4601(代)
FAX_ (031)955-4555
등록_ 제 1-71호(1979. 5. 12)
홈페이지_ www.nanam.net
전자우편_ post@nanam.net

ISBN 978-89-300-3892-8
책값은 뒤표지에 있습니다.

백범학술원 총서 ②

백범 김구(金九) 자서전

백범일지(白凡逸志)

나남
nanam

저_
자_
의_
말_

이 책은 내가 상해와 중경에 있을 때에 써놓은 《백범일지》를 한글 철자법에 준하여 국문으로 번역한 것이다. 끝에 본국에 돌아온 뒤의 일을 써넣었다.

애초에 이 글을 쓸 생각을 한 것은 내가 상해에서 대한민국임시정부의 주석(主席)이 되어서 내 몸에 죽음이 언제 닥칠지 모르는 위험한 일을 시작할 때에 당시 본국에 들어와 있던 어린 두 아들에게 내가 지낸 일을 알리자는 동기에서였다. 이렇게 유서(遺書) 대신으로 쓴 것이 이 책의 상권이다. 그리고 하권은 윤봉길 의사의 의거 이후에 중일전쟁의 결과로 우리 독립운동의 기지와 기회를 잃어 이 목숨을 던질 곳이 없이 살아 남아서 다시 오는 기회를 기다리게 되었으나 그 때에는 내 나이 벌써 70세를 바라보아 앞날이 많지 아니하므로 주로 미주와 하와이에 있는 동포를 염두에 두고 민족 독립운동에 대한 나의 경륜과 소회를 고하려고 쓴 것이다. 이것 역시 유서라고 할 것이었다.

나는 내가 살아서 고국에 돌아와 이 책을 출판할 것은 몽상도 아니하였었다. 나는 완전한 우리의 독립국가가 선 뒤에 이것이 지나간 이야기로 동포들의 눈에

5

비추이기를 원하였다. 그런데 행이라 할까 불행이라 할까 아직 독립의 일은 이루지 못하고 내 죽지 못한 생명만이 남아서 고국에 돌아와 이 책을 동포의 앞에 내어놓게 되니 실로 감개가 무량하다.

나를 사랑하는 몇몇 친구들이 이 책을 발행하는 것이 동포에게 다소의 이익을 드림이 있으리라 하기로 나도 허락하였다. 이 책을 발행하기 위하여 국사원 안에 출판소를 두고 김지림 군과 삼종질 흥두가 편집과 예약 수리의 일을 하고 있는바 혹은 번역과 한글 철자법 수정으로 혹은 비용과 용지의 마련으로 혹은 인쇄로 여러 친구와 여러 기관에서 힘쓰고 수고한 데 대하여 고마운 뜻을 표하여 둔다.

끝에 붙인 〈나의 소원〉 한 편은 내가 우리 민족에게 하고 싶은 말의 요령을 적은 것이다. 무릇 한 나라가 서서 한 민족이 국민생활을 하려면 반드시 기초가 되는 철학이 있어야하는 것이니 이것이 없으면 국민의 사상이 통일이 되지 못하여 더러는 이 나라의 철학에 쏠리고 더러는 저 민족의 철학에 끌리어 사상의 독립, 정신의 독립을 유지하지 못하고 남을 의뢰하고 저희끼리는 추태를 나타내는 것이다. 오늘날 우리의 현상으로 보면 더러는 로크의 철학을 믿으니 이는 워싱턴을 서울로 옮기는 자들이요 또 더러는 맑스-레닌-스탈린의 철학을 믿으니 이들은 모스크바를 우리의 서울로 삼자는 사람들이다. 워싱턴도 모스크바도 우리의 서울은 될 수 없는 것이요 또 되어서는 안 되는 것이니 만일 그것을 주장하는 자가 있다고 하면 그것은 예전 동경을 우리 서울로 하자는 자와 다름이 없을 것이다. 우리의 서울은 오직 우리의 서울이라야 한다. 우리는 우리의 철학을 찾고, 세우고, 주장하여야 한다. 이것을 깨닫는 날이 우리 동포가 진실로 독립정신을 가지는 날이요 참으로 독립하는 날이다.

〈나의 소원〉은 이러한 동기, 이러한 의미에서 실린 것이다. 다시 말하면 내가 품은, 내가 믿는 우리 민족철학의 대강령을 적어본 것이다. 그러므로 동포 여러

분은 이 한 편을 주의하여 읽어주서서 저마다의 민족철학을 찾아 세우는 데 참고를 삼고 자극을 삼아 주시기를 바라는 바이다.

내가 이 책 상편을 쓸 때에 열 살 내외이던 내 두 아들 중에서 큰아들 인(仁)은 그 젊은 아내와 어린 딸 하나를 남기고 연전에 중경에서 죽고, 작은아들 신(信)이가 26세가 되어서 미국으로부터 돌아와 아직 홀몸으로 내 곁을 들고 있다. 그는 중국의 군인인 동시에 미국의 비행장교다. 그는 장차 우리나라의 군인이 될 날을 기다리고 있다.

이 책에 나오는 동지들 중에 대부분은 생존하여서 독립의 일에 헌신하고 있으나 이미 세상을 떠난 이도 많다.

최광옥, 안창호, 양기탁, 현익철, 이동녕, 차이석, 이들도 다 이제는 없다. 무릇 난 자는 다 죽는 것이니 할 일 없는 일이어니와 개인이 나고 죽는 중에도 민족의 생명은 늘 있고 늘 젊은 것이다. 우리는 우리의 시체로 성벽을 삼아서 우리의 독립을 지키고 우리의 시체로 발등상을 삼아서 우리의 자손을 높이고 우리의 시체로 거름을 삼아서 우리의 문화의 꽃을 피우고 열매를 맺혀야 한다. 나는 나보다 앞서서 세상을 떠나간 동지들이 다 이 일을 하고 간 것을 만족하게 생각하고 감사하게 생각한다. 내 비록 늙었으나 이 몸뚱이를 헛되이 썩히지 아니할 것이다.

나라는 내 나라요 남들의 나라가 아니다. 독립은 내가 하는 것이지 따로 어떤 사람이 하는 것이 아니다. 우리 민족 삼천만이 저마다 이 이치를 깨달아 이대로 행한다면 우리나라가 독립이 아니 될 수도 없고 또 좋은 나라 큰 나라로 이 나라를 보전하지 아니할 수도 없는 것이다. 나 김구가 평생에 생각하고 행한 일이 이것이다. 나는 내가 못난 줄을 잘 알았다. 그러나 아무리 못났더라도 국민의 하나, 민족의 하나라는 사실을 믿음으로 내가 할 수 있는 일을 쉬지 않고 하여 온 것이다. 이것이 내 생애요, 이 생애의 기록이 이 책이다.

그러므로 내가 이 책을 발행하기에 동의한 것은 내가 잘난 사람으로써가 아니라 못난 한 사람이 민족의 한 분자로 살아간 기록임으로써이다. 백범(白凡)이라는 내 호가 이것을 의미한다. 내가 만일 민족독립운동에 조금이라도 공헌한 것이 있다고 하면 그것만은 대한사람이면, 하기만 하면 누구나 할 수 있는 것이다. 나는 우리 젊은 남자와 여자들 속에서 참으로 크고 훌륭한 애국자와 엄청나게 빛나는 일을 하는 큰 인물이 쏟아져 나오기를 믿거니와 그와 동시에 그보다도 더 간절히 바라는 것은 저마다 이 나라를 제 나라로 알고 평생에 이 나라를 위하여 있는 힘을 다하게 되는 것이니 나는 이러한 뜻을 가진 동포에게 이 '범인의 자서전'을 보내는 것이다.

단군기원 4280년 11월 15일 개천절날

白凡

백범 존영

백범학술원 총서 ②

백범 김구(金九) 자서전
백범일지(白凡逸志)

차 례

백범일지 하권

白凡逸志

상권

인(仁) 신(信) 두 아들에게

너희는 아직 나이 어리고 또한 오천 리 떨어진 먼 나라에서 때때로 말로 해 줄 수 없는 까닭에, 장차 너희가 자라서 아비의 경력을 알고 싶어할 때가 되거든 너희에게 보여달라는 부탁과 함께 그동안 나의 지난 일을 대략 기록하여서 몇몇 동지에게 남기기로 했다.

아버지와 아들 사이의 따뜻한 대화로 한번 전했으면 그로써 만족이 겠지만 세상사가 원하는 대로 되지는 않는구나. 내 나이 벌써 쉰 셋이 건만 너희는 이제 겨우 열 살과 일곱 살밖에 안 되었으니, 너희의 나이와 지식이 성숙할 때에는 내 정신과 기력은 이미 쇠잔해 있을 것이다. 더구나 이 몸은 이미 왜놈 원수들에게 선전포고를 내리고 지금 사선(死線)에 서 있으니, 내 목숨을 어찌 믿어 너희가 자란 후 얼굴 보며 말하게 될 날을 기다리겠느냐. 그래서 지금 이 글을 써 두려는 것이다.

내가 내 경력을 기록하여 너희에게 남기는 것은 결코 너희에게 나를 본받으라는 뜻은 아니다. 내가 진심으로 바라는 바는, 너희도 대한민국의 한 국민이니 동서고금의 많은 위인 중에서 가장 존경할 만한 이를 택하여 스승으로 섬기라는 것이다. 단지 너희가 자란 후에도 아비의 살아온 내력을 알 길이 없을 것 같아 내가 이 글을 쓴다.

　다만 유감인 것은 이 책에 적는 것이 모두 오랜 일이므로 잊어버린 것이 많다는 점이다. 그러나 보태거나 지어 넣은 것이라곤 결코 없으니 믿어 주기를 바란다.

대한민국 11년 5월 3일 중국 상해에서

우리 집과 내 어린 시절

선조와 고향

우리는 안동 김씨 경순왕(敬順王)의 자손이다. 신라의 마지막 임금 경순왕이 어떻게 고려 왕건(王建) 태조의 따님 낙랑공주의 부마가 되시어 우리들의 조상이 되셨는지는 《삼국사기》나 《안동김씨 족보》를 보면 알 것이다.

경순왕의 8세손이 충렬공(忠烈公), 충렬공의 현손이 익원공(翼元公)인데 이 어른이 우리의 시조요, 나는 익원공에서 21대손이다. 충렬공, 익원공은 다 고려조의 공신이거니와 조선조에 들어와서도 우리 조상은 대대로 서울에 살며 글과 벼슬로 가업을 삼고 있었다.

그러다가 우리의 방계(傍系) 조상인 김자점(金自點)이 역적으로 몰려서 멸문지화(滅門之禍)를 당하게 되자 내게 11대조 되시는 어른이 처자를 끌고 서울을 도망하여 일시 고향에 망명하였다. 하지만 그곳도 서울에서 가까워 안전하지 못하므로 해주(海州) 부중에서 서쪽으로 80리 백운방(白雲坊)의 텃골〔基洞〕 팔봉산(八峰山) 양가봉(楊哥

峰) 밑에 숨을 자리를 구하시게 되었다. 그곳 뒷개(後浦)에 있는 선영에는 11대 조부모의 산소를 비롯하여 역대 선산이 계시고 할머님도 이 선영에 모셨다.

그때는 조선시대의 전성기여서 양반과 상민의 계급이 꽉 짜여져 있던 시절이었다. 우리 집이 멸문지화를 피하는 길은 오직 양반의 행색을 감추고 상놈 행세를 하는 일이었다. 텃골에 처음 와서 농사를 짓다가 군역전(軍役田)이라는 땅을 짓게 되면서부터는 아주 상놈의 패(牌)를 차게 되었다. 이 땅을 부치는 사람은 나라에서 부를 때에는 언제나 군사로 나서도록 되어 있었는데, 당시에는 나라에서 문(文)을 높이고 무(武)를 낮추어 군사라면 곧 천한 일이었다. 이것이 우리나라를 쇠약하게 한 큰 원인인 것은 말할 것도 없다.

이리하여서 우리는 판에 박힌 상민으로 텃골 근동에서 양반 행세하는 진주 강(姜)씨, 덕수 이(李)씨들에게 대대로 천대와 압제를 받아왔다. 우리 문중의 딸들이 저들에게 시집을 가는 일은 있어도 우리가 저들의 딸에게 장가든 일은 없었다.

하지만 그런 중에도 우리 가문은 꽤 창성하였던 모양이어서 텃골 우리 터에는 기와집이 즐비하였고 또 선산에는 커다란 석물(石物)도 많았다. 내가 열 살 남짓일 때 우리 문중에 혼례나 장례가 있을 때면 늘 이정길(李貞吉)이란 사람이 와서 일을 보아주었는데, 이 사람은 본래 우리 집의 종으로서 속량 받은 '해방노'(解放奴)였다. 이른바 '종의 종'이었던 셈이니 우리보다 더한, 참으로 끔찍한 운명을 가진 사람도 있었다.

집안 내력을 거슬러 올라가 보면 문사(文士)가 없지 않았으나 이름난 이는 없었고 대체로 불평분자가 많았다. 증조부는 가짜 어사(御史) 노릇을 하다가 해주 관아에 갇혔는데, 서울 어느 양반의 청탁편지를 얻어다 대고 겨우 형벌을 면하셨다는 말을 집안 어른들께 들었다.

증조할아버지 항렬 네 분 중에 한 분은 내가 여섯 살까지 생존하셨고 할아버지 형제도 살아계셨다. 아버지 네 형제는 다 살아 계시다가 큰아버지〔백영(伯永) 씨〕가 할아버지보다 먼저 돌아가셔서 다섯 살 때 종형들과 함께 곡(哭)하던 기억이 난다.

어리신 어머니의 난산으로 태어난 나

아버지〔순영(淳永) 씨〕는 네 형제 중 둘째 분으로서 집이 가난하여 장가를 못 가고 노총각으로 계시다가 스물네 살에 삼각혼(三角婚)이라는 해괴한 방식으로 결혼했다. 세 집안이 딸을 교환하는 것인데, 내 외삼촌은 내 고모 시누이의 남편이 되었다. 어머니는 장련(長淵)에 사는 현풍 곽씨(玄風 郭氏)로 열네 살에 성혼하여 내외분이 종조부 댁에 더부살이를 하였다. 어머니는 나이는 어린데 일은 고되어 말할 수 없는 고생을 하였지만 두 분의 금실은 무척 두터웠다. 2, 3년 후에 독립하여 살림을 내고 살 때에 내가 태어났다. 그때 어머님의 나이는 열일곱이요 푸른 밤송이 속에서 붉은 밤 한 개를 얻어서 감추어 둔 것이 태몽(胎夢)이라고 어머니는 늘 말씀하셨다.

나는 병자년(1876년) 7월 11일 자시〔할머님의 기일(忌日)이다〕에 텃골의 속칭 웅덩이 큰댁이라 불리는 조부와 백부가 사시는 집에서 태어났다. 내 일생이 기구할 전조(前兆)였는지 유례가 없는 난산(難産)이었다고 한다. 진통이 시작된 지 거의 일주일이 지나면서 어머니의 생명이 위태롭게 되었다. 의술 쪽으로 미신 쪽으로 온갖 시도를 다 해봤지만 효험이 없었다. 황망하고 두려운 가운데 어른들이 아버지에게 소길마를 머리에 쓰고 지붕 위에 올라가 소 울음소리를 내라고 했다. 아버지는 따르지 않았지만 할아버지 형제분들이 엄히 명하자 그렇게 하고 난 후에야 비로소 내가 나왔다고 한다.

집안은 형편없이 가난한데 어머니 나이라야 겨우 열일곱이었으니 어머니는 늘 한탄했다고 한다. 젖이 말라서 암죽을 먹이고 아버지가 나를 품속에 품고 다니시며 동네 산모의 젖을 얻어 먹이셨다. 먼 친척 되는 핏개댁〔櫻浦宅〕이 밤중이라도 싫은 빛 없이 내게 젖을 물리셨단 말을 듣고, 내가 열 살 갓 넘어 그 어른이 작고하신 뒤에는 나는 그 산소 앞을 지날 때마다 경의를 표하였다.

세 살 아니면 네 살 적에 천연두를 앓았다. 몸에 돋은 것을 어머니가 예사 부스럼 다스리듯 죽침으로 따서 고름을 빼내는 바람에 내 얼굴에 굵은 마마자국이 생겼다.

개구쟁이 어린 시절

다섯 살 때 부모님은 나를 데리시고 강령(康翎) 삼가리(三街里)로 이사하셨다. 거기는 뒤는 산이요 앞은 바다였다. 종조부, 재종조부, 삼종조부 여러 댁이 그리로 떠나오실 때 우리 집도 따라간 것이었다. 여기서 두 해를 살았는데, 얼마나 고적한 곳이었는지 이따금 호랑이가 사람을 문 채로 집앞을 지나가곤 했다. 산 어귀 호랑이 길목에 우리 집이 있었던 것이다. 그러니 밤이면 문밖에는 한 걸음도 나갈 수 없었다.

낮이면 부모님은 농사하러 나가시거나 아니면 바다에 무엇을 잡으러 가시고, 나는 거기서 그중 가까운 신풍(新豐) 이 생원 집에 가서 그 집 아이들과 놀다가 오는 것이 일과였다. 그 집 아이들 중에는 나와 동갑 되는 아이도 있었으나 두세 살 위인 아이들도 있었다. 하루는 그 애들이 이놈 해줏놈 때려주자고 공모하여 나는 턱없이 한 차례 매를 맞았다. 나는 당장 집으로 돌아와 부엌에서 큰 식칼을 가지고는 그 놈들을 다 찔러죽일 생각으로 다시 이 생원 집으로 갔다. 사랑 앞문으로 들어가면 그네들이 알아채고 대비할까봐 칼로 울타리를 뜯고 뒷문으로 돌입할 계획을 세웠다. 그래 울타리를 뜯고 집 안으로 들어가는데 마침 안마당에 있던 17, 8세 된 그 집 딸이 보고는 소리소리 질러 오라비들을 불러냈다. 나는 또 그놈들에게 실컷 얻어맞고 칼만 빼앗기고 집으로 돌아왔다. 그리고는 식칼을 잃은 죄 때문에 내내 시치미만 떼고 있었다.

또 하루는 집에 혼자 있노라니까 엿장수가 문전으로 지나가면서 "헌 유기나 부러진 수저로 엿들 사시오" 하고 외쳤다. 나는 엿은 먹고 싶으나 엿장수가 아이들의 고추를 잘라 간다는 말을 어른들께 들은 일이 있었기에 방문을 꽉 닫아걸고 엿장수를 부른 뒤에 아버지의 성한 숟가락을 발로 디디고 분질러서 반은 두고 반만 창구멍으로 내밀었다. 헌 숟갈이라야 엿을 주는 줄 알았기 때문이다. 엿장수는 내가 내미는 반 동강 숟갈을 받고 엿을 한 주먹 뭉쳐서 창구멍으로 들이밀었다. 반 동강 숟가락을 옆에 놓은 채 한창 맛있게 엿을 먹고 있을 때 아버지께서 돌아오셨다. 질문하시기에 사실대로 아뢰었더니 다시 그런 일을 하면 경을 친다고 걱정만 하시고 때리지는 않으셨다.

또 한번은, 역시 그 무렵 일인데, 아버지께서 엽전 스무 냥을 방 아랫목 이부자리 속에 두시는 것을 보았다. 아버지가 나가시고 나 혼자만 있으려니 심심하던 차에 동구밖 거리집에서 떡 파는 것이 생각났다. 떡이나 사 먹자 하고 그 스무 냥 꾸러미를 몽땅 꺼내어 허리에 감고 문을 나섰다. 얼마를 가다가 마침 우리 집으로 오시는 삼종조부를 만났다.

"너 이 녀석, 돈을 가지고 어디를 가느냐" 하고 내 앞을 막아서신다.

"떡 사 먹으러 가요" 하고 나는 천연덕스럽게 대답하였다.

"네 애비가 보면 큰매 맞는다. 어서 집으로 들어가거라" 하고 삼종조부는 내 몸에 감은 돈을 빼앗아다가 아버지를 주셨다.

먹고 싶은 떡도 못 사먹고 속으로 투덜거리며 집에 와 있노라니 뒤따라 아버지께서 돌아오셨다. 말씀은 한마디도 없이 빨랫줄로 나를 꽁꽁 동여서 들보 위에 매달고 회초리로 후려갈기시니 나는 아파서 죽을 지경이었다. 어머니도 밭에서 아직 돌아오시지 않은 때니 말려줄 사람도 없었는데, 마침 장련(長連) 할아버지라는 재종조부께서(이 어른은 의술을 하는 이로서 나를 무척 아끼셨다) 우리 집 앞을 지나시다가 내가 악쓰며 우는 소리를 듣고 뛰어들어오셨다. 불문곡직하고 들보에 달린 나를 끌어내려 놓으신 뒤에야 아버지께 까닭을 물으셨다. 장련 할아버지는 아버지가 내 죄를 고하시는 말씀을 다 듣지도 않고 아버지께서 나를 치시던 회초리를 빼앗고는 "어린것을 그렇게 무지하게 때리느냐"고 책망하시며 아버지의 머리와 다리를 함부로 한참 동안이나 때려 벌을 주셨다. 나이는 아버지와 동갑이시지마는 아저씨라는 존친의 권위를 행사하신 것이다. 나는 아버지께서 매를 맞으시는 것이 퍽도 시원 고소하고 장련 할아버지가 무척 고마웠다.

장련 할아버지는 나를 업고 들로 나가서 참외와 수박을 실컷 사 먹이고는 다시 할아버지 댁으로 업고 가셨다. 장련 할아버지의 어머니 되시는 종증조모께서도 내가 아버지한테 매맞은 연유를 들으시고는 "네 애비 밉다. 집에 가지 말고 우리 집에서 살자" 하며 아버지의 잘못을 누누이 책망하시고 밥과 반찬을 맛있게 하여 주셨다. 나는 얼마나 기쁜지 몰랐다. 그리고 아버지가 그 할아버지한테 맞던 것을 생각하면 상쾌하기 짝이 없었다. 이 모양으로 이 댁에서 여러 날을 묵고 나서 집으로 돌아왔다.

한번은 장마비가 많이 와서 근처에 샘들이 솟아 여러 갈래의 작은 시내를 이루었다. 나는 장난삼아 빨강 파랑 물감통을 집에서 꺼내다가 한 시내에는 빨강이를 풀고 또한 시내에는 파랑이를 풀어서 붉은 시내 푸른 시내가 한데 모여서 어우러지는 모양을 구경하며 좋아하다가 어머니께 몹시 매를 맞았다.

아버지의 가난과 불평

증조부는 이곳에서 돌아가셨다. 해주 본향의 장지로 100여 리나 되는 먼 거리를 운구하려는 방편으로 상여에 바퀴 하나를 달고 끌고가다가 오히려 불편하다 하여 바퀴를 떼고 어깨에 메고 가던 것이 기억난다.

내가 일곱 살 되던 해에는 여기 와서 살던 일가 친척들이 한 집 두 집 텃골 본향으로 돌아가기 시작했다. 우리 집도 함께 돌아왔는데 나는 아버지와 삼촌들의 등에 업혀 오던 것이 기억난다.

고향에 돌아와서는 농사로 먹고살게 되었다. 한데 비록 학식은 이름 석 자 쓰는 정도이지만 허우대가 좋고 성정이 호방하고 술이 한량이 없었던 아버지는 강씨 이씨라면 만나는 대로 마구 때려 주고는 해주 감영에 잡혀 갇히기를 한 해에도 몇 번씩 해서 문중에 소동을 일으키셨다. 인근 양반들은 아버지가 미웠지만 어쩔 도리가 없는 모양이었다.

당시는 누가 사람을 때려서 상처를 입히면 맞은 사람을 때린 사람의 집에 떠메어다가 누이고 그가 죽나 살아나나 기다리는 것이 시골 습속이었다. 그래서 우리 집에는 한 달에도 몇 번씩 피투성이가 되어서 다 죽게 된 사람을 메어다가 사랑에 누이는 때도 있었다. 아버지가 이렇게 사람을 때리시는 것은 비록 취중에 한 일이라 하더라도 다 무슨 불평에서 나온 것이었다. 아버지는 당신께 아무 상관이 없는 사람이라도 양반이나 강한 자들이 약한 자를 능멸하는 것을 보시고는 참지 못하여 《수호지》에 나오는 호걸들처럼 친불친을 막론하고 패주셨다. 아버지가 이렇게 불같은 성정인 줄 알기에 인근 상놈들은 두려워 공경하고 양반들은 무서워서 피하였다.

해마다 세밑이 되면 아버지는 닭이나 달걀, 담배 같은 것을 잔뜩 장만해서 어디론가 보냈고, 그러면 감사의 표시로 책력 (冊曆)이며 해주먹〔海州墨〕 같은 것이 오곤 했다. 여덟, 아홉 살 때 알게 된 것이지만, 그 선물들은 감영의 영리청, 사령청에 보낸 것으로 강씨 이씨 같은 양반들이 감사(監司)나 판관에게 접근하는 데 대응하는 방책이었다. 이렇게 계방(稧房)을 터 두기 때문에 영문(營門)이나 본아에 잡혀가더라도 영청이나 옥에 갇힌다는 것은 명색뿐이요 기실은 영리, 사령들과 같은 방에서 같은 밥을 먹으며 편히 지냈다. 설사 태장, 곤장을 맞는 일이 있더라도 그저 대충 시늉만 하고 넘어가고는 나와서 양반들을 되걸어 소송을 한다. 그들이 잡혀오게 되면 제 아무리 감사나 판관에게는 뇌물을 써서 모면한다 하더라도 아버지의 편인 호랑이 전갈 같은 영속(營屬)들에게 별별 고통을 다 당하게 된다. 이런 식으로 해서(海西) 지방에서 낭패를 본 부자(富者)만도 한 해 동안에 10여 명이나 되었다는 말을 들었다.

인근 양반들의 회유책이었는지 아버지는 도존위(都尊位)에 천거되었다. 그러나 아버지는 도존위 행공을 할 때 다른 도존위와는 반대로 양반에게 용서 없이 엄하고 빈천한 사람들에게는 후하였다. 세금을 받는 데도 빈천한 사람의 것을 대신 내줄지언정 그들에게 가혹히 하는 일은 없었다. 이 때문에 3년이 못 되어서 아버지는 공전(公錢) 흠포(欠逋)로 면직을 당하셨다. 아버지는 인근에 사는 양반들의 미움을 받아서 그들의 아낙네와 아이들까지 김순영이라는 이름만 들어도 치를 떨었다.

아버지의 아이 적 별명은 '효자'였다. 할머니께서 돌아가실 때 아버지께서 왼손 무명지를 칼로 잘라서 할머니의 입에 피를 흘려 넣었기 때문에 소생하셔서 사흘을 더 사셨다는 것이었다.

아버지 네 형제 중에 백부(백영씨)와 셋째 숙부는 별다른 능력 없는 그렇고 그런 농군이셨으나 아버지와 계부(준영씨)가 특이한 편이셨다. 준영 삼촌은 국문을 배우는 데도 한 겨울 동안 '각'하고 '갈'하다가 못 깨치고 말았다. 그러면서 주사(酒邪)는 고약해서 취하기만 하면

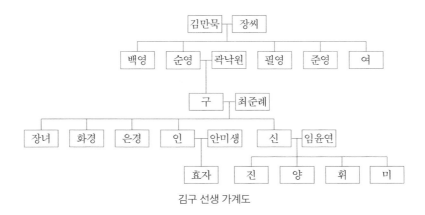

김구 선생 가계도

꼭 풍파를 일으키는데 아버지와는 반대로 아무리 취중에도 양반에게는 감히 손도 못 대고 일가 친척들에게만 위아래도 없이 욕하고 손찌검하는 바람에 할아버지와 아버님이 늘 때려주시곤 했다.

내가 아홉 살 때 할아버지가 돌아가셨는데 장례날에 큰 볼거리가 벌어졌다. 상여를 메고 가는 참에 술에 취한 준영 삼촌이 호상인(護喪人)들을 모조리 두들겨 팼고, 급기야는 인근 양반들이 큰 생색을 내느라 자기네 종들을 한 명씩 보내 상여를 메게 했는데 그들마저 다 때려 쫓아버렸다. 결국은 준영 삼촌을 묶어서 집에 가두어 놓고 집안 식구끼리 운구하여 장례를 치렀다. 그리곤 종증조부의 발의로 가족회의를 열어 준영 삼촌의 두 발뒤꿈치를 잘라서 폐인을 만들어 평생 앉은뱅이로 살게 하자고 결의했다. 홧김에 그렇게 했지만 힘줄이 상하지는 않아서 병신까지는 안 되었는데 삼촌이 조부댁 사랑에 누워서 호랑이처럼 울부짖는 바람에 나는 무서워서 그 근처에도 못 갔다.

지금 생각해 보면 상놈의 본색이요 상놈의 소행이라 하겠다. 그때 어머니는 내게 이런 말씀을 하셨다. "너희 집안에 허다한 풍파가 모두 술 때문이니 두고보아서 네가 또 술을 먹는다면 나는 자살을 할지언정 네 꼴을 안 보겠다." 나는 이 말씀을 깊이 새겨들었다.

글공부와 과거 본 이야기

나의 글공부, 소년 시절

이때쯤에는 나는 한글을 배워서 이야기책은 읽을 줄 알았고 한자도 천자문은 이 사람 저 사람에게 얻어 배워서 다 익혔다.

하루는 집안 어른들로부터 어떤 얘기를 듣고 큰 충격을 받았다. 몇 해 전, 문중에 새로 혼인한 집이 있었는데 그 집 할아버지가 밤중에 새 사돈을 보러 가면서 서울 갔던 길에 사두셨던 말총 갓을 쓴 것이 양반들에게 발각되어서 그 관은 찢겨 부서지고 다시는 갓을 못 쓰게 되었다는 것이다.

나는 진지하게 물었다. "그 사람들은 어찌해서 양반이 되고 우리는 어찌해서 상놈이 되었습니까?"

어른들이 대답하는 말은 이러하였다. "침산(砧山) 강(姜)씨도 그 조상은 우리 조상만 못하였지마는 가문에 진사가 셋이나 살아있지 않느냐. 별담(鰲潭) 이씨도 그렇고."

나는 "어떻게 하면 진사가 되느냐"고 물었다.

"진사나 대과(大科)나 다 글을 잘 공부하여서 큰 선비가 되면 과거에 급제하여서 된다"는 대답이었다.

이 말을 들은 뒤로 공부하고 싶은 마음이 간절했다. 아버지께 졸랐다. 서당에 보내달라고. 그러나 아버지는 주저하시는 듯했다. 우리 동네에는 서당이 없으니 이웃 동네 양반네 서당을 갈 수밖에 없는데, 양반네 서당에서 나를 받아줄지 말지도 알 수 없는 일이거니와 설사 받아준다고 하더라도 양반 자식들에게 멸시당하는 꼴은 못 보겠다는 것이었다.

그래서 문중에서 학령에 달한 아이들과 이웃 동네 상놈의 아이들을 모아놓고 청수리(淸水里) 이 생원이라는 양반 한 분을 선생으로 모셔왔다. 수강료는 가을에 쌀과 보리를 모아 주기로 했다. 이 생원은(이름자는 잊었다) 지체는 양반이지마는 글공부가 깊지 못해 양반서당에서는 데려가는 데가 없기 때문에 우리 서당으로 오신 것이었다.

하지만 그 선생님이 오시는 날 나는 너무 좋아서 못 견딜 지경이었다. 머리 빗고 새 옷을 갈아입고 아버지를 따라서 마중을 나갔다. 나이가 쉰 살 남짓 되어 보이는 키 큰 노인 한 분이 오시는데 아버지께서 먼저 인사를 하시고 나서 나에게 "창암(昌巖: 내 아이 때 이름)아, 선생님께 절하여라" 하셨다. 공손하게 절을 하고 나서 그 선생을 우러러 보니 신인(神人)이라 할지 하나님이라 할지 어떻게나 거룩해 보이는지 그 느낌은 이루 말할 수 없었다. 우선 우리 사랑을 공부방으로 정하고 우리 집에서 선생의 식사까지 받들기로 하였다.

내 나이 열두 살에 맞은 개학 첫날 나는 '마상봉한식'(馬上逢寒食) 다섯 자를 배웠는데, 뜻은 알든 모르든 기쁜 맛에 밤에도 어머님의 밀(麥) 매갈이를 도와드리면서 자꾸 외웠다. 새벽에는 일찍 일어나 선생님 방으로 가서 누구보다도 먼저 배웠다. 그래서 밥그릇 망태를 메고 먼 데서 오는 동무들을 가르쳐 주었다.

이렇게 우리 집에서 석 달을 지내고 글방을 산동(山洞) 신 존위 집 사랑으로 옮기게 되어서 나는 밥그릇 망태를 메고 고개를 넘어 다녔다. 집에서 서당에 가기까지, 서당에서 집에 오기까지 내 입에는 글소리가 끊어지는 일이 없었다. 글동무들 중에는 나보다 정도가 높은 아이도 있었으나 배운 것을 외우는 데는 언제나 내가 최우등이었다.

　그리고는 반 년도 안 되어 선생과 신 존위와 사이에 반목이 생겨서 선생님을 내보내게 되었다. 신 존위가 말하는 이유는 선생이 밥을 너무 많이 드신다는 것이었지만, 사실은 그 아들이 둔재여서 공부를 잘못하는데 내 공부는 일취월장하는 것을 시기한 때문이었다. 알 만한 것이, 한번은 월강(月講, 한 달에 한 번 하는 시험) 때에 선생님이 내게 조용히 부탁하신 일이 있었다. 내가 늘 우등을 하였으니 이번에는 일부러 잘 못하고 선생님이 뜻을 물어도 일부러 모른 척하라는 것이었다. 그렇게 하겠습니다 하고 선생님 부탁대로 했더니 그 날 신존위의 아들이 장원을 했다고 닭을 잡느니 하여 한턱 잘 얻어먹었다. 그래도 결국 선생님이 해고당했으니 이야말로 정말 상놈의 짓거리가 아닐 수 없었다. 어느 날 아직 아침밥도 먹기 전에 선생님이 우리 집에 오셔서 나를 불러 작별인사를 하시는 것이었다. 나는 정신이 아득하여 선생님의 품에 매달려서 목놓아 울었다. 선생님도 눈물이 비 오듯 하였다. 마침내 눈물로 작별하고는 며칠 동안 밥도 잘 못 먹고 울기만 하였다.

　얼마 후 다른 돌림 선생 한 분을 모셔다가 공부를 계속하는데 이번에는 또 아버지께 갑자기 전신마비 증세가 왔다. 나는 공부를 전폐하고 아버지 수발을 들어야 했다. 워낙 옹색한 살림에 의원이야 약이야 하고 가산을 탕진한 끝에 아버지의 증세는 반신불수로 호전되었다. 입이 비뚤어져 말소리도 분명치 못하고 한쪽 팔다리를 쓰지 못하셨지만 반쪽이라도 쓸 수 있는 것이 무척 신기해 보였다. 돈이 없어 고명한 의사를 모셔올 수도 없는 터라, 문전걸식하면서라도 고명한 의원

을 탐문하여 만나 치료받으시려고 부모님 두 분은 여행을 떠나셨다.

집도 가마솥도 다 팔아 없어지고 나는 백모님 댁에 맡긴 몸이 되어 종형들과 소고삐를 끌고 산과 들로 다니며 세월을 보내었다. 부모님이 그리워 견딜 수 없었던 나는 안악, 신천, 장련 등지를 여행하시는 부모님과 함께 떠돌게 되었다. 그러다가 부모님은 장련의 재종조누이 댁에 나를 떼어놓고 할아버지 대상(大祥)을 지내시러 본향으로 돌아가셨다.

그 댁도 농사를 지었기 때문에 나는 그 댁 주인과 같이 구월산에 나무하러 가곤 했다. 어렸을 때 나는 유달리 키가 작아서 나뭇짐을 지고 다니면 마치 나뭇짐이 걸어가는 것 같았다. 처음 해 보는 힘든 일도 고통스러운 데다가 그 동네에는 큰 서당이 있어서 밤낮으로 책 읽는 소리가 들렸는데 그때마다 나는 말할 수 없는 비애에 빠져들곤 했다.

그 후 부모님이 그리로 오시자 나는 고향으로 가서 공부를 하겠다고 졸랐다. 그때는 아버님의 못 쓰던 팔다리도 조금은 움직이게 되었고 기력도 차차 회복되던 터라 공부하고자 하는 나의 열성을 가상히 여겨 고향으로 되돌아오게 되었다. 막상 고향에 돌아와 보니 의식주를 의지할 데라곤 전혀 없는지라 친척들이 얼마씩 추렴을 내어 겨우 살 곳을 장만하고 나는 다시 서당에 다니게 되었다.

책은 빌려서 읽더라도 붓과 먹을 살 돈이 나올 데가 없었다. 어머님이 품팔아 김매고 길쌈하여 먹과 붓을 사 주실 때에는 어찌나 고마운지 이루 말할 수 없었다.

내 나이 벌써 열네 살인데 만나는 선생마다 거의가 다 고루했고, 아무 선생은 벼 열 섬 짜리, 아무 선생은 닷 섬 짜리 식으로 수강료의 많고 적음으로 선생의 학력을 짐작하게 되었다. 뿐만 아니라 그 마음 씀씀이나 일에 대처하는 것도 남의 사표(師表)가 될 자격이 있어 보이지 않았다.

그 무렵 아버지는 이따금 내게 이런 말씀을 하셨다. "밥 벌어먹기는 장타령이 제일이라고, 너도 큰 글 하려고 애쓰지 말고 실용문에나 힘써라."

그리하여 '우명문표사단'(右明文標事段) 하는 땅문서 쓰기, '우근진소지단'(右謹陳訴旨段) 하는 소장(訴狀) 쓰기, '유세차감소고우'(維歲次敢昭告于) 하는 축문 쓰기, '복지제기자미유항려'(僕之第幾子未有伉儷) 라는 혼서지(婚書紙) 쓰기, '복미심차시'(伏未審此時) 하는 편지 쓰기 등을 틈틈이 공부하여 무식한 시골마을의 총아가 되었다. 문중에서는 내가 장차 존위의 자격은 있으리라고 촉망하게 되었다. 그러나 내 한문 실력은 이제 겨우 글줄이나 엮는 정도에 지나지 않았지만, 《통감》(通鑑), 《사략》(史略)을 읽을 때에 '왕후장상령유종호'(王侯將相寧有種乎 : 왕후장상의 씨가 어디 있으리오) 하는 진승(陳勝)

의 말이나 칼을 뽑아 뱀을 베었다는 유방(劉邦)의 일이나 빨래하는 아낙네에게 밥을 빌어먹은 한신(韓信)의 전기(傳記)를 볼 때에는 저도 모르게 어깨에 바람이 이는 것이었다.

그리하여 어떻게든지 공부를 계속하고 싶었지만 집안 형편이 그러하니 집을 떠나 고명한 스승을 찾아갈 수는 없어 아버지께서도 무척 고민하셨다. 그런데 우리 동네에서 동북으로 십리쯤 되는 학골이라는 곳에 사는 정문재(鄭文哉)라는 이는 우리와 같은 신분의 상민이었으나 과문(과거하는 글)으로는 당시에 손꼽히는 큰 선비였고 내 큰어머니와 재종간이었다. 그의 집에는 사방에서 선비들이 모여 시와 부(賦)를 지었고 한쪽에는 더불어 서당도 열어 아이들을 가르쳤다. 아버지께서 그에게 간청하여 나는 무료 수강생으로 통학하며 배우도록 승낙 받았다. 너무도 만족하여 나는 사철을 가리지 않고 날마다 밥망태를 메고 험한 고개 깊은 계곡을 넘어다녔다. 기숙하는 학생들이 잠자리에서 일어나기도 전에 도착하는 일이 많았다. 여기서 시 짓는 것으로는 과문(科文)의 초보인 대고풍십팔구(大古風十八句)를, 학과로는 한·당시(漢唐詩)와 《대학》, 《통감》 등을 배웠고, 글자 연습은 분판(粉板)만을 썼다.

과거 본 이야기

이때(1892년)에 임진 경과(壬辰 慶科)를 해주에서 치른다는 공포가 났으니 이것이 우리나라의 마지막 과거였다. 어느 날 정 선생은 아버지께 이런 말씀을 하셨다.

"이번 과거에 창암이를 데리고가면 좋겠는데 글씨를 종이에 쓰는 연습이 없이 처음 쓰면 잘 못 쓸 테고, 장지(狀紙 : 글쓰는 두꺼운 종이)에 좀 쓰도록 하면 좋겠는데 노형이 빈한한 터에 마련할 도리가 없겠지?"

"종이는 내가 마련하여 보겠지만 글씨만 쓴다고 되겠나?"

"글은 내가 지어 줌세."

아버님은 심히 기뻐서 어찌어찌 글쓰는 종이 5장을 구입하셨다. 기쁘고 감사한 마음에 글씨 쓰는 교법(敎法) 대로 정성을 다하여 연습하고 보니 흰 종이가 온통 검은 종이로 바뀌어 있었다. 과거 비용을 준비하지 못한 우리 부자는 과거 기간에 먹을 좁쌀을 등에 지고 선생을 따라 해주로 왔다. 거기서 아버지가 기왕에 알고 지내던 계방집에 기숙했다.

과거 날이 왔다. 선화당 옆에 있는 관풍각(觀風閣) 주위에는 새끼줄을 둘러 늘였다. 정각에 이른바 부문(赴門 : 과거 장소 문을 여는 것) 을 한다는데 선비들이 접(接) 을 따라서 제 접 이름을 쓴 흰 베를 장대끝에 높이 들고 모여들었다. 산동접(山洞接), 석담접(石潭接), 이 모양이었다. 선비들은 검은 베로 만든 유건(儒巾) 을 머리에 쓰고, 도포를 입고 접기(接旗) 를 따라 꾸역꾸역 밀려들어 좋은 자리를 먼저 잡으려고 힘쓰는 자들을 앞장세워 아우성을 하는 것도 볼 만하였다. 원래 과장에는 노소도 없고 귀천도 없이 무질서한 것이 내려오는 풍습이라 했다.

또 가관인 것은 늙은 선비들의 걸과(乞科 : 과거에 급제를 시켜 달라고 비는 것) 라는 것이었다. 둘러 늘어뜨린 새끼그물 구멍으로 모가지를 쑥 들이밀고 이런 소리를 외치는 것이었다.

"소생의 성명은 아무개이옵는데, 먼 시골에 거생하면서 과거마다 참예하였사옵는데 금년이 일흔 몇 살이올시다. 요다음은 다시 참과(參科) 못하겠사오니 이번에 초시(初試) 라도 한번 합격이 되면 죽어도 한이 없겠습니다."

이 모양으로 혹은 큰 소리로 부르짖고 혹은 방성대곡도 하니 비루하거니와 또 한편 가련하였다.

본접(本接)에 와서 보니 선생과 접장들이 글을 짓는 이는 짓기만 하고 쓰는 이는 쓰기만 하는 것이었다. 나는 선생님께 늙은 유생들의 결과하는 정황을 말씀드리고 나서 "이번에는 제 이름으로 말고 제 부친의 명의로 과지(科紙)를 작성하여 주시면 좋겠습니다. 저는 앞으로도 기회가 많지 않겠습니까?" 했다. 선생님이 내 말에 감동하여 쾌히 승낙하는데 접장 한 분이 그 말을 듣고는 "그렇다면 네 글씨가 나만 못할 터이니 네 부친의 답안지는 내가 써 주마. 후일 네 과거는 더 공부하여 네가 짓고 쓰거라" 하는 것이었다.

　"네, 고맙습니다."

　그 날은 아버님의 명의로 답지를 작성하여 새끼줄망 사이로 시관(試官) 앞을 향하여 쏘아 들여보냈다.

　그리고 나서 주변을 구경하는데 이런저런 얘기들이 들렸다. 시관쪽에 대한 불평으로서 통인놈들이 시관에게는 보이지도 않고 답지 한 아름을 훔쳐갔다는 말도 있었고, 과거장에서 글을 짓고 쓸 때 남에게 보이지 않느라 더 바쁘다는 얘기도 있었다. 그 이유는 글을 지을 줄 모르는 자가 남의 글을 보고 베껴서 자기의 글로 제출한다는 것이었다.

　또 돈만 많으면 과거도 할 수 있고 벼슬도 할 수 있다는 괴이쩍은 말도 들렸다. 글을 모르는 부자들이 거유(巨儒 : 큰 선비)의 글을 몇백 냥 몇천 냥을 주고 사서 진사도 되고 급제도 한다는 것이다. 그뿐인가. 이번 시관은 누구이니 서울 아무 대신에 서한을 내려보냈으니까 반드시 된다고 자신하는 사람, 아무개는 시관의 수청기생에게 주단 몇 필을 선사하였으니 이번에 꼭 과거급제를 한다고 자신하는 자도 있었다.

　나는 과거에 대한 의문이 생기기 시작했다. 이런 몇 가지 현상만으로 보더라도 나라에서 과거를 시행할 필요가 무엇이며 무슨 가치가 있는가? 나는 심혈을 바쳐 장래를 개척하려고 공부를 하는 것인데 선비에게 유일한 진로인 과거의 꼬락서니가 이 모양이라니. 나라에서 하는 일이 이 지경이면 내가 시를 짓고 부를 지어 과문육체(科文六體)에 능통하게 된다 하더라도 아무 선생 아무 접장 모양으로 과거시험장의 대서업자(代書業者)에 불과할 테니 나도 이제는 다른 길을 모색해야 할 것이다.

과것길에서 불쾌함과 비관만 품고 집에 돌아와 아버님과 상의하였다.

"이번 과거시험장에서 이런 저런 꼴을 보니, 제가 어떻게든 공부를 성취하고 입신양명을 해서 강가 이가의 압제에서 벗어나려고 했는데 유일한 진로라는 과장(科場)의 악폐(惡弊)가 그러했습니다. 그러니 제가 비록 큰 선비가 되어 학력으로는 강, 이씨를 제압하더라도 그들에게는 돈의 마력이 있는데 어찌하겠습니까. 또한 큰 선비가 되도록 공부를 하려면 다소의 금전이라도 있어야 되겠는데 집안이 이같이 적빈(赤貧)이니 이제 서당 공부는 그만 두겠습니다."

아버님 역시 옳게 여기시고 "너 그러면 풍수(風水)나 관상 공부를 하여 보아라" 하셨다. 풍수에 능하여 명당을 얻어 조상을 모시면 자손이 복록을 누리게 되고 관상을 잘 보면 선인군자를 만난다는 것이다. 나는 무척 합당한 말씀이라고 생각되어 "그것을 공부하여 보겠습니다. 서적을 얻어 주십시오" 하였더니 아버님이 우선 《마의상서》(麻衣相書) 한 권을 빌려다 주셨다.

독방에서 《상서》를 공부했다. 《상서》를 공부하는 방법은 거울을 보며 부위와 명칭을 자신의 상으로부터 다른 이의 상에 적용하는 것이 첩경이다. 그러고 보니 흥미가 동하는 것이 남의 상보다는 내 자신의 상이었다. 내 관상을 잘 알아보겠다고 각오하고 두문불출 석 달 동안이나 관상론에 입각하여 내 상을 관찰해 보았다. 그랬더니 귀격(貴格)이거나 부격(富格)이라 할 만한 좋은 상은 한 군데도 없고 얼굴과 온몸이 천격(賤格) 빈격(貧格) 흉격(凶格)만으로 되어 있는 것이었다. 그렇지 않아도 과거시험장에서 얻은 비관에서 벗어나려고 《상서》를 공부하던 것인데 그 이상으로 심한 비관에 빠지게 되었다. 짐승과 같이 살기나 위하여 살까, 세상에 살고 싶은 마음이 없어졌다.

그런데 《상서》 중에 이런 구절이 있었다. "상 좋은 것이 몸 좋은 것만 못하고 몸 좋은 것이 마음 좋은 것만 못하다."(相好不如身好 身好不如心好) 이 문장을 보고는 관상 좋은 사람보다는 마음좋은 사람이 되어야겠다는 생각이 굳게 자리잡았다. 이제부터는 외적인 수양은 어찌 되든지 내적 수양에 힘써 사람 구실을 하겠다고 마음을 먹었다. 이제까지 공부를 잘하여 과거를 하고 벼슬을 하여 천한 신분에서 벗어나겠다던 생각은 순전히 허영이며 망상일 뿐, '마음좋은 사람'이 취할 바가 아니라고 생각되었다.

그러나 마음좋지 못한 사람으로서 마음좋은 사람이 되는 방법이 있는가? 이렇게 자문해 보니 역시 막연했다. 관상서는 그만 덮어 버리고 지리(地理) 쪽의 책도 좀 보았으나 취미를 얻지 못했다. 병서(兵書)인 《손무자》(孫武子), 《오기자》(吳起子), 《삼략》(三略), 《육도》(六韜)를 읽어보았다. 이해가 안 되는 부분이 많았지만 그러나 장수(將帥)가 될 재질에 관해 말하는 다음과 같은 구절은 무척 흥미로워 소리내어 읽었다.

태산이 무너지더라도 마음이 동요치 말고(泰山覇於前 心不妄動)
병사들과 더불어 고락을 같이하며(與士卒同甘苦)
나아가고 물러감을 호랑이같이 하며(進退如虎)
남을 알고 저를 알면 백 번 싸워도 지지 아니하리라(知彼知己 百戰不敗)

이때에 내 나이가 열일곱 살. 나는 일가 아이들을 모아서 훈장질을 하면서 잘 알지도 못하는 병서를 읽으며 1년의 세월을 보냈다.

동학 입도와 동학농민봉기활동

동학 입도

　그 즈음 도처에서 괴이쩍은 이야기들이 나돌았다. 어디서는 이인 (異人)이 나서 바다(海)에 떠다니는 기선(汽船)을 못 가게 딱 막아놓 고 세금을 받고서야 놓아 보냈다거나, 머지않아 정도령이 계룡산에 도읍을 정하고 이조(李朝) 국가는 없어질 터이니 '바튼목'에 가서 살 아야 다음 세계에 양반이 된다 하여 아무개는 계룡산으로 이사를 하였 느니 하고 떠들었다.

　또 우리 동네에서 남쪽으로 이십 리 떨어진 포동(浦洞)이란 곳에 사는 오응선(吳膺善)과 그 옆동네 최유현(崔琉鉉) 등은 충청도에서 최도명(崔道明)이란 동학 선생에게 입도하여 공부를 하는데, 방문도 여닫지 않고 드나드니 홀연히 나타났다 홀연히 사라지며 공중으로 걸 어다닌다고도 했다. 그리고 그 선생 최도명은 하룻밤 사이에 능히 충 청도를 다녀온다고 했다. 나는 호기심이 생겨서 한번 가서 만나고 싶 은 생각이 들었다. 그런데 그 집을 찾아가는 예절은 육류를 먹지 말고 목욕하고 새옷을 입고 가야 한다는 것이니 그래야 맞아 준다는 것이었다.

18세 되던 정초에 나는 고기도 먹지 않고 목욕하고 머리를 빗어 따늘어뜨리고 청포(靑袍)에 녹대(綠帶)를 매고 포동 오씨 댁을 방문하였다. 마침내 문앞에 다다르니 방 안에서 무슨 글 읽는 소리가 들리는데 보통의 시나 경전을 읽는 소리와 달라서 노래를 합창하는 것 같았으나 그 의미를 알 수 없었다. 삼가고 정중한 태도로 문으로 가서 주인 면회를 청하였더니 아직 어려 보이는 청년 하나가 접대를 하는 것이었다. 나는 그가 양반인 것을 알고 갔는데 역시 상투를 짜고 통천관(通天冠)을 쓴 모습이었다. 공손히 절을 하자 그이도 맞절을 공손히 하고는 "도령은 어디서 오셨소?" 하며 입을 열었다. 나는 당황하여 어쩔 줄 모르며 나의 본색을 말하였다.

"제가 어른이 되더라도 당신께 공대를 듣지 못할 텐데 하물며 아이에게 공대를 하시다니요."

그이는 감동하는 빛을 보이면서

"천만에 말씀이오. 다른 사람과 달라서 나는 동학 도인이기 때문에 선생님의 교훈을 받들어 빈부귀천(貧富貴賤)에 차별대우가 없습니다. 조금도 미안해하지 마시고 찾으신 뜻이나 말씀하시지요."

나는 이 말만으로도 별세계에 온 것 같았다. 나는 묻기 시작했다.

"저는 선생이 동학을 하신다는 말을 듣고 도리(道理)를 알고 싶어 왔습니다. 이런 아이에게도 말씀하여 주실 수 있습니까?"

"그처럼 알고 싶어서 오셨다는데 내가 아는 데까지는 말씀드리겠습니다."

"동학이란 학(學)의 근본이 되는 취지는 무엇이며 어느 선생이 천명하였습니까?"

"우리의 도(道)는 용담(龍潭) 최수운(崔水雲) 선생이 천명하였으나 이미 순교하셨고 지금은 그 조카 최해월(崔海月) 선생이 대도주(大道主)가 되어 포교 중입니다. 근본 취지는 말세의 간사한 인류로 하여금 개과천선(改過遷善)하여 새 백성이 되게 하여서 장차 진정한 주인님[眞主]을 모시고 계룡산에 새 국가를 건설하는 것입니다."

나는 단 한번의 질문으로 마음에 기쁨이 일었다. 관상의 격에서 낙제를 하고 마음좋은 사람이 되기로 맹세한 나에게는 하느님을 몸에 모시고 하늘을 공경하며 도를 행한다는 말이 제일 먼저 와닿았다. 또 상놈 된 원한이 골수에 사무친 처지에 동학에 입도만 하면 차별대우를 철폐한다는 말도 그랬다. 조선의 운이 다 되었으니 장차 새 나라를 세운다는 말에는 지난번 과거시험장에서 얻은 비관을 떠올렸다.

동학에 입도(入道)할 마음이 불길같이 일어났다. 오씨에게 입도 절차를 물으니 쌀 한 말, 백지 세 권, 황초 한 쌍을 가지고 오면 입도식을 행하여 준다고 하였다. 《동경대전》(東經大全), 《팔편가사》(八篇歌詞), 《궁을가》(弓乙歌) 등 동학의 서적을 열람하고 집에 돌아왔다. 아버지께 오씨와 함께 나눈 이야기 모두를 자세히 보고하니 아버지께서는 쾌히 허락하시고 입도식에 쓸 예물을 준비하여 주셨다.

동학접주 시절

나는 곧 이 예물을 가지고 가서 입도를 하고 열심히 동학 공부를 했다. 아버지께서도 입도하셨다. 이 당시 사람들의 경향이 그랬으니 양반은 가입하는 이가 드물었고 내가 상놈인 만큼 상놈들의 취향이 동학으로 많이 쏠렸다. 내가 입도한 지 불과 몇 달 만에 부하랄지 제자랄지 연비(連臂 : 포덕하여 얻은 신자)가 수백 명에 달하였다.

이 무렵 나에 대한 근거없는 유언비어가 인근에 널리 퍼졌다. 사람들이 나를 찾아서 묻는 것이었다.

"그대가 동학을 하여 보니 무슨 조화가 생기던가?"

나는 솔직하게 이렇게 대답했다.

"모든 악을 짓지 않고 많은 선을 행하게 되는 것, 이것이 동학의 조화요."

하지만 듣는 이는 자기네에게 아직 조화를 보여주지 않는 것이라고 멋대로 생각하고는 김창수(金昌洙 : 昌巖이라던 아명을 버리고 이때부터 이 이름을 썼다)가 한 길이나 떠서 걸어다니는 것을 보았노라고 떠드는 것이었다. 이렇게 잘못된 얘기가 잘못 전해지면서 도력(道力)이 높다는 소문이 황해도 일대뿐 아니라 멀리 평안남북도에까지 퍼져서 내 밑에 연비가 무려 수천에 달하였다. 당시 황해·평안도의 동학당 중에서 나이도 어린 내가 가장 많은 연비를 가졌다 하여 별명이 '애기접주(接主)'였다. 접주라는 것은 한 접의 수령이란 말로써 위에서 내리는 직함이다.

이듬해인 계사년 가을에 해월(海月) 대도주로부터 오응선, 최유현 등에게, 각기 연비의 명단을 보고하라는 경통(敬通, 동학지도부가 내리는 통문)이 내려와서 황해도 내에서 직접 대도주를 찾아갈 인망 높은 도유(道儒) 15명을 뽑을 때 그 중에 나도 뽑혔다. 땋은 머리로는 불편하다 하여 갓을 쓰고 떠나게 되었다. 연비들이 내 노자를 모아내고 또 도주님께 올릴 예물로는 해주 향먹〔香墨〕도 특제로 맞추어 육로 수로를 거쳐서 충청도 보은군(報恩郡) 장안(長安)이라는 곳에 도착했다. 동네에 들어서니 이 집 저 집, 이 구석 저 구석에서

"지기금지 원위대강(至氣今至 願爲大降)
시천주조화정 영세불망만사지(侍天主造化定 永世不忘萬事知)"

하는 주문 외는 소리가 들리고 한쪽에서는 사람들이 떼지어 나가고 한

쪽에서는 몰려들어와 집집마다 사람이 가득했다.

접대인에게 우리 일행 15명의 명단을 부탁하여 대도주께 우리가 온 것을 알렸다. 한 시간이나 지나 황해도에서 온 도인을 부르신다는 통지가 와서 일제히 해월 선생의 처소로 갔다. 안내자를 따라 그 집에 이르러 해월 선생 앞에 15명이 한꺼번에 절을 드리니 선생은 앉으신 채로 상체를 굽히고 두 손을 방바닥에 짚어 답배를 하시고 "먼길 오느라 수고했다"고 간단한 인사를 하셨다. 우리 일행중의 대표가 15명이 각기 책으로 묶은 도인의 명단을 드렸다. 선생은 그 명부를 문서책임자에게 처리하라고 맡겼다.

다른 동행들도 같은 생각이었겠지만, 내가 천리가 멀다하지 않고 찾아온 것은 선생이 무슨 조화 주머니라도 내 주지 않을까 하는 기대와 선생의 도인으로서의 풍모를 뵈려는 뜻이 간절했기 때문이었다. 선생은 나이가 60쯤 되어 보이는데 구레나룻이 보기 좋게 났고 약간 검은 터럭이 보이고 얼굴은 여위었으나 맑았다. 머리에 큰 검은 갓을 쓰시고 동저고리 바람으로 일을 보고 계셨다. 방문 앞에 놓인 수철(水鐵) 화로의 약탕관에서는 독삼탕(獨蔘湯) 달이는 김과 냄새가 났는데 선생이 잡수시는 것이라고 했다.

방 안팎에서 수많은 제자들이 옹위하고 있었는데, 그 중에도 가장 친근하게 모시는 이는 손응구(孫應九: 秉熙), 김연국(金演局), 박인호(朴寅浩) 같은 이들인데 손응구는 장차 해월 선생의 후계자로 대도주가 될 의암(義菴) 손병희(孫秉熙)로서 깨끗한 청년이었고, 김은 나이가 사십은 되어 보이는데 순실한 농부와 같았다. 이 두 사람은 다 해월 선생의 사위라고 들었다. 손씨는 유식해 보이고 '천을천수'(天乙天水)라고 쓴 부적을 보건댄 글씨 재주도 있어 보였다.

우리 일행이 해월 선생 앞에 있을 때 선생께 보고가 들어왔다. 남도(南道) 각 관청에서 동학당을 체포하여 압박을 하는 한편으로 전라도 고부(古阜)에서는 전봉준(全琫準)이 벌써 군사를 일으켰다는 것이었다. 뒤이어 또 속보가 들어왔다. 어떤 고을 원이 도유(道儒 : 동학교도에 대한 통칭)의 전 가족을 잡아가두고 가산(家産) 전부를 강탈하였다는 것이었다. 이 보고를 들으신 선생은 진노하는 낯빛을 띠고 순 경상도 어조로 "호랑이가 물러 들어오면 가만히 앉아 죽을까! 참나무 몽둥이라도 들고나서서 싸우자" 하시니 선생의 이 말씀이 곧 동원령이었다.

각지에서 와서 대령하던 대접주(大接主)들이 물끓듯 밀려나가기 시작했다. 우리 15인에게도 각각 접주라는 첩지를 건네는데 거기에는 둥근 원에 전자체로 새긴 '해월인'(解月印)이 찍혀 있었다.

선생께 하직하는 절을 하고 물러나와 속리산을 구경하고 고향으로 돌아오는 길에 들어섰다. 벌써 곳곳에 당(黨)이 모여 평복에 칼찬 사람을 이따금 만나게 되었다. 광혜원(廣惠院) 장(場)에 오니 만 명이나 됨직한 동학군이 진을 치고 행인을 검사하고 있었다. 가관인 것은 평시에 동학당을 학대하던 양반들을 잡아다가 길가에 앉히고 짚신을 삼게 하는 것이었다. 우리 일행은 증거를 보이고 무사히 통과하였다. 부근 촌락에서 밥을 짐으로 져서 당시 이르길 '도소'(都所)로 보내는데 그 수를 헤아릴 수 없었다. 논에 벼를 베던 농부들이 동학군이 물밀듯 모여드는 것을 보고 낫을 버리고 달아나는 것도 보았다. 서울을 지나면서 보니 벌써 경군(京軍)이 삼남(三南)을 향하여 행군하고 있었다.

동학 농민봉기와 해주성 전투

그 해 9월경에 고향으로 돌아왔다. 황해도 동학당도 양반과 관리들이 압박하는 데다 삼남으로부터 함께 행동을 취하라는 경통(敬通)이 계속 도착하는지라 15인 접주를 위시하여 회의한 결과 거사하기로 결정하였다. 최초의 총소집 위치를 해주 죽천장(竹川場)으로 정하고 각처 도인에게 경통을 보냈다. 나는 팔봉산 밑에 산다 하여 접(接) 이름을 팔봉이라고 짓고, 푸른 갑사에 '팔봉도소'(八峰都所)라고 크게 쓴 기를 만들어 표어로는 '척양척왜'(斥洋斥倭) 넉 자를 써서 높이 걸었다.

거사를 일으키면 경군과 왜병이 와서 접전이 될 텐데 어떻게 할 것인가. 이것이 회의의 요점이었는데 연비 중에서 총기를 가진 이를 모아 군대를 편제하기로 하였다. 나는 본시 산골에서 태어나 자랐고 또 상놈인 까닭에 산포수 연비가 많았다. 인근 부잣집에서 호신용 무기를 약간 가져왔지만 대부분 산포수가 자기 총기들을 가져온 것을 모아보니 총을 가진 군사가 700명이나 되어 무력으로는 누구의 접보다도 나았다.

최고회의에서는 우선 황해도의 수부(首府)인 해주성을 빼앗아 탐관오리와 왜놈을 다 잡아 죽이기로 하고 팔봉 접주 김창수로 선봉장을 삼기로 했다. 내가 평소에 병서에 소양이 있고 또 내 부대가 순전히 산포수들로 편성된 까닭이겠지만 자기네가 앞장서서 총알받이가 되기는 싫다는 이유도 있었다. 그러나 나는 받아들였다. 즉시 전체 병사들을 뒤에 딸린 채 나는 '선봉'(先鋒)이라고 쓴 사령기를 들고 말을 타고 선두에 서서 해주성을 향하여 전진했다.

해주성 서문밖 선녀산에 진을 치자 총공격령이 내렸고 작전계획은 선봉장인 나에게 일임한다는 명령이 떨어졌다. 나는 이런 계획을 제시했다. 지금 경군은 아직 성내에 도착하지 않았고 오합지중인 수성군 200명과 왜병 7명이 있을 뿐이다. 그러니 선발대가 먼저 남문을 향해 진격케 하고 그와 동시에 선봉 영솔부대가 서문 쪽을 총공격한다. 총소(總所 : 총사령부)에서는 형세를 보아서 약한 쪽을 돕는다.

총소에서는 내 계획을 채용하였다. 그렇게 실행에 옮기는 중에 몇 명의 왜병이 성 위에 올라 대여섯 방 시험사격을 하자 남문으로 향하던 선발대가 도망치기 시작하였다. 왜병은 이것을 보고 남문으로 나와서 달아나는 무리에게 총을 연발하였다. 나는 전군을 지휘하여 선두에서 서문을 향하여 맹공을 가하는데 돌연 총소에서 퇴각하라는 명령이 내렸다. 우리 선봉대가 머리도 돌리기 전에 군사들이 산으로 들로 달아나는 것이 보였다. 퇴각하는 이유를 물으니 남문 밖에 도유(道儒) 서너 명이 총을 맞아 죽은 까닭이라고 했다.

결국 선봉대도 퇴각하지 않을 수 없었다. 비교적 질서 있게 퇴각하여 해주에서 서쪽으로 80리 되는 회학동(回鶴洞) 곽감역(郭監役) 댁에 선도대를 보내고 후퇴하는 병사들을 모으기로 했다. 마지막으로 내가 군사들을 이끌고 회학동에 도착해 보니 무장한 군사들은 모두 다 모여 있었다.

나는 이번의 실패에 분개하여 군대 훈련에 힘을 쏟기로 하였다. 동학 도유건 아니건 전에 장교 경험이 있는 이는 정중하게 초빙하여 총술과 행군, 체조 등의 훈련을 맡겼다.

그러던 차에 하루는 누군가 내게 면회를 청하였다. 구월산 밑에 사는 정덕현(鄭德鉉), 우종서(禹鍾瑞) 두 사람이었다. 나이는 나보다 10년은 위며 아는 것도 많고 식견이 풍부해 보였다. 찾아온 까닭을 묻자 대답하길 "동학군이란 한 놈도 쓸 만한 것이 없는데 풍문을 듣자니 그대가 좀 낫다고 해서 한번 보러왔다"는 것이다. 그 자리는 비밀한 만남이 아니었고, 좌중에서 이 두 사람을 손가락질하며 동학을 비방하는 자라느니 무례한 자라느니 온갖 비난이 일었다. 나는 크게 화를 내며 모여있던 동지들을 책망했다. 손님과 면담하는데 이렇게 마구 무례하게 구는 것은 나를 돕는 것이 아니라 나를 멸시하는 것이라고 꾸짖고는 나가 있어 달라고 청하고 세 사람만 함께 얘기를 나누게 되었다.

나는 공손히 두 사람에게 물었다.

"선생님들이 수고로이 여기까지 오신 것은 저에게 무슨 좋은 계책을 가르쳐 주시기 위한 것이 아닙니까?"

정씨는 계책을 말해준다 한들 알아듣기나 할런지, 실행할 자격이나 있는지 의문이라면서

"요새 동학 접주라는 자들이 호기 충천하여 선비도 깔보는 판인데 자네도 접주 중에 한 사람 아닌가?"

나는 더욱 공손한 태도로,

"이 접주는 다른 접주와 다를지 선생께서 한번 가르쳐보신 뒤에야 알 것이 아닙니까" 하였다.

정씨가 혼연히 악수하며 계책을 말하였다. 그것은 이러하였다.

1. 군기(軍紀) 정숙(正肅) : 병졸을 상대로 한 상호간의 절이나 경어 사용 폐지.
2. 민심 얻기 : 동학군으로서 총을 갖고 민가로 다니면서 식량보급이니 하며 곡식과 돈을 빼앗는 강도 행위를 금지할 것.
3. 현자를 초빙하는 글을 공포하여 경륜이 많은 이들을 많이 확보할 것.
4. 전군(全軍)을 구월산에 모아 훈련시킬 것.
5. 재령, 신천 두 고을에 왜가 쌓아 둔 쌀 이천 석을 몰수하여 구월산 패엽사(貝葉寺)에 쌓아 두고 군량으로 쓸 것.

나는 곧 이 계획을 실시하기로 하고 즉시 전군을 집합장에 모았다. 정씨를 모주(謀主), 우씨를 종사(從事)라 선포하고 전군을 지휘하여 두 사람에게 최고의 예를 표하도록 했다. 그리고 구월산으로 진을 옮길 준비에 착수했다.

그러던 어느 날 밤에 신천(信川) 청계동(淸溪洞) 안 진사(安進士)

안태훈 진사(안중근 의사 아버지)   안중근 의사

로부터 밀사가 왔다. 안 진사의 이름은 태훈(泰勳)이니 그의 맏아들 중근(重根)은 나중에 이토 히로부미(伊藤博文)를 죽인 그 안중근이다. 그는 글 잘하고 글씨 잘 쓰기로 이름이 서울에까지 떨치고 또 지략도 있어 당시 조정의 대관들 사이에서도 막중한 대우를 받고 있었다. 동학당이 일어나자 안 진사는 이를 토벌하기 위하여 그의 고향인 청계동 자택에 의려소(義旅所)를 세웠다. 동생과 아들들로 하여금 병사를 담당케 하고 포수 300명을 모집하여서 벌써 신천 지역에서 동학당 토벌에 큰 성과를 거두니 각 접이 다 이를 두려워하고 우리 접도 청계동을 경계하던 참이었다.

　나는 정 모주로 하여금 이 밀사를 만나게 하였다. 그의 보고에 의하면 나의 본진이 있는 회학동과 안 진사의 청계동이 불과 20리 거리인데 만일 내가 무모하게 청계동을 치려다가 패하면 내 생명과 명성을 보장하기 어려울 것이니 그러하면 좋은 인재를 하나 잃어버리게 될 것인즉, 안 진사가 나 김창수를 위하는 후의로 이 밀사를 보냈다는 것이었다. 나는 즉시 참모회의를 열어서 의논한 결과 저 편에서 나를 치지

아니하면 나도 저 편을 치지 않을 것이며 피차에 어려운 지경에 빠질 경
우에는 서로 돕는다는 밀약(密約)이 성립되었다.

예정대로 구월산으로 군대를 출발시켰다. 재령, 신천에 있던 쌀도
패엽사로 옮겨왔다. 한 섬을 져오는 대가로 서 말을 준다고 하였더니
당일로 다 옮겨졌다. 날마다 군사훈련도 게을리하지 않았다. 또 동학
당을 자칭하고 민간에 행패하는 자가 있으면 즉각 보고하라는 훈령을
인근 각동에 보냈다. 고발되는 대로 군사를 보내 체포하여 무기를 회
수하고 곤장과 태장으로 엄벌하였더니 며칠 지나지 않아 질서가 회복
되고 백성이 안도하였다.

매일같이 군사들에게 실탄연습과 전술을 가르쳤다. 또 현자(賢者)
를 초빙하는 공포문을 내고 널리 인재를 찾아나서 송종호(宋宗鎬),
허곤(許坤) 같은 유식한 사람을 얻었다. 그리고 패엽사에는 하은당
(荷隱堂)이라는 도승이 주지로 수백 명 남녀 승도를 거느리고 있었는
데 가끔 그의 법설을 듣기도 했다.

그러는 동안 경군과 왜병이 해주를 점령하고 옹진(甕津), 강령(康
翎) 등지를 평정한 후 이제 학령(鶴嶺)을 넘어온다는 기별이 들렸다.
그런데 구월산 근방에 동학군이 가득했지만 그 중에도 이동엽(李東
燁)이라는 접주가 큰 세력을 형성하고 있었다. 그의 부하들이 나의
본진 가까이까지 침입하여 노략질을 함부로 하였다. 우리 군에서는
사정없이 그들을 체포하여 처벌하였기 때문에 피차간에 반목이 깊어
진 데다가 우리 군사들 중에 군율에 의한 형벌을 받고 앙심을 품은 자
와 노략질을 마음대로 하고 싶은 자들이 이동엽의 군대로 달아나는 일
이 날로 늘었다. 이리하여 이동엽의 세력은 날로 커지고 내 세력은 날
로 줄었다.

최고회의는 나 김창수로부터 동학접주의 지위를 해제하기로 결정
했다. 나의 병권(兵權)을 빼앗기 위한 것이 아니라 나를 살려내려는

계책이었다. 그리고 허곤은 장호민(張好民)에게 보내는 송종호의 소개편지를 가지고 평양으로 떠났다. 황주(黃州) 병사(兵使)의 양해를 얻어서 일을 정치적으로 해결하려는 목적이었다. 패엽사의 군대는 허곤에게 인도하기로 했다.

이때 내 나이가 열아홉, 갑오년 섣달이었다. 나는 몸에 열이 나고 두통이 심하여서 하은당 대사의 사처(私處)인 조실(操室)에 눕게 되었다. 하은당이 문병을 와서 자세히 살피더니 "홍역도 못했던 대장이었군" 하고 웃었다. 그리고는 나이든 여승 가운데 홍역을 다스린 경험이 있는 이를 시켜 내 조리를 맡게 하였다.

하루는 이동엽이 전군을 이끌고 패엽사로 쳐들어온다는 급보가 날아들더니 순식간에 총 쏘고 칼 휘두르는 자들이 절 안에 가득해졌다. 나의 군사들 중에는 뿔뿔이 도망가는 자도 있고 육박전을 벌이는 자도 있다고 했다. 이동엽은 "김 접주에게 손을 대는 자는 사형에 처한다"고 호령했다. 영장(領將) 이용선(李龍善)만 사형에 처하라는 것이다. (이는 밉지 않아서라기보다는 내가 동학의 정통이기 때문이었다. 반면 이동엽 자신은 제2세 접주였기 때문에 뒷날 큰 화를 입을까 두려워한 것이다.)

이 말을 듣고 나는 돌연 자리를 박차고 나가 "이용선은 모든 것을 내 명령에 따라 했을 뿐이니 만일 이용선에게 죽을죄가 있거든 나를 죽여라" 하고 외쳤다.

이동엽은 부하에게 명하여 나를 꼭 붙잡아 꼼짝 못하게 하고는 이용선만을 끌고 나갔다. 이윽고 동네에서 총소리가 들리자 절 안에 있던 이동엽의 부하는 다 물러갔고 이용선이 총살당했다는 보고가 올라왔다.

나는 그 말을 듣고 동네로 달려 내려갔다. 과연 그는 총에 맞아 옷 전체에 아직 불이 붙고 있었다. 나는 그의 머리를 안고 통곡하다가 내 저고리를 벗어 그 머리를 싸주었다. 내가 남의 윗사람이 되었다 하여 어머니께서 지어 보내신, 근 이십 세에 평생 처음 입어본 그 명주 저고리였다. 이웃 사람들은 눈밭 위에서 발가벗고 통곡하며 앉아 있는 나를 보고 옷을 가져다가 입혀 주었다. 나는 동네사람들을 지휘하여 이용선의 시체를 매장하였다.

이용선은 함경도 정평(定平) 사람으로 장사하러 황해도에 와서 살던 사람이다. 총사냥을 잘하고 비록 무식하나 사람을 거느리는 재주가 있으므로 그를 화포영장(火砲領將)으로 삼았던 것이다. 그 후 그의 아들과 조카가 와서 주검을 정평 본향으로 이장할 때 동네 사람들로부터 피살 당시의 정황을 듣고 시신을 꺼내다가 내 저고리로 얼굴을 싼 것을 보고 나에 대해 나쁜 감정을 품지 않고 가더라는 말을 들었다.

이용선을 매장한 그날 밤으로 나는 부산동(釜山洞) 정덕현(鄭德鉉) 집으로 갔다. 내게서 그 동안의 일을 들은 정씨는 태연한 태도로 말하길

"이용선이 화를 당한 것은 불행한 일이지만 이제 형은 일을 마무리 지어야 할 장부이니 며칠 홍역의 여독을 풀고 나와 함께 유람이나 떠납시다" 했다.

나는 이용선의 원수를 갚아야 한다고 했지만 그는 의리로 봐서는 당연하나 현재 상황을 볼 때 그럴 필요도 없다고 했다. 경군과 왜병이 아직 구월산을 소탕하지 못한 까닭은 산 밖의 이동엽 세력이 크고 산 속은 지형이 험한 데다 우리가 상대적으로 정예 군사로 알려져 있어 주저했던 것이다. 그런데 오늘 일어난 일을 듣고는 즉각 이동엽을 섬멸하고 패엽사를 점령하리라는 것이다.

정씨 집에서 이삼일 요양한 후 장련군(長淵郡) 몽금포(夢金浦) 근방으로 피신해 석 달을 숨어지냈다. 그곳까지 들리는 풍문에 의하면 이동엽은 이미 잡혀가서 사형을 당했고 황해도 각군의 동학은 거의 소탕되었다고 했다.

청계동 생활과 유학(儒學) 훈도

청계동 안 진사와 소년 안중근

그 후 정 씨와 상의하여 텃골로 와 부모님을 찾아뵈었다. 두 분은 무척 불안해하셨다. 왜냐하면 당시 왜병들이 죽천장(竹川場)에 진을 치고 동학당을 수색하고 있기 때문이었다. 부모님은 나더러 다시 먼 곳으로 피신하라고 하셨다.

이튿날 정 씨는 청계동 안 진사를 찾아가 보자고 했다. 나는 주저했다. 안 씨가 받아들인다 하더라도 패군지장(敗軍之將)으로서 포로와 같은 대우를 받게 된다면 오히려 후회될까 염려스러웠다. 정 씨는 강력히 주장했다. 안 진사가 밀사를 보냈던 것은 군사적인 술책이 아니고 진정 나이 어린 나의 담대한 그릇을 아낀 까닭이라며 걱정말고 같이 가자고 강권했다.

나는 정 씨와 함께 그 날로 천봉산(千峰山)을 넘어 청계동에 다달았다. 청계동은 사면이 험준하고 수려한 산으로 둘러싸여 있었다. 동네에는 띄엄띄엄 40~50호의 인가가 있고 마을 앞으로 한 줄기 개울이 흘러 그곳 바위 위에는 '청계동천'(淸溪洞天) 이라 쓴 안 진사의 친필이 물 흐르는 소리에 움직이는 것 같았다.

동네 입구에 작은 언덕이 하나 있는데 그 위에는 포대가 있고 길 어귀에 파수병이 있어서 우리를 보고 누구냐고 물었다. 이름을 대자 의려장(義旅長) 이 허가했다며 한 군사가 우리를 안내하여 의려소인 안 진사댁으로 갔다. 문전에는 연당(蓮塘) 이 있고 그 가운데는 작은 정자가 있었다. 여기서 안 진사 6형제가 술을 마시고 시를 읊으며 소일한다고 했다. 대청 벽상에는 안 진사의 친필로 '의려소'(義旅所) 석 자가 가로로 써 붙여 있었다.

안 진사는 본채 마루에서 우리를 맞아 친절히 영접했다. 수인사를 한 후에 첫 마디가,

"김 석사(碩士) 가 패엽사에서 위험을 면하신 줄을 알았으나 그래도 몹시 걱정되어 두루 알아보았지만 계신 곳을 알 수 없었습니다. 그런데 오늘 이처럼 찾아 주시니 감사합니다" 하시고 다시,

"들으니 부모님이 모두 계신다던데 어디 편히 거처하실 곳은 있습니까?" 하고 내 부모에 관한 것을 물으셨다.

나는 달리 안심하고 계실 만한 곳이 없고 아직 본가에 머무신다고 대답했다. 안 진사는 즉시로 오일선(吳日善) 에게 총 멘 군사 30명을 맡기며, 오늘 안으로 텃골로 가서 부모님을 모셔 오되 근처에 있는 우마를 징발하여 집의 가산 전부를 옮겨오라고 명령을 내렸다.

그리하여 근처에 가옥 한 채를 사들여 그 날로 청계동 거주를 시작하니 내가 스무 살 되던 을미년(1895년) 2월이었다. 안 진사는 친절히 청하길 날마다 사랑에 와서 진사 자신이 없더라도 동생들이나 사랑에 모이는 친구들과 얘기를 하거나 책을 읽거나 마음놓고 지내라고 했다. 안 진사의 여섯 형제는 모두 학식이 풍부하고 인격이 높았는데 그 중에서도 안 진사는 탁월했다. 그는 나를 시험해 보려고 가끔 무엇

을 묻기도 하고 담론도 했지만 그때만 해도 나는 아직 유치한 수준이었다.

안 진사는 해주 부중에 10여 대나 살아오던 구가(舊家)의 자제였다. 그 조부 인수(仁壽) 씨는 진해(鎭海) 현감을 지냈는데, 그 후 세상이 차츰 어지러워짐을 보고 많은 재산을 가난한 일가에게 나누어주고 나서 약 삼백 석 추수하는 재산만 챙겨 청계동으로 들어왔다. 이곳 산천이 수려한 데다 족히 피난처가 될 만하다고 여겼기 때문이다. 그때가 장손인 중근(重根)이 두 살 때였다. 과거를 하려던 안 진사는 서울 김종한(金宗漢)의 문객으로 여러 해 머물다가 김종한이 시관(試官)을 할 때 소과에 급제했다. 그래서 '김종한의 문객'이니 '식구'니 말이 많았다.

안씨 여섯 형제가 다 문사의 풍격이 있었지만 그 중에도 셋째인 안 진사가 눈에 정기가 있어 사람을 압도하는 힘이 있었다. 당시 조정의 대관들 중에 글로써 그와 다투었던 이들도 그를 악평하다가 막상 대면하게 되면 부지불식간에 외경(畏敬)하는 자세가 된다고 했다. 내가 보기에 그는 퍽 소탈하여 무식한 하류들에게까지도 조금도 교만한 빛이 없이 친절하고 정녕(丁寧)해서 상류나 하류나 다 그에게 호감을 가졌다. 얼굴이 매우 청수하나 술이 과하여 코끝이 붉은 것이 흠이었다.

당시 시객(詩客)들이 안 진사가 지은 명작을 읊는 것도 많이 들었다. 진사 자신도 종종 나를 불러 자신의 잘된 작품을 낭송하곤 했다. 하지만 기억에 남아있는 것은 동학당이 창궐할 당시에 지었다는 시 하나뿐이다.

새벽 굼벵이는 살고자 흔적 없이 가버리나(曉蝎求生無跡去)
저녁 모기는 죽기를 무릅쓰고 소리치며 달려든다(夕蚊寧死有聲來)

그는 황석공(黃石公)의 《소서》(素書)를 자필로 써서 벽장문에 붙이고 취흥이 나면 소리를 높여서 그것을 낭독하였다.

당시 안 진사의 맏아들 중근은 열여섯의 나이로 상투를 틀고 있었는데 머리를 자줏빛 수건으로 질끈 동이고 돔방총이라는 짧은 총을 메고 날마다 사냥을 즐겨했다. 보기에도 영특한 기운이 묻어나고 청계동 군사들 중에 사격술이 제일이이서 짐승이건 새건 그가 겨눈 것은 놓치는 일이 없기로 유명하였다. 늘 넷째 삼촌 태건(泰健)과 함께 사냥을 다녔는데 그들이 잡아오는 노루와 고라니로는 군사들을 먹였다.

진사 여섯 형제는 거의 모두 술과 독서를 좋아했다. 짐승을 잡아온 날이면 반드시 형제들이 한데 모였고 그 외에도 오주부(吳主簿) 고산림(高山林), 최선달(崔先達) 등의 면면이 있었다. 나는 술마시고 시 읊는 데는 아무런 자격이 없었지만 늘 초청은 받아서 산짐승 들새의 진미를 맛보았다.

안 진사는 자기의 아들과 조카들을 위해 서재를 만들었다. 진사는 당시 붉은 두루마기를 입고 머리를 땋아 늘인 8, 9세의 정근(定根)과 공근(恭根)에게는 글을 읽어라 써라 독려했지만 맏아들 중근에게 대하여서는 공부 않는다고 질책하는 것을 보지 못했다.

고능선(高能善) 선생

이렇게 날마다 그 집 사랑에 다니며 노는데 이따금 사랑에 들르는 어느 노인을 안 진사는 지극히 공경하여 윗자리에 모시는 것이었다. 나이는 50여 세나 되어 보이고 기골이 장대하고 의관이 무척 검소한 분인데 하루는 안 진사가 나를 소개하여 그 분에게 배알을 시키고는 나의 이력을 그 분께 고했다.

그 분은 고능선(高能善)이라는 학자로 사람들이 고산림(高山林)이

라고 불렀다. 해주 서문 밖 비동(飛洞)에 대대로 살던 사람으로서 중
암(重菴) 유중교(柳重敎)의 제자며, 의암(毅菴) 유인석(柳麟錫)과
동문으로서 해서지방에서는 품행이 방정하기로 손꼽히는 학자였다.
안 진사는 의병을 일으키던 초기에 그를 모사(謀師)로 모셔왔고, 그
집안의 세간을 다 옮겨와 청계동에서 살도록 했다.

　　어느 날 안 진사의 사랑에서 고 씨를 만나 늘 그렇듯 종일토록 함께
지낸 후 헤어질 즈음에 그가 이런 말을 하는 것이었다.

　　"창수, 내 사랑 구경은 좀 안 해 보겠나?"

　　나는 감격하여서 "선생님 사랑에도 가서 놀겠습니다" 했다.

　　이튿날 고 선생 댁을 방문했다. 선생은 늙으신 낯에 기쁜 빛을 띠고

나를 친절히 맞아들이셨다. 그리고는 맏아들 원명(元明)을 불러 인사를 시켰다. 원명은 나이 30쯤 되어 보였는데 됨됨이가 명민한 듯하나 당당함과 너그러움에서는 부친의 뒤를 잇기는 힘들 것 같아 보였다. 둘째아들은 성인이 되자 죽어 과부 며느리만 데리고 있었다. 원명은 15, 6세나 된 맏딸과 4, 5세 된 둘째 딸을 두고 있었고 아들은 없었다.

고 선생이 거처하시는 사랑은 자그마한 방인데 방안에는 책들이 가득했고 네 벽에는 옛 현인 지자(智者)들의 좌우명과 선생 자신이 깨우쳐 얻은 문구 등을 둘러 붙였다. 선생은 무릎을 개고 꼿꼿이 앉아 마음을 닦으시며 간간이 《손무자》, 《삼략》 같은 병서(兵書)도 읽으셨다.

고 선생은 대화중에 내게 이런 말을 했다. 내가 매일 안 진사집 사랑에 가서 놀지만 정신수양에는 별 도움이 안 되는 것 같고, 그러니 당신 사랑에 와서 같이 세상사에 대해서 얘기도 하고 학문도 토론하는 것이 어떻겠느냐는 것이었다.

나는 황송 감사했다.

"선생님이 이렇듯 너그러이 받아주시지만 제게 어찌 감당할 만한 자질이 있다 하겠습니까?"

고 선생은 미소만 머금을 뿐 뭐라 확실한 말씀은 안 하셨지만 나를 아끼는 마음이 충만한 것만은 느낄 수 있었다.

당시 내 심리 상태가 어떠했던가? 과거 시험장에서 비관을 품었다가 관상 공부에 희망을 걸었으나 내 자신의 상이 너무도 못생겨 다시 비탄에 빠졌다. 그리하여 마음좋은 사람 되기로 결심하였지만 그 방법이 묘연하던 참에 동학당으로부터 수양을 받아 새 나라 새 국민을 꿈꾸었지만 지금 와서는 그 또한 헛 바람 잡는 일이었다. 이제 패장의 신세로 안 진사의 은혜를 입어 목숨은 보전하고 있지만 장래를 생각하면 어느 쪽으로 발을 디뎌 진로를 잡아야 할지 답답하고 우울한 상황이었다.

　고 선생이 나 같은 것을 그토록 아끼시는 듯한데, 진정 내가 저 고명한 학자의 총애를 받을 만한 자질이 있는 걸까? 내가 고 선생으로부터 과분한 사랑을 받는다 하여도 이제까지 과거니 관상이니 동학이니 하는 것들에서 그랬던 것처럼 아무런 효과가 없다면 내 자신이 추락하는 것은 물론이요 순결한 고 선생에까지 누를 끼치는 것은 아닌가 하는 두려움이 생기는 것이다. 나는 고 선생 앞에서 진심을 털어놓았다.

　"선생님! 선생님께서 저를 잘 살피어 가르쳐 주십시오. 저는 나이 겨우 스물에 한평생의 진로에 대하여 스스로를 속이고 과오를 저질러 수많은 실패를 겪었으니 지금 와서 참으로 민망합니다. 선생님께서 저의 자질과 품성을 판단하시어 앞으로 클 수 있어 보이거든 아껴 주시고 가르쳐 주십시오. 만일 괜찮은 인물이 될 조짐이 없다면 저는 고사하고 선생님의 높으신 덕에 누를 끼치고 싶지 않습니다."

　나도 모르는 사이에 눈물이 눈자위를 적셨다. 고 선생은 내 심중의 괴로움에 대해 무척이나 동정하시는 듯 이렇게 말씀하셨다.

　"사람이 제 자신을 알기도 쉬운 일이 아닌데 하물며 남을 어찌 꿰뚫어 알 수 있겠느냐. 그저 성현(聖賢)이 되기를 목표로 하여 성현의 발자취를 밟아갈 뿐인 게다. 예로부터 성현의 지위까지 도달한 이도 있고 조금 모자라는 이도 있다. 또는 성현되는 길이 너무 높고도 멀다 하여 중도에서 삐뚤어나가거나 또한 자포자기하여 거의 짐승과 다를 바 없는 지경에 빠져 허우적대는 자도 있다. 자네가 마음좋은 사람 되려는 본뜻을 가진 이상 몇 번 길을 잘못 들어서 실패니 곤란이니 하는 것들을 겪은 것이 무슨 대수겠느냐. 본뜻만 변치 말고 쉼없이 고치고 쉼없이 전진하면 필연코 목적지에 다다를 날은 오게 마련이다. 그러니 지금 마음속에 고통을 가지는 것보다는 힘써 행동해야 하지 않겠느냐? 실패는 성공의 어머니요 즐거움은 고민 끝에 얻어지는 것이니 너무 상심말도록 하게. 게다가 이 늙은이도 자네의 앞길에 혹시 보탬이 되어줄 수 있다면 그 또한 영광이 아니겠나?"

나는 고 선생의 말씀을 듣고 위안이 되는 정도가 아니라 마치 젖에 굶주린 아기가 어미젖을 빨게 된 것 같았다. 나는 고 선생께 다시 말씀드렸다.

"그러시면 저의 앞길에 대한 일체의 것을 선생님께서 판단되시는 대로 가르쳐 주시면 진심으로 받들어 행하겠습니다."

고 선생은 말씀하시길

"자네가 그렇게 결심한 이상 나의 눈빛이 미치는 데까지, 자네 역량에 맞추어 내게 있는 만큼은 자네를 위하여 마음을 다 쓸 테니 젊은 사람이 너무 상심말고 매일 나와 같이 지내도록 하세. 갑갑할 때는 우리 원명이와 산구경도 다니며 놀게."

유학(儒學)과 의(義)의 공부

그 날부터는 밥을 안 먹어도 배고픈 줄 모르겠고 고 선생님이 죽으라면 죽겠다는 생각까지 하게 되었다. 매일 고 선생 사랑에 가서 지냈다. 선생은 고금의 위인들을 비교 평가하여 주시고 당신이 연구하여 깨달은 요지를 가르쳐 주셨다. 《화서아언》(華西雅言) 이나 《주자백선》(朱子百選) 중에 중요한 구절을 가르치고 주로 의리(義理)를 강조하셨다. 사람이 초군(超羣)의 재주와 능력이 있더라도 의리에서 벗어나면 그 재능이 도리어 화근이 된다는 것이다. 그리고 사람의 처세는 마땅히 우선 의리에 기본을 두어야 하며 일을 해나감에 있어서는 판단과 실행, 계속의 세 단계로 사업을 성취한다는 등등의 금언을 들려 주셨다. 가만 보면 어느 때건 나에게 보여주기 위하여 책장을 접어두었

60

다가 열어 보이시곤 했는데 이것만 보아도 얼마나 열성적으로 나를 가르치시는지 알 수 있었다.

고 선생은 나에게 경서(經書)를 순서대로 가르치는 방법이 적당치 않다고 여기신 듯했다. 내 정신과 재질을 보아 비유하자면 뚫어진 곳을 깁고 빈 구석을 채워주는, 입으로 전하여 마음으로 받아들이는 방식이 첩경이라고 판단하신 듯했다. 선생은 나와 지내 보고 나의 가장 큰 결점이 과단성이 부족한 데 있다고 여기셨나 보다. 매번 가르치실 때마다 아무리 명석하게 보고 잘 판단하였더라도 실행의 원동력인 과단성이 없으면 다 쓸데없다는 말씀을 하셨다. 그리고 그때마다 이런 문구를 역설하셨다.

"가지 잡고 나무를 오르는 것이 그다지 대단할 것은 없다
(得樹攀枝無足奇)
벼랑에 매달려 잡은 손을 놓을 수 있어야 장부라 할 수 있다
(懸崖撒手丈夫兒)"

이렇게 몇 달을 지냈다. 안 진사도 이따금 고 선생을 방문하곤 했다. 세 사람이 모여 앉았을 때 진사와 고 선생이 서로 주거니 받거니 고금의 일들을 논하는 것을 곁에서 듣는 재미는 비교할 데가 없었다.

지나면서 하는 이야기다. 내가 청계동에 살게 되면서 처음에는 갈 곳도 아는 사람도 없어 오로지 안 진사 사랑에 가서 지내는데 안 진사가 자리에 있지 않을 때면 군사들이 나를 향하여 들어라 하고 떠드는 것이었다.

"저 자(나를 가르쳐)는 진사님만 아니었으면 벌써 썩어졌을 것이야. 아직도 접주님 하고 여러 사람들로부터 대접받던 생각이 날거야 —."

"그렇고 말고 저 자는 우리 같은 병사들 보기를 초개(草芥) 같이 볼

거야."

또 어떤 이는 입을 비죽하며

"여보게(저의 동료 군사를 향하여) 그런 말들 말게. 귀담아 두었다가 나중에 동학이 다시 득세하는 날에는 원한을 갚을지 또 알겠나!"

이런 말을 들을 때는 그 즉시 청계동 생활을 청산하고 싶은 생각이 굴뚝같았지만 그들의 장수인 안 진사가 그토록 후대하는데야 무식한 병졸의 소위(所爲)를 탓하는 것이 도리어 용렬(庸劣)하다 생각하고 은인자중하며 지냈다.

안 진사는 매번 사랑에서 술자리를 벌일 때나 흥취 있게 놀 때면 고 선생을 반드시 모셨다. 내 경우는 술로나 글로나 연배로나 또한 외모로나 그런 자리를 빛내기는커녕 오히려 바래게 할 형편이건만 초청받는 것은 물론 조금만 늦어져도 군사나 하인을 시켜 속히 돼지골 가서 창수 서방님 모셔 오너라 하는 것이었다.

그러니 군사들도 자연히 나에 대하여 공손한 태도가 생겼다. 안 진사의 동생들도 예전 처음 만났을 때 술 한잔씩 나눠 본즉 별 볼일 없다고 생각했던 것은 사실이겠지만, 자기네 사랑에서 군사들이 나를 두고 희롱하는 행태를 옆에서 보면서 그 군사들에게 주의를 시키는 듯도 보였다. 글쎄 그건 모르겠다. 자기네 형님인 진사가 자리에 없을 때 군인들의 언동을 듣고 진사에게 보고하여서 진사가 무식한 군사들을 직접 질책하게 되면 도리어 내게 이롭지 못하겠다 생각해서 나를 그와 같이 특별히 대우했는지? 어떻든지 군사들의 태도는 차츰 공손해졌다. 더욱이 고 선생이 나를 친근하게 대하니 그것을 보고는 동네 사람들 모두의 태도가 차차 달라졌다.

고 선생 댁에서 한나절을 지내다가 저녁밥을 선생과 같이 먹고 밤이 깊어 인적이 고요할 때까지 국사를 논하는 일도 가끔 있었다.

고 선생은 이런 말씀도 하셨다.

"예로부터 천하에 흥해 본 적 없는 나라 없고 망해 본 적 없는 나라도 없다네. 그런데 예전에 망국이라 했을 때는 땅과 백성은 그대로 있고 왕의 자리만 빼앗기는 것을 말했는데, 이제는 땅과 백성과 주권까지 다 먹어삼키는 판이네. 우리나라도 꼭 망할 꼴이 됐는데 필시 왜놈들한테 멸망당하게 된 것이지. 이름하여 조정대신들은 이 나라에 붙어 제 자리 보전을 꾀할까 아니면 저 나라에 붙어야 하나 그 생각뿐이고, 재야에 있는 최고의 학자라는 사람들도 그저 놀라서 탄식만 할 뿐 그 어떤 구국의 경륜이 있는 자는 찾을 수 없으니 큰 유감일세. 나라가 망하는 데도 거룩하게 망하는 것이 있고 더럽게 망하는 것이 있는데 우리나라는 더럽게 망하게 된 거야."

내가 놀라서 질문하자 선생은 이렇게 대답했다.

"한 나라 국민이 의(義)로써 싸우다가 힘이 다하여 망하는 것은 거룩하게 망하는 것이요, 그와 달리 백성이 여러 패로 갈려서 한편은 이 나라에 붙고 한편은 저 나라에 붙어서 외국에는 아첨하고 제 동포와 싸워서 망하는 것은 더럽게 망하는 것이지. 이제 왜(倭)의 세력이 전국에 충만하여 궐내에까지 침입해서 대신도 적의 마음대로 갈아치우게 되었으니 우리나라가 제2의 왜국이 아니고 무엇인가. 만고에 오래 지속되되 망하지 않은 나라가 없고 천하에 오래는 살되 죽지 않은 사람이 없지. 그러니 이제 자네와 나에겐 죽음으로써 나라에 충성하는 일 한 가지만이 남아 있을 뿐이야."

선생은 슬픈 얼굴로 나를 바라보았다. 나도 울었다. 그리고 다시 물었다.

"망해가는 것을 망하지 않게 하는 방법은 없습니까?"

"옳은 질문이네. 기왕 망할 나라라 하더라도 망하지 않도록 힘써 보는 것이 신민(臣民)의 의무이지. 청나라와는 서로 돕는 방식으로 연합할 필요가 있어. 물론 지금 조정대신들처럼 무조건 외세에 아첨하는 식이어서는 안 되지만. 청나라가 갑오년 싸움에 져서 반드시 복수하려 할 테니 우리 중에서 적당한 사람이 청나라에 가서 그 나라 사정도 알아보고 그 나라 인물과도 교의를 맺어 두어야만 하네. 그랬다가 후일에 기회가 오거든 한 목소리로 서로 응할 준비를 하여 두는 것이 절대 필요해. 자네 한번 가 보려나?"

"저같이 어리고 지각없는 아이가 간들 무슨 효과가 있겠습니까."

"그야 그렇지. 자네 한 개인만 생각하면 그렇지. 하지만 우리와 같은 뜻을 가진 이들이 많다면 각기 청나라의 정계나 학계 또는 상업계 등의 각 방면에 들어가 활동할 때라네. 다만 누가 그런 뜻을 가지고 있는지 알 수가 없을 뿐이지. 자네 한 사람이라도 그렇게 하는 것이 후일에 유익하다고 판단되면 그렇게 하면 되는 게야."

나는 쾌히 수락했다. "마음이 늘 울적하니 먼 곳 바람도 쐴 겸 떠나 보겠습니다."

선생은 크게 기뻐하셔서 내가 떠난 뒤에는 내 부모까지도 염려말라 하셨다. 의리로 보아 이 뜻을 안 진사에게 알려드림이 옳지 않을까 여쭈었으나 고 선생은 반대하셨다.

"안 진사가 천주학을 믿을 의향이 있는 모양인데 만일 그렇다면 이는 양이(洋夷, 서양 오랑캐)에게 의지하겠다는 뜻이니 대의에 어그러지는 짓이야. 그러니 안 진사에 대한 태도는 나중에 결정하기로 하고 청나라로 떠나는 문제에 대해서는 아직 말하지 않은 것이 좋겠네. 그러나 안 진사는 확실한 인재이니 자네가 청국을 두루 다녀본 뒤에 좋은 일이 있을 때에 서로 의논하는 것도 늦지 않을 것이야. 그러니 이번에는 비밀에 부치고 말없이 떠나는 것이 좋을 듯하네."

나는 무엇이나 고 선생의 지시대로 하기로 결심하고 먼 길을 떠날 준비를 하였다.

청국 시찰과 의병부대 활동

관북지방과 청국 시찰

하루는 안 진사 집 사랑을 갔다가 참빗장수 한 사람을 만났다. 그런데 말씨나 행동거지가 아무리 보아도 보통 돌아다니는 참빗장수는 아닌 듯하여 인사를 청했다. 그는 전라도 남원(南原) 귓골(耳洞)에 사는 김형진(金亨鎭)이란 사람인데 나와 같은 안동 김씨였고 나이는 나보다 8, 9세 위였다.

참빗을 사겠다는 구실로 그를 집으로 데리고 가서 하룻밤을 같이 자면서 그의 인물을 떠보았다. 과연 그는 보통 참빗장수는 아니었다. 삼남 지방에서도 신천(信川) 청계동의 안 진사가 당대의 대문장가며 대영웅이라는 소문이 있어 한번 찾아보러 일부러 떠나왔다는 것이다. 사람됨이 출중하거나 학식이 넉넉하지도 않았지만 시국에 대하여 반감을 지니고 무슨 일이라도 하여 보자는 결심은 있어 보였다.

이튿날 함께 고 선생을 찾아 김형진의 사람됨을 분별해 보시도록 했다. 선생은, "비록 머리가 될 인물은 못 되나 남을 도와서 일을 성사시킬 소질은 있어 보인다"는 판단을 내리셨다.

나는 집에서 먹이던 말 한 필을 팔아서 2백 냥의 여비를 마련해 김형진과 함께 청나라로 출발했다.

백두산을 거쳐 동북 3성(東三省 : 만주일대)을 돌아 최후 목적지로 북경까지 가기로 하고 출발하였다. 평양까지 무사히 도착하여 거기서부터는 나도 김형진 모양으로 참빗장수로 차리기로 하고 참빗과 붓, 먹과 기타 산읍에서 팔릴 만한 물건을 사서 둘이서 한 짐씩 걸머졌다. 을밀대와 모란봉을 잠시 구경하고 강동(江東), 양덕(陽德), 맹산(孟山)을 거쳐 함경도로 넘어서서 고원(高原), 정평(定平)을 지나 함흥(咸興) 감영에 도착하였다.

평양을 떠나 함흥에 도착하기까지 있었던 일 중에 지금껏 기억에 남는 일로, 강동 어느 장거리에서 하룻밤을 자다가 칠십 늙은이 주정뱅이한테 턱없이 매를 얻어맞았다. 억울했지만 원대한 목적을 갖고 먼 길을 가는데 사소한 횡액을 만났다 해서 마음둘 필요는 없다며 스스로 위로하였다. 한신(韓信)이 회음(淮陰)에서 어떤 젊은 놈에게 봉변당한 것을 김형진과 이야기하며 웃었다.

고원 함관령(咸關嶺) 위에서 이 태조가 말갈을 물리친 승전비(勝戰碑)를 보았다. 홍원(洪原) 신포(新浦)의 경치와 북어잡이 하는 광경도 보았고, 또 어떤 튼튼한 여자가 광주리에 꽃게 한 마리를 힘껏 이고 가는데 게 다리 한 개가 나의 팔뚝보다 굵었다.

함경도의 교육제도는 관서지방보다 일찍 발달되었다. 제아무리 가난한 집안이어서 게딱지만큼씩 가옥(대개 관서지방에 비하면 가지런한 구조다)을 짓고 사는 동리일지라도 서재는 반드시 기와집으로 올렸다. 그외에 '도청'(都廳)이라 하여 동네마다 공용가옥을 꽤 넓고 화려하게 지어 그 집에 모여 놀기도 하고 이야기책도 보고 짚신도 삼는다고 했다. 동네 뉘 집에든 손님이 오면 식사를 대접하여 도청에서 묵도록 했고 무전여행객이 자고 가기를 청하면 도청의 공금으로 음식을 대접하는 규례가 있었다. 또 오락 기구로 북(鼓) 장구(缶) 꽹과리(錚) 통소(簫) 등을 비치하여 두고 동네사람들이 종종 모여서 즐기기도 하고 손님을 위로도 하는 아름다운 풍속이 있었다.

또 홍원(洪原)의 어떤 큰 동네의 서재를 방문해 보았는데, 건물이 크고 훌륭했다. 교사가 세 사람이었는데 고등교사 한 사람은 학생 가운데 경서반(經書班)을 담임 교수하고 그 다음은 중등과(中等科)를 그 다음은 초등반을 분담 교수하고 있었다. 대청 좌우에 북과 징을 걸어놓고 북을 치면 학생들이 독서를 시작하고 징을 치면 독서를 파하는 멋진 규칙을 보았다.

함흥에서는 우리나라에서 제일 길다는 남대천 나무다리와 다리 머리에 둘씩 갈라 서 있는 큰 장승을 보았다. 이 장승은 큰 나무에 사람의 얼굴을 새긴 것인데 머리에는 사모를 쓰고 얼굴에는 주홍 칠을 하고 눈을 부릅뜨고 있는 것이 매우 위엄이 있었다. 옛날에는 장승이란 것이 큰 길목에는 어디나 서있었으나 함흥의 장승이 그중 크기로 유명하여서 경주의 인경(鐘)과 은진의 돌미륵과 연산(連山)의 쇠가마와 함께 조선 사대물(四大物)의 하나로 꼽히던 것이었다. 함흥의 낙민루(樂民樓)는 이 태조가 세운 것으로 아직도 성하게 남아 있었다.

북청(北青)은 산 속에 있는 큰 읍인데 이곳 사람들은 예로부터 과거(科擧)에 열심이어서 군 안에 생존하고 있는 진사가 30여 명이오 급제자는 7명이라 했다. 남대천 좌우에 솟대(진사를 한 사람이 기념하려고 크고 긴 나무 기둥에 용의 형상을 그려 넣고 나무 끝에는 날아가는 용의 형체를 나무로 깎아 씌운 것이다)가 즐비하게 서 있었다. 과연 문화향(文華鄕)이라 할 만했다.

우리가 단천(端川) 마운령(摩雲嶺)을 넘어서 갑산(甲山) 읍에 도착한 것이 을미년(1895년) 7월이었다. 여기 와서 놀란 것은 분명히 산

속의 큰 읍인데도 기와를 이고 있는 관청을 빼고는 집집마다 지붕에 풀이 무성했던 것이다. 얼른 보아 사람이 살지 않는 폐허와도 같은 느낌이었다. 그러나 나중에 알고 보니 지붕을 봇껍질이라는 것으로 덮고 흙덩이로 눌러놓는데 거기 풀이 무성하게 자란 것이라고 했다. 그러면 아무리 큰비가 퍼부어도 흙이 씻기지 않는다는 것이었다. 봇껍질은 흰색으로 탄력이 강하여 지붕에 올릴 때는 반드시 조약돌이나 흙덩이로 눌러 놓는데 흙기와나 돌기와보다도 오래 간다고 했다. 또 사람이 죽어 염습할 때 봇껍질로 싸서 묻으면 만년이 지나도 해골이 흩어지는 일이 없다고 했다.

혜산진(惠山鎭)에 이르니 바로 압록강을 사이에 두고 만주를 바라보는 곳이라 건너편 중국사람의 집에 개짖는 소리가 들렸다. 압록강도 여기서는 걸어서 건널만하였다.

혜산진에 이르러 제천당(祭天堂)을 구경했다. 그곳은 백두산 줄기가 남쪽으로 내달려 조선 산맥의 가장 큰 어른격이 된다. 제천당 주련(柱聯)에는 이렇게 써 있었다.

"유월에도 눈 덮인 산이라 백두려니 구름과 안개요
(六月雪色山 白頭而雲霧)
만고를 소리쳐 흐르는 물이라 압록이니 용솟음치네
(萬古流聲水 鴨綠而洶湧)"

조정에서 해마다 제천당에 관리를 보내 백두산신령에게 제사를 올린다고 했다.

혜산진에서는 압록강 건너편의 중국인 민가에서 개 짖는 소리까지 다 들렸고 압록강도 바지 자락만 말아올리고 건너 다녔다. 우리는 백두산 가는 길을 물어가면서 서대령(西大嶺)을 넘어 삼수(三水), 장진

(長津), 후창(厚昌)을 거쳐 자성(慈城)의 중강(中江)을 건너서 중국 땅인 모아산(帽兒山)에 다다랐다.

지나온 길은 험산준령 아닌 곳이 없고 어떤 곳은 70~80리나 무인지경이어서 아침에 미리 점심밥을 싸 가지고 간 적도 있었다. 산길이 매우 험했지만 맹수는 별로 없었고 나무들이 빽빽이 자라 지척을 분간하기 어려웠다. 나무 가운데 큰 것은 베어내고 남은 그루터기 위에 7, 8명이 모여 앉아서 밥을 먹을 만한 것도 드물지 않다고 했다. 직접 목격한 것이지만 나무를 찍어 넘기고 그 나무를 잘라서 곡식 저장용 통을 파는데 장정 하나가 그 통 속에 들어가서 도끼질을 하는 것이었다.

또 이쪽 산꼭대기의 노목이 쓰러져서 건너편 산봉우리에 걸쳐져 있는 것을 많이 보았는데, 지나는 사람들은 굳이 계곡으로 갈 필요 없이 그 쓰러진 나무를 다리 삼아 건널 수 있었다. 우리도 그렇게 나무를 타고 건너 보았다. 마친 신선이 다니는 길인 듯했다.

이 지방은 인심이 대단히 순후하고 먹을 것도 넉넉해서 나그네가 오면 매우 반가워하여 얼마든지 묵어 지내도록 한다. 나는 곡식은 대개 귀리와 감자이고 산골 개울에는 이면수라는 이름의 물고기가 많이 나는데 맛이 참 좋았다. 짐승 가죽으로 옷을 만들어 입는 것을 보니 원시시대의 삶을 그대로 잇고 있는 듯 했다. 삼수읍의 성 안팎에 인가가 30여 호 있다고 했다.

모아산에서 서북으로 노인치(老人峙)라는 고개를 넘고 또 넘어 서대령으로 가는 길에서 우리 동포를 100리에 두어 사람 꼴로 만났다. 대개 금 캐는 사람들이었는데 만나는 사람마다 우리더러 백두산에는 가지 말라고 말렸다. 향마적(響馬賊)이라는 중국인 도적떼가 숲속에 숨어 있다가 지나가는 사람들이 있으면 총으로 쏘아 죽이고 시신을 뒤져서 몸에 지닌 것들을 약탈해 간다는 것이었다. 얼마 전에도 우리 동포 한 사람이 그렇게 죽었다고 했다.

우리 두 사람은 상의한 끝에 백두산 참배를 포기하고 통화현성(通化縣城)으로 갔다. 이 성은 세워진 지 얼마 되지 않아서 관사와 성루문의 서까래가 아직도 흰빛을 잃지 않았다. 성안에 인가가 모두 500호라고 했다. 그 중에는 우리 동포는 단 한 집뿐인데, 변발을 하고 중국사람의 복색을 한 남자는 군대에 복무하고 있다 했고 여자들은 온전히 한복 차림이었다. 그 집 주인은 시쳇말로 호통사(胡通辭)였다. 거기서 10리쯤 되는 곳에 심 생원이라는 동포가 산다 하여 찾아가 봤더니 글줄이나 겨우 읽을 줄 아는 이가 넋 놓고 아편만 피워대서 뼈만 남은 형상이었다.

이곳 등지를 두루 돌아다니는 중에 가장 증오스러운 것이 호통사들이었다. 중국어 몇 마디 배워 가지고 불쌍한 동포의 피를 빨아먹는 것이었다. 갑오년 난리를 피하여 생소한 이 땅에 건너온 우리 동포들은 중국사람이 살 수 없어서 내버린 험한 산골을 택하여 화전을 일구었고 조나 강냉이를 지어 겨우 연명하고 있었다. 호통사라는 놈들은 중국사람에게 붙어서 무리한 핑계를 만들어 혹은 동포의 전곡을 빼앗고 혹은 부녀의 정조를 유린하는 것이었다. 한 곳을 가노라니 어떤 중국인의 집에 한복을 한 처녀가 있기로 이웃 사람에게 물어본즉 그 역시 호통사의 농간 아래 부모의 빚값으로 중국인의 집에 끌려온 것이라고 하였다. 관전(寬甸), 임강(臨江), 환인(桓仁) 어디를 가도 호통사의 폐해는 마찬가지였다.

어디나 토지는 비옥하여서 비료를 주지 않아도 잡곡들이 잘 자랐다. 한 사람이 지으면 열 사람이 먹을 만했다. 오직 귀한 것은 소금이어서 의주(義州)로부터 물길로 수천 리씩 실려와 팔렸다.

동포들의 인심은 참으로 순후하여 본국 사람이 오면 그곳 말로 '앞대 나그네'가 왔다 하여 무척 반가워했다. 집집이 다투어서 맛있는 것을 대접하려고 애를 쓰고 남녀노소가 모여와서 본국 이야기를 들려 달라고 졸랐다. 그들은 대개는 청일전쟁 때 피난간 이들이지만 극히 드물게는 본국서 죄를 짓고 도망해 온 사람들, 즉 전국 각지에서 민란을 주동했던 주동자들이나 공금을 포탈한 평안도·함경도의 관리들도 있었다.

아마도 관전(寬甸)에서였을 것이다. 한 곳에 비각(碑閣)이 있는데 비문에는 '삼국충신 임경업지비'(三國忠臣 林慶業之碑)라고 새겨져 있었다. 근처의 중국사람들은 병이 나면 이 비각에 제사를 드리는 풍속이 있다 했다.

의병부대 참가활동

이 지방을 두루 다니며 얘기들을 들어 보니 김이언(金利彦)이란 사람이 청나라의 도움을 받아 일본에 반항할 의병(義兵)을 일으키려고 도모한다는 소문이 있었다. 사람들이 전하는 바에 따르면 김이언은 벽동(碧潼) 사람으로서 기운이 있고 글도 잘하여 심양자사(瀋陽刺史)로부터 말 한 필과 《삼국지》한 권을 상급으로 받았다고 한다. 청나라 장교들에게도 융숭한 대접을 받는다고 하였다.

우리는 이 사람을 찾아보기로 작정했다. 먼저 그 인물이 참으로 지사(志士)인지 협잡꾼은 아닌지 알아보려고 김형진을 먼저 떠나보내고 나는 다른 길로 수소문하면서 뒤따라가기로 하였다.

길을 가다가 하루는 압록강을 한 백리나 앞둔 곳에서 궁둥이에 관인(官印)을 찍은 말을 타고 오는 젊은 청나라 장교 한 사람을 만났다. 그의 머리에 쓴 마라기(청나라 군인의 모자)에는 옥로(玉鷺)가 빛나고 붉은 솔이 너푼거렸다. 나는 덮어놓고 그의 말머리를 잡았다. 그는 말에서 내렸다. 나는 중국말을 모르기 때문에 늘 품안에 여행의 취지를 적은 글을 만들어 지니고 있었는데 이것을 그 장교에게 내어보였다. 그는 내가 주는 글을 받아 읽더니 다 읽기도 전에 소리를 내어서 울었다. 내가 놀라서 그가 우는 까닭을 물으니 그는 내 글 중에,

"통탄스럽구나. 저 왜적은 나와 같은 하늘 아래 살 수 없는 원수이니"(痛彼倭敵與我 不共戴天之讐)

라는 구절을 가리키며 다시 나를 붙들고 울었다. 필담(筆談)을 하려고 필통을 꺼내었더니 그가 먼저 붓을 들어서 "왜가 어찌하여 그대의 원수냐"고 도리어 내게 묻는다. 나는 "일본이 임진 때부터 대대로 원수일 뿐 아니라 지난달에는 우리 국모를 불살라 죽였다"고 쓰고, 그리곤 그대야말로 무슨 연유로 내 글을 보고 이토록 통곡하는가 하고 물었다.

"나는 작년 평양싸움에서 전사한 청나라 장수 서옥생(徐玉生)의 아들이오. 부친의 시신을 찾아 달라고 강계관찰사에게 청하였는데 찾았다 하여 가서 본즉 아버지의 시신이 아니어서 헛걸음하고 집으로 돌아가는 길입니다."

나는 평양 보통문 밖에 '서옥생 전망처(戰亡處)'라는 나무비를 보았다는 말을 해주었다. 그의 집은 금주(錦州) 요 집에는 1,500명 군사를 키우고 있었는데 그 아버지 옥생이 그 중에서 1천 명을 데리고 출정해서 전멸하였고 지금 집에는 500명이 남아 있다고 했다. 재산은 넉넉하고 자기의 나이는 서른 몇 살이며 아내는 몇 살이고 아들이 몇, 딸이 몇이라고 자세히 가르쳐준 뒤에 내 나이를 물었다. 내가 그보다 연하인 것을 알고는 그는 나를 아우라고 부를 터이니 그를 형이라고 부르라며 피차에 형제의 의를 맺자고 청하였다.

"우리 서로 같은 원수를 가졌으니 함께 살면서 시기를 기다리자" 하

며 금주로 함께 가자고 했다. 대답할 사이도 없이 그는 내 등에 진 짐을 벗겨 말에 달아매고는 나를 붙들어 말안장에 올려놓고 그는 밑에서 말을 채찍질했다. 미안한 마음에 같이 걸어서 가겠다고 했지만 그는 걱정 말라며 10리만 가면 관마(官馬)를 잡아탈 수 있다고 했다.

말 위에서 곰곰이 생각했다. 내가 워낙 이 길을 떠난 것이 중국 인사들과 교의를 맺자는 것이었으니 이제 서씨와 같은 명가와 인연을 맺는 것은 아주 좋은 기회가 아닐 수 없었다. 그러나 김형진에게 이 사실을 알릴 길이 없는 것이다. 또 김이언의 계획에 대해서도 자세한 내용을 알아야겠다는 생각이 앞서니 그저 마냥 금주의 서씨 집에 머물고 싶지는 않았다. 말에서 내려 서씨에게 생각을 전했다.

"근 1년 동안이나 집을 떠나 있어 부모님 안부도 모르고 또 왕실에서 변을 당한 후 나라 형편이 어떻게 바뀌었는지도 알지 못하오. 내가 먼저 고국으로 돌아가 부모님의 승낙을 얻어와서 떳떳이 형과 함께 지내며 장래를 경영하는 것이 어떨까 싶소."

서씨는 무척이나 아쉬워하면서, 내 사정이 그렇다면 어서 빨리 고국의 부모님을 뵙고 돌아와 만나도록 하자고 재삼 부탁하며 눈물을 흘렸다.

그렇게 작별하고 대엿새 후 김이언의 근거지인 삼도구(三道溝)에 도착했다. 참빗장사의 행색으로 이 집 저 집에서 김이언의 동정과 그 부하들에 대해 물어보았다.

김이언은 호사(好事) 취미가 있고 자신감이 지나쳐서 다른 사람의 생각을 받아들이는 데 문제가 있는 듯했다. 50여 세의 나이로 힘이 엄청나서 심양에 있는 500근 되는 대포를 앉아서 두 손으로 들었다 놓았다 한다 했다. 그러나 내가 관찰한 바로는 진정한 마음속의 용기는 부족한 듯했고 그보다는 오히려 그의 동지인, 초산(楚山)에서 이방(吏房)을 지냈다는 김규현(金奎鉉)이란 사람이 의리도 있고 책략도 있어 보였다.

김이언은 의병 운동의 수령이 되어서 초산, 강계(江界), 위원(渭原), 벽동(碧潼) 등지의 포수와 강 건너 중국땅에 사는 동포 중에 사냥총이 있는 사람을 모아 300여 명의 무장한 군사를 두고 있었다. 의병을 일으킨 대의명분은 "국모가 왜적에게 피살당한 것은 국민 전체의 치욕이니 참을 수 없다"는 것이요, 이 뜻으로 글 잘하는 김규현의 붓으로 격문을 지어서 사방에 뿌렸다.

나와 김형진 두 사람도 의병 일으키는 모의에 가담하기로 했다. 나는 초산, 위원 등지에 숨어 다니며 포수를 모으는 일과 강계성에 들어가서 화약을 사오는 일을 맡았다.

거사 시기는 을미년 동짓달 초순이었다. 그때면 압록강이 거의 얼어붙을 테니 삼도구에서 행군을 시작하여 언 강 위를 지나 강계성까지 곧장 진격한다는 계획이었다.

그런 중에 이런 일도 있었다. 내가 위원에서 맡은 일을 끝내고 책원지(策源地)인 삼도구로 돌아오는 길에 혼자서 압록강을 건너다가 얇은 얼음을 밟아 물에 빠져 버렸다. 몸은 물 속으로 빠져 들어가고 겨우 머리와 두 팔만 얼음 위에 남은 형국이었다. 죽을힘을 다해 솟아올라 땅에 다다랐는데 옷이 삽시간에 얼음덩어리로 변해 단 한 걸음도 발을 옮길 수가 없었다. 익사는 겨우 면했으나 이젠 곧 얼어죽을 형편이었다. 내 고함소리를 듣고 산골 사는 사람이 자기 집으로 끌고 가서 구호해 주어 겨우 살아나게 되었다.

김이언에게 강계 진공책을 물은즉 이미 강계 병영에 있는 장교들과 내응이 있으니 문제가 없다 했다. 그러나 그 장교들이 순수한 애국심의 발로에서 내응하는 것인지 다른 어떤 이유가 있는지는 알 수 없었다.

김이언은 우선 고산진(高山鎭)을 쳐서 그곳의 무기를 탈취한 다음 그 무기를 가지고 강계를 공격한다는 계책을 세웠다. 나는 그래서는 안 된다고 역설하며 곧장 강계성으로 돌격하자고 주장하였다. 고산진을 먼저 치면 강계성의 수비가 더욱 엄중해질 것이 뻔했고 선발대의 수효가 적긴 해도 그 뒤에 어느 정도의 병력이 있는지 저쪽에서는 알 수 없는 것이다. 그러니 급습이 유효하다고 생각했다. 김규현, 백진사 등 참모도 내 의견에 찬성하였으나 김이언은 끝내 제 고집을 꺾지 않았고 우리는 어찌됐든 따라가 보기로 하였다.

먼저 야간에 고산진에 쳐들어가 무기를 빼앗아 빈손으로 종군하는 이들에게 나누어주었다. 그리고 이튿날 강계로 진군했다. 한밤중에 전군이 빙판 위로 내달아 인풍루(仁風樓) 밖 10리쯤 되는 곳에 선두가 다다랐을 때 강의 남쪽 송림 속에 화승총 불꽃이 번쩍거렸다. 그런 중에 강계대 소속 장교 몇 명이 마중 나와 김이언을 찾아 첫 번째 묻는 말이, 이번에 오는 군사 중에 청나라 군사가 있느냐는 것이었다. 김이언은 대답하길 이번에는 청나라 군사가 오지 않았고 우리가 강계 점령 사실을 통보하면 곧 도착하기로 되어 있다고 했다. 그의 말이 정직한 것이었는지는 모르나 전략적으로 적절한 것은 아니었다.

애초에 나는 우리 중에 몇 사람을 청나라 장교로 위장하여 선두에 세울 것을 주장했었다. 그러나 김이언은 "우리 국모의 원수를 갚으려는 이 싸움에 청나라 군사의 위력을 가장하는 것이 옳지 않다"고 고집했던 것이다. 나는 이에 대하여 강계대의 장교라는 것이 애국심보다는 세력에 쏠릴 것이므로 청나라 장교로 가장하는 것이 전략상 절대 필요하다고 하였으나 김이언은 끝까지 듣지 않았다. 그랬던 차에 이제 강계대 장교가 머리를 흔들고 돌아가는 것을 보니 대세는 이미 그르쳤다는 생각이 들었다.

아니나 다를까 그 장교들이 자기 진지에 돌아가자마자 솔숲에서 총소리가 울리더니 탄알이 빗발같이 쏟아지기 시작했다. 좌우로 산골짜기가 험준한데 빙판 위에서 천여 명의 사람과 말들 사이에 대혼란이 일어났다. 물밀 듯 뒤로 밀리는 중에 벌써 총에 맞아 죽거나 부상을 입고 울부짖는 자들도 있었다.

나는 몇 걸음 뒤로 물러서면서 김형진과 상의했다. 일은 이미 다 틀렸고 김이언은 사람들을 결코 다시 모을 수 없을 것이다. 그러니 저들과 같이 퇴각할 필요도 없다. 낯선 행색으로 돌아다녀 봐야 잡히기나 쉬울 테니 잠시 강계성 부근에 피신해 있다가 고향으로 돌아가기로 했다.

이렇게 결정하고 산 언저리로 올라가 강계성과 지척에 있는 마을로 들어갔다. 동네 전체가 피난가서 인적이 없었다. 어느 집으로 들어가니 문은 다 열려 있으나 안팎에 인기척이 없는 빈집이었다. 안방에 들어가니 방구석 화덕에 불이 피어 일렁이고 있었다. 우선 화로 앞에 앉아 몸을 녹이고 있는데 방안 가득 고기 냄새와 술 냄새가 나는 것이었다. 시렁 위에서 광주리를 꺼내 보니 온갖 고기가 가득했다. 우선 닭다리와 돼지갈비를 숯불에 구워 먹고 있는데 웬 베두건을 쓴 사람이 문을 살며시 열고 방안을 들여다보는 것이다. 나는 짐짓 책망하는 척 했다. 누군데 야밤에 남의 집에 함부로 들어오느냐! 그 사람이 두려워하는 기색으로 말하길 자기가 이 집 주인이라고 했다. 여러 곳에서 온 조객들과 어머니 대상(大祥)을 지내려는데 총소리에 놀라 손님들은 흩어져 내달리고 자기 식구들은 산으로 피신케 했다는 것이다.

나는 한편으로는 실례했다고 말하고 한편으로는 위로해 주었다.

"우리도 장삿길에 성내에 왔는데 당도하자마자 난리가 났다고 소동이 벌어져서 촌으로 피난 나온 것이오. 와서 보니 당신 집이 문이 열려 있고 들어와 보니 먹을 것이 있기에 요기를 하던 참이었소. 난시(亂時)에는 이런 일도 있을 수밖에 없으니 용서하시오."

주인은 그제야 안심하는 듯했다. 주인에게 권하길 산중에 피난해

숨은 식구들을 돌아오게 하라고 했다. 주인은 겁이 나서 하는 말이

"지금도 보니까 동구 밖으로 군대가 밀려가던데요."

"군대가 무슨 일로 출정한다는지 들으셨소?"

"강 건너(청나라를 가리킴)에서 의병이 밀려와 강계를 치려다가 군대에게 쫓겨간다고 하더군요. 하지만 멀리서 자꾸 총소리가 들리니 알 수 있나요. 승부가 어찌 될지 모르죠."

"의병이 오나 군대가 오나 촌사람들에게야 무슨 상관 있겠소? 여인네들과 아이들이 눈 속에서 밤을 보내다 무슨 위험을 겪을지 모르니 속히 집으로 돌아오게 하시오."

"내 집 식구뿐 아니라 동네 전체가 거의 다 산 위에서 밤을 지샐 준비를 갖췄답니다. 그러니 너무 염려치 마시고 이왕 내 집에 오셨으니 집이나 봐 주시오. 나는 산에 있는 식구들을 가서 보고 오겠습니다."

인풍루 밖 길가 첫 동네였던 그 집에서 하룻밤을 묵고 이튿날 아침 일찍 출발했다. 그렇게 강계를 떠나 적유령(狄踰嶺)을 넘어 며칠 만에 신천에 도착하였다.

고능선 선생의 손녀사위가 될 뻔한 인연

청계동을 향하여 가는 길에서 수소문해 보니 고 선생 집에 콜레라가 들어서 큰아들 큰며느리인 원명 내외가 함께 세상을 떴다는 놀라운 소식을 들었다. 동네에 들어서서 먼저 고 선생 댁에 들러 위문하였다. 고 선생은 도리어 차분한 듯 보였으나 나는 가슴이 꽉 막혀 무슨 말을 할 수가 없었다.

부모 계신 집으로 가려고 하직할 때 고 선생은 무슨 뜻인지 모를 말씀을 한마디 하셨다. 곧 성례(成禮)를 하도록 하세 ─. 집에 도착해 부모님과 이야기하는 중에 그 말씀이 무엇을 뜻하는지 알게 되었다.

내가 떠난 후에 고 선생 손녀(원명의 장녀)와 내가 약혼이 되었다는 것이다.

　아버님과 어머님은 번갈아 가며 어찌해서 약혼하게 됐는지 설명하셨다. 아버님이 말씀하시길,

　"네가 떠나간 후에 고 선생이 집에 찾아오셔서 요새 아들도 없고 매우 고적하실 터이니 사랑에 오셔서 이야기나 하고 노십시다 하더라. 고마워서 그 사랑에 가서 노는데 고 선생이 네가 어렸을 때 행실이 어땠는지 자세히 묻더구나. 그래서 나는 네가 어렸을 때 공부를 열심히 하던 것과 해주 과장(科場)에서 극단적인 비관을 품고 돌아와 관상책을 보다가 낙심했던 얘기, '마음좋은 사람' 될 길을 찾아서 동학에 입도했던 얘기 등을 해드렸다. 또 인근의 강·이 씨들은 조상의 유해를 사고 파는 죽은 양반이지만 제는 마음을 수양하고 몸으로 실천하는 살아있는 양반이 되겠다던 말도 했지."

　어머님 말씀,

　"어느 날 고 선생이 우리 집에 오셔서 내게도 너의 자랄 때 행동거지를 물으시더라. 그래서 네가 강령서 칼을 가지고 신풍(新豊) 이 생원 집 아이들을 죽이러 갔다가 칼도 빼앗기고 매만 맞고 왔던 얘기를 해드렸지. 그리고 돈 이십 냥을 허리에 차고 떡 사먹으러 갔다가 제 아버지에게 매 맞은 얘기와 내가 사 둔 붉고 푸른 물감을 전부 다 가져다가 개천에 풀어놓아 때려주던 일, 아침에 울기 시작하면 종일토록 울던 얘기도 했다."

　아버님 말씀,

　"하루는 고 선생 댁에 가서 노는데 선생이 느닷없이 '노형 우리 집과 혼인하면 어떻겠습니까' 하더라. 나는 무어라고 대답할지 몰랐는데 선생이 다시 말씀하셨다. '내가 청계동에 와서 머문 후로 많은 청년들을 다 시험해 봤지만 당신 아들 만한 사람을 아직 보지 못했다오. 불

행히도 아들 며느리가 함께 세상을 떠나고 나니 내 한 몸을 의탁할 데도 없고 그래서 생각한즉 노형 아들과 내 장손녀와 혼인을 하여 나까지 창수에게 의탁하면 어떨까 싶소.' 나는 황공하여 선생께 말했지. '선생께서 저의 미욱한 자식을 아끼시는 것이 감사하나 반상(班常)의 구별이 있고 또 덕행(德行)으로나 집의 형편으로나 자식의 처지로 보더라도 감당할 수 없습니다. 제 자식이 내심은 어떤지 몰라도 제가 자인하듯이 외모도 하도 못나서 선생 문호에 욕이 될까 두렵습니다' 했다. 고 선생은 이런 말을 하더구나. '아들 알기를 아비만 하겠느냐고 하지만 내가 노형보다 좀더 알는지 알겠소? 아들이 못생겼다고 걱정할 일은 없소. 내가 보기에 창수는 호상(虎相)입디다. 인중이 짧고 이마가 두툼한 것이나 걸음걸이를 보더라도, 장차 두고 볼 일이지만 범의 냄새도 풍기고 범의 소리도 질러서 세상을 뒤흔들지 알겠소?'"

이러저러해서 약혼을 하였다는 것이다. 고 선생이 그처럼 나를 촉망하고 스스로 원해 손녀를 허락하다니. 나는 책임이 무겁고 성의를 감당키 힘들다는 느낌도 있지만 그 규수의 자품(姿品)이나 상당한 가정교육을 받았다는 점에서 만족한 마음도 있었다. 그 다음부터는 고 선생 댁에 가면 안채에서도 인정하는 빛이 보이고 예닐곱 살짜리 둘째 손녀는 나를 아저씨라고 부르며 안아 달라 업어 달라 한다.

그 규수는 할아버지의 밥상에 나의 밥도 함께 차려 내가 앉은 자리에도 들어온다. 나는 마음에 퍽 기뻤다. 원명 부부의 장례도 내가 힘을 보태서 치렀다.

고 선생에게 청나라 돌아다닌 이야기를 일일이 보고했다. 압록과 두만강 너머의 토지의 비옥함과, 그곳의 지세는 어떻고 인심은 어떤지 말씀드렸다. 또 서옥생의 아들과 의형제 맺은 사정과 돌아오는 길에 김이언을 만나서 의병에 동참하였다가 실패한 등등을 말씀드렸다. 장차 북방에 가서 활동할 만한 곳, 그러니까 병사들을 운용할 만한 곳

등을 상세히 보고하였다.

바로 그때가 단발령이 나던 때다. 군대와 경찰은 거의가 머리를 깎았고 문관(文官)의 경우도 각 군에 면장까지 단발을 실시하고 있었다. 고 선생과 상의한 후 의병을 일으키는 문제를 놓고 안 진사와 함께 모여 논의했다. 안 진사는 아무 승산도 없이 일어나 본들 실패할 수밖에 없으니 아직 일으킬 생각이 없다고 했다. 일단은 천주교에 귀의했다가 뒷날 기회를 보아 의병을 일으키겠는데, 당장은 머리를 깎게 되면 깎을 의향도 있노라고 했다.

고 선생은 단 한마디, "진사, 오늘부터 끊네"(우리나라에서 예로부터 선비들이 절교하는 표시)로 말을 마치고 자리를 뜨니 나의 심사도 매우 착잡해진다. 이전에, 안 진사의 인격으로 된 것이든 아니든 제 나라 안에서 일어난 동학은 토벌하고 서양 오랑캐가 하는 서학(西學)을 한다는 말이 무척 괴이쩍은 것이었다.

때가 어느 때인가. 무릇 의리에 사는 선비는 머리는 자를지언정 머리카락은 자를 수 없다, 지하에서 머리 없는 귀신이 될지언정 이 세상에서 머리카락 자른 사람으로 살 수는 없다는 주장이 일반으로 돌고 있었다. 그런데 이럴 때 안 진사가 단발할 의향까지 보인 것은 의로움에서 벗어난 소이가 아닌가? 이런 생각을 하고 고 선생과 상의한 결과 속히 성혼이나 하고 나서 청계동을 떠나기로 결정하였다.

부모님은 다른 자식은 없이 오로지 나 하나뿐이니, 또는 고 선생과 같은 훌륭한 가문 출신인 며느리를 맞게 된 것이 무엇보다도 기뻤는지 전력을 다하여 혼수와 혼구(婚具)를 준비하느라 바빴다. 그런 가운데 호사다마(好事多魔)로 생각지도 않았던 괴이한 일이 생긴다.

하루는 10여 리 떨어진 해주 검단(檢丹) 등지의 친구 집에 가서 일을 보고 날이 저물어 그 집에서 잤는데 아침에 잠자리에서 일어날 때 고 선생이 나를 찾아왔다. 천만낙심하여 이런 말씀을 하시는 것이었다.

"자네가 어렸을 때 어느 집안에 약혼을 하였다가 자네가 원치 않아 물렸던 일이 지금 와서 문제되네 그려. 어제 사랑에 있는데 성이 김가라고 하는 사람이 찾아왔더군. 당신이 고 아무개냐 묻기에 그렇다고 했더니 내 앞에다가 칼을 내놓고 하는 말이, '당신 손녀를 김창수에게 허혼(許婚)하였다고 하던데 첩으로 주는 것이오, 정실(正室)이오?' 하는 것이야. 하도 어이가 없어 초면에 그게 무슨 무례한 말이냐고 꾸짖었더니 김가는 노기 등등해서 하는 말이 '김창수의 정처(正妻)는 바로 나의 딸인데 들리는 얘기가 당신 손녀와 결혼한다니, 첩이라면 몰라도 정실이라면 이 칼로 죽든지 살든지 하자'고 하더구나. 나는 김창수가 예전에 약혼한 곳이 있었지만 이미 파혼된 줄 알고 결혼을 허락했다. 그런데 지금 그대의 말을 들어보니 엄연히 약혼중인 듯하니 내가 김창수와 직접 해결하겠다. 그러니 그대는 물러가라 하여 돌려보냈다네. 이를 어찌 하면 좋겠나? 우리 집안 여자들은 지금 난리가 났네."

나는 이 말을 듣고 처음부터 재미없게 된 것으로 보고 고 선생께 말씀드렸다.

"제가 선생님을 믿고 우러른 본뜻이 손자사위나 되는 데 있었던 것은 아닙니다. 친히 가르쳐 주시는 정성스런 교훈을 마음 깊이 아로새기고, 죽을 때까지 거룩한 가르침을 받들어 따르기로 마음속에 맹세한 이상 결혼을 하건 하지 않건 무슨 상관이겠습니까. 결혼에 관한 일은 서로 단념하고 의리로만 선생님을 받들겠습니다."

혼사가 순조롭게 되기는 힘들 것 같아서 잘라서 말씀드렸지만 내심으로는 무척 섭섭했다. 고 선생은 나의 말을 듣고 눈물을 흘리시며 탄식을 하신다.

"내 장차 심신을 의탁할 만한 사람을 찾느라 많은 마음고생을 하다 자네를 만났는데, 더더욱 미혼이어서 혼사까지 약속했던 것인데 이런 괴변이 어디 있겠나. 그러면 혼사는 이제 거론하지 않기로 하세. 그건 그렇고 이제 관리들의 단발 후에는 평민에게도 똑같이 실시할 테니 자네는 시급히 몸을 옮겨 화근이 없도록 하게. 이 늙은이는 그 화가 미치면 죽기로 작정했네."

앞에서 빠진 이야기를 좀 해야겠다. 그 김가라는 사람은 함경도 정평(定平)에 본적을 둔 김치경(金致景)이다. 10여 년 전에 아버지께서 술집에서 그를 만나 함께 술을 마시다가 김에게 8, 9세 되는 딸이 있다는 말을 들으시고 취담으로 "내 아들과 혼사하자" 하여 서로 언약을 하고 그 후에 아버지는 그 언약을 지키셔서 내 사주도 보내시고 또 그 계집애를 가끔 우리 집에 데려다 두기도 했다. 나는 서당 동무들이 '함지박장수 사위'라고 나를 놀려대는 것이 싫었다. 한번은 얼음판에 팽이를 돌리고 있는데 그 계집애가 따라와서 제게도 팽이를 하나 만들어달라고 나를 졸랐다. 나는 싫은 감정이 머리끝까지 치밀어 올라 집에 돌아와서 어머니께 떼를 썼다. 그리고 그렇게 해서 그 애를 제 집으로 돌려보내 버렸는데, 그러나 약혼을 깨뜨린 것은 아니었다.

그러다 갑오년 청일전쟁이 일어나자 사람들의 일반 심리가 아들딸들 혼인이라도 일단 시키는 것이 유일한 책무인 듯했다. 그때 동학접주로 동분서주하던 내가 하루는 여행을 하고 돌아오니 집에서는 그 여자와 성례시킨다고 술과 떡을 마련하고 모든 혼구를 다 차려놓고 나를 기다리고 있었다. 그러나 나는 한사코 싫다고 버티어서 마침내 김치경도 도리어 무방하게 생각하여 이 혼인은 아주 파혼이 되고 김은 그 딸을 돈을 받고 다른 사람에게 정혼까지 한 것이었다. 그런데 내가 고씨 집에 장가든다는 소문을 듣고 김은 돈이라도 좀 얻어먹을 양으로 고 선생 댁에 와서 야료를 부린 것이었다.

아버지께서는 크게 분노하여 김치경을 찾아가서 김과 한바탕 싸우셨으나 이미 엎질러진 물이라 다시 주워 담을 수는 없었다. 이리하여 내 혼인문제는 불행한 끝을 맺고 고 선생도 청계동에 더 계실 뜻이 없어 해주 비동(飛洞)의 고향으로 돌아가시고 우리 집은 텃골로 다시 이사했다.

명성황후 시해 복수와 치하포 의거

나는 서둘러 중국 금주 서씨의 집으로 가기로 작정했다. 김형진은 자기 본향으로 가게 되어 동행하지 못하고 단신으로 떠났다. 평양 감영에 다다르니 관찰사 이하 관리 전부가 벌써 단발을 하였고 이제는 길목을 막고 지나다니는 행인들을 붙들어 상투를 자르고 있었다. 사람들은 머리를 잘리지 않으려고 슬멋슬멋 평양을 빠져나와 시골로 피난을 가는데 백성들의 원성(怨聲)이 길에 가득했다. 이것을 보고 나는 머리끝까지 분이 올라서 안주(安州)에 도착했는데 게시판을 보니 단발 정지령(停止令)이 내려 있었다.

들자니 서울 종로에서는 시민들의 머리를 깎으려다 큰 소동이 벌어져서 왜놈들을 수없이 때려죽이고 그들의 가옥을 때려부수는 등의 난리가 일어났고 당시 정부 당국자에게도 큰 변동이 생겼다고 했다.

그렇다면 장차 국내의 상황이 무척 가변적일 테니 구태여 출국할 필요는 없을 것 같았다. 또 삼남(三南) 방면에서 의병이 봉기한다는 소문도 있으니 다시 돌아가 시국을 주시해 보겠다고 마음먹고 발길을 돌렸다. 그리하여 용강(龍江)군에서 안악(安岳)군 치하포(鴟河浦: 안악군에서 동북 사십리 거리)로 건너려고 배를 탔다. 때는 병신년(丙申年: 1896) 2월 하순이었다. 강 위에 빙산이 떠돌고 있는데 열 대여섯 명의 남녀 선객이 탄 배가 그 빙산에 포위되어 진남포(鎭南浦) 하류까지 싸여 내려갔다가 조수(潮水)를 따라서 다시 상류까지 오르락내리락하는 것이었다. 손님들은 물론 뱃사람들까지도 얼어죽은 귀신이 되는 줄 알고 허둥거리며 어쩔 줄 몰랐다. 해마다 결빙기와 해빙기에 이 근처에서 빙산에 둘러싸여 참사를 당하는 사실을 나 역시 알고 있었는데 바로 오늘 불행하게도 위급한 처지에 빠진 것이다.

배에 탄 사람들이 너나할 것 없이 하느님 어머님 하며 우는 소리가 요란했다. 나는 살아날 방편을 곰곰이 생각한다. 배에는 식량이 없어 얼어죽기보다 먼저 굶어죽을 판인데 다행히 배 안에 나귀가 한 마리 있었다. 며칠 동안 계속 이렇게 빙산에 갇혀 있게 되면 잔인하나마 어쩔 수 없이 나귀를 잡아서 일단 사람들의 목숨을 보전하기로 했다.

어떻든 울고불고 한다 해서 살아날 방도가 생기는 것은 아니니 뱃일을 사공에게만 의지할 게 아니라 선객들 모두 힘을 모아서 빙산을 물리치면 한순간에 빙산이 물러나지는 않더라도 신체운동만으로도 유익하다는 점을 맹렬히 주장하여 힘을 합치자고 외쳤다. 그러자 사공과 선객들이 일제히 이에 응했다. 나는 몸을 날려 빙산 위로 올라갔다. 빙산들이 모여 있는 형태를 살펴보고는 큰 빙산에 몸을 기댄 채 작은 빙산을 밀쳐내려고 힘을 썼다. 그러자 홀연 살아날 길이 한 줄기 열린 것이다.

멀리 떨어진 치하포에는 다다르지 못하고 5리 밖 강기슭에 오르니 서산에 지는 달이 아직 희미하게 비치고 있었다. 여관을 겸하고 있는 치하포구 주인의 집에 들어가니 풍랑 때문에 머물러 묵는 객들이 세 칸 여관방에 가득했다. 시간이 자정이 넘어서 방마다 코고는 소리만 들렸다. 함께 고생한 우리 일행도 방 세 칸에 나누어 들었다. 잠이 들자마자 먼저 온 여행객들이 떠들며 오늘은 날씨가 좋으니 배를 띄워서 건너게 하라고 야단이었다.

이윽고 아랫방에서부터 아침식사가 시작해서 가운뎃방으로 윗방까지 밥상이 들어왔다. 그때 가운뎃방에서는 머리를 깎고 한복을 입은 어떤 사람이 동석한 여행객과 인사를 나누는데 성은 정(鄭)이라 하고 장련(당시 황해도에는 장련에서 먼저 단발령이 시행되어 평민들 중에도 머리 깎은 이들이 간혹 있었다)에 산다고 했다. 말투는 장련 말이 아니고 서울말이었다.

촌노인들은 진짜 조선사람으로 알고 이야기를 하지만 내가 듣기에는 분명히 이것 왜놈이라, 자세히 살펴보니 흰 두루마기 밑으로 칼집이 보였다. 어디로 가는지 물으니 진남포(鎭南浦)로 간다고 한다. 나는 그놈의 행색에 대해 곰곰이 따져 본다. '이곳은 진남포 맞은편이기 때문에 날마다 몇 명의 왜놈들이 자기네 옷차림으로 오간다. 그러니 저놈은 보통의 장사치나 기술자 왜놈은 아니다. 민(閔) 황후를 살해한 미우라(三浦梧樓)가 서울에서 난리가 일어나자 당분간 몰래 숨어 도망하는 것은 아닐까? 설사 이 왜놈이 미우라는 아니더라도 미우라의 공범일 것 같고, 어찌 되었건 칼을 숨기고 은밀하게 다니는 왜놈이라면 우리나라와 민족에 독버섯일 것은 명백하다. 저놈 한 명을 죽여서라도 나라의 치욕을 앙갚음하리라.'

주변 상황을, 그리고 내가 얼마나 힘쓸 수 있을지를 따져 보았다. 방 세 칸에 총 숙박인원이 40여 명이고, 저놈의 패거리가 몇 명이나 그 속에 섞여 있을지는 모르지만 나이 십 칠팔 세의 총각이 곁에서 무슨 말인가를 하는 것이 보인다. 나는 단 혼자고 빈손이다. 설불리 손을 댔다가 죽이지도 못하고 내 목숨만 저놈의 칼 아래 끝장나는 것은 아닐까? 그렇게 된다면 나의 의지와 목적도 세상에 드러내 보이지 못하고 도적으로서 시체만 달랑 남기고 영원의 길을 가는 것 아닌가.

또 내가 빈손으로 단번에 죽일 수는 없고, 죽을 결심을 하고 대들더라도 방 안의 사람들이 만류할 것이다. 만류하는 때는 저놈의 칼이 내 몸을 뚫을 테니 아무리 생각해도 불가능한 일인 듯싶다.

이런 생각을 하니 가슴이 울렁거린다. 마음과 정신이 자못 혼란한 상태에 빠져 고민하던 중에 홀연히 한 줄기 빛이 나의 마음을 비춘다. 별다른 것은 아니고 고후조(高後凋 : 能善의 號) 선생의 교훈 가운데 한 구절이었다.

가지 잡고 나무를 오르는 것이 그다지 대단할 것은 없다
(得樹攀枝無足奇)
벼랑에 매달려 잡은 손을 놓을 수 있어야 장부라 할 수 있다
(懸崖撒手丈夫兒)

나는 스스로 묻고 답한다. 네가 보기에 저 왜놈을 죽여서 설욕할 만하다고 확신하느냐? 답 : 그렇다. 문 : 네가 어렸을 적부터 마음좋은 사람 되기가 가장 큰 바람 아니냐? 답 : 그렇다. 지금 죽여 설욕할 만한 원수 왜놈을 죽이려다 성공을 못하고 도리어 왜놈의 칼에 죽게 되면 다만 도적의 남은 시체만을 세상에 남길 텐데, 그렇다면 너는 마음좋은 사람 되고자 하는 바람은 거짓이고 실은 몸 호강하고 이름 날리고 싶은 바람이 아니냐?

이렇게 해서 죽을 작정을 하고 나니 가슴의 바다에 바람은 자고 물결은 잔잔해져 백 가지 꾀가 꼬리를 물고 떠오른다. 나는 방 안에 있는 40여 명 여행객들과 동네사람 수백 명을 보이지 않는 노끈으로 꽁꽁 동여서 꼼짝도 못하게 하리라. 그리고 그 왜놈에게는 불안한 상태를 눈치채게 하면 대비할 테니 그 놈도 안심시킨 후 나 혼자만 자유자재로 연극을 연출하리라. 이렇게 방법을 정하고 실행에 옮기기 시작했다.

먼저 밥상을 받았다. 아랫방의 먼저 도착한 사람들은 자던 입에 새벽밥이라 삼분의 일도 못 먹고 있는데 나중에 상을 받은 나는 네다섯 숟가락에 밥 한 그릇을 다 먹었다. 일어나서 주인을 부르니 골격이 준

86

수하고 나이는 삼십 칠팔 세나 된 듯한 사람이 문앞에 와서 어느 손님이 불렀느냐고 묻는다.

"내가 좀 청했습니다. 다름아니라 내가 오늘날 칠백여 리나 되는 산길을 걸어서 넘어야 하는데 아침을 더 먹고 갈 터이니 밥 일곱 상(즉 칠인 분)만 더 차려다 주시오."

주인은 나를 물끄러미 보기만 하더니 내 말에는 대답도 않고 방 안에 아직 밥 먹고 있는 손님들을 보면서 하는 말이

"젊은 사람이 불쌍도 하다. 미친 놈이군 —."

한마디하고는 안방으로 들어가 버렸다. 나는 한편에 드러누워 방 안에서 떠드는 소리와 분위기를 관찰하며 왜놈의 동정(動靜)을 살폈다. 방 안에서는 양쪽으로 나뉘어 말다툼이 벌어졌다. 배운 것깨나 있는 듯싶은 청년들은 주인 말처럼 나를 미친 사람이라 했고, 식후 최고의 맛이다 싶게 긴 담뱃대를 붙여 물고 앉은 노인들은 그 청년을 꾸짖는다고 이렇게 말했다.

"여보게, 말을 함부로 말게. 지금인들 이인(異人)이 없으란 법 있겠나. 이런 말세라면 마땅히 이인이 날 만하니 —."

청년들 말은,

"이인이 없을 리야 없겠지만 저 사람 생긴 꼴을 보세요. 무슨 이인이 저렇겠어요."

그 왜놈은 별로 주의하는 빛 없이 식사를 마치고 중문 밖에 서서 문기둥에 몸을 기댄 채 방 안을 들여다보며 총각아이가 밥값 계산하는 것을 지켜보고 있었다.

나는 서서히 몸을 일으켜 큰 호령 소리와 함께 그 왜놈을 발길로 내질렀다. 그놈은 거의 한 길이나 되는 계단 아래로 떨어졌고 나는 쫓아내려가 왜놈의 목을 짓밟았다. 세 칸 손님방은 앞쪽 출입문이 합해서 네 짝인데, 아랫방에 한 짝, 가운뎃방에 분합문(分合門) 두 짝, 윗방

에 한 짝이다. 그 방문 네 짝이 일시에 열리면서 문마다 사람들 머리가 다투어 비집어 나온다. 나는 몰려나오는 사람들의 무리를 향하여 간단한 한마디로 선언했다.

"누구든지 이 왜놈을 위해서 내게 손대는 자는 모두 죽여버리겠다!"

그 말이 다 끝나기 전에 한순간에 발에 채이고 밟혔던 왜놈이 새벽 달빛에 검광(劍光)을 번쩍이며 내게 달려든다. 얼굴 위로 내려오는 검을 피하면서 발길로 왜놈의 옆구리를 차 거꾸러뜨리고 칼 잡은 손목을 힘껏 밟으니 칼이 저절로 땅에 떨어진다.

그 칼을 집어 머리로부터 발까지 왜놈을 점점이 난도질한다. 때는 2월이어서 마당은 빙판인데 피가 샘솟듯하여 마당에 흘렀다. 나는 손으로 왜놈의 피를 움켜 마시고 얼굴을 그 피로 칠하고는 검을 들고 방안으로 진입했다.

"아까 왜놈을 위하여 나에게 손대고자 했던 놈이 누구냐?"

투숙객 중에 아직 도망치지 못한 이들이 모두 엎드리고는,

"장군님 살려주시오. 나는 그 놈이 왜놈인 줄 모르고 보통 싸움으로만 알고 말리려고 했던 것입니다."

또는 말하길,

"나는 어제 바다 가운데에서 장군님과 같이 고생한 장사치입니다. 왜놈과 같이 오지도 않았습니다."

그 중에 노인들은 겁나서 벌벌 떨면서도 아까 청년들을 꾸짖으며 나를 감싼 일로 가슴이 나와서

"장군님 아직 지각이 없는 청년들을 용서하십시오" 하는 중에 주인 이화보(李和甫) 선달이 감히 방 안에는 들어오지도 못하고 밖에서 꿇어엎드려 말했다.

"소인이 눈은 뚫렸으나 볼 줄을 몰라 장군님을 멸시하였으니 죄는 죽어도 여한이 없습니다. 그러하오나 왜놈과는 다만 밥 팔아먹은 죄

밖에 없습니다. 아까 장군님을 능멸하였으니 죽어 마땅합니다."

나는 방 안에 엎드려 떨고 있는 사람들을 향하여 내가 알아 할 테니 일어나 앉으라고 명하고 주인 이화보에게 물었다.

"그놈이 왜놈인 것은 어떻게 알았느냐?"

"소인이 포구 객주를 하는 탓으로 진남포로 내왕하는 왜가 이따금 제 집에서 자고 다닙니다. 그러나 한복을 하고 온 왜놈은 이번에 처음 봅니다."

"이 왜놈은 복색만 아니라 우리말에도 능한데 네 어찌 왜로 알았느냐?"

"몇 시간 전에 황주(黃州)에서 온 목선(木船) 한 척이 포구에 들어왔는데 뱃사람들 말이 일본 영감 한 분을 태워 왔다고 하여 알았습니다."

"그 목선이 아직 포구에 묶여 있느냐?"

"그렇습니다."

나는 그 뱃사람을 데리고 오라고 하였다. 이렇게 묻고 답할 즈음에 능갈맞은 이화보는 한편으로는 세면도구를 들려오고 다음으로는 밥 일곱 그릇을 한 상에 놓고 또 한 상에 반찬을 놓아 들여다 놓고 먹기를 청하는 것이었다. 그래서 나는 세면을 하고 밥을 먹게 되었다. 밥 한 그릇을 먹은 지 십 분 정도밖에 안 지났지만 과연 몸을 심하게 움직였기 때문에 한두 그릇은 더 먹을 수 있었다. 하지만 일곱 그릇씩이야 되겠는가.

그래도 애당초 일곱 그릇을 더 요구한 것이 거짓말로 알려지면 재미없는 노릇이었다. 큰 양푼 한 개를 달라고 하여 밥과 반찬을 한데 모았다. 그리곤 숟갈 한 개를 더 달라고 해서 숟갈 두 개를 포개 들고서 밥 한 덩이가 사발통만큼씩 되게 해서 퍼먹었다. 옆에서 보는 사람 생각으로 몇 번만에 그 밥을 다 먹겠다 싶도록 보기 좋게 한 두어 그릇 분량을 먹다가 숟갈을 던졌다.

혼잣말로 "오늘은 먹고 싶던 원수의 피를 많이 먹었더니 밥이 들어가지 않는구나" 하고 식사를 마친 다음 일의 마무리 조처에 착수했다.

왜놈을 싣고 온 뱃사람 일곱 명이 문앞에 꿇어 엎드려 죄를 청했다.

"소인들은 황주에 사는 뱃놈들인데 왜놈을 싣고 진남포까지 뱃삯을 정하여 가던 죄밖에 없습니다."

뱃사람들에게 명령하여 왜놈의 소지품 전부를 들여다가 조사한 결과 왜놈은 스치다(土田讓亮)라는 자였고 직위는 육군 중위요 몸에 지닌 돈은 엽전 팔백여 냥이었다. 이 금액에서 뱃삯을 계산해 지급하고 이화보를 시켜 동네 동장을 부르자 이가 말하길 "제가 바로 명색이 동장입니다" 한다. 동네에 사는 극빈 가족에 나머지 돈을 나누어주도록 명령하고 왜놈의 시체를 어찌할 것인지 묻는 질문에 대해서는 이렇게 분부했다.

"왜놈은 우리 조선 사람에게만 원수가 아니니 바다 속에 던져서 물고기와 자라까지 즐겁게 뜯어먹게 하여라."

그리고 다시 이화보를 불러서 필기구를 가져오게 하여서는 몇 줄의 포고문을 썼다. "이유 : 국모의 원수를 갚을 목적으로 이 왜놈을 죽인다"라고 쓰고 마지막 줄에 해주 백운방(白雲坊) 텃골 김창수라 써서 사람 다니는 길의 벽에 붙였다. 다시 이화보에게 명령하기를,

"네가 이 동네 동장이니 안악 군수에게 사건의 전말을 보고하여라. 나는 내 집에 가서 뒷일을 기다리겠다. 그런데 기념으로 왜놈의 검은 내가 가지고 간다."

출발하려고 하는데 몸에 걸친 옷 전체가 흰옷이 붉은 옷으로 되어버린 것이다. 다행히 벗어 걸어두었던 두루마기가 있어서 허리에 칼을 차고 느긋하고 한가로운 태도로 여행객과 동네 사람들 수백 명이 모여 구경하는 가운데 귀로(歸路)에 올랐다. 하지만 내심으로는 무척 초조했다. 동네 사람들이 내 가는 길을 막고 네가 복수를 하였건 무엇

90

을 하였건 이 동네에서 살인을 했으니 여기 있다가 일을 결말짓고 가라고 하면(이것은 내 생각뿐이지 그때 내게 그런 조리있는 말을 할 자는 없을 것이었다) 사실 설명도 할 겨를 없이 왜놈들이 와서 죽일 것이 뻔했다.

빨리 나가는 발길을 일부러 천천히 걸어서 고개 위에 올라서며 곁눈질로 치하포를 내려다보니 사람들이 그 모양 그대로 모여 서서 내가 가는 것을 구경하고 있었다. 시간은 흘러 아침해가 이미 높이 올라 있었다.

고개를 넘어서는 빨리 걸어 신천읍에 도착했는데 마침 장날이었다. 장터 여기저기서 치하포 이야기가 들려왔다.

"오늘 새벽에 치하 나루에 장사가 나타나서 일본 사람을 한 주먹으로 때려 주었다지."

"그래 그 장사와 함께 용강(龍岡)서부터 배를 타고 왔다는 사람을 만났는데, 그 장사가 나이는 이십도 못 되어 보이는 소년이라더군. 그런데 강 위에 빙산이 몰려와서 배가 그 사이에 끼여 다 죽게 되었는데 그 소년 장사가 큰 빙산을 손으로 밀어내고 사람을 다 살렸다던데."

"그 장사는 밥 일곱 그릇을 눈 깜짝할 새 다 먹더라는 걸."

이런 말을 듣다가 신천 서부 유해순(柳海純 : 앞의 동학 친구)를 찾아갔다. 유씨가 한참 후에 형의 몸에서 피비린내가 난다 하며 자세히 보더니,

"옷에 웬 피가 이렇게 묻었소?"

"길에 오다가 왜가리(새 이름) 한 마리를 잡아먹었더니 피가 묻었소이다."

"그 칼은 웬 것이오?"

"여보 노형이 동학 접주 노릇할 적에 남의 돈을 많이 강탈하여 두었다는 말을 듣고 강도질하러 왔소."

유씨 말하길,

"동학 접주가 아니라야 그런 말을 해도 믿지요" 하며 어서 사실대로 말하라고 조른다.

나는 대강 있었던 일을 말해 주었다. 유해각(柳海珏)·유해순 형제는 놀라면서 과연 쾌남아(快男兒)다운 행동이라고 했다. 그러면서 본가로 가지 말고 다른 곳으로 피신할 것을 강권한다. 나는 절대 안 된다고 했다. 사람의 일은 감춤 없이 다 드러내야 사나 죽으나 값이 있지 세상을 속이고 구차히 살기만 도모하는 것은 장부가 할 일이 아니라고 말하고 곧 떠나 집으로 돌아왔다.

아버님께 내가 행한 일을 일일이 보고하자 부모님 또한 피신하도록 힘써 권했다. 나는 이번에 왜놈을 죽인 것은 사감(私感)에서 비롯한 것이 아니요 나라의 큰 수치를 갚으려는 동기에서 벌인 일이라고 말씀드렸다.

"피신할 생각이 있었다면 당초에 그런 일을 하지도 않았을 것입니다. 기왕 일을 저지른 이상에는 당연히 사법처리가 있을 테니 그때에는 이 한 몸을 희생하여 만인에게 교훈을 준다면 비록 죽더라도 영광은 남는 것입니다. 자식의 소견으로는 집에 앉아서 당할 대로 당하는 것이 의로움에 가장 가까이 가는 길인 줄로 생각합니다."

아버님도 다시는 강권을 않으시고 이런 말씀을 하셨다.

"내 집이 흥하건 망하건 네가 알아서 하거라."

첫 번째 투옥과 옥중생활

첫 번째 투옥과 심문

그럭저럭 석 달여 동안 아무 소식이 없더니 병신(丙申)년 5월 11일 아직 잠자리에서 일어나기도 전에 어머님이 급히 사랑문을 열고 말씀하신다.

"얘야, 우리 집 앞뒤에 못 보던 사람들이 수없이 와서 둘러싸는구나."

말씀이 끝나자 수십 명이 쇠줄과 쇠몽둥이를 들고 달려들며 네가 김창수냐고 물었다. 나는

"그러한데, 그대들은 누구길래 이렇게 요란하게 인가에 침입하는가?"

그들은 그제야 내무부령(內務部令)의 체포장을 내보였다.

해주로 압송하는 길을 떠난다. 순검(巡檢)과 사령(使令)이 도합 30여 명이었다. 나는 쇠사슬로 여러 겹 묶였고 몇몇은 나의 앞뒤에서 쇠사슬 끝을 잡고 나머지는 나를 에워싼 채 걸었다. 동네 20여 가구가

모두 친척이지만 감히 무서워 밖을 내다보지 못했다. 인근 동네 강·이 씨들은 김창수가 동학한 죄로 붙잡힌 줄 알고 수군거리는 것이었다.

이틀 만에 해주옥에 들어갔다. 어머님과 아버님이 다 해주로 오셨다. 어머님은 밥을 빌어다가 먹여 주시는, 시쳇말로 옥바라지를 하시고 아버님은 예전의 그 사령청(使令廳) 영리청(令吏廳) 계방(楔房)들의 교섭수단으로 석방을 도모해 봤지만 시절이 전 같지 않고 사건이 워낙 중대했기 때문에 아무 효과가 없었다.

옥에 머문 지 한 달여 만에 신문이 시작되었다. 옥에서 쓰던 대전목(大全木) 칼을 목에 걸고 선화당(宣化堂) 뜰에 들어섰다. 감리(監吏) 민영철(閔泳喆)이 묻길,

"네가 안악 치하포에서 일본사람을 살해하고 도적질을 하였다는데 사실이냐?"

"그런 일 없소."

다시 묻길,

"너의 행적(行蹟)에 증거가 뚜렷한데 부인하느냐."

집형(執刑)하라는 호령이 나자 사령들이 나의 두 발과 두 무릎을 한데 칭칭 동이고는 다리 사이에 붉은빛 몽둥이 두 개를 들이밀었다. 그리고는 한 놈이 한 개씩 잡아 좌우를 힘껏 누르니 단번에 뼈가 허옇게 드러났다. 나의 왼쪽 다리 정강마루에 큰 상흔(傷痕)이 바로 그것이다.

나는 입을 다물고 말하지 않다가 종내 기절하고 말았다. 형을 중지하고 얼굴 위에 냉수를 뿌려서 회생시키고는 다시 묻는다. 나는 감사(監司)를 보고 말한다.

"본인에 대한 체포장을 보면 '내무부 훈령등으로 하라' 하였으니 이 관찰부에서 처리할 수 없는 사건인즉 내무부에 보고만 하여 주시오."

그러자 다시는 아무 말이 없이 도로 옥에 가두었다. 거의 두 달이 그렇게 흐른 후 7월 초에 인천으로 이감되었다. 인천 감리영(監理營)에서 4, 5명의 순검이 해주로 와 데리고 갔다.

　　일이 이 지경에 이르니 아버님은 어지간한 세간은 물론 집까지 팔아서 인천이든 서울이든 내가 가는 대로 따라가서 결말을 보겠다며 고향으로 가셨고 어머님만 나를 따라 인천으로 동행했다.

　　해주를 떠난 첫 날은 연안(延安) 읍에서 하룻밤을 자고, 이튿날 나진포(羅津浦)로 가는 길에 읍에서 5리쯤 가서 길가 어느 무덤 곁에서 쉬게 되었다. 이 날은 날씨가 대단히 더워서 순검들도 참외를 사 먹으며 다리를 쉬었다. 우리가 쉬고 있는 곁, 무덤 앞에는 비석 하나가 서 있었다. 앞에는 '효자 이창매의 묘'(孝子李昌梅之墓)라 되어 있고 뒤에는 그의 사적이 새겨져 있었다.

　　이창매는 본래 연안의 통인(通引 : 사또를 모시며 말을 전하는 관리)인데, 그의 부친이 세상을 떠나자 춥거나 덥거나 비가 오나 바람이 부나 한결같이 그 산소를 모셨다 하여 나라에서 효자 정문(旌門)을 내렸다 했다. 얼마나 극진히 모셨던지 그 아버지의 묘소 앞에는 그가 신을 벗은 자리에서부터 절하는 자리까지 걸어간 발자국과 무릎을 꿇었던 자리와 향로와 향합을 놓았던 자리에 영영 풀이 나지 않았다고 한다. 혹시라도 사람들이 그 움푹 패인 자리를 메우기라도 하면 곧 뇌성이 진동하고 큰비가 쏟아져 그 흙을 씻어내곤 했다는 이야기를 근처 사람들과 순검이 해주었다.

　　이런 이야기를 귀로 듣고 돌비에 새긴 사적을 눈으로 보면서 나는 순검들이 알세라 어머님이 알세라 피눈물을 흘렸다. 이창매는 죽은 부모에 대하여서도 저처럼 효성이 지극하였는데 부모의 생전에는 오죽했겠는가. 그런데 거의 넋을 잃으시고 허둥지둥 나를 따라오시는 내 어머니를 보라. 나는 얼마나 불효한 자식인가. 나는 쇠사슬에 끌려서 그 자리를 떠나면서 다시금 이창매의 무덤을 돌아보며 수없이 마음으로 절을 하였다.

나진포에서 인천으로 가는 배를 탄 것은 병신년 7월 25일, 달빛도 없이 캄캄한 밤이었다. 물결조차 아니 보이고 다만 소리뿐이었다. 배가 강화도를 지날 무렵 나를 호송하는 순검들이 여름 더위 길에 몸이 곤하여 마음놓고 잠든 것을 보시고 어머니는 뱃사공에게도 들리지 않을 입속 말씀으로,

"얘야. 네가 이제 가면 왜놈의 손에 죽을 터이니 차라리 맑고 맑은 물에 너와 나와 같이 죽어서 귀신이라도 모자가 같이 다니자."
하시며 내 손을 이끌어 뱃전으로 가까이 나가신다. 나는 황송하여 어찌할 바를 모르면서 이렇게 여쭈었다.

"어머니는 제가 이번에 가서 죽을 줄 아십니까, 결코 안 죽습니다. 제가 나라를 위하여 하늘에 사무친 정성으로 한 일이니 하늘이 도우실 것입니다. 분명히 안 죽습니다."

그러나 어머니는 당신을 위안하는 말씀으로 들으시고 다시 손을 잡아 끄셨다. 자식의 말을 왜 안 믿느냐고 강하게 주장하자 그제서야 어머니도 투신할 결심을 버리고,

"나는 네 아버지와 약속했다. 네가 죽는 날이면 우리 두 사람도 같이 죽자고."

어머니는 내가 죽지 않으리라는 그 말씀을 어느 정도는 믿으셨나 보다. 하늘을 우러러 두 손을 비비시면서 알아듣지 못할 낮은 음성으로 축원을 올리시는 것이었다.

인천옥(仁川獄)에 들어갔다. 내가 인천으로 이감된 까닭은 갑오경장 이후 외국인 관련 사건을 심리하는 특별재판소가 거기 있었기 때문이다. 내리(內里) 마루에 감리서(監理署)가 있고 왼편으로 경무청, 오른편으로 순검청이 있었다. 순검청 앞으로 감옥이 있고 그 앞에 노

상(路上)을 통제하는 이층 문루가 있다.

감옥은 바깥 둘레에 담장을 높이 쌓았고 담 안에 평옥(平屋) 몇 간이 있는데, 절반을 나누어 한편에는 징역수(懲役囚)들, 강절도, 살인범 등의 죄수를 수용하고 나머지 반쪽에는 이른바 잡범 즉 민사소송과 경범죄자들을 수용했다.

형사 사건의 기결수는 푸른색 옷을 입고 윗옷 등에 강도, 살인, 절도 등의 죄명을 먹으로 썼다. 옥 바깥으로 노역(勞役) 하러 나갈 때에는 좌우 어깨를 쇠사슬로 이어 묶고 두 사람이 한 조가 되어 등에는 자물쇠를 채우고 간수가 인솔하고 다녔다.

옥에 들어가자 곧 나는 강절도 죄수방의 9인용 형구(形具) 한가운데 묶어졌다. 치하포에서는 이화보가 한 달 전에 체포 압송되어 인천옥에 갇혔다. 이화보가 나를 보고서 무척 반겼다. 자기가 무죄라는 증거를 대줄 것으로 기대하기 때문일 것이다. 이화보의 집 벽 위에 붙였던 포고문은 왜놈이 가서 조사할 때 떼어 감추고 순전한 살인강도로 둔갑시킨 것이었다.

어머님은 옥문 밖까지 나를 따라왔고 안으로 들어가는 것을 보며 눈물을 흘리고 서 계셨던 것까지는 잠시 고개를 돌려 볼 수 있었다. 어머님은 비록 저 아래 농촌에서 생장하셨지만 모든 일을 잘 감당하셨다. 특히 바느질에 능하셨는데, 무슨 일이 손에 잡혔을까만 자식의 목숨을 구하기 위해 감리서 삼문 밖 개성사람 박영문(朴永文)의 집에 들어가서 일의 자초지종을 잠시 이야기하고 그 집 동자꾼으로 써달라고 청하셨다. 그 집은 당시 항내(港內)에 유명한 물상객주(物商客主)로서 밥짓고 바느질하는 일이 무척 많았다. 덕분에 하루 세 끼 감옥에 밥 한 그릇씩을 갖다주는 조건으로 고용되었다.

하루는 간수가 나를 불러서 "어머니도 의지할 곳을 얻었고 밥도 하루 세 끼 들어오게 되었으니 안심하라"고 일러주었다. 다른 죄수들이 나를 퍽 부러워하였다. 옛 사람도 "슬프고 슬픕니다, 부모님이시여. 나를 낳아 기르시느라 고생이 얼마나 많으셨는지요"(哀哀父母 生我劬勞) 라 했지만 나의 부모님은 내가 태어날 때도 무진 고생을 하셨고 또 나를 먹여 살리느라 천중만금(千重萬金)의 고생을 하셨다. 불경에 "부모와 자식은 천 번을 태어나고 백 겁이 지나도록 은애(恩愛)의 인연"이란 말이 진실로 헛말이 아니었다.

감옥 안은 더할 수 없이 불결하고 찌는 듯한 여름이라 참으로 견딜 수 없었다. 게다가 나는 장티푸스에 걸려 고통이 극도에 달하였다. 한번은 자살할 생각으로 다른 죄수들이 잠든 틈을 타서 이마에 손톱으로 '충'(忠) 자를 새기고 허리띠로 목을 매어 마침내 숨이 끊어졌다. 숨이 끊어진 잠깐 동안 나는 삽시간에 고향으로 가서 내가 평소에 아끼고 사랑하던 재종동생 창학(昌學 : 지금 이름은 泰運)과 놀았다. 고시(古詩)에 "고향이 눈앞에 어른거리니 굳이 부르지 않아도 혼이 먼저 가 있더라"(故園長在目 魂去不須招) 라고 했는데 과연 헛말이 아니었다.

문득 정신이 드니 옆에 있는 죄수들이 죽는다고 고함을 치고 야단들이었다. 내가 죽는 것을 걱정하여 그러는 것이 아니라 아마 인사불성 중에 내가 몹시 요동을 쳤기 때문에 차꼬가 흔들려서 그자들의 발목이 아팠던 모양이다. 그 후로는 사람들이 지키는 바람에 자살할 기회도 없었다. 나 자신도 병에 죽거나 원수에게 죽임을 당하는 것은 할 수 없더라도 내 손으로 내 목숨을 끊는 일은 옳지 않다고 생각하게 되었다.

그러는 동안에 열은 내렸으나 보름 동안 음식은 입에 대 보지 못했다.

어머니 곽낙원 여사의 상을 완성하고

치하포 의거로 인천감옥에 수감 중인 아들을 위해 부잣집에서 허드렛일을 하고서 얻은
찬밥을 들고 감옥으로 가는 어머니의 모습. 그러나 김구 선생은 이 상의 완성 직전에 서
거하였다(1949년 8월).

인천감옥과 신문(訊問)

그런 때에 나를 신문한다는 기별이 왔다. 나는 마음을 굳게 먹었다.

'해주에서 다리뼈가 드러나는 악형을 겪으면서도 입을 다물고 말하지 않았던 것은 내무부에 가서 대관들을 대하여 한번 크게 말하려함이었다. 하지만 이제는 불행히 병에 걸려 언제 죽을지 모르니 부득불 이곳에서라도 왜놈 죽인 취지를 분명히 말하고 죽으리라.'

나는 간수의 등에 업혀서 경무청으로 들어갔다. 업혀 들어가면서 보니 도적을 문초하는 형구(形具)가 무시무시한 모습으로 놓여 있었다.

간수가 업어다 내려놓는 내 꼴을 보고 경무관 김윤정(金潤晶, 윤치호의 장인)이 "어찌하여 죄수의 형용이 저렇게 되었느냐"고 묻자, 간수는 열병을 앓아서 그리 되었다고 말했다. 김윤정이 내게 물었다.

"네가 정신이 있어 묻는 말에 족히 대답할 수 있느냐?"

나는 대답했다.

"정신은 있으나 목이 말라붙어서 말이 잘 나오지 않으니 물을 한 잔 주면 마시고 말을 하겠소."

청지기가 가져온 물을 마시게 한 뒤, 김윤정은 성명, 주소, 연령을 묻고 사실 심리에 들어갔다.

"네가 모월 모일, 안악 치하포에서 일인(日人) 하나를 살해한 일이 있느냐?"

"나는 그 날 거기서 국모의 원수를 갚으려고 왜구(倭仇) 한 명을 때려죽인 사실이 있소."

내 대답에 경무관(警務官), 총순(總巡), 권임(權任) 등은 일제히 얼굴을 들고 서로를 쳐다보았고 법정은 심상치 않을 만큼 조용해졌다. 내 옆 의자에 걸터앉아서 방청인지 감시인지 하고 있던 와타나베(渡邊)라는 왜놈 순사가 신문 시작부터 법정 안의 공기가 수상한 것을 느꼈음인지 통역으로 무슨 일이냐고 묻는 것 같았다. 나는 그것을 보고

"이놈!"

하고 큰소리로 죽을힘을 다해 호령하였다.

"지금 소위 만국공법이니 국제공법 어느 조문에 국가간 통상·화친 조약을 맺고서 그 나라 임금이나 왕후를 죽이라고 하였더냐. 이 개 같은 왜놈아. 너희는 어찌하여 우리 국모를 시해하였느냐. 내가 살아서는 이 몸을 가지고, 죽으면 귀신이 되어서 맹세코 너희 임금을 죽이고 너희 왜놈들을 씨도 없이 다 죽여 우리나라의 치욕을 씻을 것이다."

통렬하게 꾸짖었더니 와타나베 순사는 두려웠는지, "칙쇼우, 칙쇼우" 하면서 대청 뒤로 숨고 말았다. 법정 안의 공기는 더욱 긴장되기 시작했다. 총순(總巡)인지 주사(主事)인지 하는 사람이 김윤정에게 말했다.

"이 사건이 심히 중대하니 감리 영감께 아뢰어 친히 신문하게 함이 마땅할 것 같습니다."

이윽고 감리사 이재정(李在正)이 들어와서 경무관 대신 주석에 앉고 경무관은 감리사에게 지금까지의 신문경과를 보고한다. 법정 안에 있는 관속들은 위의 명령도 없었는데 내게 찻물을 가져와 먹여주었다. 나는 법정 맨 윗자리에 앉은 이재정에게 물었다.

"본인은 일개 천생(賤生)이지만 나라가 수치를 당하니 신하된 백성의 의리로 푸른 하늘 밝은 해 아래 제 그림자가 부끄러워서 왜구 한 놈을 죽였소. 그러나 아직 우리 동포 중에 누구라도 왜왕을 죽여 복수하였다는 말을 듣지 못했소. 지금 보니 당신네가 몽백〔蒙白 : 국상으로 백립을 쓰고 소복함〕을 하고 있는데 춘추대의(春秋大義)에 나랏님의 원수를 갚지 못하고는 몽백을 아니한다는 구절도 읽어 보지 못했소?

어찌 한갓 부귀영화와 국록을 도적질하는 더러운 마음으로 임금을 섬긴단 말이오?"

이재정, 김윤정을 위시하여 참석한 수십 명의 관리들의 얼굴을 보니 내 말을 듣고 저마다 얼굴이 홍당무가 되어 있었다. 이재정은 마치 내게 하소연하듯 이렇게 말했다.

"창수가 지금 하는 말을 들은즉 그 충의(忠義)와 용기를 흠모하는 한편으로 나의 당황스럽고 부끄러운 마음도 비할 데 없소이다. 그러나 상부의 지시대로 신문하여 위에 올리려는 것뿐인즉 사실이나 상세히 진술하여 주시오."

그리고 나서 김윤정은 나의 병이 아직 위험하다고 생각했는지 감리와 무슨 말을 소곤대고서는 간수에게 명하여 도로 하옥시켰다.

어머님도 신문한다는 소문을 들으시고 경무청 문밖에서 내가 간수의 등에 업혀 들어가는 것을 보셨다고 한다. 병든 몸이 저 지경이 되었으니 무슨 말을 잘못 대답하여 당장에나 죽지나 않을까 하여 근심이 가득했다고 한다. 그런데 신문 벽두부터 모든 관리들이 떠들기 시작하고 벌써 감리영 부근 인사들이 희귀한 사건이라고 와서 구경을 하니 법정 안은 발 디딜 곳이 없고 문밖까지 에워 싼 형국이었던 것이다.

"참말 별난 사람이다."

"아직 아이인데 무슨 사건이야?"

간수와 순검들이 보고들은 대로 말해주니 해주의 김창수라는 소년인데 민(閔) 중전마마를 복수하였다, 아까 감리 사도(使道)를 책망하는데 사도도 아무 대답을 못하더라, 이런 이야기가 번져나갔다.

간수의 등에 업혀 나가면서 어머님의 안색을 살피니 약간 희색을 띠고 계셨다. 여럿이 떠드는 얘기를 들으신 까닭인 듯했다. 나를 업고 가는 간수도 어머님께 말했다.

"당신, 걱정 마시오. 어쩌면 이런 호랑이 같은 아들을 두셨소?"

나는 감옥에 돌아와서도 한바탕 소동을 일으켰다. 나를 전과 같이 다른 도적들과 함께 차꼬를 채워 두는 데 크게 분개했던 것이다. 벽력 같은 소리로 호통쳤다.

"이전에는 내가 아무런 생각도 말하지 않았기 때문에 나를 강도로 대우하거나 무엇으로 하거나 잠자코 있었다. 허나 오늘 내가 정당하게 할말을 다했는데도 나를 이렇게 홀대한단 말이냐? 땅에 금을 그어 놓고 이것이 감옥이라 하더라도 그 금을 넘을 내가 아니다. 내가 당초에 도망할 마음이 있었다면 그 왜놈을 죽인 자리에 내 주소와 성명을 갖추어서 포고문을 붙이고 집에 와서 석 달이나 잡으러 오기를 기다렸겠느냐. 너의 관리들은 왜놈을 기쁘게 하기 위하여 내게 이런 대우를 하느냐?"

이런 말을 하면서 어찌나 요동을 쳤는지 한 차꼬 구멍에 발목을 넣고 있는 8명의 죄수가 조금 과장하여 내가 한 다리로 차꼬를 들고 일어나는 바람에 자기네 발목이 다 부러졌다고 떠들었다. 이 소동을 듣고 경무관 김윤정이 와서 애꿎은 간수를 책망하였다.

"이 사람은 다른 죄수와 다른데 왜 도둑 죄수들과 함께 있게 하느냐. 하물며 중병에 걸려 있지 않느냐. 즉각 이 사람을 좋은 방으로 옮기고 몸은 구속하지 말고 너희들이 잘 보호하여 드려라."

그때부터 나는 옥중에서 왕이 되었다.

어머님이 면회를 오셨는데 비록 초조한 얼굴이었으나 희색이 돌았다.

"네가 신문을 받고 나온 뒤에 경무관이 돈 150냥을 보내며 내게 보약을 사 먹이라고 했다. 그리고 신세지고 있는 집주인 내외는 말할 것도 없고 사랑 손님들까지도 매우 너를 존경하여서, 옥중에 있는 아드님이 무엇을 자시고 싶어하거든 말만 하면 해 드리겠다고 하더라. 일

전에는 어떤 뚜쟁이 할미가 와서 당신이 아들을 위하여 여기서 품을 파는 것보다 내가 중매를 서서 돈 많고 권력도 많은 남편을 얻어 줄 터이니 그리 가서 옥에 밥도 맘대로 해 가져가고 일도 주선하여 속히 나오도록 하여 주는 것이 좋지 않겠느냐고 하더구나. 나는 남편이 있고 며칠 후면 이곳으로 온다고 말해주었단다."

그 말씀을 들으니 천지가 아득했다.

"그것이 다 이놈의 죄올시다."

이화보는 불려가서 신문 당할 때나 옥중에서나 말해대기를 김창수는 지용(智勇)을 두루 갖춰 능히 당해낼 도리가 없고 하루 7백 리를 걷고 한번에 밥 일곱 그릇을 먹는다고 선전해댔다. 내가 감옥에서 야단을 벌이거나 죄수들이 소동을 벌일 때면 이화보 자기가 이왕에 한 말이 그대로 들어맞는 양 떠든다. 그는 자기 집에서 살인을 하는데 두 손 놓고 있었으며 살인 후에도 살인자를 결박하여 놓고 관청에 고발하지 않았다고 신문을 당한 것이다.

이튿날부터는 감옥 문앞에 얼굴 좀 알자고 면회를 청하는 인사들이 하나 둘 생기기 시작한다. 감리서 경무청 순검청 사령청 등 수백 명 직원이 각기 친지들에게 제물포 개항후 9년 그러니까 감리서가 설립되고 나서 처음 보는 희귀한 사건이라며 자랑 겸 선전을 한 까닭이었다. 항내의 권력자와 노동자들까지도 아는 관리에게 김창수 신문할 때는 알게 해달라는 청탁이 많다는 말을 듣던 차에 두 번째 신문 받을 날이 왔다.

그 날도 역시 간수의 등에 업혀 감옥 문밖을 나서면서 사면을 살펴보니 길에는 사람들이 가득 찼고 경무청 안에는 각 청의 관리와 항내 유력자들이 모인 듯했다. 담장 위와 지붕 위에까지 경무청 뜰이 보이는 곳에는 사람들이 다 올라가 있었다.

법정 안에 들어가 앉으니 김윤정이 슬쩍 내 곁으로 지나가며 오늘도 왜놈이 왔으니 기운껏 호령을 하시오 한다. (그때는 김윤정에게 어느 정도 양심이 있었던 듯하다. 하지만 오늘까지 이른바 경성부 참여관 노릇을 하고 있는 것을 보면 당시의 신문 법정을 하나의 연극무대로 여기고 나를 한 명의 배우로 사람들에게 구경시킨 것이라는 해석도 가능할 것 같다. 그러나 단지 항상심이 없어서 그때는 의협심이 좀 생겼다가 세상이 바뀌는 대로 마음이 변한 것으로도 볼 수 있을 것이다.)

다시 신문을 시작했는데 신문에 대하여는 나는 전날 이미 다 말하였으니 다시 할 말이 없다고 말을 끝막고 뒷방에 앉아서 나를 넘겨다보는 와타나베를 향하여 꾸짖다가 다시 감옥으로 돌아왔다.

그 후로는 매일같이 면회인 수가 늘어났다. 와서 말하길 나는 항내에 거주하는 아무개올시다. 당신의 의기(義氣)를 사모하여 신문정에서 얼굴은 뵈었소이다. 설마 오래 고생하려구요. 안심하고 지냅시오. 출옥 후에 한 자리에서 반가이 뵈옵시다. 그런 말들이다.

면회 올 때는 음식을 한 상씩 성찬으로 들여 주었다. 나는 그 사람들의 정에 감동하여 보는 데서 몇 점씩 먹고는 강절도 죄수들에게 차례로 나누어주었다. 당시에는 감옥제도는 실시하는 모양이었지만 죄수들의 음식을 매일 규칙적으로 배급하지는 않았다. 감옥에서 징역사는 죄수라도 짚신을 삼아서 간수의 인솔 하에 길거리에 나가 팔다가 죽이나 쑤어 먹는 판이었다.

내게 가져오는 음식은 각기 준비하는 사람이 되도록 성찬으로 차린 것이어서 죄수들은 물론 나 자신도 처음 먹는 음식이 많았는데 하여간 앉은 차례대로 내가 나오는 날까지 먹었다.

세 번째 신문은 경무청이 아닌 감리서에서 감리 이재정 자신이 하였는데 수많은 항내 인사들이 방청하였다. 이 날은 왜놈이 없었다. 감리는 매우 친절하게 묻고, 다 묻고 나서는 신문서를 내게 보여 읽게 하고 고칠 것은 나더러 고치라 하여 수정이 끝난 뒤에 나는 서명하였다. 이것으로 신문은 끝이 났다.

며칠 뒤에는 왜놈들이 내 사진을 박는다 하여 또 경무청으로 업혀 들어갔다. 이 날도 사람이 인산인해를 이루었다. 김윤정은 슬쩍 내 귀에 들리게 말했다.

"오늘 저 사람들이 창수의 사진을 찍으러 왔으니 주먹을 불끈 쥐고 눈을 딱 부릅뜨고 사진을 찍으시오."

그러나 우리 관원과 왜놈 사이에 사진을 찍느니, 못 찍느니 한참동안 옥신각신하다가 결국은 청사 내에서 사진을 찍을 수 없으니 길가에 서나 찍으라 하여서 나를 업어서 길거리에 앉혔다. 왜놈이 나를 수갑을 채우든지 포승으로 얽든지 하여 죄인 모양을 만들어 달라고 요구했다. 김윤정은 거절하였다.

"이 사람은 계하죄인〔啓下罪人 : 임금이 친히 알아하시는 죄인〕이니 대군주 폐하께서 분부가 계시기 전에는 그 몸에 형구를 댈 수 없소."

왜놈이 다시 물었다.

"정부에서 형법을 제정하였다면 그것이 곧 대군주 폐하의 명령이 아니오?"

김윤정은 갑오경장 이후에 우리나라에서는 형구를 폐하였다고 잡아뗐지만 왜놈은 다시 말했다.

"귀국 감옥 죄수들이 쇠사슬 찬 것과 칼 쓴 것을 내가 보았소."

김윤정은 노하여 그 왜놈을 꾸짖으며 야단쳤다.

"죄수의 사진에 대해 조약에 정한 의무는 없소. 상호간에 참고자료에 불과한 세세한 일로 이같이 내정간섭하는 것은 받아들일 수 없소."

구경꾼들은 경무관이 명관(名官)이라고 칭찬했다. 이리하여서 나는 자유로운 몸으로 길에 앉은 대로 사진을 찍게 되었는데 왜놈은 다시 경무관에게 애걸하여 겨우 내 옆에 포승을 놓고 사진 찍는 것만은 허가받았다.

나는 며칠 전보다는 기운이 회복되었으므로 경무청이 들렸다 놓일 정도로 큰소리를 질러 왜놈을 꾸짖고 모여 선 사람들을 향하여 한바탕 연설을 하였다.

"여러분! 왜놈들이 우리 국모를 살해하였으니 우리 국민에게 이런 수치와 원한이 또 어디 있소? 왜놈의 독이 궐내에만 그칠 줄 아시오? 바로 당신들의 아들과 딸들이 결국은 왜놈의 손에 다 죽을 것이오. 그러니 여러분! 당신들도 나를 본받아서 왜놈을 만나는 대로 다 때려죽이시오."

와타나베놈이 내 곁에 와서 직접 말했다.

"너의 충의가 그러한데 왜 벼슬을 못하였나?"

"나는 벼슬을 못하는 상놈이니까 조그마한 왜놈이나 죽였다마는 벼슬을 하는 양반들은 네 황제의 목을 베어 원수를 갚을 것이다."

그러자 김윤정이 와타나베를 향하여 말했다.

"당신네들은 죄수를 직접 신문할 권리가 없으니 가보시오."

그를 물리친 후 나는 김윤정에게 이화보를 놓아달라고 청하였다.

"이화보는 아무 관계가 없으니 오늘 당장 방면해 주시오."

김윤정은 알아서 처리할 테니 염려 말라고 했다. 그리고는 감옥에 돌아온 지 얼마 안 있어 이화보를 호출하더니 석방해 주었다. 이화보는 옥문 밖에서 나를 찾아와 내가 잘해 주어 석방되었다며 고맙다는 인사를 하고 작별했다.

사형수의 신사상 독서와 옥중생활

이때부터의 옥중생활의 대략을 들어보면, 그 첫 번째는 독서였다.

아버님이 오셔서 《대학》(大學) 한 질을 사서 들여보내 주셨다. 매일 《대학》을 읽었다. 이 항구는 가장 먼저 열렸기 때문에 구미 각국인이 와서 살기도 하고 돌아다니는 자들도 있었으며 여러 종교의 교당도 세워져 있었다. 또 우리 사람으로 더러 외국에 장사하러 다녀와 신문화(新文化)의 취미를 아는 자도 조금은 있던 때다. 감리서 서원 중한 사람도 나와 이야기를 나눈 다음부터 신서적을 읽어보도록 권했다. 우리나라가 문 걸어 잠그고 옛 지식 옛 사상만 고수해서는 나라를 구할 수가 없으니 세계 각국의 정치 문화 경제 도덕 교육 산업이 어떠한지 연구하여 보고 우리 것이 남만 못하면 좋은 것은 수입하여 우리 것으로 만들어야 한다는 것이었다. 그렇게 하여 나라의 살림과 백성의 생활을 유익하게 하는 것이 시대의 책무를 아는 영웅이 할 일이다. 한갓 배외(排外) 사상만으로는 멸망에서 구할 수 없으니 창수와 같이 의기가 있는 사나이는 마땅히 신지식을 지님으로써 장래 나라의 큰 일을 할 것이다. 이런 말과 함께 세계역사 지지(地誌) 등 중국에서 발간된 책자와 국한문으로 번역한 것도 갖다주며 읽어보라고 권하는 이도 있었다.

아침에 도를 깨치면 저녁에 죽어도 좋다는 식으로 내가 죽을 날이 올 때까지 글이나 실컷 보겠다고 작정하고 손에서 책을 놓지 않았다. 감리서원들이 이따금 와서 신서적을 열심히 읽는 것을 보고 무척 좋아하는 기색이었다. 신서적을 보고 새로 깨닫게 되는 것은 고 선생이 전날 조상에 제사를 지낼 때 유세차 영력(永曆) 이백 몇 해라고 축문(祝文)을 쓴 것이나 안 진사가 양학을 한다고 하여 절교하던 것이 그다지 현명한 것 같아 보이지 않는다. 의리는 학자에게 배우고 일체의 문화와 제도는 세계 각국에서 채택하여 적용하면 나라에 복이며 이익이 되겠다는 생각이 든다.

예전에 청계동에서 오로지 고 선생을 신인(神人)처럼 숭배할 때는 나도 척왜척양(斥倭斥洋)이야말로 우리가 의당 행해야 할 일이요 이에 반하면 사람이 아닌즉 곧 짐승이라고 생각했다. 고 선생 말씀에 우리에게만 한 줄기 양(陽)의 맥이 그나마 남아있고 세계 각국이 거의 다 머리털 풀어헤친 오랑캐라는 말만 믿었던 것이다. 그런데 《태서신사》(泰西新史) 한 권만 보아도 그 눈 패이고 콧날 선, 원숭이와 다름없다던 오랑캐들은 도리어 나라를 세우고 백성을 다스리는 좋은 법과 아름다운 규칙들이 오히려 사람다웠다. 관(冠)만 멋들어지게 쓰고 넓은 요대를 찬 선풍도골(仙風道骨) 같은 우리나라 탐관오리들은 오랑캐라는 칭호조차 받을 수 없다는 생각이 들었다.

두 번째는 교육이었다. 당시 함께 복역하던 이들이 평균 잡아 백 명 정도였는데 들락날락하는 민사소송 사건 외에 대다수는 강절도, 사기, 위조주화범, 살인 등을 범한 징역수들이었다. 열 가운데 아홉은 문맹(文盲)이었다. 내가 문자를 가르쳐 주겠다고 하자 그들은 문자를 배워 나중에 긴요하게 쓸 생각보다는 날마다 진수성찬을 얻어먹는 데 대한 고마운 표시로 배우는 체만 하는 이들이 많았다.

화개동(花開洞) 기생서방으로 기생을 중국으로 팔아보낸 죄로 10년 징역을 받은 조덕근(曺德根)은 《소학》(小學)을 배우는데 '인생팔세개입소학'(人生八歲皆入小學)을 목소리 높여 크게 읽다가 '개입'(皆入)자를 잇고 '개 아가리 소학'이라고 읽는 것을 보고서 포복절도한 적도 있었다.

그때가 건양(建陽) 2년쯤이고 〈황성신문〉(皇城新聞)이 창간된 때였다. 어느 날 신문을 보니 나의 사건에 대해 간략히 쓰고는 김창수가 인천옥에 들어온 다음부터는 감옥이 아니라 학교라고 한 기사가 실렸다.

세 번째로 대서(代書) 일이었다. 그 시절에도 비리(非理)에서 비롯한 원한 맺힌 송사가 많았다. 내가 옥중에 갇힌 이들을 위해 말을 자세히 들어보고 소장(訴狀)을 지어주면 간혹 승소하는 일도 있었다. 수형자의 처지로는 옥 밖으로 통하여 대서소에 비용을 들이더라도 곤란한 점이 무척 많았다. 헌데 대서자인 나와 상의하여 인지만 사서 붙이면 되니 얼마나 편리한가. 비용 한 푼 들이지 않고, 게다가 내가 성심으로 소장(訴狀)을 지어주는 탓에 옥 안에서는 물론이고 김창수가 소장을 써주면 모두 승소한다고 와전이 되어 심지어 관리를 위해 대서해준 일까지도 있었다.

대서뿐인가. 백성을 어려움에 빠뜨리고 금전을 강탈하는 사건이 있으면 상급 관리에게 권계(勸戒)하여 파면시킨 일도 있었다. 그러니 간수들이 나를 꺼려 수감자들에게 능멸이나 학대를 가하지 못했다.

네 번째, 노래 부르기. 나는 시골에서 나고 자랐지만 농군들의 김매는 소리나 목동들의 '갈까 보다' 소리 한마디 불러본 적이 없고 시나 풍월을 읊은 것말고는 없었다. 그때 감옥의 규칙은 낮잠을 허락하고 밤에는 죄수들로 하여금 잠을 못 자게 하고 밤새도록 소리나 고담(古談)을 시키는 것이었다. 밤에 잠을 재우면 잠든 틈을 타서 도주한다는 것이 이유였다. 그런 규칙이 나에게는 해당되지 않았지만 일반이 다 그러하니 나 역시 자연히 밤에 오래 놀다가 자게 되었다. 그리하여 시조건 타령이건 남이 잘 하는 것을 들어 운치를 알게 되었다. 조덕근에게 온갖 시조와 여창(女唱) 질음 남창질음 적벽가(赤壁歌) 가세타령 개구리타령 등을 배워서 죄수들과 함께 소리를 하며 지냈다.

광무황제의 사형정지 칙령

하루는 아침에 〈황성신문〉을 읽는데 경성 대구 평양 인천에서 아무날(지금까지 기억되기는 7월 27일로 생각한다) 강도 누구 누구 살인 누구 누구, 인천에서는 살인강도 김창수를 교수형에 처한다는 기사가 실렸다.

나는 그 기사를 보고 일부러라도 느긋한 태도를 가지려고 할 테지

110

만, 어찌된 일인지 마음이 놀라 요동치거나 하지 않았다. 처형대로 갈 시간이라야 한나절이나 남았을 뿐이지만 먹고 책 읽고 사람들과 얘기 나누는 일을 평상시처럼 하며 시간을 보냈다. 이는 고 선생이 가르친 말씀 중에 보습 단근질을 당하면서 "이 쇠가 식었으니 다시 달궈 오라"(此鐵猶冷更煮來) 했던 박태보(朴泰輔)의 이야기와 삼학사(三學士)의 역사를 가슴에 새겼던 효험일 것이다.

그 신문이 배포된 후로 감리서가 술렁술렁하고 항내 인사들의 산(生) 조문이 옥문에 답지했다. 오는 인사들이 나를 대면하고는 마지막으로 보러 왔다며 눈물 흘리지 않는 이가 없었다. 나는 오히려 그 사람들을 위로하여 보내고 《대학》을 외우는데 또 아무 나리가 오셨느니 아무 영감께서 오셨느니 하여 나가 보면 그들 또한 우리는 김 석사(碩士)가 살아나와서 상면(相面)할 줄 알았는데 이것이 웬일이요 하며 눈물이 비 오듯하는 것이었다.

그러는 중에 어머님이 오셔서 음식을 손수 들여 주시는데 보통 때와 전혀 다른 점이 없었다. 주변 사람들이 모르게 했던 것이다. 인천 옥에서 사형수 집행은 늘 오후에 끌고 나가 우각동(牛角洞)에서 목을 매달았다. 그러니 아침 점심 잘 먹고 죽을 때 어떻게 할까 준비하고 싶은 마음도 없이 그냥 있는데 옥중의 동료 죄수들이 슬퍼하는 모습을 차마 볼 수 없었다. 나에게 음식을 얻어먹던 죄수들과 나에게 글을 배우던 옥(獄) 제자들과 나로부터 소송에 관한 지도를 받던 잡수(雜囚)들이, 평소 제 부모 죽는데 그렇게 애통(哀痛)해했을지 의문이었다.

이윽고 끌려나갈 시간이 되었다. 그때까지 성현의 말씀을 되뇌며 마음을 가라앉히고 있다가 성현과 동행할 생각으로 《대학》만 읽고 앉았는데 아무 소식이 없어 그럭저럭 저녁밥을 먹었다. 사람들은 내가 특별한 죄수여서 밤에 집행하는 것으로 알았다.

저녁 여섯 시쯤 되자 여러 사람의 발자국 소리에 이어 옥문 열리는 소리가 들렸다. 옳지 지금이 그때구나 하고 앉았는데 같이 있던 죄수들은 내 얼굴을 보며 마치 자기네들이라도 죽일 것처럼 벌벌 떤다.

안쪽 문을 열기도 전에 옥 마당에서 "창수 어느 방에 있소?"하더니 나의 대답은 듣는지 마는지,

"아이쿠 이제는 창수 살았소! 아이쿠 우리는 감리 영감과 감리서 모든 서원과 각 청사의 직원들이 아침부터 지금까지 밥 한 술 먹지 못하고 창수를 어찌 차마 우리 손으로 죽인단 말이냐 하고 서로 얼굴만 쳐다보며 한탄했소. 그런데 지금 대군주 폐하께옵서 대청(大廳)에서 감리 영감을 부르시어 김창수의 사형을 정지하라고 친칙(親勅)을 내려 주시었다오. 그래서 밤에라도 옥으로 가서 창수에게 알려 주라는 분부를 듣고 왔소. 오늘 하루 얼마나 상심하였소?"

그때 관청 수속이 어떤 것이었는지는 모르지만 내가 추측컨대는 이재정이가 그 공문을 받고 상부, 그러니까 법부(法部)에 전화로 교섭한 듯했다. 그러나 나중에 대청에서 흘러나온 소식은 이랬다. 사형은 형식으로라도 임금의 재가를 받아 집행하도록 되어 있는데 법부 대신이 사형수 각자의 내력을 가지고 조회에 들어가서 상감 앞에 놓고 친히 살피시도록 한다고 한다. 그때 입시(入侍)하였던 승지(承旨) 가운데 누군가가 각 사형수의 내력을 뒤적이다가 '국모보수'(國母報讐) 네 글자가 특이해 보였던 것이다. 그리하여 재가(裁可)의 수속을 모두 마친 안건을 다시 빼서 임금에게 보이니 대군주가 즉시 어전회의(御前會議)를 열었다. 의결(議決)한 결과 국제관계이니 일단 목숨이나 살리고 보자 하여 전화로 친칙하였다는 것이다. 어찌 되었든 대군주(李太皇)가 친히 전화한 것만은 사실이다.

기이하게 생각되는 것은, 경성부(京城府) 안은 그 전화라는 것이 가설된 지 오래였으나 경성 이외에는 장거리 전화가 인천까지가 처음이요, 그때는 인천까지의 전화가설공사가 완료된 지 사흘째 되는 병

고종황제 능 참배(1946년)

신(丙申)년 8월 26일이었다. 만일 전화 공사가 준공되지 못하였다면 사형이 집행되었을 것이라고 했다.

감리서에서 내려온 주사(主事)는 이런 말을 했다.

"인천항 내 32명 객주들이 통문을 돌려서 매호에 한 사람 이상 우각동에 김창수 처형 구경을 가되 각기 엽전 한 냥씩을 가지고 와서 그것을 모아서 김창수의 몸값을 삼자, 만일 그것만으로 안 되거든 부족액은 32명 객주가 담당하여 김창수를 살리자고 작정했었소. 아무러나 김 석사, 이제는 천행으로 살아났소. 며칠 안으로 궐내에서 은명(恩命)이 계실 터이니 아무 염려말고 계시오."

마치 눈서리가 날리다가 갑자기 봄바람이 부는 것 같았다. 옥문 열리는 소리에 벌벌 떨고 있던 죄수들은 이 소식을 듣고 좋아서 죽을 지경인 모양이었다. 신골 방망이로 차꼬를 두드리며 온갖 노래를 다 부르고, 청(靑) 바지저고리 짜리들이 얼씨구나 좋을씨구 하고 춤을 춘다, 익살을 부린다. 마치 푸른 옷을 입은 배우들의 연극무대 같았다.

동료 죄수들은 나더러 참말 이인(異人)이라며 놀라워했다. 사형 당할 날인데도 평소와 똑같이 말하고 밥 먹고 행동하였으니 이는 분명 선견지명이 있어 자기가 죽지 않을 줄 알았기 때문이라고 떠들었다. 관리들 중에서도 그렇게 생각하는 사람이 많았다.

누구보다도 어머님이 그랬다. 그 날 밤에야 감리가 대군주 친전을 받고 어머님에게 알려 비로소 알게 되셨는데, 영락없이 나를 이인으로 아셨다. 각구지목을 지나올 때 강 위에서 함께 투신하여 죽자고 하실 때 내가 결코 죽지 않는다고 하지 않았던가. 그 일을 생각하시고는 내 아들은 미리 죽지 않을 줄 알았다고 확신하시니 부모님 내외분의 그런 믿음이 뚜렷해졌다.

대군주의 친칙으로 김창수의 사형이 정지되었다는 소문이 전파됨에 따라 전날에 와서 영결(永訣)하던 인사로부터 치하(致賀)키 위해 면회 오는 사람들의 발길이 옥문에 이어졌다. 나는 옥문 안에 자리하고 앉아서 며칠 동안 그들을 맞았다. 사형정지 이전에는 순전히 나의 젊은 의기를 애석히 여겨 뜨거운 동정을 하는 사람들이었는데 이제는 그런 이들 말고도 내가 머지않아 대군주의 소명(召命)을 입어서 영귀(榮貴)하게 될 것으로 알고 찾아오는 이들도 있었다. 관리 중에도 내가 세도(勢道)라도 얻게 되면 특별한 수가 생길 것으로 믿고 찾아와 아첨하는 이들이 있었다. 항내 인사들 중 몇몇에게서도 그런 기색이 느껴졌다.

일제의 석방 방해와 탈옥

간수 가운데 우두머리격인 최덕만(崔德萬)은 강화읍내 김우후(金虞候) 집 비부(婢夫) 출신이다. 아내가 죽자 인천으로 와서 경무청 사령을 오랫동안 봉직함으로써 사령의 우두머리가 된 것이다. 이 최덕만이가 강화에 가서 자신의 옛 상전인 김우후에게 내 이야기를 했던 것이다.

하루는 감리서 주사가 의복 한 벌을 가지고 와서 내게 주며 말하기를 이것은 병마우후(兵馬虞候) 김주경(金周卿)이라는 강화 사람이 감리 사또에게 청하여 전하는 것이니 이 옷을 갈아입고 있다가 그 김주경이 오거든 만나라고 했다.

이윽고 한 사람이 찾아왔는데 나이는 사십이나 되어 보이고 얼굴생김이 강단 있게 생겼다. 만나서 별 말은 없었고 다만 "고생이나 잘 하시오. 나는 김주경이오" 하고는 돌아갔다.

어머니께서 저녁밥을 가지고 오셔서 하시는 말씀이 김우후가 아버님을 찾아서 부모님 양주의 옷감과 용처에 보태라고 돈 200냥을 두고 가면서 열흘 후에 또 오마 하였다 한다.

"네 보기에 그 양반이 어떻더냐. 밖에서 듣기에는 아주 훌륭한 사람이라 하더구나."

"어찌 사람을 한 번 보고 잘 알 수가 있습니까마는 그 사람이 하는 일은 고맙습니다."

최덕만에게 김주경의 내력과 사람됨을 자세히 물어보았다. 김주경의 자는 경득(卿得)이니 강화 아전의 자식이었다. 병인양요(丙寅洋擾) 후 대원군이 강화에 3천 명의 무사를 양성하고 섬 주위를 둘러 보루를 쌓아 국방영문(國防營門)을 세울 때 포량고지기〔砲糧庫直: 군수품 창고지기〕가 된 것이 그의 출세의 시초였다.

그는 성품이 호방하여 초립둥이 시절에도 글읽기를 싫어하고 투전(套錢)을 일삼았다. 한번은 그 부모가 그를 징계하기 위하여 며칠 동안 곳간 속에 가두었는데, 들어갈 때에 투전 한 목을 감추어 가지고 들어가서 갇혀 있는 동안 투전의 여러가지 묘법을 터득했다는 것이다. 그는 풀려 나와서는 투전을 몇만 목 만들었는데 투전장마다 자기만 알 수 있는 표시를 하여 강화에 가지고 가서 팔았다.

강화는 섬이어서 포구마다 고깃배들이 빽빽이 들어차 있다. 김주경은 이 투전을 친구들에게 나누어주고 고깃배마다 들어가 팔게 했다. 그리고 자기는 그 고깃배들을 돌아다니며 투전을 하여 돈을 수십만 냥이나 벌었다. 김주경은 그 돈으로 강화와 인천의 각 관청의 관속을 매수하여 그의 지휘에 복종케 하고 또 꾀 있고 용맹 있는 날탕패를 많이 모아 제 식구를 만들어 놓고는 어떠한 세도 있는 양반이라도 비리를 저지르는 자가 있으면 직접이거나 간접이거나 꼭 혼을 내고야 말았다. 경내에 도적이 나서 포교가 범인을 잡으러 나오더라도 먼저 김주경에게 물어보아서 그가 잡아가라면 잡아가고 그에게 맡기고 가라면 포교들은 거역을 못하였다.

당시에 강화에는 큰 인물 둘이 있으니 양반에는 이건창(李健昌)이요 상놈에는 김주경이라고 하였다. 이 두 사람은 강화 유수도 건드리지를 못하였다. 대원군은 이런 말을 듣고 김주경에게 군량을 담당하는 중임을 맡긴 것이다.

하루는 사령반수 최덕만이 내게 전하는 말이, 김주경이 어느 날 자기 집에 와서 밥을 먹으면서 다음과 같이 말했다 한다.

"김창수를 살려내야 할 터인데 요새에 정부의 대관놈들이 모두 눈깔에 동록(銅綠)이 슬어서 돈밖에는 아무 것도 보이지 아니하니, 이번에 집에 가서 가산을 모두 팔아서 김창수의 부모 중 한 분을 데리고 서울로 가서 무슨 짓을 해서라도 석방운동을 하겠다."

최덕만이 이 말을 한 지 십여 일 후에 과연 김주경이 인천에 와서 내 어머님을 모시고 서울로 갔다.

뒤에 들으니 김주경은 먼저 당시 법부대신 한규설(韓圭卨)을 찾아서 내 말을 하고, "이런 사람을 살려내어야 충의지사(忠義志士)가 많이 나올 것이니, 폐하께 비밀히 주청하여 놓아주도록 하라"고 하였다. 한규설도 내심으로는 찬성하였으나 일본공사 곤스케(林權助)가 벌써 김창수를 아니 죽였다는 것을 문제를 삼아 대신 중에 누구든지 김창수를 옹호하는 자는 수단 방법을 가리지 않고 해치려 하니 어쩔 수 없다고 거절하였다.

김주경은 분개하여 대관들에게 무수히 욕을 퍼붓고 나와서 공식으로 법부에 김창수 석방을 요구하는 소지(訴紙)를 올렸더니 그 답변에 "그 의는 가상하나 일이 중대하니 여기서 마음대로 할 수 없다"(其義可尙 事關重大 未可壇便向事) 하였다. 그 뒤에도 두 번, 세 번 관계 있는 각 아문(관청)에 소장(訴狀)을 들여 보았으나 어디나 마찬가지로 이리 미루고 저리 미루어 결말을 보지 못하였다.

이러하듯이 김주경은 7, 8개월 동안이나 나를 위하여 송사를 하는 통에 그 집 재산은 다 탕진되었고 아버지와 어머니도 번갈아서 인천에서 서울로 오르락내리락하셨으나 결국 아무 효과도 없었다. 김주경도 마침내 나를 석방하는 소송을 단념하고 집에 돌아와서 내게 편지를 하였는데 보통으로 위문하는 말을 한 끝에 오언절구 한 수를 적었다.

조롱을 박차고 나가야 진실로 좋은 새이며 (脫籠眞好鳥)
그물을 떨치고 나가야 예사로운 물고기가 아니리 (拔扈豈常鱗)
충은 반드시 효에서 비롯되니 (求忠必於孝)
그대여 자식 기다리는 어머니를 생각하소서 (請看依閭人)

이것은 내게 탈옥을 권하는 말이었다. 나는 김주경이 그간 나를 위하여 심력을 다한 것을 감사하고, 구차히 살길을 위하여 생명보다 중한 광명을 버릴 뜻이 없으니 염려하지 말라고 답장하였다.

김주경은 그 후 동지를 규합하여 관용선(官用船)인 청룡환(靑龍丸), 현익호(顯益號), 해룡환(海龍丸) 세 척 중에서 한 척을 탈취하여 해적이 될 준비를 하다가 강화군수에게 발각되어 도망하였는데, 도주 중에 그 군수의 행차를 만나서 군수를 실컷 두들겨 주고 해삼위(海蔘威: 블라디보스톡) 방면으로 갔다고도 하고 근방 어느 곳에 숨어 있다고도 하였다.

그 후에 아버지는 김주경이 서울 각 아문에 들였던 소송문서 전부를 가지고 강화의 이건창을 찾아서 나를 구출할 방책을 물으셨으나 그도 역시 탄식만 할 뿐이었다고 했다.

그때 나와 함께 감옥에서 고생한 사람으로는 장기수로 10년 형(刑)의 조덕근(曺德根)과 김백석(金白石), 3년 형의 양봉구(梁鳳求), 이름은 잊었으나 종신수도 하나 있었다. 이들은 감히 내게 말을 하지는 못했지만 내가 하려고만 하면 한 손에 몇 사람씩 쥐고 공중으로 날아서라도 그들을 건져낼 수 있는 것같이 생각하는 모양이었다. 이따금 내게 그런 식으로 종용하기도 했고 잠깐씩 그런 뜻을 비추기도 했다.

어느 날 조덕근이 나를 보고 눈물을 흘리며 말했다. 그들의 생각에 나는 얼마 지나지 않아 위로부터 특전이 내려서 크게 귀하게 되겠지만 나마저 나가면 자기들은 어떻게 살겠느냐는 것이었다. 내가 나가면 간수들의 포학이 심해질 테고 그러니 10년 기한을 채우고 살아나갈 수는 없을 것이다, 국한문으로 편지도 쓸 줄 알게 되었는데 감옥에서 죽으면 그게 다 무슨 소용이냐 운운.

나는 생각하였다. 대군주가 나를 죄인으로 알지 아니하심은 내 사형을 정지하라는 친칙(親勅)으로 보아 분명하고, 동포들이 내가 살기를 원하는 것도 김주경을 비롯하여 인천항의 물상객주들이 돈을 모아서 내 목숨을 사려고 한 것으로 알 수 있지 않은가. 항내 인사들이 모두 내가 살기를 원하는 것은 잘 알고 있거니와 오직 왜놈들만이 내가 죽기를 바랄 뿐이다. 왜놈을 즐겁게 하기 위하여 내가 옥중에서 죽는다면 아무 의미없는 일이 아닌가? 심사숙고하여 탈옥을 결심했다.

이튿날 조덕근에게 은밀히 말했다. 내가 하라는 대로만 한다면 살려줄 도리를 연구해 보겠다고. 그는 감격 또 감격하며 무엇이나 내가 시키는 대로 할 것을 맹세하였다. 나는 그에게 집에 말하여 돈 200냥을 들여오라 하였더니 밥을 나르는 사람 편에 기별하여서 곧 가져왔다. 이것으로 탈옥의 한 가지 준비는 된 것이었다.

둘째로 큰 문제가 있으니 그것은 강화 사람 황순용(黃順用)이라는 이를 손에 넣는 일이었다. 황가는 절도죄로 3년 징역을 거의 다 치르고 앞으로 나갈 날이 멀지 아니하므로 감옥의 규례대로 다른 죄수를 감독하는 직책을 맡고 있었다. 이 황가는 김백석을 남색(男色)으로 지극히 사랑했다. 김백석은 아직 18세의 미소년으로서 절도 3범으로 10년 징역의 판결을 받고 복역한 지가 한 달쯤 되었다. 나는 김백석을 이용하여 황가를 손에 넣기로 계획을 정하였다.

나는 조덕근으로 하여금 김백석을 충동하여 황가를 졸라서 내게 김백석을 탈옥시켜 주기를 빌게 하였다. 계교는 맞아 들었다. 황가는 날더러 백석을 놓아달라고 졸랐다. 나는 그를 준열히 책망하고 다시는 그런 죄될 말은 말라고 엄명하였다. 그러나 백석에게 자꾸 졸리는 그는 하루에도 몇 번씩 눈물을 흘리면서 나를 졸랐다. 내가 뿌리치면 뿌리칠수록 그의 청은 간절하여서 한번은 제가 대신 징역을 살아도 좋으니 백석이만 살려달라고 애원하는 것이었다. 비록 더러운 애정이었지만 애정의 힘은 과연 컸다.

그제야 나는 황가의 청을 듣는 양으로 그의 절대복종을 전제로 허락

하였다. 황은 백배사례하고 기꺼워했다. 이리하여 둘째 준비도 끝이
났다.

다음에 나는 아버님께 면회를 청하여 한 자 길이의 세모난 철창 (三
稜槍) 을 들여달라고 여쭈었다. 아버지께서는 얼른 알아차리시고 그
날 저녁에 새 옷 한 벌에 그 창을 싸서 들여주셨다.

저녁밥을 들고 오신 어머님께는 "자식은 오늘밤으로 옥에서 나가겠
으니, 부모님은 오늘밤으로 배를 얻어 타고 고향으로 돌아가셔서 자
식이 찾아갈 때를 기다리시라"고 여쭈었다. 무술년(1898년) 3월 9일
이었다.

그 날 오후에 나는 당번하는 간수 김가를 불러 돈 150냥을 건넸다.
오늘밤에 내가 죄수들에게 한턱을 낼 터이니 쌀과 고기와 모주 한 통
을 사 달라 하고, 따로 돈 50전을 주어 그것으로는 좋아하는 아편을
사먹으라고 하였다. 이렇게 한턱을 내는 일이 이따금 있었기 때문에
별로 이상해 보일 것은 없었다. 게다가 아편쟁이인 간수는 아편 값이
생긴 것이 무엇보다도 좋아서 두말 없이 모든 것을 내 말대로 하였다.

관속이나 죄수나 나는 조만간 은명으로 귀하게 되리라고 믿었기 때
문에 내가 탈옥도주를 하리라고는 꿈에도 생각할 리가 없었다. 조덕
근, 양봉구, 황순용, 김백석 네 사람도 나는 그냥 옥에 머물러 있고
자기네만을 탈옥시켜주는 것으로만 믿고 있었다.

50명 징역수와 30명 미결수들은 주렸던 창자에 고깃국과 모주를 실
컷 먹고 취흥이 도도하였다. 간수더러 이방 저방 돌아다니며 죄수
들 소리나 시키고 놀자고 내가 청하였더니 간수는 생색이나 내듯 말
했다.

"이놈들아, 김 서방님 들으시게 장기대로 소리들이나 해라. "

명령이 내리자 죄수들이 노래하느라 야단인데 간수는 자기 방에서
아편을 실컷 피우고는 정신이 까무러져 있었다. 나는 도적 방에서 잡

범 방으로 잡범 방에서 도적 방으로 왔다갔다 하다가 슬쩍 마루 밑으로 들어가서 바닥에 깐 벽돌을 창끝으로 들쳐내고 땅을 파서 감옥 밖으로 나섰다.

감옥담을 넘을 줄사다리를 매어놓고 나니 문득 딴 생각이 났다. 다른 사람들을 끌어내려다가 무슨 일이 날는지 모르니 이 길로 나 혼자만 나가 버릴까? 그자들이 나의 동지도 아니니 기어코 건져낸들 무엇하랴.

그러나 얼른 돌려 생각하였다.

'사람이 현인군자에게 죄를 지어도 부끄럽거늘 하물며 저들과 같은 죄인에게 죄인이 되고서야 어찌 하늘을 이고 땅을 밟으랴. 죽을 때까지 부끄러울 것이다.'

나는 내가 나온 구멍으로 다시 들어가서 천연스럽게 내 자리에 돌아가 앉았다. 그들은 여전히 흥에 겨워서 놀고 있었다. 나는 눈짓으로 조덕근의 무리를 하나씩 불러서 나가는 길을 일러주어서 다 내보내고 다섯째로 내가 나가 보니 먼저 나온 네 녀석은 담을 넘을 생각도 아니하고 밑에 모여 앉아서 벌벌 떨고 있었다.

하나씩 하나씩 엉덩이를 떠받쳐서 담밖으로 넘겨 보내고 마지막으로 내가 담을 넘으려는데, 먼저 나간 녀석들이 용동(龍洞) 마루로 통하는 길의 판자담을 넘으면서 요란한 소리를 내고 말았다. 경무청과 순검청에서 무슨 일이 난 줄 알고 비상소집 호각소리가 나고 옥문 밖에서는 벌써 통탕퉁탕하고 급히 달리는 발자국 소리가 들렸다.

나는 아직 담 밑에 서 있었다. 감옥 방 안에 있었다면 몰라도 이제는 재빨리 달아나는 수밖에 없었다. 하지만 남을 넘겨주기는 쉬워도 한길 반이나 넘는 담을 혼자 넘기는 어려웠다. 줄사다리로 어름어름 넘어갈 새도 없었다. 옥문 열리는 소리, 죄수들의 떠들썩한 소리까지 들려왔다. 나는 죄수들이 물통을 마주 메는 한길이나 되는 몽둥이를

치하포사건에 대한 일본영사관의
보고서(1896년 4월 6일)

해주부의 김창수 공안
(1896년 6월 27일)

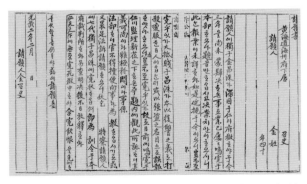

인천감리서의 김창수 초초 · 재초 · 삼초(1896년 8월 31일, 9월 5일, 9월 10일)

어머니가 법부에 올린 석방 탄원 소장(1898년 2월)

짚고 몸을 솟구쳐 담 꼭대기에 손을 걸고 뛰어 넘었다. 이렇게 된 이상에는 내 길을 막는 자가 있으면 사생결단을 하고 결투할 결심으로 판장을 넘는 대신 내 쇠창을 손에 들고 바로 삼문으로 나갔다. 삼문을 지키던 파수 순검들은 비상소집에 들어간 모양인지 아무도 없었다. 나는 탄탄대로로 나왔다. 들어온 지 2년 만에 인천감옥을 나온 것이었다.

방랑, 유람과 견문

서울로 가는 길

　탄탄대로로 나왔다. 봄날의 밤안개가 자욱한 데다가 인천은 몇해 전 서울구경을 왔을 때 한 번 지나쳤을 뿐이라, 길이 생소하여 어디가 어딘지 알 수가 없었다. 지적을 분간할 수 없는 캄캄한 밤에 밤새도록 바닷가 모래밭을 헤매다가 훤히 동이 틀 때 보니 기껏 달아난다는 것이 감리서 바로 뒤 용동 마루턱에 와 있었다. 수십 보 밖에서 순검 하나가 칼 소리를 절그럭거리며 내가 있는 데로 달려오고 있었다. 또 죽었구나 하고 나는 숨을 데를 찾았다. 서울이나 인천의 길가 상점에는 방문 밖에 아궁이를 내고 그 아궁이 위에 긴 판자를 놓고 거기에 신을 벗고 점방 출입을 하게 되어 있다. 선뜻 그 판자 밑에 들어가 누웠다. 순검의 흔들리는 칼집이 바로 코끝을 스칠 듯이 지나갔다.

　얼른 몸을 일으켰다. 하늘이 밝아오고 천주교당의 뾰족집이 보였다. 그것이 동쪽이리라 짐작하고 걸어갔다.

　어떤 집에 가서 주인을 불렀다. 누구냐고 하기에 "아저씨 나와 보셔요" 하였더니 그는 더욱 의심스러운 듯 누구냐고 다시 물었다.

"나는 김창수인데 간밤에 감리가 비밀히 내보내 주어 출옥하였으나 이 꼴을 하고 대낮에 길을 갈 수가 없으니 날이 저물 때까지 댁에서 머물 수 없겠습니까?"

주인은 응하지 않았다.

다시 화개동을 향하여 몇 걸음 옮기다 보니까 날품팔이 일꾼 하나가 맨 상투에 두루마기만 걸치고 아직 잠에서 덜 깬 목소리로 노래를 부르며 내려오고 있었다. 식전에 막걸리집을 가는 모양이었다. 놀라는 그를 붙잡고는 내가 누구고 일이 어떻게 된 것인지를 알리고 길을 가르쳐 달라고 부탁했다. 그 사람은 반가이 승낙하고는 이 골목 저 골목 후미진 길로만 해서 화개동 마루턱까지 동행해 주었다. 거기 올라 동쪽을 가리키며 이리 가면 수원이요 저리 가면 시흥이니 마음대로 어느 길로든지 가라고 일러주었다. 말을 마치고 작별하였는데 너무 급해서 미처 그의 이름도 묻지 못했다.

나는 시흥 가는 길로 해서 서울로 갈 작정이었다. 내 행색으로 말하면 누가 봐도 참말 도둑놈이었을 것이다. 염병(장티푸스)을 앓아 머리털이 다 빠져서 새로 난 머리카락은 이른바 솔잎상투라 노끈으로 조여 맸다. 머리에는 수건을 동이고 두루마기도 없이 동저고리 바람인데, 옷은 가난한 사람의 것은 아닌데 새 옷에 여기저기 보기 흉하게 흙이 묻어 있어 아무리 봐도 평범한 사람으로 보이지 않았다.

인천항 5리 밖에 이르니 아침해가 떠올랐다. 바람결에 들리는 소리는 호각소리요 부근 산에도 사람들이 올라가 희끗희끗하였다. 내가 이런 행색으로 길을 간다면 좋을 리 없고 산 속에 몸을 숨긴다 해도 반드시 수색할 테니 그럴 수도 없었다. 요모조모로 생각하고서는 등잔 밑이 어둡다 했으니 차라리 큰길가에 숨겠다고 작정했다. 인천서 시흥 가는 큰길가에는 어린 소나무를 키워 드문드문 가지가 옆으로 퍼진 것들이 하나씩 서 있었다. 그 솔포기 밑으로 두 다리를 들이밀고 반듯이 드러누워 보니 얼굴만 드러나는 것이었다. 소나무 가지를 꺾어 얼굴을 가리고 드러누웠다.

아니나 다를까 순검과 간수들이 떼를 지어 시흥대로를 달려간다. 주거니 받거니 말들이 분분하다.

"조덕근은 서울로 양봉구는 윤선(輪船)으로, 김창수는 어디로 갔을까?"

"그 중 김창수는 잡기가 아주 힘들 걸. 과연 장사(壯士)야."

"창수만은 잘 했지. 갇혀 있어서 뭐하겠나."

바로 나더러 들으라고 하는 말 같았다.

부근 산기슭은 다 수색한 듯했다. 햇살이 서산에 걸칠 즈음에 아침에 지나가던 순검들과 간수 김장석(金長石) 등이 도로 몰려왔다. 바로 내 발부리 앞을 지나 인천으로 돌아가는 것을 보고서야 비로소 솔포기 속에서 나왔다.

나오기는 했지만 어제 저녁 아직 해가 높을 때 밥 먹은 다음에 입에 댄 것이 없었다. 밤에 탈옥하느라 힘을 썼고 밤새껏 북성고지 모래밭을 헤맨 후 다시 황혼이 되도록 물 한 모금 못 먹었으니 하늘과 땅이 핑핑 돌고 정신을 차릴 수가 없었다. 근처 동네에 들어가 어느 집을 찾아 밥을 달라고 청했다. 서울 청파(靑派) 사는 몸으로 황해도 연안에 가서 곡식을 옮겨오다 간밤에 북성포(北城浦)에서 파선(破船)을 하고 서울로 가는 길이라고 했다.

주인이 죽 한 그릇을 주었다. 주머니에 누가 정표로 준 화류면경(花柳面鏡)이 하나 있었는데 그것을 꺼내 그 집 아이에게 주었다. 시가 한 냥 짜리 거울을 뇌물로 바친 다음 밤에 묵고 아침에 가겠다고 청하였지만 효력이 없었다. 죽 한 그릇을 스물 닷 냥 주고 사 먹은 것이다. 주인이 보기에 내 꼴이 아무래도 수상했나 보다. "저기 저 집 사랑에는 길손이 더러 자고 다니니 그 사랑에나 가서 물어 보시오" 하고는 문에서 떠나달라고 한다. 도리 없이 그 집에 가서 하룻밤 숙박을 청했지만 역시 거절당했다.

가만히 둘러보니 동네 안에 발로 밟는 방앗간이 있고 그 옆에 볏짚 단이 있었다. 볏짚을 안아다 방앗간에 펴고 덮고 하룻밤 고급 객실을 마련했다. 볏짚을 깔고 볏짚을 덮고 볏짚을 베고 누웠으려니 온갖 생각들이 엇갈렸다. 인천감옥 특별방에서 2년 동안 지내던 연극의 1막은 내렸고 이제 방앗간 잠이 제2막의 시작이구나.

《손무자》(孫武子)와 《삼략》(三略)을 소리내어 읽었다. 동네사람들이 수군거렸다. 거지도 글을 읽는다! 또는

"저것이 거지가 아닌가 보던데."

"아까 큰사랑에 와서 하룻밤 자자고 하던 사람이다."

나는 흥겨운 감회도 생겼지만 이내 장량(張良)이 흙다리 위를 조용히 걸었던 데 비하면 보잘것없다는 생각이 들어 미친놈처럼 마구 욕설을 하다가 잠이 들었다.

새벽 일찍 깨어 좁은 길을 골라서 서울로 향했다. 벼리고개를 향하여 걸어가다가 어느 집 문앞에 다다라 아침밥을 걸식했다. 예전에 고향에 있을 때 이른바 활인소(活人所) 걸인배(乞人輩)라며 10여 명씩 몰려다니던 자들이 있었는데, 그네들처럼 고래고래 소리지르며 넉살좋게 하지는 못하고 다만 "밥 좀 주시오 —".

힘껏 소리지른다고는 했지만 사람은 듣지 못하고 그 집 개가 마치 사람 소개하는 직분을 이행하듯 어지럽게 짖어대는 서슬에 주인이 머리를 내밀었다.

"걸식을 할 터이면, 미리 시키지 않았으니 무슨 밥이 있느냐?"

"여보 밥 숭늉이라도 좀 주시오."

하인이 가져다 주는 밥 숭늉 한 그릇을 먹고 떠났다.

큰길을 피해 매번 시골 동네로만 길을 잡았다. 이 동네에서 저 동네 가는 동네사람 모양으로 인천 부평 등의 군을 지났다. 2, 3년간 조그만 우주 조그만 세계의 생활을 하다가 넓은 세상에 나와 가고 싶은 곳을 활개치며 가노라니 심신이 상쾌하다. 감옥에서 배운 시조와 타령을 하면서 길을 간다.

그 날로 양화진(楊花津) 나루에 도착했다. 날도 이미 저물고 배도 고픈데 나루 건널 뱃삯이 없었다. 동네 서당에 들어가 선생을 보자고 청했다. 선생은 나의 나이가 어려 보이고 의관을 제대로 갖추지 못해서 그랬는지 초면에 경어를 사용치 않고 하대를 한다. 나는 정색하고 선생을 꾸짖었다.

"당신이 남의 사표(師表) 임에도 마음이 교만하니 아이들 교육이 제대로 될 리가 없지 않소. 내가 일시 운수가 좋지 못하여 길을 가다 강도를 만난 탓에 이 모양으로 선생을 대하지만 결코 선생으로부터 하대를 받을 사람은 아니오."

그 선생이 사과하고 내력을 물었다.

"나는 서울 사는 아무개인데 인천에 볼 일이 있어 갔다가 돌아오는 길에 벼리고개에서 강도를 만나서 의관과 행장을 빼앗겼소. 집으로 가는 길에 날도 저물고 주리기도 하여 예절을 아실 만한 선생을 찾았소."

선생이 머물러 숙식하도록 승낙하여 글월을 토론하며 하룻밤을 보냈다. 아침 식사 후에 선생이 한 학동(學童) 에게 편지를 주어 나루 주인에게 전하도록 했다. 덕분에 나는 무료로 양화진을 건너 마침내 서울에 도착하였다.

내가 서울로 온 목적이라야 별다른 것은 없었다. 인천 감옥에 있는 동안 여러 곳 사람들과 친하게 됐는데 그 중에 서울 남영희궁(南營義宮) 청지기가 한 사람 있었다. 배오개의 놋그릇 만드는 장인 등 대여섯 명을 모아 인천 해상에 배를 띄우고 백동전(白銅錢) 을 위조하다가 모두 체포되어 인천 감옥에서 1년여를 고생하고 있었다. 출옥하면서 이들이 하는 말이 죽을 때까지 잊을 수 없는 은혜를 입었다며 옥에서 방면되거든 부디 알려달라고, 그러면 자기들이 와서 만나보겠다고 간절히 부탁했던 것이다.

감옥에서는 나왔지만 의관을 손봐 줄 사람도 없으니 우선 그들을 찾아보고 조덕근도 좀 만나보려는 생각이었다. 남대문에 들어서 남영희궁을 찾아간즉 이미 날은 어두워지고 있었다. 청지기방 문앞에서에서 이리 오너라 불렀다. 누가 미닫이를 반쯤 열고 하는 말이

"어디서 편지를 가져왔으면 두고 가거라."

목소리를 들으니 진(陳) 오위장(五衛將)이라.

"네, 편지를 친히 받아 주세요" 하며 뜰 안에 들어섰다.

그가 마루에 나와 자세히 보더니 아이쿠머니 이게 누구요 하고 버선발로 마당에 뛰어나와 내게 매달린다. 함께 방으로 들어가자 곡절을 물었다. 나는 사실대로 말했다. 진 외장은 자기 방에 나를 앉히고 한편으로는 자기 식구들을 불러 인사시키고 한편으로는 당시 공범들을 불러모았다.

나의 행색이 범상치 못한 것이 걱정스러워 저마다 흰 갓을, 두루마기를, 망건을 제가끔 사다주며 빨리 갖춰 입으라고 한다. 3, 4년 만에 비로소 망건을 쓰니 어찌된 일인지 눈물이 떨어졌다.

날마다 진오위장 일파와 모여 놀며 며칠을 지냈다. 그러는 동안 조덕근을 두 번이나 찾아갔는데 이 핑계 저 핑계하며 만나 주지 않았다. 중죄인인 나를 아는 체하는 것이 이롭지 못하다고 생각하는 모양이었다. 다시는 그 집을 찾지 않았다.

며칠 동안 이 사람 저 사람에게 성찬을 잘 대접받고 다리도 쉬었다. 팔도강산 구경이나 하겠다 하고 작별하니 여러 사람이 추렴하여 노자를 한 짐이나 지워 주었다.

삼남 지방 유람 견문

그 날로 동적강(銅赤江) 나루를 건너 삼남(三南) 지방으로 떠났다.
그때 내 마음이 무척 울적하여 승방(僧房) 뜰에서부터 폭음을 시작하
여 밤낮으로 계속 술을 마셔 대며 과천을 지나 수원 오산(烏山) 장에
다다르자 한 짐이나 되었던 노자가 벌써 바닥이 나고 말았다.

오산 장터 서쪽으로 동네 이름은 잊었지만 김삼척(金三陟)의 집이
있다는데 주인 영감은 예전에 삼척 영장(領將)을 지냈고 아들이 여섯
이었다. 큰아들 아무개는 인천에서 상업을 경영하다가 실패하는 바람
에 인천감옥에서 달포를 고생했다. 그러는 사이 나를 무척 사랑하여
자신이 방면될 때도 차마 헤어지기 힘든 정에 후일 다시 보기로 굳게
약속했던 것이다.

그 집에 찾아가서 그네 6형제와 함께 술 마시고 노래 부르며 며칠을
보냈다. 그리곤 약간의 노자를 얻어 공주(公州)를 지나 은진(恩津)
강경포(江景浦)의 공종렬(孔鍾烈)의 집에 찾아갔다. 공종렬도 역시
감옥 친구이니 자기 부친 공중군(孔中軍)이 작고하여 상중(喪中)이었
다. 사람됨이 어리지만 영리하고 학문도 꽤 뛰어났다. 일찍이 운현궁
(雲峴宮) 청지기를 지냈고 당시는 조병식(趙秉軾)의 마름으로 강경포
에 물상 객주를 경영하다가 금전관계로 소송에 걸려 몇 달 동안 인천
감옥에 갇혀 있는 동안 나와 무척이나 친하게 지냈다.

강경포에 들어가 그의 집에 다다라 보니 집이 매우 크고 넓었다. 공
종렬이 나의 손을 끌고 일곱째 대문으로 들어가 자기 부인의 방에 나
를 유숙하도록 했다. 그의 어머니도 인천에서 만나 얼굴이 익었으므
로 반갑게 절하고 인사를 나누었다. 공 군이 나를 이처럼 특별히 대우
하는 것은 옥중 친구라는 정 때문이기도 하지만 그 포구가 인천과는
아침에 떠나 저녁에 닿는 곳이고 자기 집의 사랑마다 역시 동서남북

각지의 사람들이 출입하기 때문에 나의 비밀이 탄로날까 두려웠던 것이다.

　며칠을 쉬고 있던 중 어느 날 밤이었다. 달빛이 마당에 가득한데 공군 어머니의 방문이 열렸다 닫히는 소리가 들렸다. 나는 가만히 일어나 앉아 창문으로 마당을 내다보는데 느닷없이 검광(劍光)이 번쩍 하는 것이었다. 자세히 살펴보니 공종렬은 검을 들고 그 모친은 창(戟)을 끌고 모자가 군사를 일으키는 것이다.

　뜻밖의 변이라도 나나 싶어 의복을 정제하고 앉았노라니 이윽고 공군이 어떤 청년의 상투를 끌고 들어오더니 불러모은 하인들을 시켜 그 청년을 거꾸로 매달았다. 그리곤 열 살 남짓인 아이 둘을 불러내 방망이 한 개씩을 주면서 너희들의 원수이니 너희들의 손으로 때려죽이라고 한다.

　그러는 중에 공 군이 내 방에 들어와 형이 매우 놀랐을 테니 미안하다고 한다.

　"형과 나 사이에 무슨 숨기고 꺼릴 일이 있겠소. 내 누님 한 분이 과부가 되어 수절하다가 집의 상노(床奴) 놈과 간통하여 얼마 전에 아이를 낳고 죽고 말았소. 그래서 그놈을 불러 네 자식을 데리고 먼 곳에 가서 기르고 내 앞에 보이지 말라고 했지요. 그런데 그놈이 천주학을 하며 신부의 세력을 믿고 내 집 곁에 유모를 두고 집안에 수치를 안기는 것 아니겠소. 그러니 형이 나가서 호령하여 저놈이 멀리 달아나도록 하여 주게."

　나는 어쨌거나 그 부탁을 들어주지 않을 수는 없는 처지였다. 승낙하고 나가서 달아맨 것을 풀어 앉히고 그 자의 죄를 나열했다.

　"네가 이 댁에서 길러준 은혜를 생각한들 주인의 면목을 그다지도 무시하느냐."

　호령을 하였다. 그 자는 나를 슬쩍 보더니 두려워 겁이 났는지

"나리 분부대로 하겠습니다. 살려 주십시오."

했다.

공종렬은 그 자를 향하여 물었다.

"네가 오늘밤으로 네 자식을 내다버리고 이 지방을 떠날 터이냐?"

그 자는 "네, 네" 하며 물러났다. 나는 공 군에게 물었다. 그 자가 자식을 데리고 갈 곳이나 있을까? 그가 답하길 개울 건너 임피(臨陂) 땅에 제 형이 사니까 그리 가면 자식도 키울 수 있다고 한다.

"아까 두 아이는 누군가?"

"그 아이들이 내 생질이오."

나는 이튿날 아침 어디로든 떠나겠다고 일렀다. 그 집 사정 때문에 내가 숨어 있던 것이 탄로났으니 말이다. 공 군 역시 같은 생각이었다. 그는 자기 매부 진선전(陳宣傳)이 무주(茂朱) 읍에 사는데 부자고 그 읍도 깊은 벽지(僻地)이니 그곳으로 가서 세월을 기다리는 것이 좋을 듯하다며 소개 편지를 써주었다.

이튿날 아침 공 군을 작별하고 무주를 향해 떠났다. 강경포를 채 벗어나지 못했는데 거리에서 사람들이 웅성거렸다. 지난 새벽에 갯가에 어린 아이 우는 소리가 들렸는데 그 소리가 끊어진 지 오래 되었으니 그 아이는 죽은 것이라고 야단이었다. 나는 이 말을 듣고 천지가 아득했다. 오늘 내가 살인을 하고 가는 길이구나. 그 자가 밤에 나의 얼굴을 대하고 무척 무서워하더니 공종렬의 말을 곧 나의 명령으로 생각하고 제 자식을 안아다가 강변에 버리고 도주한 것 아닌가? 가뜩이나 흉중(胸中)이 울적한데, 세상에 아무 죄 없는 어린 아이를 죽게 했으니 이 얼마나 큰 죄악인가. 일생을 두고 심히 비관되는구나…

마침내 무주읍 진선전의 집에 도착했으나 구구히 한 곳에 머물려니 우울한 심회만 깊어질 뿐이다. 드디어 무전여행의 길에 올랐다.

나의 발길이 기왕 삼남을 떠도는 바에야 남원(南原)에 가서 김형진

김형진 가족을 초청하여(1946년)

(金亨鎭)을 상봉하겠다는 생각이 들었다. 전주 남문 안의 한약국 주인 최군선(崔君善)이 김형진의 매형인 줄은 평소에 들어 알고 있는데, 먼저 남원 이동(耳洞)을 찾아가서 김형진을 물으니 동네 사람들이 의아해하며 어떤 연유로 그를 찾는지 묻는다. 나는 김형진을 서울서 알아 지나는 길에 찾아왔다고 했다. 동네 사람들은 말하길 김형진은 아닌게아니라 대대로 이 동네에 살았는데 몇 해 전에 그가 동학에 가입하였다가 종내 식솔들과 함께 도망쳤으며 그 후로는 소식을 모른다고 했다.

섭섭한 얘기다. 김형진이가 나와 청나라까지 동행하며 다소간의 위험을 함께 무릅쓰며 친형제보다 정이 깊었는데, 나의 일생은 빠짐없이 자기가 다 알면서 자신의 일말의 이력을 숨긴 것은 무슨 까닭이었을까.

어떻든 전주까지 가서 뒷일이 어떻게 됐는지 알아볼 일이었다. 전주 읍 최군선을 찾아가 김형진의 친구임을 스스로 밝히고 지금 그가 어디 사는지 물었다. 최군선 역시 냉담한 말투로 이렇게 대답했다.

"김형진 말씀이오? 김형진은 분명 나의 처남이나 나에게는 지기 힘든 무거운 짐을 지우고 자기는 벌써 황천객(黃泉客)이 되었소."

천신만고를 겪으며 찾아간 나는 슬픈 감회를 금할 수 없었지만 그런 중에도 최가의 응대가 너무 불친절한 탓에 다시 더 물어 볼 생각이 없었다. 곧 작별하고, 그 날이 전주 장날이어서 장터에 나와서 구경을 했다.

어떤 포목점 앞에서 포목을 파는 청년 하나를 보았는데 그 모습이 흡사 김형진 같았다. 다만 김형진에게는 문사(文士)의 자태가 보였으나 이 사람은 시골 농사꾼으로 보이는 것이 달랐을 뿐이다. 나는 그가 일을 마치고 나오기를 기다려서 붙잡고 물었다.

"당신 김 서방 아니오?"

그가 그렇다고 하자 나는 다시,

"노형이 김형진 씨 계씨(季氏) 아니시오?"

하였더니, 그는 머뭇머뭇하고 대답을 못 했다.

"당신 얼굴을 보고 김형진 씨 계씨임을 짐작했소. 나는 황해도 해주 사는 김창수요. 노형, 백씨 생전에 혹시 내 말을 못 들으셨소?"

그 청년은 두 눈에 눈물이 가득 고인 채 말을 잇지 못하다가 흐느끼며 슬피 우는 것이었다.

"과연 그러하십니까. 형 생전에 당신께 관한 말을 들었을 뿐 아니라 별세하실 때도 창수를 생전에 다시 못 보고 죽는 것이 한으로 남는다고 하였지요. 제 집으로 가십시다."

금구(金溝) 원평(院坪)으로 가서 조그마한 집으로 들어갔다. 그가 자기 어머니와 형수에게 내가 찾아온 것을 말하자 그 집에는 곡소리가 진동했다. 김형진이 세상 떠난 지 열아흐레가 지났다고 했다. 영전에 절하니 육십 모친은 아들 생각에, 삼십 청상은 남편 생각에 울었지만 남은 아들 맹문(孟文)은 아직 여덟 아홉 살에 철이 없어 아무 것도 몰랐다. 장터에서 만난 사람은 즉 형진의 둘째 아우로서 아들 맹열(孟悅)이가 있고 농업으로 생활을 영위하고 있었다.

며칠 동안 다리를 쉬고 무안(務安) 목포(木浦)로 향했다. 목포에 도착하니 새로 개항하여 아직 관사 건축도 미처 하지 못해 제반 시설이 엉성해 보였다. 양봉구를 만나 인천 소식을 물으니 조덕근이는 서울서 잡혀가 눈 한 개까지 빠지고 다리가 부러졌다고 한다. 그때의 간수 김가는 아편중독으로 옥중에서 죽었다 하고 나에 관한 소문은 듣지 못했다고 했다. 그리고 인천과 목포 간에 순검들도 서로 내왕하니 오래 머물 곳이 아니라면서 약간의 여비를 마련해 주면서 서둘러 떠날 것을 권했다.

목포를 떠나서 해남(海南) 땅끝과 강진(康津) 고금도(古今島)와 완도(莞島) 등지를 구경하고 장흥(長興) 보성(寶城) 비곡면(秘谷面)으로 화순(和順) 동복(同福)으로 순창(順昌) 대명(大明)으로 하동(河東) 쌍계사(雙溪寺)로 칠불아자방(七佛亞字房)도 구경했다.

함평(咸平)에서는 이름난 육모정(六毛亭)이 진사(李進士) 집에 과객으로 하룻밤을 잤다. 이 진사는 부유한 사람은 아니었으나 육모정에는 언제나 빈객이 많았고 손님들께 조석을 대접할 때에는 이 진사도 손님들과 함께 상을 받았다. 주인이나 손님이나 일체평등이요 조금도 차별이 없었고 하인들이 손님들께 대하는 태도는 그 주인께 대하는 것과 꼭 같이 하였다. 이것은 주인 이 진사의 인격의 표현이어서 참으로 놀라운 규모요 가풍이었다.

육모정은 이 진사의 정자였는데 그 속에는 침실, 식당, 응접실, 독서실, 휴양실 등이 구비하였다. 그 때에 글을 읽던 두 학동이 지금의 이재혁(李載爀), 이재승(李載昇) 형제다.

나는 하룻밤만 쉬고 떠나려 하였으나 이 진사는 굳이 만류하여 얼마든지 더 묵어서 가라는 말에는 은근한 진정이 담겨 있었다. 나는 주인의 정성에 감동되어 육모정에서 보름을 묵었다.

내일 이 진사 집을 떠난다는 나를 자기 집으로 청한 사람이 있었다. 그는 나보다 다소 연장자인 장년의 한 선비로 내가 육모정에 묵는 동안 날마다 와서 담화하던 사람이었다. 그의 청을 물리칠 수가 없어서 저녁밥을 먹으러 그의 집으로 갔다. 방이 단 한 칸뿐인 아주 조그만 집이었다. 그 부인이 개다리소반에 저녁상을 주인과 겸상으로 들여왔다. 주발 뚜껑을 열고 보니 밥은 아니요 무엇인지 모를 것이었다. 한 숟가락을 떠서 입에 넣으니 맛이 쓰기가 곰의 쓸개와 같았다. 이것은 쌀겨와 팥으로 만든 겨범벅이었다. 주인은 내가 이 진사 집에서 매일 쌀밥에 좋은 반찬을 먹는 것을 보았지마는 조금도 안 되었다는 말도, 미안하다는 빛도 없이 혼연히 저도 먹고 내게도 권하였다. 나는 그의 높은 뜻과 깊은 정에 감격하여 조금도 아니 남기고 다 먹었다.

다시 충청도로 들어와 계룡사(溪龍寺) 갑사(甲寺)에 도착하니 때는 8, 9월이었다. 사찰 부근에 감나무가 숲을 이뤘는데 붉은 감이 익어서 저절로 떨어지는 것이었다.

절에서 점심을 사먹고 앉을 때 동학사(東鶴寺)로 와서 점심을 먹는 길손이 하나 있었는데 산을 돌아다니는 취미가 있어 보였다. 인사를 한즉 공주(公州) 사는 이 서방이라 했다. 유산시(遊山詩)를 들려 주는데 나이는 사십이 넘은 사람으로 선비인데 시(詩)도 그렇고 말도 그렇고 비관을 많이 품은 듯했다. 초면이지만 얘기가 잘 통했다.

그는 나에게 어디를 가느냐고 물었다. 나 또한 개성에서 나고 자랐는데 상업에 실패하고 홧김에 강산 구경이나 하자고 떠나서 근 1년을 남도에서 지내고 지금은 고향으로 간다고 말했다. 이 서방은 다정히 내게 청했다. "노형이 기왕 구경을 떠나왔으니, 여기서 40리쯤 가면 마곡사(麻谷寺)라는 절이 있으니 그 절이나 같이 구경하고 가시는 것이 어떻겠소" 하는 것이었다.

마곡사라는 말이 무척 의미심장하게 들렸다. 어려서부터 읽은 책으로 우리 집에 《동국명현록》(東國明賢錄)이라는 책이 한 권 있었다. 그 책을 보면 서경덕(徐敬德) 화담(花潭) 선생이 동지하례(冬至賀禮)에 참석하여 크게 웃으니 임금이 묻길 "경(卿)은 무슨 일로 사람들 중에서 홀로 웃느냐"고 물었다. 화담이 아뢰길 "오늘 밤 마곡사 상좌승(上佐僧)이 밤중에 죽을 끓이다가 졸음을 참지 못해 그 죽솥에 빠져 죽었는데 중들이 그 사실을 전혀 모르고 죽을 퍼먹으며 희희낙락하지 않겠습니까. 그 일을 생각하니 웃음이 나옵니다" 했다. 임금이 곧 말을 보내 하루 낮 하루 밤 걸리는 3백여 리 떨어진 마곡사에 가서 조사해 보니 과연 그런 일이 있었다고 했다. 이 이야기를 아버님이 늘 소설처럼 이야기하시던 것이 생각났다.

이 서방의 제의를 받아들이고 그와 함께 마곡사를 향해 떠났다. 느긋한 나그네 여행은 이로써 종막을 고했다. 그 사이에 듣고 본 것과 직접 겪은 일들을 간단히 들어두는 것이 좋겠다.

견문 가운데 몇 가지

아산(牙山) 배암밭 동네에 들어가 충무공 이순신의 기념비를 존경스런 마음으로 둘러보았고 광주(光州)의 역말이란 동네에 들어가 보니 촌 동네에 가호수가 몇백 호인지는 몰라도 동장(洞長)이 일곱 명이나 일을 본다고 했다. 서북 지방에서는 볼 수 없던 일이다. 광주 나주 순천 담양에는 도처에 대나무숲이 있었다. 이 역시 서북에는 없는 특산물이다. 내가 열 살 무렵까지는 대나무도 1년에 한 마디씩 자라는 줄 알았던 만큼 실제로 본 것은 처음이었다. 장흥 보성 등 각 군에는 여름철에 콩잎을 따서 그대로 국도 끓여 먹고 또 뜯어 말렸다가 삼동(三冬)에 먹기도 하는데 말린 것을 소와 말에 실어서 장터로 내가니 아주 중요한 상품 가운데 하나였다.

해남(海南) 이 진사 집 사랑에 며칠 머무는데 대여섯 명의 손이 함께 묵고 있었다. 그 중에 그 집 손님 노릇한 지가 8, 9년 된 자도 있었다. 손님이 일을 하면 주인이 가난해진다는 미신이 있어서 손가락 하나 까딱하지 않고 주인과 똑 같은 대우를 받는 것이었다.

양반이 못 되면 대재산가라도 감히 사랑문을 바깥쪽으로 열지 못한다. 그런 까닭에 지나는 길손이 주인을 찾아 숙박을 청하면 무엇보다 먼저 간밤에는 어디서 유숙하였는지 묻는다. 만일 유숙한 집이 양반의 집이면 두 말이 없고 중인의 집에서 잔 것 같으면 손을 타일러 보내는 반면 상인(常人)이 길손을 맞아 재워주면 양반들이 멋대로 잡아다가 사형(私刑)을 가하는 등 별별 괴상하고 못된 습속이 많았다.

내가 직접 보진 못했으나 그곳 등지에 과객으로 유명한 자는 홍초립(洪草笠) 박도포(朴道袍) 등이라 했다. 홍가는 초립둥이 적부터 과객으로 평생을 살았고 박도포는 늘 도포만 입고 과객질을 한다는 것이었다. 헌데 이 자들은 어느 집에 몸을 붙이든지 주인이 응대를 조금만 잘못해도 발악한 예가 수없이 많았다고 한다.

해남은 윤·이 두 성이 가장 큰 양반으로 큰 세력을 거머쥐고 있었다. 어느 윤씨 집의 사랑에서 유숙할 때였다. 밤이 이슥했는데 사랑문 앞 말뚝에 어떤 사람을 결박하고 가혹한 형벌을 가하는 것이었다. 주인이 추상(秋霜) 같이 호령했다.

"너 이놈 죽일 놈, 어째서 양반이 정해 준 품삯대로 받지 않고 네 멋대로 올려 받느냐."

벌받는 사람은 극구 사죄를 청했다.

나는 주인에게 물었다.

"양반이 정해 준 품삯은 얼마이고 상인이 멋대로 올려받은 삯은 얼마요?"

주인이 말하길,

"내가 올해는 동네 품삯을 계집은 두 푼, 사내놈은 서 푼씩으로 정했는데 저 놈이 어느 댁 일을 하고 한 푼을 더 받았기 때문에 징계하여 다스리는 것이오."

나는 다시 물었다.

"길가는 행인이 여인숙에서 밥을 먹으려 해도 밥값이 한 끼에 최하대여섯 푼인데, 하루 품삯이 밥 한 상 값의 절반도 못 되면 혼자 살아도 버티기 힘들 텐데 어떻게 식솔까지 데리고 산단 말이오?"

주인이 말하길 "한 집에 장정이 연놈 하여 두 명이라면 매일 한 사람이라도 양반집 일을 안 할 때가 없고 일만 하는 날은 그놈 집 식구 모두가 와서 먹는다"고 했다. 그런데다 품삯을 많이 주어서 상놈이 자기네 집안 먹고 입는 것을 풍족하게 하면 자연히 양반에게 공손하지 않게 되기 때문에 품삯을 그렇게 책정한다는 것이었다.

나는 이 말을 듣고 깜짝 놀랐다. 내가 상놈으로 해주 서촌(西村)에 난 것을 늘 한탄했거늘 이곳에 와서 보니 양반의 낙원은 삼남이고 상놈의 낙원은 서북이구나! 내가 해서(海西) 상놈이 된 것이 큰 행복이다. 만일 삼남 상놈이 되었다면 얼마나 불행하였을까?

경상도 지방에는 양반 상인 사이에 특별한 습속이 있었다. 삼남에서 소 잡는 백정은 망건을 쓰지 못하는 것이 상례여서 맨 머리에 패랭이(平洋子)를 쓰고 출입한다. 헌데 경상도에서는 패랭이 밑에 대나무로 만든 테를 돌려 대고 거기에 끈을 맨 것이 백정놈이다. 백정이 길가던 중에 남녀노소를 막론하고 사람을 마주치게 되면 반드시 길 아래 내려서서 "소인 문안드리오" 하고 행인을 지나게 한 다음 비로소 제 발

걸음을 옮긴다.

삼남에 양반의 위세와 속박이 더할 수 없이 심하지만 그런 중에도 약간의 아름다운 풍속이 없지는 않다. 이앙기(移秧期)에 김제(金堤) 만경(萬頃)을 지나며 본 것이다. 농군이 아침에 일나갈 때는 사명기(司命旗)를 들고 장구를 두드리며 들판으로 나간다. 그리곤 농기(農旗)를 세우고 모를 심는데 선소리꾼은 북을 치며 농가(農歌)를 선창하면 남녀 농군들은 팔다리로 춤추며 일을 한다.

논 주인은 막걸리를 논두렁 여기저기에 동이로 놓아두고 마음대로 먹게 하고 행인이 지나가면 다투어 권한다. 농군이 음식을 먹을 때는 현직 감사나 수령이라도 말에서 내려 인사말로 예를 갖춘다. 또 대개 노동자들의 조직이 있어 논주인이 일꾼을 고용할 때에는 그 우두머리와 교섭하여 결정한다. 그 과정에서 의복, 품삯, 휴식, 질병 등에 관한 조건을 정한다. 실제 감독은 그 우두머리가 맡아 하는데 만일 일꾼이 태만해도 논주인이 자기 뜻대로 책벌하지 못하고 우두머리에게 고발하여 징계한다.

정월 초승과 팔월 중추(中秋)에는 동네와 동네 중간에 나무기둥이나 돌기둥을 세우고 그 몸통에 동아줄을 매어 줄다리기를 한다. 저마다 그 기둥 꼭대기가 제 동네로 향하여 눕도록 경쟁을 벌이는 것인데, 반상(班常)의 차별이 그토록 심한 중에 이때만은 남녀노소 반상의 구별이 없이 즐겁게 용기를 내어 논다고 한다.

고금도에서 본 충무공의 전적(戰蹟)과 금산에 있는 조중봉(趙重峯)의 패적유지(敗績遺址), 공주에 있는 승(僧) 영규(靈奎)의 비(碑)를 보고 많은 느낌이 들었다.

임실(任實)에서 전주를 향하던 중 당현(堂峴 : 전주와 임실의 중간에 있는 큰고개)을 넘으려던 참이었다. 풍채가 부잣집 주인처럼 보이는 어떤 40여 세쯤 된 중늙은이를 한 사람 만났다. 나귀를 혼자 몰고 가

140

다가 고개 밑에 와서 나귀에서 내려 걸어가는데 자연 동행이 되어 인사를 나누었다. 임실읍에 사는 문지래(文之來)라는 이 사람과 함께 이야기를 하여 가며 고개 마루에 다다랐다. 고개 마루에는 주점이 네댓 군데 있었고 그 주변에는 그 날이 마침 전주 장날이어서 보부상 수십 명이 장에 갔다가 돌아오는 길에 다리를 쉬고 있었다.

문지래가 고개 마루에 도착하자 주점 주인이 나와서 오위장 영감 오시느냐고 반가이 맞았다. 들어가 술이나 한 잔 자시라고 권한다. 문씨는 사양하더니 나에게 함께 쉬어가자고 청한다. 만약 환대하여 주는 사람이 없었다면 동행하다가 술 한잔하자는 청을 사양할 일도 없었다. 헌데 보아하니 문 씨가 주점 주인으로부터 접대 받을 것 같아서 굳이 마다하고 고개를 넘었다. 햇빛은 서산에 뉘엿뉘엿 지고 있었다.

급히 걸어 상관(上關)의 주점에 들어 저녁을 먹었다. 그리곤 앉아서 담배를 피고 있는데 급보가 왔다. 오늘 해 지기 바로 전에 고개 마루에 서른 명쯤의 강도가 나타나서 행상의 재물을 약탈했는데, 문 오위장은 취중에 이 강도들에게 호령하다가 도끼에 맞아 죽었다는 것이다. 한 번 내리치니 두개골이 둘로 쪼개졌고 두 번 치니 머리와 몸이 세 토막이 났다고 한다. 그러니 내가 문 씨의 손에 끌려 술자리에 함께 끼었으면 내 목숨은 어찌 되었겠는가? 놀라서 입이 다물어지지 않았다. 들어보니 문 씨는 임실 이속(吏屬)인데 자기 친동생이 민영준(閔泳駿)의 신임 청지기라고 위세를 떨다가 인근에서 인심을 잃었다고 했다. 그런 탓에 이와 같은 화를 당했다는 것이다.

전주에서 겪은 일이다. 전주는 관리와 사령이 서로 원수라고 한다. 그래서 당시 진위대(鎭衛隊) 병정을 모집하는데 사령이 입영될까 적이 두려워 영리(營吏)의 조카들을 모두 병정으로 집어넣었다. 이들은 머리 위에 상투를 그대로 둔 채로 군모를 높직하게 만들어 쓰고 있었다.

승려 생활과 환속

마곡사의 중 원종(圓宗)

　　다시 공주 이 서방과 갑사에서부터 동행하던 이야기로 돌아가자. 이 서방은 홀아비로 몇 년 동안 사설 서당의 훈장 노릇을 했다는데 이제 마곡사로 가서 중이나 되겠다고 했다. 그렇게 해서 일생을 느긋하고 한가하게 보내겠다는 의향인데, 나에게도 그렇게 하자고 권하는 것이다. 나 역시 어느 정도 의향은 있지만 느닷없이 튀어나온 문제여서 섣불리 결정할 수는 없었다.

　　그에 대한 이야기만 나누며 하루종일 걸어서 마곡사 남쪽 산 위에 올랐다. 해는 황혼인데 산 가득한 단풍잎은 누릇누릇 불긋불긋하여 가을 바람에 나그네 심정은 슬프기만 했다. 저녁 안개가 산밑에 있는 마곡사를 포위하듯 감싸니 나처럼 온갖 풍진(風塵) 속에서 출몰하는 자의 더러운 발길을 거절하는 듯했다. 저녁 종소리가 안개를 헤치고 나의 귀에 다다르니 일체 수고로운 번뇌를 해탈하여 입문하라고 권하는 것 같았다.

이 서방은 결정적으로 내 의사를 물었다.

"노형 어찌하시려오? 세상사 다 잊고 중이 되십시다."

나는 이 서방에게 말했다.

"이 자리에서 노형과 결정하면 무슨 필요가 있겠소. 절에 들어가 보아서 중이 되려는 자와 중을 만들 자 사이에 의견이 합해져야 할 것 아니오."

그는 그렇겠다고 수긍한다.

곧 몸을 일으켜 마곡을 향해 안개를 헤치고 들어갔다. 한 걸음 한 걸음 걸어 들어간다. 한 걸음 한 걸음씩, 추잡하고 혼탁한 세계에서 청량(淸凉)한 세계로, 지옥에서 극락으로, 세간(世間)에서 걸음을 옮기어 출세간의 걸음을 걸어간다.

처음 당도한 곳은 매화당(梅花堂)이었다. 큰 소리로 울부짖으며 산문(山門)으로 급히 내달리는 시냇물 위로 긴 나무다리를 지나 심검당(尋劍堂)에 들어가니 머리를 빡빡 깎은 노승이 화폭(畵幅)을 펴서 보다가 우리를 보고 인사했다. 이 서방도 아는 얼굴인지 인사를 했다. 노승은 포봉당(抱鳳堂)이라고 자기를 소개했다. 이 서방은 나를 심검당에 두고 자기는 다른 데로 갔다.

이윽고 저녁을 먹고 앉아 있는데 머리가 하얗게 센 노승 한 분이 와서 내게 공손히 인사했다. 나는 본래 송도 태생인데 어려서 부모를 잃고 가까운 친척도 없는 혈혈단신으로 강산 구경이나 다니고 있다고 말했다. 그 노승은 속성은 소(蘇)씨요 익산(益山) 사람으로, 머리 깎고 중이 된 지 50년이라면서 은근히 나더러 상좌(上佐) 되기를 청하였다. 나는 다소 겸손한 태도로 사양했다.

"나는 본시 재질이 둔하고 학식이 천박하니 노사(老師)께 오히려 누가 될 것 같아 주저됩니다."

그러자 노승은 더욱 힘써 권했다.

"내 상좌만 되면 고명한 스승 밑에서 불학(佛學)을 공부할 수 있을 것이오. 그리하여 장차 큰 강사(講師)가 될지도 모르니 부디 결심하고 삭발하시오."

이튿날 이 서방은 벌써 머리를 달걀같이 밀고 와서 내게 문안을 하는 것이었다.

"하은당(荷隱堂)은 이 절 안에 갑부인 보경(寶境) 대사의 상좌요. 그러니 노형이 나중에 공부하려고 해도 학비 걱정은 없을 것이오. 내가 노형의 이야기를 했더니 무척 마음에 든다며 속히 결정하라고 권합디다."

나 역시 하룻밤 청정법계(淸淨法界)에서 모든 세상 잡념이 식은 재와 같이 된 듯하여 출가를 받아들였다. 놋칼[剃刀]을 든 사제(師弟 : 상좌보다 어린 중) 호덕삼(扈德三)을 따라서 냇가로 나아가 쭈그리고 앉았다. 그가 삭발진언(削髮嗔言)을 쏭알쏭알 하더니 머리가 섬뜩하며 내 상투가 모래 위에 뚝 떨어진다. 이미 결심한 일이지만 머리카락과 함께 눈물이 뚝뚝 떨어졌다.

법당에서는 나의 득도식(得道式)을 아뢰는 종이 울렸다. 각 암자에서 가사(袈裟)를 입은 수백 명의 승려가 모여들고, 향적실(香積室)에서는 공양주가 불공밥을 짓고 있었다. 나도 검은 장삼 붉은 가사를 입고 대웅보전(大雄寶殿)으로 이끌려 들어갔다. 곁에서 덕삼이가 부처님께 절하는 법을 가르쳐 주었다. 은사 하은당이 내 법명을 원종(圓宗)이라고 명하여 불전에 고하고 수계사(受戒師) 용담(龍潭) 화상이 경문을 낭독하고 내게 오계(五戒)를 일러 주었다.

예불 절차가 끝난 뒤에는 보경대사를 위시하여 산중에 나이 많은 여러 대사들께 차례로 절을 드렸다. 그러고는 날마다 절하는 공부를 하고 《진언집》(眞言集)을 외우고 《초발심자경문》(初發心自警文)을 읽고 여러가지 예법과 규율을 배웠다.

144

중이 되려거든 무엇보다 먼저 마음을 낮추어야 한다고 했다. 사람에게뿐만 아니라 짐승, 벌레에까지도 자기 마음을 낮추지 않으면 지옥의 고통을 겪게 된다는 것이다.

어젯밤 나더러 자기 상좌가 되어달라고 할 때는 그렇게도 공손하던 은사 하은당부터 "애, 원종아" 하고 기탄 없이 부르고,

"생긴 것이 미련해서 고명한 중은 못 되겠다. 어쩌면 얼굴이 저렇게도 밉게도 생겼을까. 어서 가서 물도 긷고 나무도 쪼개거라"
한다.

나는 깜짝 놀랐다. 망명객이 되어 사방으로 유랑하던 때도 내게는 영웅심도 있고 공명심도 있었다. 평생의 한이 되던 상놈의 껍질을 벗고 평등하기보다는 월등한 양반이 되어 평범한 양반에게 당해온 오랜 원한을 갚고자 하는 생각이 가슴속에 가득했었다. 그런데 이제 중놈이 되고 보니 이러한 허영에 가까운 야심은 부처 문중에서 터럭 끝만치도 용납될 수 없는 악마였다. 이러한 악한 생각이 마음에 싹틀 때는 호법선신(護法善神)의 힘을 빌어서 일체법공(一切法空)의 칼로 뿌리째 베어버려야 했다.

돌아다니다 못해 어떻게 이런 별세계에까지 들어왔나 싶어 혼자 웃고 혼자 탄식한 일도 있었다. 그러나 기왕 중이 되었으니 하라는 대로 순종하는 수밖에 없었다.

장작도 패고 물도 길었다. 하루는 물을 길어 오다가 물통 하나를 깨뜨렸다. 은사 하은당이 어찌나 야단을 쳤는지 보경당 노스님께서 한탄했다.

"전에도 남들은 다 괜찮다는 상좌를 데려다 주면 저렇게 못 견디게 굴어서 다 내쫓더니만… 이번 원종이도 잘 가르치면 제 앞쓸이는 할 텐데 또 저 모양이니 며칠이나 붙어 있을까."

이 말을 들으니 좀 위로가 되었다. 낮에는 일을 하고 밤이면 다른

사미들과 같이 예불하는 법이며 《천수심경》(千手心經) 등을 외운다. 수계사이신 용담스님에게 《보각서장》(普覺書狀) 도 배웠다. 용담은 당시 마곡사에서 불학(佛學) 만이 아니라 유가(儒家) 의 학문도 잘 아 시기로 유명한 이였다. 학식만 아니라 세상 돌아가는 이치에 밝아서 누구나 존경하는 높은 스승이었다.

용담스님을 모시는 상좌인 혜명(慧明) 이라는 젊은 불자가 내게 동 정이 깊었고 또 용담스님도 하은당의 가풍(家風) 이 괴상한 것을 걱정 하시면서 가끔 나를 위로하셨다. '견월망지'(見月忘指) 라, 달을 보되 가리키는 손가락은 잊으라는 오묘한 이치를 말하여 주시고, 또 칼날 같은 마음을 품으라는 참을 '인'(忍) 자의 이치를 가르쳐 주셨다.

어느덧 반년의 세월이 흘러 기해년(1899년) 정월을 맞았다. 절 안 에 있는 백여 명의 중들 중에는 나를 부러워하는 이들도 있었다. 당장 은 고생스럽지만 보경당이나 하은당이 모두 칠팔십 노인이시니 그 분 들만 작고하면 그 많은 재산이 다 내 것이 된다는 것이었다. 나도 추 수책(秋收冊) 을 열어 봤는데 백미로 받는 것만 2백 석이나 되고 돈과 물건으로 있는 것이 수십만 냥 재산은 되었다.

부모님 상봉과 영천사(靈泉寺) 주지

그러나 나는 풍진 세상과의 인연을 다 끊지 못하고 있었다. 망명객 의 임시 은신책이건 뭐건 청정적멸(淸淨寂滅) 의 도법(道法) 에 일생을 바칠 생각은 들지 않았다. 인천 감옥에서 떠난 후 소식을 모르는 부모 님도 그 후에 어찌 되셨는지 알고 싶고 나를 구해 내려다 집과 몸을 아 울러 망쳐 버린 김주경의 간 곳도 찾고 싶었다. 해주 비동의 고후조 (後凋 : 고선생의 당호) 선생도 뵙고 싶고, 청계동 안 진사도 다시 만나 고 싶었다. 그때 천주학을 한다고 해서 대의의 반역으로 곡해하여 불

146

평을 품고 떠났는데 다시 만나면 그런 과거의 오해를 사과해야겠다는 마음이 수시로 가슴속을 가득 채웠다. 그러니 보경당의 재산을 보고 계속 붙어 있을 생각은 꿈에도 하지 않았다.

하루는 보경당을 뵙고 말씀드렸다.

"소승이 기왕 중이 된 이상에는 중으로서 배울 것을 배워야 하겠사오니 금강산으로 가서 경전공부를 하고 일생에 충실한 불자가 되겠나이다."

"내 벌써 그럴 줄 알았다. 네 바램이 그렇다면 어쩌겠느냐."

즉석에서 하은당을 부르시어 한참 동안 서로 다투다가 마침내 나를 세간을 내어 주셨다. 백미 열 말과 의발(衣鉢)을 주어 큰방으로 내보냈다.

그 날부터 나는 자유였다. 그 쌀 열 말을 팔아 노자를 만들어서 마곡사를 떠나 서울로 향하였다. 며칠을 걸어 서울에 도착한 것은 기해년 봄이었다. 그때까지 서울 성안에는 승려를 들이지 않는 국금(國禁)이 있었다. 나는 문 밖으로 이 절 저 절 돌아다니다가 서대문 밖 새절에 가서 하루 묵는 중에 사형(師兄) 혜명을 만났다. 그는 장단(長湍) 화장사(華藏寺)에 은사를 찾아가는 길이라고 했고 나는 금강산으로 공부하러 간다고 했다.

혜명과 작별하고 풍기(豊基)에서 온 혜정(慧定)이라는 중을 만났다. 그가 평양 구경을 가는 길이라고 하기에 동행하자고 하였다. 임진강을 건너 송도(松都)를 구경하고 나는 해주 감영을 보고 평양으로 가자 하여 혜정을 이끌고 해주로 갔다. 수양산(首陽山) 신광사(神光寺) 부근의 북암(北菴)이라는 암자에 머물면서 혜정에게 내 사정을 약간 얘기하고 그에게 부탁했다. 텃골 집에 가서 내 부모와 비밀히 만나 그 안부를 알아오되 나는 잘 있단 말만 하고 어디 있는지는 알리지 말라고 했다.

혜정의 회답만 기다리고 있었는데 바로 4월 29일 석양에 혜정의 뒤를 따라 부모님께서 오셨다. 혜정에게서 내 안부를 들으신 부모님은, "네가 내 아들이 있는 곳을 알 터이니 너만 따라가면 내 아들을 볼 것이다" 하고 혜정을 따라 나선 것이었다. 마침내 아들이 있는 곳까지 따라와 보니 아들은 돌중놈이 되어 있었다. 세 식구가 다시 만나니 기쁘기도 하고 슬프기도 하여 서로 붙들고 눈물을 흘렸다.

북암에서 닷새 동안 쉬고 나서 나는 중의 행색 그대로인 채 부모님을 모시고 혜정과 함께 평양 길을 떠났다. 가는 길에 그동안 부모님이 겪었던 일들을 들려주셨다.

무술년(1898년) 3월 9일 부모님은 인천을 떠나 해주 본향에 돌아오셨으나 순검이 뒤따라와서 체포되었다고 한다. 3월 13일에 인천 감옥에 가두었는데 거기서 갖은 형벌을 다 당하셨다. 어머니는 곧 석방되셨으나 아버지는 석 달 후에야 석방되셨다. 그로부터는 두 분이 고향에 계시며 내 생사를 몰라 밤낮으로 마음을 졸이셨고 꿈자리만 사나와도 종일 식음을 전폐하셨다 한다. 그러하신 지 두 해 만에 혜정이 찾아간 것이었다.

5월 4일 평양에 도착하여 하룻밤을 여관에서 쉬고 이튿날인 단오날에 모란봉 그네 뛰는 구경을 하고 돌아오는 길이었다. 관동(貫洞) 골목을 지나는데 어떤 집을 보니 머리에 치포관(緇布冠)을 쓰고 소매가 넓은 옷(深袖衣)을 입은 학자가 무릎을 개고 단정히 앉아 있는 것이 보였다. 말이나 좀 주고받아 볼까 싶어 "소승 문안 아뢰오" 하였다. 그 학자는 물끄러미 나를 바라보더니 들어오라고 하였다.

들어가 인사를 한즉 그는 간재(艮齋) 전우(田愚)의 제자 최재학(崔在學)으로 호는 극암(克菴)이라 했다.

"소승은 마곡사의 보잘것없는 중으로 이번 오는 길에 천안(天安) 금곡(金谷)에 들러 간재 선생을 만나뵙고자 하였으나 마침 부재중이시어 뵙지 못했는데 오늘 선생을 뵙게 되니 매우 반갑습니다."

몇 마디 도리(道理)의 문답이 오갔다.

그때 최재학과 함께 앉은 노인 한 분이 있었는데 길고 아름다운 수염에 위풍이 당당해 보였다. 최재학은 나를 소개하며 그 영감께 아뢰라고 했다. 그는 당시 평양 진위대에 참령으로 있던 전효순(全孝淳)으로, 뒷날 개천(价川) 군수를 지냈다.

최재학이 전효순에게 이런 제안을 하며 의견을 물었다.

"오늘 이 대사는 도리가 높은 중이니 영천사(靈泉寺) 방주(房主)를 내어 주시면 당신 자제와 외손자들의 공부에 매우 유익하겠습니다."

전 씨는 무척 기뻐했다.

"나도 곁에서 들었는데 대사의 고명함을 공경하여 우러르게 되었소. 대사, 어찌 하겠소. 내가 최 선생님께 나의 자식과 외손자놈들을 부탁하여 영천사란 절에서 공부를 시키고 있는데 주지승의 성행이 불량하여 술에 취해 쏘다니니, 먹고 마시는 절도를 가르치는 일조차 곤란하기 짝이 없소. 그러니 대사가 최 선생님을 보좌하여 내 자식 손자들의 공부를 도와주시면 은혜가 얼마나 클지 모르겠소."

나는 겸손하게 사양했다.

"소승의 방랑이 원래의 스님보다 더 심할지 어찌 알겠습니까."

최재학은 즉각 전효순에게 당시 평양 서윤(庶尹) 홍순욱(洪淳旭)을 교섭하여 영천사 방주 임명장을 받아달라고 간청했다. 전효순은 그 길로 홍순욱을 방문하고 승 원종을 영천암 방주로 정한다는 첩지(帖紙)를 가지고 와서 그 날로 취임하도록 청했다.

생각해 보면 만족스러운 일이었다. 부모님을 모시고 구걸 행각 하기도 황송한 데다 이 학자와 함께 지내면 학식으로도 많은 도움이 되겠고 의식주에 대한 당면문제도 근심이 없을 것 같았다. 망명의 본뜻에도 방해됨이 없으리라 생각하여 승낙했다.

우선 혜정을 데리고 최재학을 따라 평양 서쪽 대보산(大寶山) 영천암(靈泉菴)에 가서 절의 업무를 정돈하고 방 하나를 정해 부모를 모시고 지냈다. 학생은 전효순의 아들 병헌(炳憲) 석만(錫萬)이고 전 씨의 사위 김윤문(金允文)의 아들 형제와 장손, 중손(仲孫) 관호(寬浩)이고 그 외에 몇 명 배우는 아이들이 있었다.

전효순은 하루가 멀다 하고 진수성찬을 준비해 그 절로 보내주었다. 산아래 신흥동(新興洞)의 푸줏간은 영천암의 배달처로 삼았다. 나는 날마다 푸줏간에 가서 고기를 한 짐씩 져다가 승복을 입은 그대로 내놓고 고기를 먹었고 염불하는 대신 시를 외웠다. 이따금 최재학과 함께 평양성에 가서 사숭재(四崇齋) 황경환(黃景煥) 등 시객(詩客)들과 율(律)을 짓고 밤에는 대동문(大同門) 쪽에 가서 처음엔 가게 주인이 주는 대로 소면(素麪)을 먹다가 나중에는 고기국수를 그대로 먹곤 했다. 불가에서 말하는 "손에는 돼지고기를 잡은 채 입으로는 거룩하게 경전을 왼다"(所云手把猪頭口誦聖經)는 구절과 거의 가깝게 되어가는 중이고 평양성에서는 시쳇말로 걸시승(乞詩僧)이라 했다.

하루는 최재학과 학자들은 평양에 가고 나 혼자 있는데 대보산(大寶山) 앞 태평(太平) 장터 안촌의 서당 훈장 한 사람이 배우는 아이들 몇십 명과 시인 몇 명을 데리고 절 안으로 들어오는 것이었다. 영사시회(靈寺詩會)를 하려고 술과 안주까지 장만하여 모였다.

당장 방주승(房主僧) 호출령이 내렸다. 나는 공손히 합장배례하였다. 시객 하나가 방만한 태도로 꾸짖었다.

"너 이 중놈, 선비님들이 오시는데 행동거지가 어찌 이토록 태만하단 말인가!"

"예, 소승이 선비님들 오시는 줄을 알지 못하여 밖으로 나가서 받들어 영접하지 못했으니 매우 죄송합니다."

"이놈 그뿐이냐. 네가 이 절에 방주가 된 지는 얼마냐?"

"예, 석 달 전에 왔습니다."

"그러면 그 사이에 인근 마을에 계신 양반들을 뵙고 절하지 않은 것은 죄가 아니냐?"

"소승이 처음 와서 절의 업무 정리를 하느라 아직 인근에 계신 양반들을 찾아뵙지 못했습니다. 죄가 말할 수 없이 크지만 용서해 주시기 바랍니다."

항복한 놈 죽이지 않는다는 식으로 훈장이 한편으로 나를 책망하고 한편으로는 그 선비를 달래서 어찌어찌 조용히 해결되었다. 나는 다시 책잡는 일이 생길까 두려워 그 날 일을 공손히 시키는 대로 하며 지냈다.

술이 반쯤 올랐을 때 훈장 김우석(金愚石)으로부터 시작하여 모인 시인들이 두루마기를 펴놓고 시를 짓고 쓰면서 큰소리로 낭송하는 것이었다. 술 부어 드리고 물 떠다 바치는 사이에 눈여겨보니 글씨부터 촌티가 나는데 이름하여 절창(絕唱)이니 득의(得意)의 작품이니 하고 떠드는 것이 노리고 고린 수작이 많았다.

나로 말하면 이제껏 시를 제대로 공부해 본 적이 없었다. 최재학과 함께 다니면서부터 이따금 산사에서 호정(湖亭) 노동항(盧東恒)의 시축(詩軸) 글씨를 보고 왕파(汪波) 황경환(黃景煥), 김성석(金醒石) 등 당시 평양의 일류 명사들과 몇 달을 교류하는 동안 시와 글씨에 대해 약간의 안목이 생겼을 뿐이었다.

훈장에게 청하였다.

"소승의 글도 더럽다 않으시고 두루마기 끝자리에 넣어주실 수 있겠습니까?"

훈장은 특별히 허가한다.

"네가 시를 지을 줄 아느냐?"

"예, 소승이 오늘 여러 선비님들에게 불공한 죄가 많으니 겨우 운자(韻字)나 채워서 사죄코자 하나이다."

그 시의 처음과 끝은 잊었고 연구(聯句)에 이런 구절이 있었다.

　　유가(儒家)가 천년 동안 전해왔듯 불가도 천년이니
　　　儒傳千歲佛千歲
　　나 역시 일반이요 그대들도 일반이다.
　　　我亦一般君一般

훈장과 시객들이 서로 얼굴을 쳐다보며 그 중놈 참으로 오만하다고 생각하여 제각기 기분 나쁜 안색을 드러내는 참인데 마침 최재학 일행의 이름난 인사 몇 명이 도착했다. 촌객(村客)들의 시구(詩句) 두루마기를 구경하다가 끄트머리에 봉연승(奉硯僧) 원종의 글 '유전천세'에 이르러서는 마치 합창하듯이 일동이 팔짝팔짝 뛰면서 춤을 추어대며 산사가 들썩하도록 걸작이니 절창이니 야단을 하는 바람에 촌객들의 당당하던 호기는 쑥 들어갔다. 그리고 이 소식이 평양까지 퍼져 나가 기생들의 노래 곡조에 실려 불렸다고 한다. 이렇게 해서 평양에서는 내가 걸시승(乞詩僧) 원종이라는 별명으로 불렸다.

어느 날 평양성 안의 전효순의 편지를 받아서 평양 서촌(西村)에서 육칠십 리 떨어진 갈골〔葛谷〕로 당시 고명하기로 평안도에 유명한 김강재(金强齋) 선생을 찾아갔다. 갈골을 못 미쳐 십여 리 근방의 한 주점 앞을 지나가는데 갑자기 주점 안에서 "이놈 중놈!" 하는 호령이 나온다. 고개를 돌려보니 봉두난발(蓬頭亂髮) 한 촌민 십여 명이 술을 잔뜩 마시고 한창 흥이 오르는 즈음이었다. 문앞에 가서 합장배례하였다.

한 놈이 썩 나서더니

"이 중놈 어디 사느냐?"

"예, 소승은 충청도 마곡에 있습니다."

"이놈, 충청도 중놈의 버릇은 그러냐? 양반님들 앉아 계신 데를 인사도 없이 그저 지나가고! 에이 고얀 중놈이로군."

"예, 소승이 대체 잘못 했습니다. 소승이 갈 길이 바빠서 미처 생각을 못하고 그저 지나갔습니다. 용서하여 주십시오."

"이놈 지금 어디를 가는 길이냐?"

"예, 갈골을 찾아갑니다."

"갈골 뉘 집에?"

"김강재 댁으로 갑니다."

"네가 김 선생을 알더냐?"

"예, 아직 뵌 적은 없고 성내 전효순 씨 서한을 가지고 갑니다."

그 자가 이 말을 듣더니 두리번두리번하고 말을 제대로 못한다. 방 안에 앉은 자들도 서로 얼굴을 쳐다본다. 한 사람이 중재자로 끼어들더니 시비하던 자를 책망했다.

"이 사람, 내가 보기에는 저 대사가 잘못한 것이 없네. 길가는 중이 가게마다 다 찾아 인사를 한다면 길을 어떻게 가겠나. 자네 취했네. 대사, 어서 가게."

느낌에 전효순이 진위대 영관임을 알고 겁이 나는 모양이었다. 나도 한번 물어보았다.

"저 양반(나를 시비하던 자)의 택호(宅號)가 뉘신지요?"

중재자가 말하길,

"저 양반은 이 안마을 이 군노(軍奴) 댁 서방님이라네. 물을 것 없이 어서 가게"

한다.

속으로 웃으면서 몇 걸음 걸으니 농부들이 황혼에 소를 끌고 집으로 돌아가는데 그 중 한 사람에게 이 군노 댁을 물었다. 농부는 손을 들어 산기슭의 한 집을 가리켰다. 나는 또 물었다. 이 군노 양반이 지금 계신가요? 농부가 답하길 이 군노는 죽고 지금은 그 손자가 살고 있다고 했다. 정말 우습기도 하고 한심도 했다.

강재 선생을 찾아가서 하룻밤을 묵으며 이야기를 나누었다. 강재는 그 후에 강동(江東) 군수가 되었다는 소식을 관보에서 보았으나 다시 만난 적은 없었다.

그 절까지 함께 와서 지내는 혜정(慧定) 스님은 나의 불심이 쇠약하고 속된 마음만 날로 커가는 것을 보고 자신도 환향(還鄉)하겠다는 생각을 품었다. 그러나 나를 떠나기를 무척이나 슬퍼하여 날마다 산

자락까지 송별을 나가는데 차마 헤어지지 못해 울며 돌아오기를 한 달여나 되풀이했다. 결국은 약간의 노자를 마련하여 혜정을 경상도로 돌아가게 했다.

중의 행색으로 서도(西道)로 내려온 후 아버님이 다시는 삭발을 불허하여 장발승(長髮僧)이 되었다. 치마다래로 상투를 틀고 선비의 의관을 하고는 부모를 모시고 해주 본향으로 돌아왔다.

환속과 동지 탐방

인근 양반과 친척들은 이제 김창수가 돌아왔으니 또 무슨 일 저지르지나 않나 했다. 작은아버지 준영(俊永)씨는 아무리 하여도 나를 신임하지 아니하셨다. 그는 지금은 마음을 잡아서 둘째형님 되는 아버지께도 공손하고 농사도 잘 하시건마는 내게 대하여서는 할 수 없는 난봉으로 아시는 모양이어서,

"되지 못한 그놈의 글 다 내버리고 부지런히 농사를 한다면 장가도 들여주고 살림도 시켜주지만 그렇지 아니한다면 나는 몰라요."
하고 부모님께 나를 농군이 되도록 명령하시기를 권하셨다. 그러나 부모님은 그래도 내게 무슨 큰 뜻이 있는 줄 짐작하시고 이미 장성하였으니 스스로 알아서 하는 수밖에 없다고 하신다.

"형님 내외분은 창수놈 글공부시킨 죄로 온갖 고생을 다하셨으면서 아직도 깨닫지 못하시오?"

실은 작은아버지가 제대로 보신 것이었다. 만일 문맹으로 있었으면 동학 두령이 되지도 않았을 것이요 인천 사건도 없었을 것이다. 텃골의 순전한 한 농군으로 밭갈아 먹고 우물 파서 마시며 살았을 것이다. 세상을 소란스럽게 할 일은 없었을 것이다.

경자년(1900) 봄, 농사일을 시작할 때가 되었다. 작은아버지는 조

카인 나를 꼭 사람을 만들려고 결심하신 모양이어서 새벽마다 우리 집에 오셔서 내 단잠을 깨워 밥을 먹이고는 가래질을 시켰다. 나는 며칠 동안 순순히 명령에 복종하였으나 아무리 하여도 마음을 붙이지 못하여 몰래 고향을 떠나 강화도로 향했다. 고 선생과 안 진사를 못 찾고 가는 것이 섭섭하였으나 아직 내놓고 다닐 계제도 아니어서 낯선 곳으로 가기로 한 것이었다.

나는 강화에 도착하여 김두래(金斗來)라고 이름을 고치고 남문 안 김경득의 집을 찾았다. 그러나 김경득의 소식은 묘연했고 그의 셋째 아우 진경(鎭卿)이 맞아주었다.

"어디 사시는 누구신지요? 집의 형을 잘 아십니까?"

"나는 연안에서 살았고 형님과는 막역한 동지인데 몇 년간 소식을 몰라 궁금해서 찾아왔소."

진경은 수긍하는 눈치였다.

"저희 형이 집을 나간 지 이미 3, 4년인데 아무 소식이 없습니다. 그 사이에 집안은 싸그리 망해 형님이 계시던 집으로 합해서 형수를 모시고 조카를 키우고 있습니다."

진경은 자세히 말해 주었다.

가옥은 비록 초가일망정 처음에는 아주 화려하고 멋지게 지었던 것 같은데 해가 지나도록 수리를 하지 않아 황폐해져 있었다. 그러나 김경득이 앉았던 포단(蒲團)과 그가 쓰던 나무방망이가 여전히 벽에 걸려 있었다. 그 방망이로 동지 중에 신의를 어긴 자는 친히 징벌했다며 진경이가 손으로 가리키며 지난 이야기를 했다. 사랑에 나와서 노는 일곱 살 아이 윤태(潤泰)가 바로 김경득의 아들이었다.

천신만고로 찾아간 김경득은 소식도 모르니 부득이 떠날 수밖에 없는데 진경에게 과거 사정을 사실대로 다 말해 줄 수는 없고 차마 그 집을 떠나기는 섭섭했다. 진경에게 이렇게 말했다.

"내가 형님의 소식을 모르고 가기가 너무나 섭섭해서 그런데 사랑에 머물면서 윤태에게 글자나 가르치고 지내며 형님의 소식을 함께 기다리면 어떨까?"

진경은 말할 수 없이 감격하여,

"형께서 그런 생각을 해주시다니 얼마나 고마운지 모르겠습니다. 윤태뿐 아니라 둘째형 무경(武卿)의 두 아이가 다 배울 나이가 되었는데 촌에서 그대로 놀린답니다. 그렇게 하신다면 둘째형께 알려서 조카들을 데려다가 함께 공부를 시키겠습니다."

진경은 인근 마을에 사는 무경에게 가서 전후 사정을 설명했다. 그러자 무경은 당일로 자신의 두 아이를 데리고 진경을 따라왔다. 반가이 만나 인사하고 그 날부터 가르치기 시작했다. 윤태에게는《동몽선습》(童夢先習)을, 무경의 아이는《사략》(史略) 1권을, 다른 한 아이는 천자문을 각기 심혈을 다하여 가르쳤다.

그 사랑을 드나드는 주경의 친구와 진경의 친구들이 내가 열심히 가르치는 것을 보고서는 진경에게 청하여 저마다 아이들을 데려왔다. 한 달이 못 되어 그 크나큰 세 칸 사랑에 30여 명의 아이들이 모였다. 나도 무한한 흥미를 가지고 가르치게 되었다.

공부를 시작한 지 석 달이 지난 어느 날 주인 진경은 서울서 온 웬 편지 한 장을 보면서 혼잣말로 괴이쩍은 탄식을 하는 것이었다.

"이 사람은 알지도 못하는 나에게 자꾸 편지만 하니 어찌 하란 말이야? 그런 사실이 없다고 답장을 했는데도 또 사람을 보내?"

혼잣말로 중얼거렸다.

나는 물었다. 무엇 때문에 그러는가? 진경은 이렇게 대답했다.

"부평 유씨 유인무(柳仁茂) 또는 완무(完茂)라고 하는 양반이 몇 년 전에 상을 당해 이 섬에서 삼십 리쯤 떨어진 촌에서 한 3년간 살다 갔습니다. 여기 살 때 자신은 양반 신분이면서도 형님을 문수산성(文殊

山城) 으로 초청해서 며칠간 함께 묵으며 술도 마시고 얘기를 주고받은 일이 있었습니다. 그 후로는 형님이 유 씨 댁을 방문한 일도 있었지요. 그런 후 재작년에 해주 사람 김창수라는 청년이 왜놈을 죽이고 인천 감리서에 수감된 일이 있었습니다. 간수 중에 예전 우리 집 비부 (婢夫)였던 최덕만(崔德萬)이란 놈이 형님한테 김창수 얘기를 해주었습니다. 김창수가 인천항을 한바탕 크게 들썩거렸고 감리나 경무관을 꼼짝못하게 호령을 했다는 얘기, 그러다 교수형을 당하게 됐는데 상감이 살려 주어서 죽지는 않았다는 말도 들었지요. 이 말을 듣고 형님은 우리집 재산을 있는 대로 톡톡 털어가지고 근 1년을 서울 가서 김창수를 살리려고 애를 썼지만 될 턱이 있나요. 형님은 돈만 다 날리고 돌아왔는데 그러다 또 무슨 다른 사건으로 피신하게 됐습니다. 나중에 들으니 김창수는 탈옥하였다는데 지금 이 유완무는 벌써 여러 번 지면도 없는 나에게 편지를 보내는 겁니다. 해주 김창수가 오거든 자기에게 급히 연락해 달라고 말입니다. 그런 사람이 온 적 없다고 회답을 했지요. 그런데 형님이 평소 친하게 지낸 사람 중에 통진(通津) 사는 이춘백(李春伯)이라는 양반이 있는데 그이가 유 씨와도 친한 모양이에요. 유 씨 편지에 이춘백을 보내니 의심말고 자세히 알려 달라는 부탁입니다."

나는 이 말을 들으니 모골이 송연하기도 하고 별별 의혹이 다 생겼다. 나는 진경에게 물었다.

"김창수라는 사람이 와서 다녀는 갔는가?"

"형은 생각하여 보시오. 여기서 인천이 지척인데요. 그도 집의 형님이 계신다면 비밀히 올지도 모르지요. 그런 사람이 왔다 하더라도 형님도 안 계신데 내 집에 들어 올 리가 있겠습니까? 내 형님이 계신지나 은밀히 알아보고 집에 안 계신 줄 알고 가겠지요. 그 양반이 맥없이 그러는 겁니다."

나는 다시 말한다.

"그것은 동생의 말이 옳은데, 그러면 어떤 왜놈의 부탁이나 현직 관리의 촉탁을 받고 정탐 노릇을 하는 걸까?"

진경이 말하길,

"결코 그렇진 않을 겁니다. 내가 유완무 그 양반과 대면한 적은 없지만 지금 보통 벼슬하는 양반과는 판이합니다. 유 씨 학자의 기풍이 있는 데다 우리 형을 의기남아(意氣男兒)라며 조금도 반상(班常)의 구별을 차리지 않고 극진히 대했다더군요."

나는 곰곰이 생각해 보는데 재앙이 코앞에 이른 것 같기도 하고 유완무란 사람의 본의를 알고 싶기도 했다. 그러나 진경에게 수상스럽게 더 물을 수도 없었다. 외양으로는 극히 평상한 태도를 가지나 내심은 심히 산란(散亂)했다.

밤을 지내고 이튿날 아침 식후인데 어떤 기골이 장대하고 얼금얼금 마마 자국이 있는, 나이는 30여 세나 됨직한 사람이 서슴없이 사랑으로 들어온다. 그리곤 내 앞에서 공부하고 있는 윤태를 보고 말했다.

"이놈 윤태야. 그새 퍽 컸구나. 안에 들어가 작은 아버지 좀 나오시래라. 내가 왔다고."

윤태는 곧 안방에 들어가 진경을 앞세우고 나왔다. 그 사람은 진경과 서로 안부를 묻고는 먼저 묻는 말이,

"아직 형님 소식은 못 들었지?"

"아직 소식이 없습니다."

"하, 걱정이로군. 유완무의 편지는 보았겠지?"

"예, 어제 받았습니다."

그 말을 하고서 진경은 내가 앉은 앞의 방과 미닫이 하나를 사이에 두고 둘이서 이야기했다. 나는 아이들이 글을 읽을 때 '하늘 천 따 지'를 '하늘소 따갑'이라고 잘못 읽은들 그것을 고쳐줄 생각은 전혀 없이

오로지 윗방에서 이춘백이와 진경이가 이야기하는 말만 듣고 있었다.

진경이 물었다.

"유완무라는 양반이 지각이 없지 않습니까. 김창수가 집의 형도 안 계신데 어째서 내 집에 오리라고 생각하여 그렇게 여러 번 편지를 하시는지요?"

"자네 말이 옳지만 우리가 1년 넘게 김창수 때문에 별별 애를 다 썼다네. 유완무가 남도로 이사를 하고 서울 다니러 왔다가 자네 형님이 김창수를 구출하려고 가산을 다 날리고 종내에는 피신까지 한 것을 알게 됐지. 유완무가 우리 몇 사람을 모으고, 김창수를 기어이 구출하려고 법률적으로나 뇌물 넣는 일까지 형님께서 해보았으니 이제 강제로 빼내는 방법밖에 없다고 결론을 내렸지. 그래서 용감한 청년 열세 명을 뽑았는데 나도 그 중에 들었다네. 열세 명 모험대를 조직하여 가지고 인천항구 요충지 일곱 여덟 곳에 밤중에 석유 한 통씩을 지고 들어가 불을 지른 다음 감옥을 부수고 김창수를 구출하자는 계획을 세웠지. 유 씨가 나더러 두 사람을 데리고 인천항에 들어가 요충지와 감옥의 형편과 김창수의 근황을 조사해 보라고 해서 가지 않았겠나. 마침내 인천에 가서 감옥 형편을 알아보니 사흘 전에 김창수가 네 명의 죄수와 함께 탈옥을 하였더군. 그래서 돌아와 유 씨와 함께 김창수의 종적을 탐지할 길을 연구하는데 한 군데 갈 곳은 해주 본향이지만 고향에는 결코 갈 리가 없고 그 부모에게는 설혹 통기가 있더라도 결코 발설하지는 않을 것이 분명했지. 또 잘못 탐지하다가는 도리어 그 부모를 놀라게만 할 테니 그쪽은 일단 제외했네. 그리곤 자네의 집인데, 그 자신이 몸소 오기는 무척 힘들겠지만 어느 곳에서 편지했던 일은 없었는가?"

진경이 대답하길,

"편지도 없습니다. 편지를 하고 회답이 필요할 것 같으면 차라리 자기가 와서 알아보겠지요."

두 사람의 이야기는 거기서 그쳤다. 진경이 물었다.

"서울엔 언제나 가시렵니까?"

"오늘 친구나 좀 찾아보고 내일에는 곧 상경할 터일세."

내일 아침 작별인사를 나누기로 하고 이춘백은 물러갔다. 두 사람이 하는 말을 들어보니 유완무라는 사람이 참으로 나에 대해 그처럼 성의를 다 했다면 곧 만나 주어야 하겠는데 혹시라도 이것이 정탐의 일환이라면 그 또한 묘한 계책이 아닐 수 없는 것이다. 그러나 믿음이 가는 것은, 이춘백이가 진경에게 하는 말하는 것을 보니 진정한 동지로 알고 숨김없이 하는 것이 분명했고 또 유 씨가 주경의 실패 이후에 계속해서 모험적인 거사를 꾀했다는 것도 믿을 만했다.

"군자는 알고도 속아줄 수 있다"(君子可欺以方)는 말도 있거니와 내가 이만큼 알고도 끝내 자취를 감추는 것은 그 역시 의롭지 않다는 생각이 들었다.

그 날 밤은 그대로 자고 이튿날 아침에 진경과 마주앉아 아침을 들 때 그에게 물었다.

"어제 왔던 사람이 이춘백인가?"

"예, 그렇습니다."

"언제 또 오는가?"

"아침 후에 와서 작별하고 서울로 간다니까 조금 이따 오겠지요."

"이춘백이 오거든 내게 인사 소개나 하여 주게. 형님과 평소 친한 동지라니 나도 반가운 마음이 있네."

"그렇게 하지요."

나는 다시 말을 이었다.

"진경 자네를 오늘 작별케 되고 윤태와 종형제 아이들도 아울러 작별이군. 섭섭한 것은 말로 다 할 수 없네."

나의 눈에 분명히 눈물이 고였을 것이다. 진경은 이 말을 듣고 대경실색했다.

"형님, 이게 무슨 말씀이에요? 제가 무슨 잘못한 일이 있습니까? 느닷없이 작별 말씀이 웬 말씀이에요. 저야 워낙 미욱하니 집안 형님을 생각하시어 저를 용서하시고 책망도 하여 주세요."

"내가 곧 김창수일세. 유완무라는 친구의 추측이 바로 맞았네. 내가 어제 자네가 이춘백과 이야기하는 말을 다 들었네. 자네 생각으로 정탐의 유인책이 아니라고 믿거든 나를 놓아 주어 유완무란 친구를 가서 만나도록 하여 주게."

진경은 이 말을 듣고 깜짝 놀랐다.

"형님이 과연 그러시다면 제가 어찌 만류하겠습니까. 최덕만은 작년에 사망하였답니다. 하지만 이곳에 감리서 주사(主事) 다니는 이도 있고 순검다니는 이도 있어서 이따금 내왕이 있습니다."

한편으로 배우는 아이들에게 "선생님이 오늘 본댁에 다녀오실 터이니 너희들은 집으로 돌아가라"고 알린다.

이윽고 이춘백이 고별 인사차 진경에게 왔다. 진경은 이춘백을 영접하고 나서 나와 인사를 붙인다. 나는 이 씨를 보고 나도 서울 갈 일이 있으니 함께 가자고 청하였다. 이 씨는 특별한 생각 없이 "심심한데 이야기나 하면서 동행하시면 매우 좋겠습니다" 한다. 진경이 그의 소매를 끌고 뒷방에 들어가더니 몇 마디 말을 수군거리다 나왔다. 곧 출발했다.

내게 배운 아이들 30여 명과 그 부형들이 몰려와서 남문통(南門通) 길이 메이도록 모여 전별(餞別)을 해주었다. 내가 성심을 다해서 가르치기도 했지만 한 푼의 수업료도 요구하지 않았으니 더욱 정이 두터운 것이었다.

그 날로 서울 공덕리(孔德里) 진사 박태병(朴台秉)의 집에 도착했

162

다. 이춘백 군이 먼저 안사랑에 들어가서 무슨 말을 하는가 싶더니 키가 중키 아래고 얼굴이 햇빛에 그을려 가무잡잡한 생원님 한 분이 나왔다. 망건에 검은 갓을 쓰고 의복을 검소하게 입은 그는 방 안에 들자 이렇게 말했다.

"내가 유완무요. 오시느라 고생하셨소. '남아가 어디서건 만나지 못하랴'(男兒何處不相逢) 하는 말이 오늘 창수 형에게 비유한 말인가 보오."

유 씨는 이춘백을 보고 말을 이었다.

"무슨 일이건 한두 번 실패를 하더라도 낙심할 것이 아니며 끝내 구하면 필히 성취할 날이 있다고 내가 전날 말하지 않았던가."

그는 나를 만났다는 의미에 덧붙여 자신들이 평소에 경영하는 일의 방식을 정당화하고자 하는 듯했다. 나는 유완무에게 말했다.

"내가 강화의 김 씨 댁에 있다가 선생이 나 같은 사람을 위해 무척 애쓰셨다는 것을 알고 오늘 존안(尊顏)을 뵙게 되었습니다. 세상에는 침소봉대(針小棒大)로 엉뚱하게 퍼지는 말들이 많으니 들으시던 말과 실물이 용의 머리와 뱀의 꼬리만큼 다를 것입니다. 고약한 추물일 뿐이니 무척 낙심하게 되실 것을 미리 예상하여 두십시오."

유 씨는 빙그레 웃으면서 말했다.

"뱀의 꼬리를 붙들고 올라가면 용머리를 보게 되겠지요."

주인과 손이 함께 웃었다. 주인 박태병은 유 씨의 동서라고 했다. 저녁을 먹은 후에 성 안의 유씨가 머무는 곳으로 가서 잤다. 며칠간 다리도 쉬면서 간혹 요리집에 가서 음식도 사먹고 구경도 다녔다.

유 씨는 봉투에 담은 편지와 노자를 주며 충청도 연산(連山) 광이다리 앞에 도임리(桃林里) 이천경(李天敬)에게로 가라고 부탁했다. 그날로 출발하여 이천경의 집에 가서 편지를 전하니 반갑게 맞아 주었다. 날마다 닭 잡고 기장밥 하여 잘 대접해 주었고 한가하게 담소를 주고받으며 한 달을 지냈다.

하루는 이천경이 다시 편지 하나를 써주며 무주(茂朱) 읍내에서 인삼재배업을 하는 이시발(李時發)에게로 가라고 했다. 다시 이시발을 찾아가서 서신을 전하니 영접하여 하룻밤을 묵었다. 이튿날 이시발이 또 편지를 주면서 지례(知禮)군 천곡(川谷)이라는 마을 성태영(成泰英)에게로 보냈다.

다시 성태영의 집을 찾아가니 집 이름이 성원주(成原州) 집인데, 태영의 조부가 원주 목사를 지냈다고 했다. 사랑에 들어가니 청지기방 상노방(床奴房)에 하인이 수십 명이고 사랑에 앉은 사람들은 거의가 귀족의 풍채와 태도가 있었다.

주인 태영이 서한을 보고 환영하여 높은 손님으로 대우하니 상노 등속이 더욱 존경하는 것이었다. 성태영은 자(字)는 능하(能河)요 호(號)는 일주(一舟)인데, 그와 함께 매일 산에 올라 나물을 캐고 물가로 나가 물고기 구경하는 흥취 있는 생활을 했다. 그렇게 고금의 역사를 함께 고민하고 묻고 답하면서 또 한 달여를 지냈다.

하루는 유완무가 성 씨 집으로 와서 상봉하게 되었다. 그는 무주 읍내로 이사했다고 했다. 이튿날 아침 그의 집으로 함께 가서 그 댁에서 유숙했다. 유 씨의 장성한 딸은 이충구(李忠求)의 질부(姪婦)로 성혼하여 아들 형제로 한경(漢卿) 등 두 아이가 있고 당시 무주 군수 이탁(李倬)과도 인척간인 듯했다.

유완무는 나에게 이런 말을 했다.

"창수는 서울로부터 이곳에 도착하는 동안 무척 의아했겠지요. 어찌 된 일인지 말하리다."

조금 누락된 것이 있다. 창수(昌洙)라는 이름자가 쓰기에 아주 불편하다 하여 성태영과 유완무가 이름을 새로 지어주었다. 김구(金龜)라 하고 호는 연하(蓮下) 자는 연상(蓮上)으로 행세하기로 했다.

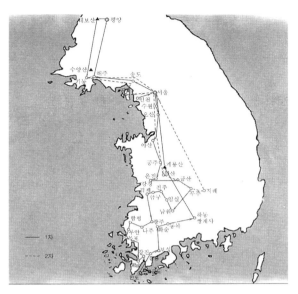

탈옥 후 삼남지방 방랑과 유람, 견문도

　"연산의 이천경이나 지례의 성태영이 다 나의 동지인데 새로 동지
가 생길 적에는 반드시 몇 곳을 순회하면서 한 달씩 함께 지내기로 되
어 있다네. 그래서 각기 관찰하고 시험한 것을 한데 모아 어떤 사업에
적당한 자격을 지녔는지 판정한 후에 관직에 적당한 자는 관직으로 주
선하고 상농(商農)에 적당한 인재는 상농으로 이끌어 종사하게 하는
것이 우리 동지들의 정해진 규정일세. 연하(蓮下)는 동지들이 시험한
결과 아직 학식이 얕으니 공부를 더하되 서울 방면의 동지들이 맡아서
일정한 수준에 오르도록 할 것이네. 헌데 연하의 출신이 상인계급이
어서 불가불 신분부터 양반에게 눌리지 말도록 하는 것이 급선무라 여
겨졌다네. 그래서 지금 연산 이천경의 집과 논밭, 가구 전부를 그대
로 연하 부모의 생활에 제공하기로 했네. 그 고을의 큰 성씨 몇몇 집

안만 잘 단속하면 족히 양반으로 생활할 수 있을 것이네. 연하는 서울에서 유학하다가 틈틈이 부모님을 뵙도록 할 테니 곧 고향으로 가서 2월까지 부모님 몸만 모시고 서울까지만 오도록 하게. 서울서 연산까지 가는 길은 내가 맡아서 하겠네."

그리하여 그와 함께 서울로 동행하였다. 서울에 와서 유완무의 제자인 강화 장곶(長串)의 진사 주윤호(朱潤鎬 ; 형은 潤彰)를 찾아갔다. 김경득의 집으로 가기에는 여러가지 고려할 것이 많아서 비밀히 주 진사 집을 방문한 것이다. 주 진사가 유 씨에게 백동전 사천 냥을 유 씨에게 보낸다 하여 그 돈을 온몸에 돌려 감고 서울에 왔다. 주 진사의 집은 해변이어서 십일월에도 아직 감나무에 감이 달려 있었다. 또한 수산물이 풍족한 곳이어서 몇 날을 잘 지내고 왔다.

그 돈으로 노자를 하여 귀향의 길을 떠났다. 철로가 아직 부설되지 못하여 육로로 출발한다. 출발하기 전날 꿈에 아버님이 나타나시어 나에게 황천(黃泉) 두 글자를 쓰라고 하신다. 유 씨와 함께 이 꿈 이야기를 했다. 봄에 병환이 계시다 좀 나으신 것을 보고 떠나서 서울와서 우편으로 탕약보제(湯藥補劑)도 지어 보냈지만 마음을 놓지 못하고 있었는데 그런 흉몽(凶夢)을 꾼 것이다.

고능선 선생 문안

그 날로 떠나 동짓달 날씨에 일찍 송도에 도착했다. 이튿날에도 빠른 걸음으로 나흘 만에 해주 비동(飛洞)을 지나다가 고 선생을 보고싶은 마음에 찾아 들어갔다. 산 속 작은 집에서 선생을 배알하니 지난 5, 6년 사이에 그리 쇠약해지신 것 같지는 않았으나 돋보기 안경을 쓰지 않고는 글을 못 읽는 듯했다. 고 선생을 배알하고 앉아서 몇 마디 얘기를 시작하는데 사랑 내문이 방긋이 열리더니 열 살쯤 먹은 처녀가 아이쿠 아저씨 왔구나 하고 뛰어 들어온다. 보니 원명의 둘째딸이었다. 청계동 살 때 고 선생 사랑에 들면 늘 나와서 내게 매달리고 업어 달라고 하다가 고 선생으로부터 꾸지람을 듣던 그 아이다. 나중에 원명의 장녀와 나와의 혼약이 성립된 후로는 자연히 거리가 없게 되고 고 선생도 전과 같이 꾸지람을 하지 않았다. 나에게 아저씨라고 부르라는 명을 받고서는 더욱 기탄 없이 내게 매달리고 온갖 응석을 부리곤 했었다.

내심 말할 수 없이 반갑고 또 부모 없이 숙모의 손에 자라는 처지를 잘 아는 나로서는 무척이나 불쌍하여 보이기도 한다. 그러나 아저씨 호칭을 그대로 받고서 아는 척하기가 무척 미안한 일이었다. 그 광경을 보시는 고 선생도 흉중에 감회가 있는지 벽만 건너다보며 침묵하고 앉았고 나 역시 아무 말대답을 못하고 눈으로만 그 처녀를 보고 반가운 표정을 하였을 뿐이다.

고 선생이 그때 나와의 혼약을 파기하고 집으로 돌아왔을 때 과부인 둘째 며느리의 청이 있었다고 한다. 아무 댁과 혼인을 하십시다. 또 아무 댁 자제가 학문도 상당하고 문벌도 적당하고 재산도 유족하니 거기다 통혼을 합시다. 김창수는 상놈이고 게다가 가산이 적빈한 데다 이전 혼처에서 그같이 고약하게 구니 김창수에게 딸을 주었다가는 집안이 망하겠습니다, 하고 떠들었다는 것이다.

그래 화증(火症)이 났던지 즉시로 청계동의 미미한 일개 농부인 김사집(金士集)이라는 사람의 아들이며 역시 농군인 떠꺼머리 총각에게 자청하여 그 날로 혼약을 결정하였다고 한다. 한참 동안이나 고 선생과 나는 서로 말도 주고받지 않고 저마다 과거의 혼사문제를 추억한 모양이다.

고 선생이 천천히 말을 꺼냈다.

"그간에 자네의 왜놈 죽인 의거 소식을 듣고 자네를 평소 기대하던 끝에 무척 놀라 탄복하였다네. 내가 유의암(柳毅菴) 선생에게 말씀드렸더니 선생이 저술한 《소의신편》(昭義新編) 속편에 '김창수는 의기(義氣) 남아'라고 기려 놓았다군. 자네가 인천으로 간 후 의암이 의병에 실패하고 평산(平山)으로 와서 서로 만나 장래의 방침을 논의했지. 나는 연전에 자네가 서간도(西間島)를 시찰한 보고 내용을 선생께 전하고, 당분간 형세로는 황해·평안도에 발붙일 땅이 없으니 속히 압록강을 건너서 적당한 곳을 택하여 장래를 도모함이 상책이라고 권했다네. 의암도 참으로 좋은 생각이라고 여겨 나도 동행하여 전에 자네가 말하던 곳을 탐사했다네. 그곳에 의암이 몸소 자리를 잡아 한편으로는 공자(孔子)의 성상(聖像)을 봉안하여 사람들의 숭모심을 증진시키고 한편으로는 내지(內地)에서 종군하던 무사(武士)들을 소집하여 훈련하는 중이라네. 그러니 자네도 속히 선생께로 가서 장래의 큰 계획을 함께 도모함이 어떻겠는가?"

나는 내가 그 사이에 깨달은 바 세계 사정을 말씀드렸다. 또 선생님이 평소에 가르치시던 '중국을 존숭하고 서양오랑캐를 물리치자'(尊中華攘夷狄)는 주의가 정당한 주의가 아닌 것과, 눈 깊고 코 높으면 덮어놓고 오랑캐라고 배척하는 것이 정당하지 않다는 말씀을 드렸다.

"그 나라가 어느 나라건 그 나라 사람들이 나라를 꾸려가는 큰 줄거리를 보아서 행실이 오랑캐 같으면 오랑캐로 대우하고 사람의 행실이면 사람으로 대우하면 될 것입니다. 우리나라 탐관오리가 사람의 얼굴은 하고 있으나 행실은 금수(禽獸)일 때가 많으니 그것이 참으로 오랑캐인 게지요. 지금은 임금이 스스로 벼슬값을 매기고 관직을 팔고 있으니 곧 오랑캐 임금인데 우리는 내 나라 오랑캐도 배척을 못하고 있습니다. 저 대양을 건너 사는 나라들은 공자 맹자의 그림자도 못 보았지만 국가제도와 문명은 공맹(孔孟)의 법도 이상으로 발달되어 있습니다. 그럼에도 불구하고 오랑캐 오랑캐 하고 배척만 한다면 무슨 필요가 있겠습니까? 제 소견에는 오랑캐에게서 배울 것이 많고 공맹에게는 버릴 것이 많다고 생각합니다."

고 선생은 말하길,

"자네 개화꾼과 많이 상종하였지? 나도 몇몇 개화꾼을 만나보니까 자네 말과 같더군."

"그렇다면 선생님이 보시는 바 장래 국가대계는 어떠하신지 가르침을 주십시오."

"선왕(先王)의 법이 아니고 선왕의 도가 아닌 것은 따져 말할 필요가 없네. 잘못하면 피발좌임(被髮左衽)이 오랑캐가 될 뿐이니."

"선생님이 피발좌임을 말씀하시니 드리는 말씀입니다만, 머리털은 즉 피에서 나온 것이요 피는 즉 음식이 소화된 정수(精髓)이니 음식을 먹지 않으면 머리털도 자라날 수 없습니다. 설사 머리가 천 길이나 길러 위대한 상투를 머리 위에 올렸기로서니 왜놈이나 양놈들이 그 상투를 무서워하지 않는다면 어찌하겠습니까. 녹의복건(祿衣卜巾)을 아무리 훌륭하게 입었다 한들 왜·양놈들이 그것만으로 무릎꿇고 우러러 절하지는 않을 것입니다. 학문도덕을 공부한 상류인물이 인민에게 잔학하기로는 최고의 망나니이고, 진실무망(眞實無妄)하기로는 온 나라 인민이 거의 그렇지만 낫 놓고 기역자도 모르니 물이 아래로 흐르듯 제 이익만 취하려 합니다. 인민이 훈육되지 못해 우매하고 보니 자기의 권리와 의무는 모르고 탐관오리 토호로부터 능멸과 학대를 당하면서도 의당 받을 것을 받는 줄로 압니다. 탐관오리 토호들이 자기 백성을 능멸 학대하는 것처럼 왜와 양에게 한다면 왜·양은 멸종되고 그네들은 천하를 호령하겠지만 그이들은 내 백성의 고혈(膏血)을 빨아다가 왜양놈에게 아첨할 뿐입니다. 이렇게 스스로 백성을 잔인하게 죽이는 망나니의 능력이 출중함을 자랑하니 나라는 망하고야 말겠지요. 세계의 여러 문명국에서 교육제도를 배워 학교를 세우고 전국 인민의 자녀를 교육하여 건전한 이세 국민을 양성해야 합니다. 그리고 애국지사를 규합하여 전국민에게 망국의 고통이 어떤지, 나라 발흥의 복락이 어떤 것인지 알도록 하는 것이 망하는 길에서 구하는 도라고 제자는 생각합니다."

나의 말에 고 선생이 대답했다.

"박영효(朴泳孝) 서광범(徐光範) 역적들이 주장하던 것을 자네가 말하네그려. 만고천하에 끝없이 존속하는 나라가 없고 만고천하에 끝없이 오래 사는 사람이 없으니, 우리나라도 망할 운명이 되었으니 어찌하겠나? 망하는 것을 구하는 도(道)라 하여 왜놈도 배우고 양인도 배우다가 구망(救亡)도 못하고 절의(節義)까지 배반하고 죽어 지하에 가게 되면 선왕 선현을 무슨 면목으로 대하겠나."

이야기를 나누는 중에 자연 신구(新舊)의 충돌이 생겼다. 그러나 고 선생의 집안에는 외국 물건이라곤 당성냥 한 개비 쓰지 않는 것을 보면 고상하게도 보인다.

하룻밤을 함께 지내고 이튿날 절을 올리고 물러났다. 어찌 생각이나 하였으리요. 그때 하직인사가 곧 영결(永訣)이었던 것을. 그후에 들으니 고 선생이 제천(提川) 동문(同門)의 집에서 객사(客死)하였다는 것이다.

아아 슬프구나. 이 글을 쓰고 있는 오늘까지 30여 년 나의 그간 마음씀과 행동함에 만에 하나라도 아름다운 점이 있다면 그것은 온전히 당시 청계동에서 고 선생이 나를 특히 사랑하여 심혈을 기울여 구전심수(口傳心受)하신 가르침 덕분일 것이다. 다시 이 세상에서 그처럼 사랑하시던 위풍 어린 얼굴을 뵐 수 없고 참되고 거룩한 사랑을 다시 받지 못하게 되었으니, 아아 참으로 슬프구나.

아버님의 별세

당일로 텃골 본가에 당도하니 황혼이었다. 안마당에 들어서니 어머님이 부엌에서 나오시며 말씀하신다.

"너의 아버지가 병세가 위중한데 아까 '이 애는 왔으면 들어오지 않고 왜 뜰에 서 있느냐' 하시기에 헛소리로 알았더니 네가 정말 오는구나."

급히 들어가 뵈니 무척 반가워하시나 병세는 과연 위중하셨다.

약간의 시탕(侍湯)으로는 효과를 보지 못하고 열나흘 동안 나의 무릎을 베고 계시다가 경자(庚子)년 12월 9일 내 손을 잡은 힘이 풀리시며 먼 나라로 길을 떠나셨다.

운명하시기 바로 전날까지 그 생각을 떨칠 수 없었다. 평생지기인 유완무 성태영 등을 만나서 그네들의 주선으로 연산으로 이사를 하였더라면 백발 성성한 아버님이 이웃 동네 강, 이씨로부터 매일 상놈 대우받던 그 뼈에 사무친 아픔만은 면할 수 있었는데, 이렇게 아주 먼 길을 떠나시니 천고에 남을 한이구나.

산마을 가난한 집에서 고명한 의사를 부르거나 기사회생의 명약을 드시게 하기는 형편이 허락하지 않았다. 우리 할머니 임종시에 아버님이 손가락을 자른 것도 이런 절박한 지경에서 행하신 것이다. 하지만 내가 손가락을 자를 것 같으면 어머님의 마음이 상하실 터이니 나는 허벅지 살을 베어내리라 작정했다. 어머님이 안 계신 틈을 타서 왼쪽 허벅지에서 살 한 점을 떼어내어 고기는 불에 구어서 약이라 아뢰어 잡수시게 하고 흐르는 피를 받아 들이키시게 했다.

양이 적은 듯하여 다시 칼을 들어 그보다 크게 살코기를 떼려고 하는데 처음보다 천백 배의 용기를 내어 살을 베지만 살 조각은 떨어지지 않고 고통만 극심했다. 두 번째는 다리 살을 썰어놓기만 하고 손톱만큼도 떼어내지 못하였다. 스스로 탄식하였다.

'손가락 자르기나 허벅지 베기란 진정한 효자가 하는 것이지 나와 같은 불효가 어찌 효자가 되랴.'

초종(初終)을 마치고 성복(成服) 날에 원근(遠近)에서 조객이 온다. 설한풍이 뼛속을 파고들 때 뜰에 상청(喪廳)을 설치하고 조문을 받는데 하나뿐인 상주라 잠시도 상청을 비울 수는 없고 썰어만 놓고 떼어내지도 못한 다리는 고통이 심했다. 어머님께는 알려드릴 수도 없고 조객 오는 것이 괴로워 허벅지 벤 것을 후회할 뻔했다.

유완무와 성태영에게는 부고를 하고 이사 중지를 알렸다. 서울에 체류 중이던 성태영은 500여 리 길을 말을 타고 와 조문했다. 마부와 말은 돌려보내고 성 군은 며칠 휴식한 후에 구월산 구경이나 시켜 보내려고 나귀에 태워 월정동(月精洞)의 오랜 친구 송종서(宋鍾瑞)의 집을 찾아갔다. 부산(缶山) 정덕현(鄭德鉉)을 불러 닭 잡고 기장밥 먹으며 오랜 회포를 풀고 백악(白嶽)의 승경을 구경하고 성 군은 돌아갔다.

아버님 장지는 텃골 오른편 산기슭에 내가 직접 골라 안장하였다. 상중에 칩거하여 어디를 잘 가지 않고 준영 계부의 농사를 돕고 있으려니 계부는 무척 기특하고 다행이라 생각하는 듯했다. 내게 2백 냥을 건네며 근처 사는 어떤 상놈의 딸에게 청혼하라는 것이었다. 나는 굳이 사양했다. 나는 상놈의 딸은 고사하고 정승의 딸이라도 재물 따지는 결혼은 죽어도 안 할 것이라고 했다. 계부 생각으로는 형님도 없는 조카를 자기 힘으로 결혼시키는 것이 당연한 의무요 영광으로 아는 듯했다. 그런데 내가 굳이 싫다 하는 데 크게 노하여 낫을 들고 나를 향해 달려드는 것을 어머니가 가로막았다. 나는 그 틈에 도망쳤다.

약혼녀와의 사별

임인(壬寅)년 정월을 맞아 여기저기 세배를 다니다가 장련(長淵) 무산(茂山)의 먼 친척댁에 갔다. 친척 할머니가 내 나이 근 삼십에 처를 못 얻은 것을 무척 걱정하시는 것이었다. 나는 그 할머니께 이렇게 말했다.

"제게는 중매하기도 쉽지 않을 것이고 제게 딸을 주고 싶은 사람이 있을지도 의문입니다. 설혹 있다 하여도 내가 장가들 마음이 생길 만한 낭자가 있을지도 의문이고요."

그 할머니가 웃으면서 묻길,

"자네 뜻에 맞는 낭자라면 어떤 낭자를 바라는가?"

"첫째, 재산 따지지 말 것. 둘째, 낭자라지만 학식을 지닐 것. 셋째 서로 만나서 마음이 맞는지 알아보고 나서 결혼하렵니다."

그 할머니는 앞의 두 가지에는 묻질 않고 세 번째에 대해서는 아주 난색을 보인다. 내가 물었다.

"할머니, 어디 혼처가 있습니까?"

"내 본가 당질녀(堂姪女)가 올해 열일곱에 과부인 어머니를 모시고 지내는데 학식은 여간 있고 아무리 가난하다지만 재산 따져서는 안 된다는 것은 알고 있다네. 적당한 남자에게 결혼시키겠다는 내 형님의 말은 들었지만 그러나 자네가 어떤 기준으로 낭자를 고르는지는 알 수 없으니 내가 일차 문의코자 하네. 하지만 자네의 말처럼 만나서 마음을 알아보는 일은 가장 어려운 문제일 듯하네."

"그렇게 어려운 문제로 생각한다면 저와 혼인할 자격이 없겠지요."

이야기를 나누던 중에 그 할머니 말씀이,

"우리 형님에게 자네의 사람됨에 대해 일찍이 언급한 적이 있는데 내 형님 말씀이 자네를 한번 데리고 자기 집에 와달라더군. 그러니 일차 동행하는 것이 어떤가?"

"오늘 가서 처녀 얼굴이라도 볼 수 있다면 가봅시다."

함께 나서 장련 속내(束內) 텃골의 조그마한 오막살이집에 도착했다. 그 집 과부댁은 나이는 들었는데 아들은 없고 오로지 딸만 넷을 두어 세 자매는 이미 출가시켰다고 했다. 막내딸 여옥(如玉)을 데리고 세월을 보내며 문자는 근근히 국문만 가르쳤을 뿐이고 바느질과 길쌈을 주로 가르쳤다고 한다.

나를 맞아 안방에 앉히고 저녁을 먹은 후에 할머니의 소개로 늙은 댁에게 절을 하였다. 그 전에 부엌에서 세 사람이 회의를 하는 모양이었다. 듣지는 못하였으나 나의 일가 할머니가 나의 구혼 조건을 전달한 듯했다. 이야기가 꽤 길어지는 듯싶을 때 할머니가 단도직입으로 혼인문제를 꺼냈다.

"자네 말대로 거반 되겠으나 규중 처자가 어찌 모르는 남자와 대면을 하겠나. 병신이 아닌 것은 내가 담보할 터이니 좀 면하여 주게."

나는 대면은 꼭 해야겠고 마주앉아 얘기를 주고받는 것뿐 아니라 혼인할 생각이 있다면 또 조건 한 가지가 있다고 말했다. 할머니는 웃으면서,

"조건이 또 있어? 들어보세."

"다른 것이 아니구요. 지금 약혼을 한다 하여도 내가 탈상 후에야 혼례를 올릴 수 있을 테니 그 기한 내에는 낭자가 나를 선생님이라고 부르면서 한문공부를 정성껏 하다가 탈상 후에 혼례를 올린다는 조건을 이행해야 합니다."

"여보게, 혼인하여 데려다가 공부를 시키든지 무엇을 하든지 자네 마음대로 하면 되지 않는가."

"근 일년 동안의 세월을 허송할 필요가 있습니까?"

과부댁과 할머니가 빙긋이 웃고 무슨 말을 하더니 낭자를 불렀다.

한 번 두 번 불러도 아무 소식이 없어 과부댁이 친히 부른다. 처녀는 가만가만히 걸음을 걸어서 자기 모친 뒤에 들어와 앉았다. 내가 인사를 먼저 하였으나 처녀는 아무 대답을 못 하고 있다. 나는 다시 물었다.

"당신이 나와 혼인할 마음이 있으며 또 혼례 올리기 전에 내게서 학문을 배울 생각이 있소?"

할머니 말씀은 결혼 후에 공부를 시키든지 마음대로 하라고 하시지만 지금 세상은 여자라도 무식하고서는 사회에서 받아들일 수 없고 여자의 공부는 스무 살 이내가 적당한데 1년 동안이라도 그저 허송하는 것은 안 된다는 이유를 설명했다.

그 처자의 말소리가 내 귀에는 들리지 않으나 할머니와 그 모친은 처자가 그리 하겠다는 대답을 한다고 했다.

밤을 지내고 이튿날 아침 집으로 돌아와서 어머님과 계부에게 약혼 보고를 하였다. 계부 준영 씨는 처음엔 믿지 않고 어머님께 친히 가서 낭자도 보고 약혼 여부를 알아보라고 하셨다. 어머님이 친히 다녀오신 뒤에야 믿게 된 계부는 세상에 참 어수룩한 사람도 있다고 하셨다.

나는 곧 여자용 독본으로 마땅하게 책을 지어서 지필묵까지 준비하야 가지고 가서 미혼처(未婚妻)를 가르쳤다. 그 집에만 오래 머물며 가르칠 형편은 되지 못했다. 집안 일도 돌보아야 했고, 탈상 후에는 교육에 헌신할 결심을 했기 때문에 문화(文化)의 우종서(禹鍾瑞), 목사(牧師) 송종호(宋鍾鎬), 당시 김 선생으로 불리던 이와 은율(殷栗)의 김태성(金泰聲), 장련의 장의택(張義澤) 오인형(吳寅炯) 정창극(鄭昌極) 등과 신교육 실시를 협의하기 위하여 각처로 돌아다니다가 틈만 있으면 처가로 가서 가르쳤다.

당시 김 선생은 원래 이름이 손경하(孫景夏)인 원산 사람으로, 박영효(朴永孝)의 동지들과 여러 해 동안 일본에 체류하다가 귀국했는데 그 후 정부에서 체포령이 떨어져 구월산으로 망명했다. 우종서 송종호 등의 보호로 종적을 감추고 있다가 그 후 박영효가 귀국한 날부터 지금껏 손영곤(孫泳坤)으로 행세하고 있었다.

장의택은 장련 토족(土族)이고 구(舊) 학식도 섭부하며 신학문의 포부도 해서(海西) 지방에서 첫째 갔다. 맏아들 응진(膺震)을 서울로 일본으로 미국으로 유학시킬 만큼 신교육에 애쓰는 지사이므로 구식 양반들에게는 많은 비난을 받고 있었다. 장 씨 자신은 신학문을 국민에 대한 지식 보급의 급선무라고 굳게 믿었다.

평안도는 물론이고 황해도에서도 신교육의 풍조는 예수교로부터 계발된 것이었다. 신문화의 발전을 도모하는 자는 거의가 예수교에 몸바친 자들이다. 빗장을 걸어 잠그고 지키기에만 급급하던 자들이 겨우 서양 선교사들의 혀끝에서 문밖 사정을 알게 된 것이다. 예수교를 신봉하는 사람이 대부분 중류 이하여서 실제 학문으로 배우지는 못했지만 그나마 선교사의 숙달치 못한 반벙어리 말이라도 문명족의 입에서 나온 그 말을 많이 들은 자들은 신앙심말고도 생기는 것이 있었다. 애국사상을 지닌 이들 중에 전민족의 대다수가 이 예수교 신봉자임은 숨길 수 없는 사실이었다.

우종서(禹鍾西)는 당시 전도사로서 나와 오랫동안 친교가 있었기 때문에 예수교 신봉을 힘써 권했다. 나 역시 탈상 후에 예수도 믿고 신교육을 장려하기로 결심하고 있었다.

계묘년(癸卯年：1903) 2월에 담사(禫祀)를 마치자마자 어머니는 열심히 혼례 준비를 하셨다. 그 해 정초에 또 무산(茂山)의 친척 할머니댁에 새배를 갔다. 세배한 후에 앉아서 이야기를 나누고 있는데 장련의 텃골 미혼처가에서 급보가 왔다. 낭자의 병세가 위중하니 김 상주(喪主)에게 통기하라는 기별이 온 것이다.

나는 깜짝 놀라 즉시 처가로 갔다. 방문을 열고 들어가니 낭자는 병세가 위중한 중에도 나를 무척 반겼다. 병은 만성 감기인데 의원도 약도 쉽게 구하기 어려운 산중이라 2, 3일 후에 결국 세상을 떠나고 말았다. 내 손으로 염습하여 남산에 안장하고 무덤 앞에서 영별(永別)하였다. 장모는 금동(金洞) 김윤오(金允五) 집으로 모시고 와서 예수교를 믿게 했다. 돌아오는 길에 놀라운 소식을 듣고 오시는 어머님을 모시고 집으로 돌아왔다.

신교육 운동

그 해 2월에 장련읍 사직동(社稷洞)으로 이사하였다. 장련읍 진사 오인형(吳寅炯)이 자기가 사들인 사직동 집과 대지, 산림 과수(果樹)와 스무 마지기 정도의 전답을 모두 내게 맡겼다. 내가 무슨 일을 하든 집안 문제는 염려할 것 없이 공공사업에만 힘을 쏟도록 한 것이다. 해주 본향에서 사촌형 태수(泰洙)의 부처(夫妻)를 데려다가 집안 일을 맡아 하게 하고 나는 오진사 집 큰사랑에 학교를 세웠다.

오진사의 장녀 신애(信愛)와 아들 기수(基秀), 오봉형(吳鳳炯)의 아들 둘과 오면형(吳勉炯)의 자녀와 오순형(吳舜炯)의 두 딸을 주된 학생들로 하고 그밖에 학교 교육에 뜻을 같이하는 이들의 자녀 몇 명을 모집했다. 방 중간을 병풍으로 나누어 남녀가 따로 앉게 했다.

인형의 셋째동생 순형(舜炯)은 심성이 무척 너그럽고 근면한데 나와 함께 예수교에 힘을 쏟기로 한마음이 되어 학생들을 가르치며 예수교를 선전하였다. 1년이 못 되어 교회 쪽으로도 커나가고 학교도 점차 발전되었다. 당시 장련읍에서 색주가 출입이나 하며 떠돌던 백남훈(白南薰)을 인도하여 예수교를 믿게 했는데 그는 후에 봉양학교(鳳陽學校) 교원이 되었다. 나는 공립학교 교원이 되어 공립 사립 두 학교를 발전 유지시키는 데 힘을 쏟았다.

황해도에는 해주와 장련에 이름하여 공립 학교가 설립되었다. 그러나 해주에서는 아직 사서삼경의 구학문이나 가르쳤고 강사가 칠판 앞에 서서 산술(算術) 역사 지리 등을 가르치는 곳은 오로지 장련 공립학교뿐이었다. 이 학교가 설립될 당시 교원은 허곤(許坤) 뿐이었으나 뒤에 장의택(張義澤), 임국승(林國承)과 내가 교원으로 근무하게 되었다.

평양에서 예수교 주최로 이른바 선생 공부, 즉 사범(師範) 강습이 있었다. 여름철에 각지 교회와 학교의 직원과 교원들이 강습할 때 나도 선생 공부를 갔다. 평양 방기창(邦基昌) 목사의 집에서 유숙하는 즈음에 당시 숭실중학생이던 최광옥(崔光玉) 군을 알게 되었는데, 교육과 애국의 열성으로 학계와 종교계와 일반사회에 명성이 쟁쟁한 동지였다.

최 군과 친밀히 교제하며 장래의 일을 의논하던 중에 최 군이 나더러 결혼했는지 물었다. 나는 예전에 누차 실패를 경험했던 일을 간단히 얘기해 주었고 최 군은 안신호(安信浩) 양과 약혼하도록 내게 권했다. 신호는 즉 안창호(安昌浩)의 누이요 당년 20여 세인데 사람됨이 무척 활발하고 당시 처녀 중에는 빛나는 별이라고 했다.

만나보고 서로간에 뜻이 맞으면 결혼하기로 했다. 이석관(李錫寬)은 안도산(安島山)의 장인인데 그 집으로 신호를 불렀다. 최광옥 이석관(李錫寬)과 함께 만나 신호를 대면했다. 몇 마디 말로 서로의 생각을 주고받고 숙소로 돌아와 있는데 최 군이 뒤따라와 나의 의향을 물었다.

나는 서로 뜻이 맞는 듯하다고 말해 주었다. 최 군은 신호 역시 그렇다고 하더라 했다. 그러면서 내일은 아주 약혼을 하고 고향으로 돌아가라고 권하는 것이었다.

그러나, 어찌 뜻하였으랴. 이튿날 이른 아침에 이석관과 최 군이

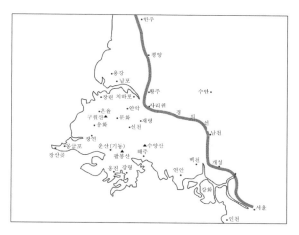

황해도 활동지역도

달려와 알리길 신호가 어제 저녁에 편지 한 장을 받고 심경에 큰 풍파가 일어 밤새껏 고통을 겪었다는 것이다. 이야기인즉 안도산이 도미(渡美)할 때 상해(上海)를 거쳤는데 상해의 어느 중학에 재학중이던 양주삼(梁柱三) 군에게 자기 누이와 결혼하라는 부탁을 했다고 한다. 당시 양군은 아직 재학 중이어서 결혼에 대한 확고한 생각은 없었지만 학업을 마치고 결정하겠다고 대답했다. 그런데 어제 나를 만나고 돌아간 신호가 마침 양 군으로부터 온 편지를 받았는데 자기가 공부를 마쳤으니 결혼 여부를 알려달라는 내용이었다는 것이다. 양 손에 떡을 쥐게 된 신호는 어찌할 줄을 모르고 애를 쓰는 중이니 다시 확정하는 의사를 듣고서 떠나라고 했다.

아침 식사 후에 최광옥이 다시 와서 신호의 결심을 전했다. 신호 자기의 처지로서 도의상 양주삼이나 김구 두 사람 중에 한 사람을 취하고 한 사람을 버릴 수 없어 양쪽을 다 버리기로 했다는 것이다. 차라리 어렸을 때부터 한 동네에서 함께 자라 청혼까지 받았으나 몸이 약한 것이 못 미더워 허락지 않았던 김성택(金聖澤)에게 가기로 하고 김, 양 두 사람은 끊기로 결심했다는 것이다. 비록 그럴 수밖에 없다 하더라도 다 됐던 일이라는 점에서도 그렇고 정리(情理) 상으로도 매우 섭섭했다.

얼마 후에 신호가 나를 찾아왔다.

"나는 지금부터 당신을 오라버님으로 섬기겠습니다. 매우 미안합니다. 나의 사정이 그리된 것이오니 너무 섭섭히 생각 마십시오."

쾌활하고 명석하게 결단을 내리는 신호의 도량을 보니 더욱 흠모하게 되지만 이미 지나간 일이었다.

다시 장련으로 돌아와 교육과 종교에 종사했다. 하루는 군수 윤구영(尹龜榮)의 초청 서한이 왔다. 가서 보니 윤 군수의 말이 지금 정부에서 양잠을 장려할 목적으로 해주로 뽕나무 묘목을 내려보내 각 군에 분배하여 심도록 독려하라는 공문이 내려왔다는 것이다. 우리 군에서는 오직 내가 이 일을 맡아 하면 성적이 좋을 것이라고들 하니 해주에 가서 묘목을 가져오라고 했다. 이 일은 군에서 토착 양반들이 영예직(榮譽職)이라 하여 서로 하겠다고 싸우는 판인데 수리(首吏) 정창극(鄭昌極)의 말을 듣고 내게 하는 말이었다.

민생산업과 관계된 무척 중대한 일임을 알고 승낙하였다. 정창극이 여비로 200냥을 내주면서 해주에 가면 관찰부에 농상공부 주사들이 뽕나무 묘목을 가져왔을 테니 일차 초청하여 연회나 열고 부족한 금액은 돌아온 후에 다시 청구하라고 했다. 알았다고 하고 길을 떠났다.

말과 가마 중에서 마음대로 고르라고 했지만 나는 걸어서 해주까지 갔다. 관찰부에 공문을 교부하고 숙소로 돌아왔다. 이튿날 아침 관찰부에서 불러 들어가니 농부(農部)에서 특별히 파견되어 온 주사가 장련(長連)에 분배하는 뽕나무 묘목 몇천 그루를 가져가라고 준다. 나는 묘목을 검사하여 보았는데 묘목이란 묘목이 다 말라 있었다.

나는 그 주사에게 가져갈 생각이 없다는 뜻을 밝혔다. 그 주사는 발끈 화를 내며 '상부명령 불복종'이라는 말까지 붙여가며 위협하는 것이었다. 나는 크게 노하여 말했다.

"주사는 서울에 살아서 장련이 산촌인지 모르시오? 장련군에 땔감은 충분하니 다른 군에 의지할 일은 없소. 내가 먼 서울까지 땔감 구하러 온 것은 아니오. 그대가 본부에서 묘목을 가지고 올 때는 묘목의 생명을 보호하여 분배하고 심게 하는 것이 사명이거늘 이같이 묘목을 말라죽게 해서 위협하여 나눠주는 데는 책임소재를 알아야만 하겠소."

나는 관찰사에게 이 일을 보고하고 그냥 돌아가겠다고 언명하였다. 그 주사는 두려웠는지 나를 누그러뜨리려고 했다. 장련에 갈 묘목은 귀하가 산 묘목으로만 골라서 숫자만 맞춰 가져가 달라는 것이었다. 나는 전부 살아있는 묘목만 골라서 숙소로 돌아와 물을 뿌려 보호한 후 말에 실어서 군으로 돌아왔다.

여비 계산을 하여 130냥쯤 되는 남은 금액을 정창극에게 돌려주었다. 정창극이 여비에 쓴 기록을 보다가 짚신 한 켤레에 얼마, 냉면 한 그릇에 얼마, 떡 한 그릇에 얼마, 말 빌린 삯과 식비를 합하여 도합 70냥이라 한 것을 보고 경탄하였다.

"우리나라도 관리가 다 김 선생 같으면 백성의 질고(疾苦)가 없겠소."

그는 박가나 신가가 갔다 왔으면 최소한 몇백 냥은 더 청구했을 것이라는 말도 했다. 정창극은 비록 수리(首吏)이지만 극히 검박(儉朴)하여 노닥노닥 기운 옷을 입고 관에서 정한 요금 외에는 한 푼도 도둑질해 쓰는 일이 없기 때문에 군수가 감히 탐학(貪虐)을 하지 못했다. 전국 제일의 전주 이속(吏屬)은 천역(賤役)의 이름으로 재상의 권세를 지니고 있다던가. 각 도의 이속이 모두 호가호위(狐假虎威)로 양반에 빌붙어 양민에게 강도질하는 시대에 정창극은 구우일모(九牛一

毛)의 귀한 존재라 할 만했다.

며칠 후 농부(農部)에서 종상(種桑) 위원이라는 임명서가 왔다. 이 소문이 전파된 후로는 군내의 아랫사람들과 노동자들 중에는 내가 지나가는 곳마다 담뱃대를 감추며 경의를 표하는 이들도 있었다.

자유결혼

오 진사는 어선(漁船)업을 개시한 지 이태 만에 가산을 다 날리더니 그 때문에 생긴 울화병으로 작고했다. 나는 내가 살던 사직동 집과 대지를 유족에게 돌려주었다.

내게도 일이 있었다. 집안일을 맡아 해 주던 사촌형 태수가 교당에서 예배하다가 느닷없이 뇌출혈로 숨진 것이다. 그는 아이 적부터 목불식정(目不識丁)이었으나 함께 예수교를 믿은 후부터는 국문에 능통하여 종교서적도 거뜬히 읽고 강단에서 교리 강의까지 하게 되었다. 그래서 장차 많은 도움을 받을 줄로 믿고 있었는데 이 무슨 변인가. 사촌형수는 본가로 보내 개가(改嫁)하도록 했고 나는 사직동을 떠나 장련읍내로 이주하였다.

사직동에서 근 2년을 거주하는 사이에 있었던 일들은 간단히 정리해 보겠다. 유완무가 진사 주윤호(朱潤鎬)와 함께 몸소 찾아와 며칠 동안 묵었다. 얼마전 북간도에 가서 관리사(管理使) 서상무(徐相茂)와 함께 장차 그 지역의 발전계획을 입안하고 잠시 국내에 돌아온 길이라고 했다. 동지들과 방침을 협의한 후 곧 북간도로 가겠다며 며칠을 묵는데, 어머니가 삶아주신 밤과 닭을 먹어가며 며칠 밤 내내 흉중의 소회를 나누고 크고작은 일들에 대해 의견을 나누었다.

강화 김주경의 소식을 물었다. 경운(耕雲 : 당시 일상으로 쓰던 유 씨의 별호인데 북간도 가서는 백초(白樵)라는 이름을 썼다)이 탄식하며 이런 얘기를 들려주었다. 김주경은 일단 강화를 떠난 뒤 10여 년 동안 붓장수를 했다. 몇 만원이나 되는 돈을 모아서 자기 몸에 지니고 다녔는데 작년에 연안(延安)에서 불행하게도 객사를 했다. 그 아들이 알고 찾아가서 주인을 걸어 송사까지 하였지만 별 소득이 없었다고 한다. 김주경이 부모친척에게도 알리지 않고 비밀 행상으로 그와 같은 거액의 금전을 모은 것은 심중에 어떤 경륜을 지녔던 것이리라. 그러나 이젠 다시는 세상에서 김주경의 포부와 큰 책략을 알 길이 없는 것이다. 그 셋째동생 김진경도 전라도에서 객사하고 그 집안은 말못할 형편이 되었다고 했다.

한편 신천 사평동(謝平洞) 예수교회의 당시 책임자 양성칙(梁聖則)으로부터 그 교회에 나오는 최준례(崔遵禮)라는 여성과 결혼하라는 권유를 받았다. 최준례는 당시 그 동네에 거주하던 의사 신창희(申昌熙)의 처제였다. 준례의 모친 김 부인은 서울에서 나고 자랐는데 청상과부로 두 딸아이를 키웠다. 예수교를 믿어서 제중원(濟衆院)이 임시로 구릿재(銅峴)에 설치되자 그곳의 고용인으로 원내에서 살면서 신창희를 큰사위로 받아들였다. 신창희는 제중원의 의과생 출신으로 거기서 의사 일을 하다가 생업을 위하여 사평으로 이주해 온 것이다.

준례는 여덟 살 나이로 자기 모친과 함께 신창희를 따라와 함께 살았다. 그 모친은 둘째딸을 이웃동네의 청년 강성모(姜聖謨)에게 허혼(許婚)하였는데 급기야 준례가 장성하고 나서는 모친의 명에 순종치 않고 그 약혼을 부인하는 바람에 교회에 큰 문제가 되었다. 선교사 한위염(韓衛廉) 군예빈(君芮彬) 등은 강성모와 결혼하도록 준례에게 권하였지만 준례가 항의하고 나서서 해결을 못 보고 있었다.

당시 18세인 준례는 잘 맞는 남자를 택하여 자유결혼을 하려고 한다고 했다. 그러는 중에 나에게 뜻이 있는지 물어온 것이다. 나는 당시에 조혼(早婚)으로 말미암아 일어나는 갖가지 폐해를 절감하던 터라 준례에 대하여 큰 동정심이 생겼다.

사평동에 가서 준례를 만나본 다음 약혼이 성립되기에 이르렀다. 그러자 강성모 측에서 선교사에게 고발하고 교회는 나에게 그만두도록 권고하고 친우 중에도 만류하는 이가 많았다. 그때는 신창희가 은율(殷栗)읍에 거주할 때였는데, 그 모든 반대를 무릅쓰고 나는 준례를 사직동 나의 집으로 데려다가 약혼을 결정하고 준례는 서울 경신학교에 유학보냈다.

처음에는 교회의 중지 권고를 듣지 않았다 하여 교회가 책벌을 선언하였지만 끝내 불복했다. 나는 구식 조혼을 인정하고 개인의 자유를 무시하는 것은 교회로서 잘못이고 사회의 악풍을 조장하는 것이라고 항의하였다. 그러자 군예빈이 혼례서를 작성하여 주고 책벌을 해제하였다.

애국계몽운동과 신민회(新民會) 활동

을사조약 반대 투쟁

을사년(乙巳年 : 1905)에 이른바 신조약이 체결되었다. 사방에서 지사들이 구국의 길을 강구하고 재야 학자들은 의병을 일으켰다. 경기 충청 경상 황해 강원 등지에서 전쟁이 계속되어 동쪽에서 지면 서쪽에서 일어난다. 그러나 허위(許蔿) 이강년(李康年) 최익현(崔益鉉) 신돌석(申乭石) 연기우(延起羽) 홍범도(洪範圖) 이범윤(李範允) 강기동(姜基同) 민긍호(閔肯鎬) 유인석(柳麟錫) 이진룡(李震龍) 우동선(禹東善) 등이 군사지식은 없고 단지 하늘을 찌르는 의분심(義憤心)만 가지고 일어나 도처에서 실패하는 것이었다.

진남포(鎭南浦) 의법청년회(懿法靑年會)의 총무직을 이어 맡아 청년회 대표로 서울에 파견되었다. 서울 상동(尙洞)에 가서 에벳청년회에 대표위임장을 제출했다. 당시 각 도의 청년회 대표가 모여 겉으로는 교회사업을 토의하나 속으로는 순전히 애국운동이었다.

먼저 의병을 일으킨 재야 학자들이 구사상 쪽이라면 예수교인들은 신사상 쪽이라 할 수 있었다. 그때 상동에 모인 인물로 말하면 전덕기(全德基) 정순만(鄭淳萬) 이준(李儁) 이석(李石 : 東寧) 최재학(崔在學 : 평양사람) 계명륙(桂明陸) 김인집(金仁戢) 옥관빈(玉觀彬) 이승길(李承吉) 차병수(車炳修) 신상민(申尙敏) 김태연(金泰淵 : 현재 鴻作) 표영각(表永珏) 조성환(曹成煥) 서상팔(徐相八) 이항직(李恒稙) 이희간(李僖侃) 기산도(奇山濤) 전병헌(全炳憲 : 현재 王三德) 유두환(柳斗煥) 김기홍(金基弘) 김구(金龜) 등이었다.

모여서 논의한 결과 상소(上疏)하기로 했다. 상소문은 이준(李儁)이 짓고 첫 번째 대표자는 최재학(崔在學)으로 했고 그외 네 명을 더하여 다섯 명이 백성의 대표 명의로 서명했다. 이렇게 해서 1차 2차로 계속할 작정이었다.

정순만(鄭淳萬)의 인도로 회당에서 맹세의 기도를 올리고 대한문(大漢門) 앞으로 모두 나아갔다. 서명한 다섯 사람만 궐문 밖에서 형식상으로 회의를 열어 상소를 의결하였으나 상소장은 이미 별감들의 협조로 상감께 올려졌다.

갑자기 왜놈 순사대가 달려와서 끼어들었다. 다섯 사람이 일시에 왜놈 순사에게 달려들어 턱없는 내정간섭 말라고 공박한다. 즉시로 대한문 앞에 왜놈의 검광이 번쩍이는데 5인 지사의 맨주먹 싸움이 시작했다. 부근에서 호위하던 우리는 소리를 벽력같이 지르며 여기저기서 격분에 찬 연설을 했다.

"왜놈이 국권을 강탈하고 조약 체결을 강제하는데 우리 인민은 원수의 노예가 되어 살 것인가 아니면 죽을 것인가!"

인심은 흉흉해지고 다섯 지사는 경무청에 구금되었다.

당초에 다섯 사람만 한 까닭이, 상소만 하면 필시 사형당할 테니 사형되거든 다시 다섯 씩 차례로 계속하려던 것이었다. 그러나 앞장선 다섯 지사를 경찰청에 가두고 심문하는 꼴이 분명 회유하여 내보낼 모양이었다. 재차 상소하는 일은 그만두고, 종로에서 공개연설을 하다가 금지당하거든 대대적으로 육박전을 벌이기로 했다.

그렇게 해서 종로에서 연설을 하는데 왜놈 순사가 검을 빼드는 것이었다. 연설하던 청년이 맨손으로 달려들어 발로 차서 왜놈 순사를 땅에 거꾸러뜨리자 왜놈들이 총을 쏘았다. 때마침 근처 어물도매상이 화재를 당한 후여서 기왓장과 벽돌이 쌓여 있었는데 우리 중 몇 명이 왜놈 순사대를 향해 벽돌을 집어던져 접전이 벌어졌다.

왜놈 순사들이 중국인 상점에 침입하여 몸을 숨기고 총을 쏘자 군중은 중국 점포에 벽돌을 던졌다. 그러자 왜놈 보병 일 중대가 포위공격하여 인산인해의 군중이 뿔뿔이 흩어졌다. 왜놈들은 한인은 잡히는 대로 포박하여 수십 명이 잡혀갔다.

그 날 민영환(閔泳煥)이 할복자살했다. 그 보도를 접하고 몇몇 동지들과 함께 민 씨 댁에 가서 조의를 표하고 돌아와 큰길로 나오는데 여러 사람이 인력거를 둘러싼 채 밀고 가면서 큰 소리로 울부짖는 것이었다. 인력거에는 나이 마흔 안팎으로 보이는 어떤 사람이 흰 명주 저고리에 갓도 망건도 없이 맨상투 바람으로 실려 가는데 옷에 핏자국이 얼룩져 있었다. 누구냐고 물은즉 참찬(參贊) 이상설(李相卨)이 자살을 시도했다는 것이었다. 그 또한 나라꼴이 하루가 다르게 엉망이 되는 것을 보고 의분을 못 이겨 자살하려 한 것이다.

당초에 상동 회의에서는 대여섯 명이 한 조를 이뤄 몇 차례건 앞사람들이 설사 죽더라도 뒷사람들이 계속하기로 했으나, 상황을 보니 상소하고 체포된 지사들을 몇십 일 구류에 처하고 말 것인즉 계속할 필요가 없었다.

교육구국운동과 애국계몽활동

아무리 급박하다 한들 국가흥망에 대한 절실한 각오가 얕은 민중과 더불어 어떤 일이건 실효 있게 해낼 수는 없다. 바꿔 말하면 애국사상이 박약한 것이다. 늦었으나마 '7년 병, 3년 쑥'〔七年病 三年艾〕격으로 인민의 애국사상을 고취하는 수밖에 없다고 생각했다. 인민으로 하여금 국가가 곧 자기 집인 줄을 깨닫고 왜놈이 곧 자기 생명과 재산을 빼앗아 자기 자손을 노예로 대할 것임을 분명히 깨닫도록 하는 외에 최선책이 없는 것이다.

모였던 동지들은 사방으로 흩어져서 애국사상을 고취하고 신교육을 실시하기로 하고, 나도 다시 황해도로 돌아와 교육에 종사하였다. 장련에서 떠나 문화(文化) 초리(草里) 면 종산(鍾山)에 거주하며 그 동네의 사립 서명의숙(西明義塾)의 교사로 농촌 아동들을 가르치다가 이듬해 정월 18일 안악(安岳) 읍으로 이사하였다. 이 읍에 새로 세운 사립 양산(楊山) 학교의 교사가 되어 근무하게 되었다.

장련에서 종산으로 갔던 것은 우종서(禹鍾西) 목사의 간청 때문이었는데 서명의숙이 산촌에 있어 발전성이 보이지 않았다. 그런 즈음에 안악 김용제(金庸濟) 등 몇몇 지우(知友)의 초청에 응하여 안악읍으로 전주(轉住)케 된 것이다.

서명의숙에서 근무할 때였다. 의병장 우동선(禹東善)이 십리 떨어진 내동(內洞)에 진을 치고 있었는데 왜병의 야간 기습을 당해 달천(達泉) 부근에 17명의 의병 사체가 내동 어귀에 널려 있다는 보도를 들었다. 그때 마침 총기를 휴대한 왜병 세 놈이 종산 동네에 들어와 집집마다 다니면서 계란과 닭을 뒤지고 있다며 동장이 놀라 찾아와 어쩌면 좋으냐고 묻는 것이었다.

동장 우창제(禹昌濟)의 집에 함께 가보니 왜병이 산 닭과 계란을 여지없는 폭거로 강탈하는 것이었다. 나는 그 왜병에게 필담으로 물었다. 군대에서 물품을 징발하는 것인가 아니면 사들이는 것인가? 왜병은 사들인다고 대답했다.

"만일 사들이는 것이라면 달천(達泉) 장터에서 가능한데 하필 왜 촌사람들을 압박하는가?"

그 왜병은 이 말에는 대답하지 않고 반문했다. 당신이 문화군수요? 나는 서명의숙 교사라고 하였다. 한 놈이 나와 문답을 하는 사이에 밖으로 나간 나머지 왜병들은 앞집 뒷집에서 닭을 몰아 안마당으로 쳐들어오니 부인네와 어린아이들이 놀라서 요동하는 소리가 들렸다.

나는 동장에게 호통을 쳤다.

"그대가 동리 책임자로서 도적이 집집마다 쳐들어간다는데 가서 직접 살필 생각도 않는가?"

그러자 나와 문답하던 왜병이 호각을 불었다. 밖으로 나갔던 놈들이 닭을 한 손에 두세 마리씩 들고 들어왔다. 그놈들이 무슨 말인가를 주고받더니 강탈한 닭을 내버리고는 동네 밖으로 나가는 것이었다. 동네사람들은 아랫동네에서도 집집마다 닭을 몰아 몇 짐을 져갔다며 후환을 걱정하기에 내가 알아서 하겠다고 했다.

나는 종산에서 첫 아이로 딸을 낳았다. 그러나 태어난 후 며칠 만에 모녀를 가마에 태워 왔는데 찬바람을 쐬어서 그랬는지 도착하자마자 곧 죽고 말았다.

안악군에는 당시 십수 명의 유지가 있었다. 김용제(金庸濟) 김용진(金庸震) 김홍량(金鴻亮) 이시복(李始馥) 이상진(李相晋) 최재원(崔在源) 장윤근(張允根) 김종원(金鍾元) 최명식(崔明植) 김형종(金亨鍾) 김기형(金基瑩) 표치정(表致禎) 장명선(張明善) 차승용(車承用) 한필호(韓弼浩) 염도선(廉道善) 전승근(田承根) 함덕희(咸德熙) 장응선(張應璇) 원인상(元仁常) 원정부(元貞溥) 송영서(宋永瑞) 송종서(宋鍾瑞) 김용승(金庸昇) 김용필(金庸弼) 한응조(韓應祚) 등은 중년 및 청년이고, 김효영(金孝英) 이인배(李仁培) 최용화(崔龍化) 박남병(朴南秉) 박도병(朴道秉) 송한익(宋漢益) 선배 등은 군내의 중견 인물이었다. 여기 쓴 이름들은 일로써 직접 나와 관계가 있는 사람만을 나열한 것이다.

신교육의 필요를 절감한 김홍량 최재원 외 몇몇 청년은 서울과 일본에 유학하고 선배들은 교육발전에 정성을 다해 힘썼다. 그리하여 읍내 예수교회에 제1차 안신(安新) 학교가 설립되고 다음으로 사립 양산(楊山) 학교가 설립되었으며 그 다음에는 공립보통학교가 설립되었다. 그리고 동창(東倉)에 배영(培英) 학교 용순(龍順)에 유신(維新) 학교 등 교육기관이 계속 세워졌다.

황해·평안 양도의 교육계나 학생들 세계에서 평양의 최광옥이 가장 신망있는 청년이었으므로 그를 초빙하여 양산학교에서 여름 사범강습을 개설했다. 황해도에서 교육에 종사하는 인사는 시골의 사숙 훈장까지 모았고 평안남북도의 뜻있는 교육자들은 물론 경기 충청도에서까지 강습생이 와서 그 수가 400여 명에 달했다. 강사로는 김홍량 이시복 이상진 한필호 이보경(李寶慶 : 현재 光洙) 김낙영(金洛英) 최재원 도인권(都仁權) 외 몇 명과 여교사로 김낙희(金樂姬) 방신영(方信榮)이 있었다. 강습생에는 강구봉(姜九峰) 박혜명(朴慧明) 등 승도(僧徒)까지 있었다.

박혜명은 연전에 나와 서울 영도사(永道寺)에서 피차 흰 장삼 입은 채 헤어진 사형(師兄)인데 당시에는 패엽사(貝葉寺) 주지승으로 우연히 상봉하게 되었다. 나는 무척이나 반가워서 양산학교 사무실에 데리고 들어가 여러 교사들에게 내 형님이라고 소개하였다. 교사들은 의아해했다. 나이도 나보다 적어 보일 뿐 아니라 내가 누이도 없는 외아들인 것을 알기 때문이었다. 나는 자초지종을 설명하고 나의 친형으로 알아달라고 하였다. 그리고 승속(僧俗)을 따질 것 없이 교육이 급선무임을 역설한 결과 혜명대사도 자기부터 우선 교사 공부를 하고는 곧 패엽사에 학교를 설립하고 승속의 학생을 나눠 모아 교육을 하게 되었다.

혜명은 나에게 과거 이야기를 했다.

"우리 형제가 영도사에서 헤어진 후에 나는 본사(本寺)인 마곡(麻谷)으로 돌아갔는데, 종스님(나를 가리킴)의 노스님 보경당과 스님 하은당 두 늙은이가 석유 한 통을 사서 기름이 좋은지 나쁜지를 시험해 보겠다며 불붙은 막대 끝을 석유통에 넣었더랍니다. 그 석유통이 폭발해서 집안에 있던 보경, 하은, 포봉 세 사람이 한꺼번에 사망했지요. 그러고 나니 재산관리를 하여서 일가의 명성을 이을 자는 오직 종스님뿐이라고 절 회의에서 결정을 내렸습니다. 그래서 덕삼을 금강산까지 보내서 종스님을 찾았는데 종적을 알지 못하여 그 거대한 재산은 절의 공유로 하고 말았답니다."

당시 칠순이 넘은 김효영(金孝英) 선생은 곧 김홍량의 조부이신데, 어렸을 때 한학(漢學)을 연구하다가 가세가 빈곤한 탓에 상업을 경영했다. 황해도산 포목을 사들여 어깨에 짊어지고 강계(江界) 초산(楚山) 등지에 행상을 다녔는데 배고픔이 심할 때는 허리띠를 더욱 졸라맬 정도로 무척 검약하여 맨손으로 부를 쌓았다고 했다.

내가 뵙고 절할 때는 노선생이 비록 기골이 장대하고 용모가 신선 같으나 ㄱ자로 허리가 굽어 지팡이를 의지하고 뜰을 드나들었다. 구식 인물이지만 두뇌가 명석하고 시국에 대한 시각이 당시 신진 청년과 더불어 쟁론할 만큼 보기 드문 자격을 갖추었다.

이 군에 안신학교를 신설한 후 경비 조달이 곤란하여 직원들이 회의를 열었는데, 모금함에 무명씨 이름으로 정조(正租) 일백 석의 의

연금이 들어왔다. 후일에 김효영 선생이 자기 자손에게도 알리지 않고 자신을 감춘 채 출연한 것임을 알게 되었다. 장손 홍량은 일본에 유학케 했으니 이로써 선생의 교육에 대한 확고한 뜻이 증명된다 하겠다.

선생은 유달리 술과 바둑을 좋아했다. 원근에 몇몇 바둑 친구가 있어 자기 사랑에서 술 마시고 바둑 두는 것을 노년의 즐거움으로 삼았다. 해주 서촌의 강경희(姜景熙)는 본디 우리 고향인 첨산(砧山) 강씨이고 대대로 내려오는 거부로서 어린 시절에 방랑하며 가산을 탕진한 자인데, 선생의 바둑 친구 가운데 한 사람이었다.

하루는 선생을 문안코자 사랑에 갔다. 그 강 씨는 내가 어린 시절부터 보고 알던 노인이요 나의 윗대 어른들을 멸시하고 찍어누르던 양반이지만, 아버님과 친분이 비교적 후하던 옛 정의(情誼)를 떠올리며 삼가 절하였다.

그리고 나서 며칠 후, 옆에서 모시던 용진(庸震) 군에게 들으니 어제 자기 부친과 강 노인이 바둑을 두는데 두 노인 사이에 언쟁이 벌어졌다는 것이다. 바둑을 두는 중에 강 노인이 자기 부친에게 이런 말을 했다.

"노형은 팔자가 좋아서 노년에 가산도 풍족하고 자손이 번창하고 효순하고…"

자기 부친이 이 한마디를 듣고 분기(憤氣)가 크게 발동하여 바둑판을 문밖에 집어던졌다. 그리곤 강 씨를 크게 꾸짖은 것이다.

"그대의 지금 말은 결코 나를 위하는 말이 아니다. 칠십 노구(老軀)로서 며칠 지나 왜놈의 노예 명부에 끼일 악운명(惡運命)을 가진 놈을 가리켜 팔자 좋은 것이 무엇이냐!"

이렇게 고함고함지르시는데, 용진은 자손된 처지로 강 씨를 보자니 미안하고 부친이 그같이 나라 일을 우려하시는 것을 볼 때 황송도 하고 울분도 솟구쳤다. 그래서 오늘 아침 노자를 두둑이 드려서 강 씨를 돌아가게 했다는 것이다.

나는 그 말을 듣고 눈자위에 피눈물이 가득해지는 것을 금할 수 없었다. 자기 자손의 동년배이고 학식으로나 인품으로나 선생의 총애를 받을 자격이 없는 나임에도 선생은 며칠에 한 번씩은 반드시 지팡이를 짚고 문앞에 와서 "선생님 평안하시오?" 하는 말씀을 하고 가신다. 이는 단지 '죽은 말뼈 오백 금'(死馬骨 五百金格)만은 아니고 이세 국민을 가르쳐 양성하는 중임(重任)을 존대하는 지극한 정성에서 비롯한 것이리라. 나에게뿐 아니라 애국자라면 누구에게든지 뜨거운 동정을 가지는 것을 보았다.

장련에 거주할 때 해주 본항에 성묘차 갔었다. 계부 준영 씨에게 보고드렸다. 장련에서 사촌형제가 한 집에 살면서 형은 농업과 집안일 일체를 떠맡고 나는 교육에 종사하여 안정된 생활을 하고 있다고, 그리고 집안간에도 화목하다고 말씀드렸다. 계부는 의아해했다.

"너 같은 난봉꾼을 누가 도와주어서 그렇게 사느냐?"

"이 조카의 난봉질은 계부 보시기에는 위험하지만 난봉질 아닌 것으로 보는 사람들도 더러 있는 게지요."

대답을 하고 웃었다. 계부는 다시 물었다.

"네가 빈손으로 갔고 네 사촌형도 뒤따라갔으며 네 사촌매형 이용근(李用根)의 식구까지 너를 따라가서 동거한다니 생활의 근거는 어떻게 하고 사느냐?"

"제가 그 군에 몇몇 오랜 친구가 있어서 오라고 하여 이주한 것입니다. 잘 아는 친구 가운데 진사 오인형 군은 예전 그 군의 갑부였던 오경승(吳景勝) 진사의 장손인데 아직 유산이 있어 가난하지는 않은 처지이지요. 그 인형 군이 특별히 시가 천 냥쯤 되는 가옥 대지와 논밭

과수원까지 함께 제게 내주면서 언제든지 살아가는 동안에는 내 소유인 양 사용하여 의식주의 근거로 삼으라 하더군요."

그리곤 농사짓는 소 한 마리까지 사주었다는 것과, 살림에 소용되는 것은 수시로 인형 군 자신에게 청구하여 쓰도록 해서 그 많은 식구가 살아가고 있다는 내용을 일일이 보고하였다. 계부는 다 듣고 나더니 이 세상에 그렇게 후덕한 사람도 있느냐고 물으신다. 하지만 계부는 내심 내가 무슨 협잡이나 하고 있지 않은지 의심하는 것이었다.

평소 숙질(叔姪) 사이에 정의(情義)가 돈독하지 못한 것도 그랬다. 인근 부호의 자식이나 조카들이 왜놈에게 돈 백 냥을 차용할 때 증서에는 천 냥이라고 쓴다고 했다. 왜놈이 돈을 받을 때는 천 냥을 다 받는데 당사자의 가산으로 부족하면 일족으로부터 징수하는 것을 계부는 자주 보았던 것이다. 그런 중에 내가 서울도 가고 남도에도 오가는데 계부의 눈으로는 왜놈의 돈이나 얻어 쓰고 다니지 않는지 의심스러웠던 것이다. 그래서 어딜 간다면 야단을 하기 때문에 그냥 조용히 나와버리곤 했던 것이다.

그 해 가을에 계부는 장련에 오셨다. 사직동 집이 집만 좋을 뿐 아니라 추수한 곡물도 당신의 댁 살림보다 나아서 계부로서는 심히 만족한다기보다도 예상 밖이었던 게다. 오 진사를 찾아가 만나고 나서는 어머님에게 털어놓길 조카가 다른 사람들로부터 그렇게 신뢰받는 줄은 몰랐다고 했다 한다. 나에 대한 오해가 풀린 후로는 나를 심히 사랑하시는 것이었다.

안악에 이주한 후에도 교사 일을 맡아 하다가 휴가 때 성묘차 고향에 갔다. 어린 시절부터 공부도 하고 놀기도 하던 고향땅을 여러 해만에 방문하니 옛날에 대한 감회가 형언할 수 없었다. 당시에 나를 안아주고 사랑해 주던 노인들은 태반이 보이지 않고 어렸던 아이들은 거의가 장성하였다. 성장한 청년 중에 쓸만한 인재가 있는지 곰곰이 살펴보지만 모양만 상놈인 것이 아니고 정신까지 상놈이 되고 말았다. 민족이 무엇인지 국가가 무엇인지에 대해서는 터럭만큼의 각성도 없는 밥벌레에 불과했다.

젊은 사람들에게 교육에 대해 말하니 신학문은 예수교 천주교로 안다. 이웃 동네의 양반 강 진사 집을 찾아갔다. 그 양반들에게 전과 같이 절할 자에게 절하고 입〔口〕인사할 자에게는 입인사로 예전과 똑 같이 상놈의 본 신분으로 대접하면서 그 양반들의 태도를 살펴보았다. 그처럼 교만하던 양반들이 나에게 경대(敬待)도 아니고 하대도 아닌 말로 대하니 극진히 공경하는 나의 태도를 감당하지 못하는 기색이다. 생각해 보건대 작년에 강경희 노인이 안악 김효영 선생과 함께 바둑을 둘 때 효영(孝英) 노선생이 몸을 일으켜 나를 맞던 것과 그때 양산학교에 교사연수생 사오백 명이 모인 중에 내가 일을 맡아 하는 것을 보고 가서 자기 집안사람들에게 이야기한 것 같았다.

어쨌거나 양반의 세력이 쇠퇴된 것은 사실이었다. 당당한 그 양반들로서 보잘것없는 상놈 하나를 접대하기에 세력이 부쳐서 애쓰는 것을 보니 더욱 가련하게 생각되었다. 나라가 죽게 되니까 그동안 국내에서 중추세력을 점하고 온갖 못된 위세를 다 부리던 양반부터 저 꼴이 된 것이 아닌가. 무엇보다도 양반이 삶으로 국가가 독립할 수 있다면 내가 양반의 학대를 좀더 받아도 나라만 살아났으면 좋겠다는 생각까지 들었다.

평소 재사(才士)로 자처하며 내로라 하던 강성춘(姜成春)에게 구국의 길을 물었다. 강 군은 망국의 책임이 당국자에 있고 자기와 같은 야인과는 관계없는 양으로 조심하여 대답을 한다. 내 집안 상놈의 상놈이나 그대 양반인 상놈이나 상놈 맛은 일반이라는 생각이 든다. 자제를 교육하라고 권하니 단발(斷髮)이 문제라고 했다. 교육의 목적은 머리 깎는 것이 아니며 인재를 양성하여 장차 완전한 국가의 일원이 되도록 함으로써 약한 제 나라를 강하게 하고 어둠으로부터 광명을 되찾는 것이라고 말하지만, 그의 귀에는 천주학이나 하라는 줄 알고 자기 가문 중에도 예수에 귀의한 사람이 있다고 하며 대화를 회피했다.

저주하리로다, 해주 서촌 양반들이여! 충신의 자손이니 공신(功臣)의 자손이니 하며 일반 백성을 마소 보듯 하고 노예시하던 그대들의 기염은 오늘 어디 갔는가!

저주하리로다. 해주 서촌 상놈들이여! 오백 년 기나긴 세월에 양반 앞에서 담배 한 대 큰기침 한번을 마음놓고 못했거늘 이제는 재래에 썩은 양반보다 신선한 신식 양반이 될 수 있지 않은가! 구식 양반은 군주 한 개인에게만 충신 노릇하면 자자손손이 그 음덕을 이어받았거니와 신식 양반은 삼천리 강토의 이천만 민중에게 충성을 다하여 자기 자손과 이천만 민중의 자손에게 장차 천년만년 복락의 음덕을 물려줄 것이다. 그 얼마나 훌륭한 양반이냐. "양반도 깨어라 상놈도 깨어라"라고 절규한 것은 본향에 갈 때 환등기구를 가지고 인근의 양반 상놈을 다 모아놓고 환등회 석상에서 한 말이다.

안악에서 교사 연수를 마치고 양산학교를 확장하여 중학부와 소학부를 설치하고 김홍량이 교주(校主) 겸 교장이 되어 교무를 관장하고 나는 최광옥 등 교육자와 합력하여 해서교육총회(海西敎育總會)를 조직하고 학무총감(學務總監)의 직무를 맡았다. 전체 도내의 교육기관을 설립·유지하는 책임을 지니고 각 군을 순행하다가 배천(白川) 군수 전봉훈(全鳳薰)의 청을 받아 배천읍에 도착했다. 전 군수가 각 면에 훈령하여 면내 두민(頭民)과 신사(紳士)를 오리정(五里亭)에 소집하여 대기하다가 군수가 선창하여 김구 선생 만세를 부르자 군중이 함께 외치는 것이었다.

해서교육총회 학무총감 시절 장련 광진학교에서(1906년)

　나는 전 군수의 입을 막고 망발 말라고 하였다. 나는 그때까지 만세
두 글자는 황제에게만 쓰는 축사요, 황태자에게는 천세(千歲)를 부르
는 것으로만 알았다. 전 군수는 내 손을 잡으며,

　"김 선생 안심하시오. 내가 선생을 환영하며 만세를 부른 것은 통례
요 망발이 아닙니다. 친구 상호간에도 맞고 보낼 때 만세를 부르니 안
심하고 영접하는 여러 분들과 인사나 하시오."

　배천읍에서는 전 군수의 사저(私邸)에 머물면서 각 면의 유지들과
만나 교육시설 등의 방침을 협의, 진행하였다. 전봉훈은 본시 재령
(載寧) 이속(吏屬)으로 해주읍에서 총순(摠巡)으로 여러 해 근무하면
서 교육을 장려하여 해주에 정내(正內)학교를 설립하였다. 또 야학
(夜學)을 권장하여 시내의 각 점포 중에 사환들을 야학에 보내지 않는

점주는 처벌하는 등 별별 수단을 사용하여 교육에 큰 업적을 많이 남겼다. 그 후로 배천군수가 되어서 군내에 열심히 교육시설을 세웠다. 전 군수는 외아들이 일찍 죽어 장손 무길(武吉)은 대여섯 살이었다.

그 무렵 왜의 수비대, 헌병대가 각 군에 주둔하게 되어 관아를 빼앗기는 일이 군마다 일어나고 있었으나 유독 배천만은 전 군수가 버티고 앉아 완강히 거부하여 빼앗기지 않았다. 그러나 그 탓에 왜가 눈엣가시로 여겨 간혹 곤란한 교섭이 많았다. 전 씨의 본의는 군수를 영화로운 자리로 알아서가 아니요 군수의 권리를 가지고 교육에 힘을 보태기 위함이었다.

그는 최광옥을 초빙하여 사범(師範) 강습소를 설치했고 청년을 모집하여 애국심을 고취하기에 전력을 다했다. 최광옥은 결국 배천읍에서 강연하다가 피를 토하고 죽었다. 원근 인사들은 최 씨와 같이 애를 태우며 열성을 다했던 청년지사가 중도 사망한 것을 애도하여 임시로 배천읍 남산 위 학교 운동장 옆에 장사지내고, 황해도 평안도 인사들이 최 선생의 참된 정성을 영원히 기념하도록 장지는 사리원 정거장 근처로 정했다. 비석은 평양 정거장의 이토 히로부미(伊藤博文)의 기념비보다도 훌륭하게 세워 오가는 사람들에게 영원한 인상을 주기로 했다. 그리하여 안태국(安泰國)에게 비석의 모양까지 정하여 평양에서 제작하도록 하였으나 합병조약이 체결되어 그 역시 이루어내지 못하여 그는 아직 배천에 그대로 묻혀 있다.

재령의 양원(養元) 학교에서 유림을 소집하고 교육에 대한 방침을 토의하고 장련으로 갔다. 그곳 군수 이 씨가 나를 맞더니 자기 관할의 각 면에 훈령을 발하여 김구 선생의 교육방침을 성심으로 복종하라고 했다며 각 면을 순행하여 달라고 간청했다. 이를 거절하지 못하고 읍내에서 일차 환등대회를 개최하였다. 수천 명의 남녀노소가 모여 성황리에 치른 후에 순택(蓴澤) 신화(薪化)면 등을 순회하고 안악학교 일이 급해서 돌아왔다.

송화 수교(水橋) 장터에 도착하여 시내 유력자인 감승무(甘承武) 등 몇몇 유지의 청으로 부근 대여섯 군데 소학교를 소집하여 환등회를 연 다음 떠나려고 할 즈음에 송화군수 성낙영(成樂英)이 대표를 보냈다. 얘기인즉 초면인 장련군수는 인사만 하고도 각 면을 순회강연까지 하여 주고 잘 아는 자기는 찾아주지도 않고 지나가려느냐고 간청하는 것이었다. 군의 세무소장인 구자록(具滋祿) 군도 교육에 열심이어서 친숙한 터라 구 군의 청까지 받아 부득이 송화군 읍내로 향했다. 이 소문을 접한 성낙영은 즉시 각 면의 10여 곳 학교와 군내 유지 인사와 부인, 아동까지 소집하였다.

몇 년 만에 송화읍의 광경을 보니 해서(海西) 의병을 토벌하던 요새인 읍내 관사는 거의 왜가 점령하고 있었다. 수비대, 헌병대, 경찰서, 우편국 등의 기관이 꽉 들어찼고 이른바 군청이란 것은 일반 살림집에서 업무를 보는 광경에 분한 마음이 솟구쳤다. 환등회를 열어 태황제(太皇帝)의 사진이 나오자 일동에게 일어서서 몸을 숙이도록 명했다. 한인 관민은 물론이고 왜놈 장교와 경관 무리까지 몸을 숙이도록 시킨 후에 '한인이 일본을 배척하는 이유가 어디 있는가'라는 제목으로 연설했다.

"과거 러일·중일 전쟁 때만 해도 일본에 대한 한인의 감정이 아주 두터웠다. 그 후에 강압적인 조약이 체결됨에 따라 점차 악감이 크게 늘어났다. 내가 연전에 문화 종산에서 직접 겪은 사실로서 일본 병사가 시골 부락에서 약탈을 감행하는 것을 목도하였다."

이렇게 일본이 나쁜 것이 곧 한인이 일본을 배척하는 원인이라고 큰소리로 꾸짖으며 줄지어 앉은 성낙영 구자록을 보니 얼굴이 흙빛이었고 왜놈들은 노기가 등등했다.

안중근 의거 때의 피체(被逮)

갑자기 경찰이 환등회를 해산하고 나는 경찰서로 데려갔다. 군중은 감히 입은 열지 못했지만 격분했고 대단히 격앙된 분위기가 감돌았다. 경찰서에 나를 데리고 가서 한인 감독순사의 숙직실에 함께 묵게 했다. 그러자 각 학교에서 학생들이 차례를 정해 돌아가며 방문하기로 하고 위문대를 조직하여 연이어 위문하는 것이었다.

하룻밤을 묵고 난 이튿날 이토 히로부미가 한인 은치안(그때 신문에 올라온 은치안 석 자는 곧 안응칠[安應七]이니 안중근의 자[字]가 응칠이다)에게 피살되었다는 하얼빈발 기사를 보았다. 은치안을 몰라서 매우 궁금했는데 다음날 아침에는 안응칠 즉 안중근으로 명백하게 신문에 기재되었다.

그때서야 나는 어렴풋하게나마 내가 구류당한 원인을 깨닫게 되었다. 그 날 저녁 환등회에서 일본놈을 질타하여 욕했지만 그만한 욕은 도처에 흔한 것이었다. 그런데도 하필 송화 경찰이 내게 손을 대는 것이 이상히 여겨졌던 것이다. 구류를 당한들 며칠 후면 회유하여 방면할 것으로 알았는데 하얼빈 사건의 혐의라면 좀 길게 고생하리라고 생각되었다. 며칠 후에 몇 마디 평범한 질문을 던지더니 유치장에서 한 달을 지내게 한 후 해주지방재판소로 압송했다.

수교(水橋) 시 감승무(甘承武)의 집에서 점심을 먹는데 시내 학교 직원과 시의 대표격인 시민 등이 일제히 모여 호송하는 왜놈 순사에게 청했다. 김구 선생은 우리 교육계의 사표이니 위로연을 열어 한 차례 접대하겠다는 것이다. 뒷날 해주 다녀온 후에 실컷 위로하라며 그 날은 거절했다.

마침내 해주에 도착하자 곧 감옥에 갇혔다. 하룻밤이 지난 후 검사가 안중근과의 관계유무를 질문하나 예전에 알고 지낸 관계일 뿐 이번

하얼빈 사건과는 아무 연관이 없는 것이다. 검사는 내게 지방에서 일본 관헌과 반목하는 증거라며 '김구'라고 쓴 100여 쪽의 책자 하나를 내어놓고 신문했다. 내가 몇 년간 각지에서 행동한 것을 경찰로부터 보고 받아 한데 모은 것이 내용의 전부였다.

결국은 불기소로 방면되었다. 나는 행장을 챙겨서 박창진(朴昌鎭)의 책방으로 갔는데 마침 박 군을 만나 어찌된 일인지 이야기하던 중이었다. 곁에 있던 유훈영(柳薰永) 군이 인사를 하더니 자기 부친의 생신축하연에 동참하여 달라고 청하는 것이었다. 그러마 하여 수연(壽筵)에 가서 참석하니 회갑 맞은 노인은 해주 부호 가운데 한 사람인 유장단(柳長湍)이었다.

연회는 끝났으나 송화경찰서에 호송하였던 한·일 순사들 중 한인 순사들은 내게 동정하는 이들이어서 사건의 진행을 알고 싶어하여 아직 떠나지 않고 있었다. 순사 전부를 음식점으로 불러서 경과를 말해주고 돌아가게 했다. 그리고 나서 이승준(李承駿) 김영택(金泳澤) 양낙주(梁洛疇) 등을 방문할 즈음에 안악의 친구들이 한정교(韓貞敎)를 파송하였다. 동지들도 걱정하고 하니 하루라도 일찍 돌아가야겠다 싶어 한정교를 따라 안악으로 귀환했다.

보강학교(保强學校) 교장 시절의 이재명(李在明)

당시 안악 양산학교에는 중학·소학 2부를 두었는데 처음에는 이인배가 교장이었으나 그 후로는 김홍량이 교주 겸 교장이 되었고 나는 소학부 유년들의 교육을 담당했다. 또 재령 북율(北栗)면 무상(武尙)동에 보강(保强)학교장의 책임을 겸하여 맡아 그 학교의 유지발전을 위하여 이따금 왕래하였다. 그 학교는 처음엔 노동자들의 주동으로 설립되었으나 부근 동네의 유지들이 유지해 가면서 학교 진흥책으로 나를 교장으로 선임한 것이다.

나는 전승근(田承根)을 주임교사로 임명했다. 장덕준(張德俊)은 교사 겸 학생으로 동생인 덕수(德秀)를 데리고 교내에 숙식하며 교감 허정삼(許貞三) 등의 협력으로 교무를 발전시켰다. 학교 교사(校舍)는 신축하였으나 아직 기와는 올리지 못해 이엉으로 대충 덮은 채 개교하여 가르쳤다.

학교 건물은 무상동에서 떨어져 야외에 따로 세워졌는데 이따금 도깨비불이 일어나서 진화한다는 보고가 있었다. 나는 교직원 한 사람에게 비밀히 주의 의무를 주었다. 매번 밤이 이슥한 후에 학교에 화재가 일어나니 사흘만 은밀한 곳에 숨어 학교에 사람의 자취가 있는지 여부를 주목해 보라고 했다. 만일 사람의 자취가 있으면 가만히 추적하여 행동을 살펴보라고 일렀다.

과연 둘째 날에 급보가 왔다. 학교에 중대사고가 있으니 교장이 출석하여 달라는 것이었다. 보고를 받은 즉시로 뛰어나가 학교로 가보니 지키던 직원이 방화범 한 명을 묶어놓았다. 동네와 학교에서는 죽이느니 살리느니 소동이 벌어졌다.

범인을 직접 심문해 보니 그 동네에 거주하는 사설 서당의 훈장이었다. 내가 동네 어른들을 청하여 신교육의 필요를 설명한 결과 자기가 가르치던 아동 네댓 명이 모두 학교에 입학했고, 자기는 고역(苦役)인 농사일밖에 생활방도가 없게 된 것이다. 그래서 원통한 나머지 불의의 수단으로라도 학교사업을 방해하려고 불을 놓았다고 자백했다.

내가 일찍이 학교 사무원을 불러 학교에 화재가 나는 진상을 물으니 그들은 확실히 도깨비불이라는 것이었다. 교사 부근에는 그 동네에서 해마다 제사 지내던 이른바 부군당(府君堂)이 있었고 그 당 주위에는 아름드리 고목이 줄지어 서 있었다. 교사 신축 후에 그 고목을 베어내서 학교에서 연료로 썼다. 그런 이유로 동네사람들이 도깨비불로 여겨서 학교에서 그 부군당에 제사를 지내지 않으면 화재를 피할 수 없다는 미신 이야기들이 분분했다고 한다.

그런 까닭에 학교직원에게 비밀히 일을 맡겼던 것이다. 직원의 보고에 따르면 두 번째 화재가 일어난 후에 밤마다 교사 부근에 은신하여 감시하던 중 둘째 날 밤에 무상 동네에서 학교에 이르는 길목에 인적이 있으므로 가만가만히 뒤를 따라가 보았다. 어떤 사람이 황급히 교사로 달려가 학교 마당에 멈추어 서서 강당의 옥상과 그 맞은 편의 사무실 지붕에 무슨 물건을 던지는 것이었다. 강당 지붕에서는 벌써 화염이 일어나고 사무실 지붕에서는 아직 불붙지는 않고 반딧불처럼 반짝반짝하기만 하는데 그 사람이 도주하려는 순간 지키던 직원이 붙잡았다.

한편으로는 결박하고 한편으로는 동네사람들을 불러모아 불을 끄면서 나에게 급히 알린 것이었다. 그 범인을 신문하니 하나하나 자백했다. 과연 학교가 설립됨에 따라 자기 생활에 손해가 끼쳐서 방화한 것이었다. 방화한 방법은, 손가락 하나 길이의 심지 끝에 당성냥 한 줌의 머리부분을 뭉개 붙이고 한끝에는 돌멩이를 매달아 지붕에 던졌던 것이다. 이런 방화 행위를 다 듣고 나서 경찰에게 고발은 않고 조용히 이 동네에서 떠나도록 명하였다. 그 후로는 학교 일이 순조로웠다.

안악에서 학교까지 20리 거리이므로 일주일에 한 번씩 보강(保强) 학교에 나갔다. 안악읍에서 신기포(新機浦) 하류를 건너 학교를 가는데 여름철에는 학교에 가느라 나루터를 향하여 가노라면 학교에서는 소학생들이 나를 보고 영접하느라 몰려나오고 직원들도 뒤를 이어 나온다. 나루터에 도착하여 보니 건너편에 도착한 소학생 전부가 옷을 척척 벗고 강물 속으로 뛰어드는 것이었다.

내가 크게 놀라 고함을 지르니 강가에 선 직원들은 웃으면서 안심하라고 답했다. 나룻배에 올라 강 가운데로 나아가자 가뭇가뭇한 학생들의 머리가 물 속에서 나타나 매달리는 것이 마치 쳇바퀴에 개미떼 붙듯 하였다. 나는 장래에 해군을 모집하게 되면 연해(沿海) 촌락에서 인력을 모으는 것이 용이하겠다고 생각했다.

무상동 역시 재령 여물평(餘物坪)의 한 동네이다. 평내(坪內)에는 특별한 거부(巨富)는 없으나 평균적으로 그다지 빈곤치는 않은 곳이었다. 거의가 왕실 소유인 토지가 매우 비옥하기 때문이다. 사람들의 인품이 명민하고 준수하며 시대변천에 순응하여 운수(雲水), 진초(進礎), 보강, 기독(基督) 등의 학교를 설립하여 자제들을 교육했다. 또 농무회를 조직하여 농업발달을 도모하는 등 공익사업에 눈을 돌리는 것이 실로 볼 만했다.

당시 어린 나이의 청년으로 나라의 세(勢)가 나날이 기울고 있음을 원통하게 생각하던 나석주(羅錫疇) 의사는 평내에서 남녀 어린이 8, 9명을 배에 싣고 비밀히 중국에 건너가 철망 밖으로 벗어나 교육하려는 계획을 세웠다. 그러나 떠나는 길에 장련 오리포(梧里浦)에서 왜놈 경찰에게 발각되어 몇 달간의 옥고를 치렀다. 출옥 후에는 겉으로는 상업과 농업에 종사하면서 안으로는 독립의 사상을 고취하며 직간접으로 교육에 열성을 다해 그 평내 청년들의 수뇌로 신임을 받고 있었다. 나도 종종 여물평을 오가게 되었다.

노백린(盧伯麟)이 군직(軍職)에서 물러나 풍천(豊川) 자택에서 교육사업에 종사하던 때였다. 하루는 서울 가는 길에 안악에서 만나 함께 여물평 진초(進礎)동의 교육가인 김정홍(金正洪) 군의 집에서 하룻밤을 보내게 됐는데 진초학교 직원들과 술자리를 같이 하던 즈음에 갑자기 동네에서 소동하는 소리가 났다. 진초학교장 김정홍이 놀라고 당황하여 어쩔 줄 몰라 하면서 사실을 말했다.

학교의 여교사 오인성(吳仁星)은 이재명(李在明)의 부인인데 이 군이 자기 부인에게 무엇인가 강경한 요구를 하며 권총으로 위협하는 바람에 질겁한 오 여사는 학교 수업을 감당치 못할 사정을 말하고는 인근 가옥에 몸을 숨겼다는 것이다. 그러자 이 군은 미친 사람의 행태로 동네 어귀에서 총을 쏘아대고 나라 팔아먹은 역적놈들을 한 놈씩 총으로 쏴죽이겠다고 소리소리 질러 대 동네에 소동이 일었다는 것이다.

노백린과 상의하여 이 군을 불렀다. 누가 알았으랴, 그가 며칠 후 조선 천지를 진동케 할 이재명 의사일 줄을. 그는 서울 진고개에서 군밤장사로 가장하여 하늘을 찌르는 의기(義氣)를 품고 이완용(李完用)을 저격하였으니, 먼저 차부(車夫)를 죽이고 이완용의 생명은 다 빼앗지 못하고 체포되어 순국하신 것이다.

그때 우리의 청에 응하여 나이 스물 서넛의 청년이 안으로 들어오는데 눈썹 언저리에 분기(忿氣)가 드러나 있었다. 우리 두 사람이 번갈아 인사를 하니 자기는 이재명이고 몇 달 전에 미주(美洲)로부터 귀국하여 평양 출신 오인성이라는 여자와 결혼하여 지낸다 했다. 그러나 자기 부인의 가정이 과부 장모가 딸 셋을 데리고 사는데 살림은 풍족한 편이어서 딸들 교육은 시키지만 국가대사에 충성으로 헌신할 용기가 없고 단지 구차하고 안일하게 현실에 결탁하여 산다는 것이었다. 그리하여 자신의 의기(義氣)와 충성을 이해치 못하는 점 때문에 부부간에도 때때로 싸움이 벌어져 학교에 피해가 돌아갈지 몰라 우려된다는 말을 기탄 없이 하는 것이다.

계원(桂園) 형과 나는 이 의사에게 장래에 목적하는 사업과 과거 경력과 학식을 일일이 물어보았다. 그는 어린 시절에 하와이로 건너가 공부를 하다가 조국이 섬나라 왜놈들에게 강점된다는 말을 듣고 귀국하였으며 지금 하려는 일은 매국노 이완용을 위시하여 몇 놈을 죽이려고 준비중이라면서 단도 한 자루, 권총 한 자루와 이완용 등의 사진 몇 장을 품에서 내어놓았다.

계원과 나의 눈에는 똑 같이 세상 형편에 대해 격앙되어 허열(虛

熱)에 들뜬 청년으로 비쳐졌다. 계원이 이 의사의 손을 잡고 간곡히 말했다.

"군이 나라의 일에 비분(悲憤)하여 용기 있게 활동하고자 함은 극히 가상한 일이네. 하지만 큰일을 도모하는 남아로서 총기로 자기 부인을 위협하고 동네에서 총을 쏘아대 민심을 소란케 하는 것은 의지가 확고하지 못함을 드러내는 표징이라고 할 수밖에 없네. 그러니 지금은 칼과 총을 내게 맡겨 두도록 하게. 의지도 더욱 강고하게 수양하고 동지도 더 사귀어 얻은 후 때가 되면 내게 와서 찾아가 실행하는 것이 어떻겠는가?"

의사는 계원과 나를 물끄러미 쳐다보다가 총과 칼을 계원에게 주긴 했지만 얼굴에 기꺼운 기색이라곤 없는 것이 드러나 보였다. 그와 작별하고 사리원역에서 차가 막 떠나려 할 때 이 의사가 갑자기 나타나 계원에게 맡긴 것들을 반환하라고 요구했다. 계원은 웃으면서 "서울 와서 찾으시오" 하자 기차가 떠났다.

그런지 한 달이 못 되어 의사는 동지 몇 명을 모아 함께 서울에 도착했다. 진고개 길가에서 이 의사가 군밤장사로 가장하고 밤을 팔다가 이완용을 칼로 찔러서 이완용은 생명이 위태롭고 이 의사와 김정익(金正益) 김용문(金龍文) 전태선(田泰善) 오(吳)○○ 군 등이 체포된 사건이 신문에 실렸다.

나는 깜짝 놀랐다. 이 의사가 권총을 사용했더라면 매국노 이 가의 목숨은 확실히 끝장났을 텐데, 앞도 못 보는 우리가 간섭하여 무기를 빼앗았기 때문에 충분한 성공을 거두지 못한 것이다. 한탄과 후회가 막급이었다.

신민회(新民會)의 활동과 무관학교 설립운동

기록의 앞뒤가 뒤집어졌다. 아아 슬프구나. 나라는 합병된 후이다. 국가가 합병의 치욕을 당한 당시 인심은 무척 흉흉했다. 원로대신들과 내외의 관리들 중에 자살하는 자가 많았고 교육계에는 배일사상이 극도에 달하였다. 오직 듣고 배운 적 없는 농민들 사이에서 합병이 무엇인지 망국이 무엇인지 모르고 있는 이들이 많았다.

나부터 망국의 치욕을 당하고 나라 없는 아픔을 느꼈지만 사람이 사랑하는 자식을 잃었을 때 슬퍼하면서도 언젠가는 다시 살아날 것 같은 생각이 드는 것과 같이 나라가 망하기는 하였으나 국민이 일치 분발하면 곧 국권이 회복될 것처럼 생각했다. 그렇다면 후세들의 애국심을 키워서 장래에 광복케 하는 길밖에는 다른 길이 없다고 생각되었다. 계속하여 양산학교를 확장하여 중·소학부의 학생을 증원 모집하고 교장의 임무를 맡아 하였다.

그에 앞서 국내와 국외를 통하여 정치적 비밀결사가 조직되었는데 그것이 곧 신민회(新民會)였다. 안창호(安昌浩)는 미주로부터 귀국하여 평양에 대성(大成)학교를 설립했다. 그는 청년 교육을 대외적인 사업으로 하는 이면에 양기탁(梁起鐸) 안태국(安泰國) 이승훈(李承勳) 전덕기(全德基) 이동녕(李東寧) 주진수(朱鎭洙) 이갑(李甲) 이종호(李鍾浩) 최광옥 김홍량과 그외 몇 사람의 중심인물과 당시 4백여 명 정예 분자로 신민회를 조직했다. 그는 이 신민회를 훈련 지도하다가 용산헌병대에 잡혀 갇힌 일도 있었다.

합병된 후에는 소위 주의인물을 일망타진할 것을 예상해서였는지 그는 비밀히 장련 송천(松川)에서 위해위(威海衛)로 몰래 건너갔다. 이종호(李鍾浩) 이갑 유동렬(柳東說) 동지도 뒤를 이어 계속 강을 건넜다.

서울에서 양기탁(梁起鐸)이 신민회의 비밀회의를 연다는 통지를 받고 나도 가서 참석하였다. 양기탁의 집에 모인 인원은 양기탁, 이동녕, 안태국, 주진수, 이승훈, 김도희(金道熙), 김구 등이었다. 이들은 비밀회의를 열어, 작금 왜가 서울에 이른바 총감부(總監府)를 두고 전국을 통치하고 있으니 우리도 서울에 비밀히 도독부(都督府)를 두어 전국을 다스릴 것과, 만주 이민계획을 실행에 옮기고 무관학교를 설립하여 장교를 양성함으로써 광복전쟁을 일으키기로 했다. 그 준비를 하도록 이동녕을 먼저 만주에 파송하여 토지 매수와 가옥건축, 기타 일반을 위임하였다. 나머지 참석한 인원들은 각 지방 대표를 선정하여 15일 내에 황해도에서 김구가 15만 원, 평남 안태국 15만 원, 평북 이승훈 15만 원, 강원 주진수 10만 원, 서울 양기탁 20만 원을 모금해서 이동녕의 후발대를 파송하기로 의결하고 즉각 출발하였다.

때는 경술년(庚戌年 : 1910) 11월 20일 이른 아침에 양기탁의 친동생 인탁(寅鐸)과 그 부인을 동반하여 사리원역에서 하차하였다. 인탁부부는 재령으로(인탁은 재령재판소 서기로 부임하는 길에 동행한 것뿐이다. 우리의 비밀계획을 일러주지 않은 것은 기탁 자신이 동생에게 사실을 얘기하지 말라고 우리에게 부탁했기 때문이었다.) 나는 안악으로 돌아와 김홍량과 협의하여 토지와 가산의 방매(放賣)에 착수했다. 신천유문형(柳文馨) 등 몇 명과 이웃 군의 동지에게 장래방침을 은밀히 알려 진행했다. 장련의 이명서(李明瑞)는 먼저 자기집 대부인과 동생명선을 서간도로 일찌감치 이주케 하여 뒤에 건너오는 동지들에게 편의를 제공하기로 하고 안악으로 왔기에 북행(北行)을 인도하여 출발시켰다.

안악사건과 세 번째 투옥

안악사건(안명근 사건)

안악에 돌아와 소문을 들으니 안명근(安明根)이 나를 찾아 여러 번 안악으로 왔으나 나의 서울행으로 서로 어긋나 만나지 못하였다는 것이다. 느닷없이 그 날 밤에 명근이 양산학교로 찾아왔다. 나에게 찾아온 까닭을 물으니 자기가 해서 지방 각 군의 부호를 다수 교섭한 결과 독립운동자금을 주겠다고 해 놓고도 신속하게 추렴에 응하지 않으니 안악읍의 부호 몇 집을 총기로 위협하여 지방에 영향을 미치게 할 생각이라며 응원 지도하기를 청했다.

나는 구체적인 장래방침을 물었다. 그는 대답하기를 황해도 일대 부호들로부터 금전을 거두고 동지들을 모아서 전신전화를 단절하며 각 군에 산재한 왜구는 각 군에서 맡아 도살하라는 명령을 내리겠다고 했다. 그렇게 하면 왜병 대대가 도착하기 전 닷새간은 자유의 천지가 될 터이니 더 나아갈 능력은 없더라도 당장의 분을 풀 수는 있지 않겠느냐는 것이었다.

나는 명근을 붙잡고 만류하였다.

"형이 여순(旅順) 사건을 목도한 나머지 더욱 혈족의 관계로도 가일층 울분의 피가 용솟음쳐 이런 계획을 생각해 낸 듯하나, 닷새 동안 황해도 일대에 자유 천지를 이루려 하더라도 금전보다 더욱 동지의 결속이 필요한데 동지는 몇 사람이나 얻었소?"

매산(梅山 : 명근의 호)이 말하길, 자신의 절실한 동지도 몇십 명 되지만 내가 동의한다면 인물은 쉽게 얻을 수 있지 않겠느냐고 했다.

나는 간곡히 만류했다. 장래에 대규모의 전쟁을 하려면 인재 양성 없이는 성공을 기할 수 없고, 일시적인 격발로는 닷새는커녕 사흘의 공도 기대하기 힘들다. 그러니 분을 참고 다수 청년들을 북부 지대로 인도하여 군사교육을 실시하는 것이 급선무라고 말했다. 매산 역시 이 말에 긍정하나 자기가 생각하는 바와는 차이가 있음을 발견하고 조금은 만족하지 못한 채 작별하였다.

그로부터 불과 며칠 후, 매산은 사리원에서 왜놈 경찰에게 체포되어 서울로 압송되고 신천 재령 등지에서도 연루된 혐의로 애국인사들이 체포되었다는 소식이 신문에 발표되었다.

세 번째 투옥

신해년(辛亥年 : 1911) 정월 초닷새였다. 양산학교 사무실에서 아직 잠자리에서 일어나지도 않은 때에 왜놈 헌병 한 놈이 와서 헌병소장이 잠시 볼 일이 있다고 한다며 함께 가기를 청했다. 같이 갔더니 벌써 김홍량, 도인권, 이상진, 양성진, 박도병, 한필호, 장명선 등 교직원을 차례로 불러들였다. 경무총감부의 명령이라며 임시 구류에 처한다고 선언하고는 2, 3일 후 모두를 재령에 이감했다. 황해 일대에 평소 애국자로 꼽히던 인사들을 거의 모두 체포한 것이었다.

210

이에 앞서 배천군수 전봉훈이 나와 상의했었다. 국가대세가 이미 기울어졌으니 이른바 군수라는 직책도 심사가 격분되어 해낼 수 없으니 형 등이 종사하는 안악 양산학교 부근에 집이나 한 채 사들여 거주하면서 손자 아이 무길(武吉)의 학업에나 전념하는 것이 소원이라는 것이었다. 그리하여 습낙(習樂) 고개에 기와집 한 채를 사서 수리하고 당시 수안(隧安)으로 이직된 군수 전봉훈이 식솔을 거느리고 안악으로 이사해 오는 바로 그 날, 우리는 재령에서 사리원으로 사리원에서 서울 차로 이송되었다. 전봉훈이 우리의 소식을 듣고 안악으로 이사하던 심회가 어떠했겠는가?

해서 지방 각 군에서 체포되어 서울로 이송되던 인사 중에 송화의 반정(泮亭) 신석충(申錫忠) 진사는 재령강 철교를 건너다가 강으로 투신자살하였다. 신석충은 본시 해서의 저명한 학자요 더구나 대 자선가였다. 나는 석충(錫忠)의 둘째형 석제(錫悌) 진사의 자손의 교육 문제로 내가 한 차례 방문했을 때 하룻밤을 같이 자며 이야기를 나눈 일이 있을 뿐이다.

그때 석제 진사를 방문하려고 동네 어귀에 들어서니 신 씨 댁에서 소식을 듣고 석제의 자손 그러니까 아들 낙영과 손자 상호(相浩) 등이 동구밖으로 출영을 나왔다. 내가 모자를 벗고 예를 갖추려니까 낙영 등은 검은 갓을 벗고 답례를 했다. 나는 웃으면서 갓끈 끄르는 것을 만류하는데 낙영 등은 송구한 빛을 띠며, "선생께서 관을 벗으시는데 우리가 그저 답례할 수 있습니까?" 한다. 나는 도리어 미안하여 내가 쓴 담벙거지는 서양사람들이 쓰는 물건인데 서양사람들의 통례가 인사할 때 탈모하는 것이니 용서하라고 했다. 석제 진사를 만나서는 국가를 문명하게 하는 데 교육이 급선무임을 하룻밤 사이에 정성을 다해 설명했다. 그리곤 손자 상호의 교육 의뢰를 받아 안악으로 돌아왔던 것이다.

사리원에서 우리 모두와 호송 헌병 몇 명이 서울 차를 타고 가는데 차 안에서 이승훈을 만났다. 이승훈은 우리가 붙잡혀 가는 것을 보고 남들이 알지 못하게 차창 밖으로 머리를 내밀고 하염없이 눈물을 흘렸다.

차가 용산역에 도착될 무렵 형사 하나가 남강(南岡 : 승훈의 호)에게 인사를 청하고 당신 이승훈 씨 아니요 했다. 이 씨가 답하길 그렇다고 하자 그 형사놈이 경무총감부에서 영감을 부르니 좀 갑시다 하여 이 씨 역시 하차 즉시로 우리와 함께 포박되어 끌려갔다.

왜놈이 한국을 강점한 후 처음으로 국내의 애국자들을 망라하여 체포한 것이었다. 황해도를 중심으로 먼저 안명근을 잡아 가두고는 이어서 전 도내의 지식계급과 부호를 일일이 압송하였다. 서울 곳곳에 이미 갖추어 놓은 감옥이나 구치소, 각 경찰서 구류소에는 미처 다 수용할 수 없어서 집기 창고와 사무실까지 구금 장소로 사용하면서 임시로 창고 안에 벌집처럼 감방을 만들었다. 나도 그리로 이감되었는데 방 하나에 두 명 이상은 채워 넣기가 불가능했다.

황해도에서 붙잡혀 온 사람들은 안명근을 위시하여 군 별로 다음과 같았다. 신천에서 이원식(李源植) 박만준(朴晩俊, 도주함) 신백서(申伯瑞 : 석효〔錫孝〕의 아들) 이학구(李學九) 유문형(柳文馨) 이승조(李承祚) 박제윤(朴濟潤) 배경진(裵敬鎭) 최중호(崔重鎬), 재령에서 정달하(鄭達河) 민영룡(閔泳龍) 신효범(申孝範), 안악에서 김홍량 김용제(金庸濟) 양성진(楊星鎭) 김구 박도병 이상진 장명선 한필호 박형병(朴亨秉) 고봉수(高鳳洙) 한정교(韓貞敎) 최익형(崔益亨) 고정화(高貞化) 도인권 이태주(李泰周) 장응선 원행섭(元行燮) 김용진(金庸震), 장련에서 장의택(張義澤) 장원용(莊元容) 최상윤(崔商崙), 은율에서 김용원(金容遠), 송화에서 오덕겸(吳德謙) 장홍범(張弘範) 권태선(權泰善) 이종록(李宗錄) 감익룡(甘益龍), 장련에서 김

재형(金在衡), 해주에서 이승준(李承駿) 이재림(李在林) 김영택(金榮澤), 봉산에 이승길(李承吉) 이효건(李孝健), 배천의 김병옥(金秉玉), 연안에서 편강열(片康烈), 평남에서 안태국 옥관빈(玉觀彬), 평북에서 이승훈 유동렬(柳東說) 김용규(金龍圭) 형제, 서울에서 양기탁 김도희, 강원에서 주진수, 함경에서 이동휘(李東輝). 이동휘의 경우는 얼굴을 본 적이 없었으나 유치장에서 명패를 보고 역시 붙잡힌 줄 알게 되었다.

나는 국가가 망하기 전에 구국사업에 뜻과 힘을 정성껏 다 바치지 못한 죄를 받게 된 것이라고 스스로 받아들였다. 그리고 깊이 생각해 보았다. 이렇게 위난한 때를 당하여 응당 지켜 갈 신조가 무엇인가 연구하였다. 거센 바람이 불 때 억센 풀을 알게 되고 모반의 분탕질 속에서 참된 신하를 알게 된다는 옛 말씀과 고후조 선생의 가르침 중에 대신(大臣) 삼학사(三學士)가 죽을지언정 굽히지 않았다던 말씀을 다시금 생각하였다.

일제의 고문과 신문

하루는 이른바 신문실(訊問室)에 끌려갔다. 처음에는 나이와 주소, 성명을 묻고 다시 묻는 말이 "네가 어찌하여 여기에 왔는지 알겠느냐?" 했다. 나는 잡아오니 끌려올 뿐이고 이유는 알 수 없다고 하였다. 다시는 묻지도 않고 손발을 묶어 천장에 달아맸다. 처음에는 고통을 느꼈으나 결국에는 눈 내린 밤 적막한 달빛 속에서 신문실 한켠에 길게 누웠고 얼굴과 온몸에 냉수를 끼얹은 것만 생각날 뿐 그 앞의 일은 알 수 없었다.

정신이 드는 것을 보고 왜구는 비로소 안명근과의 관계를 묻는다. 나는 서로 아는 친구일 뿐, 같이 일을 벌인 사실은 없다고 대답했다.

그놈은 분기대발하여 나를 다시 천장에 매달았고, 세 놈이 돌아가며 매와 몽둥이로 무수히 난타했다. 또 정신을 잃었다. 세 놈이 마주 들어 유치장에 들여다 뉘일 때는 동녘이 이미 훤했다. 내가 신문실에 끌려가던 때는 전날 해진 후였다. 처음에 성명부터 신문을 시작하던 놈이 불을 밝히고 밤을 새우던 것과 그놈들이 성실한 노력을 다하여 자신들의 일에 충실한 것을 생각할 때 자괴감을 견디기 어려웠다.

나는 평소에 무슨 일을 보든지 성심껏 한다는 자신도 있었다. 그러나 나라를 구원하고자, 즉 나라가 남에게 먹히는 일이 없게 하겠다는 내가 남의 나라를 한꺼번에 삼키고 거듭 씹어대는 저 왜구처럼 일에 밤새워 본 적이 몇 번이었던가? 이렇게 자문해 보니 온몸이 바늘침대에 누운 듯 통절한 중에 내가 과연 망국노(亡國奴 : 나라 잃은 노예)의 근성이 있지 않은가 싶어 부끄러운 눈물이 눈시울에 가득 찼다.

비단 나뿐이랴. 이웃 감방에 있는 김홍량 한필호 안태국 안명근 등도 끌려갔다 돌아올 때는 거의 죽어서 온다는 소식을 들을 때 애처롭고 분개한 마음을 억누를 수 없었다. 명근은 소리소리 지르면서 너희 놈들이 죽일 때 죽일지언정 애국 의사의 대접을 이렇게 하느냐? 큰 소리로 꾸짖다가도 간혹 한마디씩 "나는 내 말만 하였고 김구 김홍량들은 관계없다 하였소" 하고 소리쳤다.

감방에서도 의사소통은 가능했다. 양기탁이 있는 방에서 안태국 있는 방과 내가 있는 방으로, 이재림 있는 방 좌우 20여 방의 40여 명은 서로 밀어를 전하였다. 왜놈은 사건을 두 건으로 나누었다. 이른바 보안위반과 살인모의 및 강도였다. 누가 신문을 당하고 오면 내용을 각 방에 전달하여 주의케 하니 왜놈들이 사건의 범위가 축소되는 것을 이상하게 여겨 그중 한순직(韓淳稷)을 불러다가 감언이설로 꾀어 각 방에서 전하는 밀어의 내용을 탐지 보고하도록 하였다. 하루는 양기탁이 배식구(감방에서 밥그릇을 출납하는 곳)에 손바닥을 대고 말하길 우리가 비밀히 전하는 말들은 한순직이가 모두 고해 바치니 이제부터는 밀어 전달을 폐지하자고 하였다.

과연 거센 바람이 불면 억센 풀을 알 수 있는 것이다. 당초에 명근 형이 한순직을 나에게 소개할 때는 용감한 청년이라고 했었다. 이렇게 위난할 때에는 어찌 한순직 한 사람뿐이겠는가. 최명식도 비록 밀고는 아니하였으나 사실도 아닌 것을 그놈들의 잔혹한 고문에 못 이겨서 꾸며 대답한 것이 후회되어 스스로 호를 일러 긍허(兢虛)라 했던 것이다.

나는 결심에 결심을 더하였다. 당시 형세는 나의 혀끝에 사람의 생사가 달려 있음을 다시 깨달아 마음을 다잡았다. 어느 날 또 끌려 신문실로 갔다. 왜놈 경찰이 물었다.

"너의 평생 지기지우(知己之友)는 누구냐?"

나는 대답했다.

"내 평생의 지기지우는 오인형(吳麟炯)이요."

왜놈이 반가운 낯으로 물었다.

"그 사람은 어디서 무엇을 하는가?"

"오인형은 장련에서 살았으나 몇 해 전에 사망하였소."

이 대답에 그놈들은 또 다시 정신이 까무러치도록 잔혹한 고문을 가했다.

"학생 중에는 누가 너를 가장 사랑하더냐?" 하는 심문에 엉겁결에 내 집에 와서 공부를 하던 최중호(崔重鎬)의 이름을 대고서는 혀를 자르고 싶었다. 젊은것이 또 잡혀 오겠구나 생각해서였는데 눈을 들어 창밖을 보니 벌써 언제 잡혀 왔는지 반이나 죽은 것을 끌고 지나가는 것이 보였다.

이른바 경시총감부(警視總監部)인 진고개 기슭에서는 밤이나 낮이나 도살장에서 소와 돼지를 때려잡는 소리가 여기저기서 끊임없이 들

렸다. 하루는 한필호 의사가 신문을 받고 와서 배식구로 겨우 머리를 들어 나를 보면서

"일체를 부인하였더니 지독한 고문을 당하고 나는 죽습니다"

하고서는 나를 작별하는 모양을 보였다. 나는 위로하고 물이라도 좀 마시라고 하였다. 한 의사로부터 물도 먹을 필요가 없다는 대답을 들은 것을 마지막으로 다시 어디로 데려갔는지 몰랐는데 이른바 공판 때 동지들로부터 신석충의 철교 자살과 한 의사가 화(고문치사)를 당한 사실을 처음 알게 되었다.

하루는 최고신문실에 갔다. 누가 뜻하였으랴. 17년 전에 인천 경무 청에서 심문을 당할 때 방청을 하다가 나의 호령을 받고 "칙쇼우, 칙 쇼우" 하면서 뒷전으로 피신하던 와타나베(渡邊) 순사라던 왜놈이 17 년 만에 다시 내 앞에 또 마주 앉을 줄을. 당시 총감부 기밀과장의 제 복을 입고 위의(威儀)가 엄숙한 그놈은 전과 같이 검은 수염을 길러 늘어뜨렸지만 얼굴에는 약간의 노쇠한 빛이 보였다.

와타나베는 이런 말로 입을 열었다.

"나의 가슴에는 X광선을 대고 있어서 너의 일생 행동에 대하여 역 사적으로 일체의 비밀을 명백히 알고 있다. 터럭만큼도 숨기지 말고 자백을 하라. 만일에 숨기거나 하면 이 자리에서 때려죽일 터이다."

나는 몇 해 전에 여순(旅順) 사건의 혐의로 해주 검사국에서 신문 당할 때 그들이 '김구'라고 제목 붙인 책자를 꺼내 놓았던 일을 떠올렸 다. 그 책자에는 여러 방면의 보고를 모은 것인 만큼 분명히 치하포 (鴟河浦)에서 왜놈 죽인 일과 인천에서의 사형 정지와 탈옥 사실이 기 재되어 있으리라고 상상은 했는데, 와타나베가 먼저 제 입으로 "네가 17년 전에 인천 경무청에서 나에게 욕을 퍼붓던 일이 생각나느냐?"는 말을 하기 전에는 입을 열지 않기로 했다. 그 사건은 서울과 지방 할 것 없이 떠들어댔고 더욱 황해도 평안도 양서(兩西)에서는 배일(排

ㅂ) 연설의 연제(演題)가 되고 평소 이야깃거리이기도 했던 공공연한 사실이었지만 와타나베의 X광선이 정확한지 시험이나 해 보자는 생각이었다. 그래서 이렇게 대답했다.

"내 일생에 어떤 후미진 벽지에서 은사(隱士)의 생활을 한 것이 없었고 일반사회에서 헌신적인 생활을 한 탓으로 말 한마디 행동 하나가 자연히 공개적이며 비밀이 없소."

와타나베는 순서대로 질문했다.

"출생지는?"

"해주 텃골."

"교육은?"

"서당에서 한문을 배웠소."

"직업은?"

"농촌에서 나고 자라 나무하고 밭갈고 하다가 25, 6세에 장련으로 이주하여 종교와 교육에 종사하기 시작하여 지금은 안악 양산학교 교장의 직무를 맡아 하고 있다가 체포되었소."

와타나베 놈이 성을 버럭 냈다.

"종교와 교육은 겉으로만 내세운 운동이고 속으로는 반역의 음모가 한둘이 아닌 것을 내가 분명히 알고 있다. 서간도에 무관학교를 설립하여 훗날 독립전쟁을 준비하던 사실과, 안명근과 공모하여 총독 모살과 부자들의 금전을 강탈한 사실을 우리 경찰에서는 명약관화하게 알고 있는데도 너는 끝까지 감추려 드느냐?"

놈의 노기가 등등하나 나는 공포보다도 너의 가슴에 붙였다는 X광선이 탈이 난 게 아니냐 하는 우스운 생각이 들었지만 참아가면서 말했다.

"안명근과는 일절 관계가 없었고 서간도에는 가난한 농가들에게 이주를 권하여 생활의 근거를 이끌어준 것뿐 다른 일은 없었소. 지방경찰의 시각이 너무 협소하여 걸핏하면 배일(排日)이니 무엇이니 하여 교육사업에도 방해가 많았으니 앞으로는 지방경찰을 주의시켜 우리 같은 사람들이 교육이나 잘하고 있도록 해주시오. 학교도 개학시기가 이미 지났으니 속히 내려가 개학이나 하게 하시오."

와타나베 놈은 고문도 하지 않고 그냥 유치장으로 돌려보냈다.

나의 국모보수(國母報讐) 사건은 비밀이 아니고 세상이 다 아는 공공연한 사실이다. 왜놈들의 각 경찰기관이 나를 주의인물로 붉은 줄을 쳐서 온갖 행동을 조사하여 왔으니 해주 검사국에 비치한 《김구》라는 책자에도 당연히 스치다(土田讓亮)와 관련된 사실이 올라 있을 것으로 생각했다. 또 이번에 총감부 경시(警視) 한 명이 안악에 출장 조사하였으니 그 사실이 발각된다면 나의 일생은 여기에서 종막이 되리라고 생각했다. 그러니 와타나베 놈이 썩 들어서면서 내 가슴에 X광선을 붙였으니 과거를 무엇이나 다 알고 있노라고 말했을 때 인천사건은 피할 수 없이 당했다고 생각을 하면서도 그놈의 X광선을 시험하자는 것뿐이었다.

와타나베 놈이 그 사실을 알면서도 후일을 위해 남겨두고 다른 말만 묻는 것이 아닌 것은 그놈이 신문할 때 X광선과 같이 나의 과거와 현재를 잘 아는 표를 내려고 애쓰는 것을 보아서 잘 알 수 있었다.

그리고 보니 국가는 망하였으나 인민은 망하지 않았다는 생각이 들었다. 나는 평소 우리 한인의 정탐을 가장 미워하여 여지없이 공격하곤 했다. 나에게 공격을 받은 정탐배까지도 자기가 잘 아는 그 사실만은 밀고를 하지 않고 왜놈에 대하여 비밀을 지켜 준 것이 아닌가. 다른 이들은 말할 것도 없고 나의 제자로서 형사가 된 김홍식(金弘植)과 같은 학교 직원으로 있던 원인상(元仁常)부터 밀고를 하지 않은 것이니 그리고 보면 각처 한인 형사와 고등정탐까지도 그 양심에 애국심은 어느 정도 남아있는 것인 아닌가.

사회에서 내게 이 같은 정의(情誼)를 베풀었으니 나로서는 최후의 숨을 내쉴 때까지 동지를 위하여 분투하고 원수의 요구에 불응하리라 결심하였다. 그리고 김홍량은 여러가지로 활동 능력이 나보다 낫고 품격도 나보다 나으니 신문 당할 때 홍량에게 이롭도록 말을 하여 풀려나가도록 할 것이다. 그런 생각으로 "거북이[龜]는 진창 속에 잠기리니 기러기[鴻]는 물밖[海外]으로 날아라"는 구를 혼자 읊었다.

모두 일곱 번의 신문에서 와타나베 놈만 혹형을 가하지 않았을 뿐 여섯 번은 매번 정신을 잃은 후에야 유치장으로 끌려들어왔다. 들어올 때는 각 방 동지들의 정신을 북돋기 위하여 "나의 생명은 빼앗을 수 있거니와 내 정신은 빼앗지 못하리라"고 외쳤다. 왜놈들은 "못된 말을 했으니 때려주겠다"며 위협을 했지만 내 말을 듣는 동지들은 마음을 확고히 다졌다.

여덟 번째 신문에는 각 과장과 주임 경시 7, 8명이 나란히 앉아서 물었다.

"너의 동류가 거의 다 자백하였는데 너 한 놈이 자백을 않으니 참으로 아둔하구나. 토지를 사들여 땅주인이 되면 그 밭에서 뭉우리돌을 골라내는 것이 당연한 일 아니냐? 네가 아무리 입다물고 혀를 졸라매 한마디도 실토하지 않지만 여러 놈의 입에서 네 죄가 드러났으니 지금 곧 말을 하면 몰라도 계속 고집하면 이 자리에서 때려죽일 것이다."

"나를 당신네 밭 가운데 자갈로 알고 파내려는 군들의 노고보다 파내어지는 나의 고통이 더욱 심하니 내가 스스로 끝장내는 것을 보라!"

나는 머리로 기둥을 들이받고는 정신을 잃고 엎어졌다. 여러 놈들이 인공호흡을 하고 냉수를 얼굴에 뿜어 정신이 돌아왔다. 한 놈이 능청스럽게 청원했다.

"김구는 조선인 중에서 신망 받는 인물인데 이같이 대우하는 것은 적당치 않은 것 같습니다. 제게 위임하여 신문케 하옵소서."

즉시 승낙을 얻어서 자기 방에 데리고 가더니 각별하게 대우했다. 담배도 주고 말도 높이면서 하는 말이,

"내가 황해도에 출장 가서 김구의 온갖 행동을 일일이 조사하여 보았는데 교육사업에 열성이어서 학교에서 월급을 받든 못 받든 학교 업무를 한결같이 본다든지 일반 인민의 여론을 들어 보아도 정직한 사람인데, 총감부에 와서 김구가 누구인지 모르는 직원들에게 형벌도 많이 당한 모양이어서 매우 유감이요. 신문도 도리에 맞게 해야 사실을 고할 사람이 있고 억지로 할 사람이 따로 있는데 김구에게는 실례가 많았소."

뻔뻔스럽게 말했다.

왜놈의 신문 방법이 대략 세 종류의 수단으로 나뉜다. 첫째, 혹형 (酷刑 : 잔혹한 고문)이다. 채찍과 몽둥이로 마구 때리기. 또, 두 손을 등뒤로 포개게 하고 오랏줄로 결박하여 수형자를 작은 의자 위에 세워 둔다. 그 다음 천장의 쇠고리에 오랏줄을 끌어올려 끝을 한편에 잡아매고 발받침을 들어내면 온몸이 공중에 매달려 질식하게 된다. 그 다음에는 결박을 풀고 찬물을 전신에 뿌려 숨을 되돌린다. 화로에 쇠막대기를 즐비하게 놓아 발갛게 달군 후에 그 쇠막대기로 온몸을 마구 지져댄다. 또 손가락 크기의 각목 3개를 세 손가락 사이에 끼우고 양쪽 각목 끝을 노끈으로 묶는 것과 거꾸로 매달아 콧구멍에 찬물을 부어넣는 것 등이다.

둘째, 굶기는 것. 신문 시기에는 보통 죄수들이 먹는 음식을 반으로 줄여 꼭 목숨만 부지토록 해 놓고 친척이 사식(私食)을 청원하여도 신문 주임의 허가가 없으면 돌려보낸다. 신문 주임되는 놈은 신문 받는 자가 자기 사건이나 타인에게 불리한 조건이라도 사실유무와 상관없이 거짓말로라도 왜놈들 좋아할 만한 말을 하면 사식을 들여보내게 해

주고 반항성이 있어 보이면 절대 불허한다. 그러니 유치장에서도 자연히 사식을 받아먹는 자는 강경치 못한 것으로 보인다.

그밖에 한 가지가 유화적인 수단으로 좋은 음식도 대접하고 훌륭히 장식한 아카시(明石 : 당시 총감부 총장)의 방으로 데리고가서 극히 공손하고 존경하는 태도로 점잖게 대우하는 수법인데, 그 바람에 혹형을 참아냈으면서도 그 자리에서 실토한 이들을 더러 알 수 있었다.

나도 체형(體刑)에는 한두 번 참아보았는데, 저 놈이 발악을 하면 나도 감정이 발하여 자연히 저항력이 생기므로 참아낼 수 있었던 것이다. 그러나 두 번째와 세 번째를 당할 때는 그야말로 참기 어려웠던 경우가 있었다. 두 번째의 굶주림에 대해서 다시 말하자면, 처음에는 밥이라야 껍질도 절반 모래도 절반에 소금이나 쓴 뿌리 같은 것을 주는데 입맛이 없어서 안 먹고 도로 보내기도 하였다. 그러나 그러고 나면 죽도록 맞은 날이 아니면 그런 밥이라도 기다려서 맛있게 먹었다. 그때까지 근 석 달 동안 인(仁)이 엄마는 매일 아침저녁밥을 가지고 유치장 앞에 와서 말이 들리도록 목소리를 높여 "김구의 밥을 가지고 왔으니 들여 주시오"했다. 왜놈은 내가 나쁜 말을 해서 사식은 일없다며 매번 돌려보냈다.

나는 몸이 더욱 말이 아니었다. 그놈이 달아매고 때릴 때 나는 박태보(朴泰輔)가 보습단근질을 당할 때 "이 쇠가 식었으니 다시 달궈 오라"(此鐵猶冷更炙來)던 구를 암송했다. 겨울철이어서 그랬는지 겉옷만 벗기고 양직(洋織) 속옷은 입은 채로 결박하고 때리는 것이었다. 속옷을 입어서 아프지 안으니 속옷을 다 벗고 맞겠다 하여 매번 알몸으로 매를 맞아서 살점이 떨어져 나가고 살갗에 온전한 곳이 없었다.

그럴 때 다른 사람들이 문전에서 사식을 먹을 때면 콧속으로 흘러드는 고깃국과 김치 냄새에 먹고 싶어 미칠 지경이 되었다. 나도 남에게 해될 말이라도 하고서 가져오는 밥이나 다 받아먹을까? 또한 아내가 젊은 나이이니 몸을 팔아서라도 좋은 음식이나 늘 하여다 주면 좋겠다, 매일 아침저녁으로 음식 냄새가 코에 들어올 때마다 더러운 생각이 났다. 박영효(朴泳孝)의 부친이 옥에서 섬거적을 뜯어먹다가 죽었다는 말과 소무(蘇武)가 피륙의 털을 씹으며 19년 동안 한(漢)나라 소제(昭帝)를 기다렸다는 글을 떠올리고 전날 알몸으로 고초당하던 일을 생각했다. 내 육체의 생명은 빼앗을 수 있으나 나의 정성은 빼앗을 수 없다고 함께 수감된 동지들에게 주창하던 기백과 절개를 생각했다.

이러다가 인성(人性)은 사라지고 수성(獸性)만 남는 것이 아닌가 자책하던 때에 아카시(明石)의 방에서 나를 극진히 우대하면서 신문하는 것이었다. 그놈의 요령이 그랬다. 식민지 백성으로서 스스로 인정만 하면 즉각 총독에게 보고하여 그와 같은 고통도 면하게 해 주겠다는 것이요, 뿐만 아니라 순전히 일본사람만으로 조선을 통치할 수는 없으므로 조선인 중에 덕망 있는 인사를 얻어 정치를 하겠다는 것이다. 그러니 당신같이 충의가 두터운 자로서 시국의 추이를 모르지는 않을 터이니 순응하는 것이 어떻겠느냐면서 안명근의 사건과 서간도 사건을 실토하라는 것이었다.

그에 대해서 나는 당신이 나의 충후(忠厚)를 인정하거든 내가 처음부터 진술한 것을 인정하라고 대답했다. 그놈은 가장 점잖고 예의 있는 모습이었으나 나의 대답에는 좋지 않은 기색으로 돌려보냈다.

그리고 오늘은 처음 당장 쳐죽인다고 발악하던 끝에 이놈에게 끌려왔는데 이른바 구니토모(國友)라는 경시였다.

"내가 몇 해 전에 대만인 범죄자 한 명을 맡아 신문하는데 오늘 김구와 같이 고집하다가 검사국에 가서 일체를 자백하였다고 내게 편지한 일이 있었지. 김구도 이제는 검사국으로 넘어갈 터이니 거기 가서 사실을 고하는 것이 더욱 검사의 동정을 받을 수 있을 것이야."

그리고는 전화로 국수장국밥에 고기를 많이 가져오라고 하여 내 앞에 놓고 먹기를 청하는 것이었다. 나는 말했다.

"당신이 나를 무죄로 인정한다면 대접하는 음식을 먹으려니와 만약 유죄라 하면 먹을 수 없다."

"김구는 한문병자(漢文病者)이다. 김구는 지금껏 나에게 동정을 아니하였으나 나는 자연히 동정할 마음이 생겨 변변치 못하지만 대접하는 것이니 식기 전에 먹으라."

그러나 나는 한결같이 사양하였다. 구니토모는 웃으면서 한자로, 독을 넣은 것으로 의심하느냐는 뜻의 '군의치독부'(君疑置毒否) 다섯 글자를 써 보이고는 이제부터는 사식도 들이도록 하겠다고 말했다. 신문이 종결된 듯하니 그리 알라는 것이었다.

내가 독을 넣은 것으로 의심을 품은 것은 아니라 하고 그 음식을 먹고 돌아오니 저녁부터 사식이 들어왔다. 같은 방에 있는 이종록(李宗錄)은 나이 어린 청년이었다. 따라온 친척이라곤 없어서 사식을 갖다 줄 사람이 없는데, 방안에서 먹게 되면 나눠 먹게 하겠으나 사식은 반드시 방밖에서 따로 먹게 하니 종록의 먹고 싶어하는 형상을 차마 볼 수가 없었다. 내가 방밖에서 밥을 먹다가 고기 한 덩이와 밥 한 덩이를 입에 물고 방안으로 들어와 입 속에서 도로 꺼내 마치 어미새가 새끼를 물어 먹이듯 했다.

그 다음날 종로 구치감(拘置監)으로 넘어왔다. 비록 독방에 있으나 총감부보다는 얼마나 편리한지, 이른바 감식(監食)도 전에 비해 훨씬 분량이 많았다.

15년 징역형

왜놈이 나의 신문에 대하여 사실대로만 법률을 적용한다면 이른바 보안법 위반이라 하여 최고 2년밖에 지울 수 없었다. 억지로 안명근의 이른바 강도사건에다 끌어 붙일 심산이었지만 내가 서울의 양기탁 집에서 서간도 사건을 회의하여 이동녕을 파송케 한 날짜가 곧 안명근이 안악에 와서 원행섭(元行燮) 박형병(朴亨秉) 고봉수(高鳳洙) 한정교(韓貞敎) 등과 안악 부호를 습격하자고 회의하였다는 날이다. 당시 안악에 머물러 있던 김홍량 김용제 도인권 양성진 장윤근 등은 물론 안명근의 종범(從犯)으로 꾸몄지만 내 경우는 그 날 서울에 있었다는 확실한 증거가 있었다.

그리하여 안악에 안명근이 와서 모인 날짜만 2십 몇 일이라고 써넣고 서울 회의 날짜는 모월 중순에 양기탁의 집에서 서간도에 대한 사실을 회의하였다고 어름어름 기입하고서는 내가 그 날 안악에서 회의에 참석한 것을 목도하였다는 증거인으로 양산학교 교지기의 아들인 열네 살 학생 이원형을 압송하였다.

내가 이른바 검사 신문을 당할 때 벽을 사이에 둔 신문실에서 이원형의 말소리가 들렸다. 왜놈이 묻기를,

"안명근이 양산학교에 왔을 때 김구도 그 자리에 있었지?"

"나는 안명근이 누구인지도 모르고 김구는 어디 가고 그 날 없었습니다."

왜놈들이 죽일 것처럼 을러댔고 조선인 순사 놈은 원형에게 말했다.

"이 미련한 놈아, 안명근이도 김구도 자리를 같이한 것을 보았다고 대답만 하면 당장 네 아버지와 함께 집에 돌아가도록 말을 잘 할 터이니 내가 시키는 대로 말을 하거라."

원형은 그러면 그렇게 말하겠다면서 때리지 말라고 했다. 검사놈이 나를 신문하다가 초인종을 울리니 원형을 문 안쪽에 들여 세워 놓고 물었다.

"양산학교에서 안명근이 김구와 같이 앉은 것을 네가 보았느냐?"

안악(안명근) 사건 판결문(1911년)

"예."

말이 끝나자마자 원형을 문밖으로 끌고 나갔다. 검사 놈은 내게 묻기를 "네가 이런 증거가 있는데도" 했다. 같은 날 같은 시간에 500여 리 먼 거리의 두 군데 회의를 모두 참석한 김구가 되게 하느라 매우 수고롭겠다고 말을 마치니 곧 이른바 예심 종결이었다.

당시 우리 사건 외에 의병장 강기동(姜基東)은 원산에서 체포되어 경시총감부에서 함께 취조를 받고 이른바 육군법원에서 사형을 받은 사건이 있었고, 김좌진(金佐鎭) 등 몇 사람이 애국운동을 하다가 강도죄로 징역을 받고 같이 수감되어 함께 고생했다.

강기동은 처음에는 의병에 참가하였다가 즉시 귀순의 형식을 취하여 헌병보조원이 되었다. 그렇게 해서 서울 지역에서 복무하던 중 왜놈들이 의병을 총검거하여 수십 명을 일시에 총살하기로 내부적으로 정해 놓았는데 그들은 바로 강기동의 옛 동지들이었다. 그는 자기가 맡아 지키는 시간에 붙잡힌 의병들을 모두 풀어주고 사무소에 비치한 총기를 꺼내 각기 무장하여 야간에 경계망을 돌파하였다. 그리하여 강원 경기 충청 각지에 수년 동안 한·일 전쟁을 계속하다가 원산에서 안기동(安基東)으로 행세하면서 무슨 일인가를 계획했다가 체포되어 총살을 당하였다.

일제의 양산학교(楊山學校) 강탈

종로 감옥에서 하루는 안악군수 이 아무개가 면회를 했는데, 양산학교 건물은 본시 관청 소유이니 반환하라고 강요하는 것이었다. 학교의 각종 기구(器具)와 집기들도 공립보통학교에 인도하는 요구서에 도장을 찍도록 요구했다. 이에 대하여 교사(校舍)는 공공소유로서 되찾아가되 비품과 기구는 안신(安新)학교에 기부하겠다 하였으나 결국에는 학교 전부를 공립학교 소유로 강탈하였다.

양산학교 소학생들은 국가에 대한 관념이 부족하나 중학생 가운데 손두환(孫斗煥)은 달랐다. 내가 장련읍의 봉양(鳳陽)학교(예수교에서 설립. 후에 진명(進明)으로 개칭)에 근무할 때 두환은 초립둥이였는데, 그 부친 손창렴(孫昌濂)이 늦게 얻은 아들이라 애지중지하여 그 부모와 연로한 어른은 물론 그곳 군수까지도 두환으로부터 하대를 들었고 존대어를 들어본 사람이 없었다.

황해·평안도에는 특히 지방 풍습으로 성년(成年)되기까지 부모에게는 '해라' 하는 습속이 있어서 그 누습(陋習)을 개량하려고 시도하던 때였다. 두환을 살살 꾀여 학교에 입학케 한 후에 어느 날 수신(修身)시간에 학생 중에 아직 부모나 윗어른에게 해라 하는 이가 있으면 손을 들라고 명하고 학생들 자리를 보니 몇몇 손든 학생 가운데 두환이도 있었다.

수업을 마치고 두환을 별실로 불렀다.

"아직 젖 먹는 유아는 부모나 윗어른에게 경어를 사용치 못한대도 탓할 수 없지만 너와 같이 어른된 표로 상투도 틀고 초립도 쓰고서 부모와 윗어른에게 공대(恭待) 할 줄을 모르면서 부끄러운 줄을 모르느냐?"

두환이 물었다.

"그러면 언제부터 공대를 하오리까?"

"잘못인 줄 아는 때부터니라."

이튿날 아침에 문앞에서 김구 선생님을 부르는 이가 있었다. 나가보니 손창렴 의관(議官)이었다. 하인에게 백미를 한 짐 지우고 와서 문안에 들여놓고 얼굴에 희색(喜色)이 가득한데 너무 기뻐서 말의 순서도 차리지 못하는 것이었다.

"우리 두환이 놈이 어제 저녁에 학교에서 돌아와서 내게 공대를 하고 제 모친에게는 전과 같이 해라를 하더니 깜짝 놀라며 '에구 잘못했습니다' 하고 말을 고치며 선생님 교훈이라고 합디다. 선생님 진지 많이 잡수시고 그놈 잘 교훈하여 주십시오. 밥맛 좋은 쌀이 들어와서 좀 가져왔습니다."

나도 마음에 기뻐서 웃었다.

당시 학교를 신설하고서 학령 아동이 있는 집을 다니며 아이들을 모았는데, 학부형에게는 학생들의 머리는 깎아주지 않겠다는 조건부로 애걸하다시피 했다. 어떤 아이들은 부모들이 머리도 자주 빗기지 않아서 이(蝨)와 서캐가 가득했다. 할 수 없이 얼레빗 참빗을 사다 두고 매일 몇 시간씩 학생들의 머리를 빗겼다. 차츰 아이들의 수가 늘어남에 따라 학과 시간보다 머리 빗기는 시간이 많게 되니 제2의 수단으로 하나씩 둘씩 머리를 깎아 주되 부모의 승낙을 받아 실행했다.

두환은 그 부친의 승낙을 구하다가는 도리어 학교를 관두게 될지 몰라 두환이 자신과 상의를 하니 상투 짜는 것이 괴롭고 초립이 무거

위서 깎는 것이 소원이라고 했다. 당장 깎아서 집에 보낸 후에 슬금슬금 따라가 보았다.

손 의관은 눈물이 비오듯 하며 분이 끝까지 났으나 더없이 사랑하는 두환을 심하게 꾸짖기는 싫고 다만 나에게 분풀이할 터였다. 그러나 두환이가 내가 오는 것을 보고 기뻐하는 것을 본 손 의관은 분한 마음은 갑자기 다 어디로 가고 눈에서는 눈물이 뚝뚝 떨어지는데 얼굴에는 기쁨이 가득해지는 것이었다.

"선생님, 이것이 웬일이에요. 내나 죽거든 머리를 깎아 주시지 않고."

나는 미안함을 표하면서 말했다.

"영감께서 두환을 지극히 사랑하시지요. 나도 영감님 다음은 사랑합니다. 두환이가 목이 가는 데다가 큰 상투를 짜고 망건으로 조르고 무거운 초립을 씌어 두는 것이 위생에 큰 해가 될 줄을 알기 때문에 나도 아끼고 사랑스러운 생각으로 깎았습니다. 두환이 신체가 튼튼해지면 그땐 영감께 고맙다는 인사를 듣고야 말 걸요?"

이 일이 있은 후 두환은 나를 따라 안악에 유학하게 되고 손 의관도 함께 따라와서 객지에 머물면서 두환의 공부를 보살폈다. 두환은 사람됨이 총명도 하거니와 우리의 망국의 한을 같이 느낄 줄을 알았다.

중학생 중에 우기범(禹基範)은 내가 문화 종산 서명의숙에서 가르치던 때 과부의 자식으로 입학하여 수업을 받았는데 그 모친의 능력으로는 공부를 계속할 수 없고 재질로는 장차 가능성이 있어 보였다. 그 모친에게 청하였다. 기범을 내게 맡기면 데리고 안악으로 가서 내 집에 두고 공부를 계속시키겠다고. 그 모친은 매우 감격하여 만일 선생께서 그같이 생각하신다면 자신은 따라가서 엿(飴) 장사를 하며 기범이 공부하는 양을 보겠다고 했다. 나는 기범이 아홉 살 때부터 집에서 기르며 안신학교 소학과를 마치고 양산학교 중학부에 입학하게 하였다.

이제는 왜놈들이 양산학교를 해산하고 교구(教具) 전부를 강탈했으니 교육사업도 덧없는 꿈이 되고 말았다. 양치기를 잃은 양떼 같은 학생들은 원수의 채찍 아래 신음하게 되었으니 원통하구나.

가족의 수난과 고통

함께 수감되었던 김홍량만은 이 재앙의 그물망을 벗어나 높이 날기를, 그리하여 해외에서 활동하게 되도록 나는 애써 시도해 보았지만, 자기가 안명근의 촉탁을 받아서 신천 이원식을 권고하였다고 자백한 점으로 보더라도 풀려나기는 불가능했다.

어머님은 상경하여 날마다 사식을 들여보내시고 통신도 이따금 편지로 하셨다. 안악의 가산(家産)과 살림을 전부 팔아서 서울로 왔고, 둘째로 낳은 두 살 먹은 딸아이 화경(花慶)과 아내는 당시 평산(平山)에 있던 장모와 처형의 집에 들러서 곧 상경한다고 하셨다. 어머님이 손수 담은 밥그릇을 열고 밥을 먹으면서 생각했다. 이 밥에 어머님의 눈물이 점점이 섞여 있겠지.

18년 전 해주 옥바라지로부터 인천까지 옥바라지를 하실 때는 슬프고 황망한 중에도 내외분이 서로 위로하고 서로 의논하시며 지냈으나 지금은 당신이 과부된 몸으로 어느 누구 하나 살뜰하게 위로하여 줄 사람도 없었다. 준영 삼촌과 재종형제(再從兄弟)가 있으나 거의가 토착 농민이라 거론할 여지가 없고, 연약한 아내와 어린 아이가 어머님에게 무슨 위안을 베풀 능력이 있겠는가. 또한 아내가 어린 아이(화경)를 데리고 자기 모친이 얹혀 살고 있는 처형의 집에 갔다는 기별에는 무한한 느낌이 일었다.

처형으로 말하면 본시 신창희 군과 결혼했는데, 신 군은 식솔을 거느리고 황해도에 와서 살다가 내가 그의 처제인 준례와 결혼한 후에 다시 의과 수업을 마치기 위해 세브란스 의학교에 들어갔다. 그래서 부부와 장모까지 다시 서울로 이사했다. 그런데 내가 장련읍에 있을 때부터 모녀 두 사람만 평양을 들러 장련의 나의 집까지 아내를 보려고 찾아왔던 것이다.

그때 어찌된 사유인지 신창희 군에 대해 꺼려하는 빛이 보이고 더욱 처형의 거동이 상궤(常軌)에서 벗어나는 경향을 보였다. 하물며 기독교 신자의 행위인지라 그를 본 우리 부부는 처형과 장모를 타일러 신창희에게 보냈었다.

그 후 내가 안악으로 이주했을 때 다시 처형과 장모가 찾아왔는데 처형은 신창희와 부부의 관계를 끝냈다고 했다. 나와 어머님은 한 순간도 집안에 받아들이고 싶은 생각이 없으나 아내는 어머니와 형에 대하여 강경한 태도를 보이지 못한 것이 사실이었다. 그러니 가정은 무척 불안한 상태에 빠졌다. 아내에게 비밀히 부탁해 놓고 장모에게 말했다. 큰딸을 데리고 나가주지 못할 터이면 작은딸까지 데리고 나가달라고. 지각없는 장모는 좋아라 하고 세 사람이 집을 떠나 서울로 출발하였다.

나는 얼마 후에 서울로 가서 동정을 살펴보았다. 아내는 어머니와 형을 떠나서 어느 학교에 투신할 계획을 세우고 있었다. 나는 아내에게 비밀히 약간의 여비를 주고 내려왔다. 그리고는 재령의 선교사 군예빈(君芮彬)에게 이 말을 하니 준례를 데려다가 당분간 자기 집에 있게 한 다음 천천히 데려가라고 했다.

곧 서울의 준례에게 편지를 띄우고 사리원 역전에서 기다리니 준례 혼자 기차에서 내렸다. 재령의 군 목사 집에다가 데려다 두고 나는 안악으로 와서 어머님께 일의 전후를 밝혀 말씀드렸다. 장모나 처형이 비록 여자의 도리에 벗어나는 죄상이 있더라도 죄 없는 아내까지 내쫓는 것은 도리가 아니니 용서하시라고 하자 어머님은 한마디로 쾌히 승낙하셨다.

"그렇다. 네가 데려오는 것보다 내가 친히 가서 데려오마."

그 날로 재령에 가시어 아내를 데리고 오니 가정의 파란은 이로써 가라앉았고 아내 역시 모친과 형에 대하여 친족 관념을 끊고 지냈다. 처형은 평산 등지에서 헌병보조원의 처인지 첩인지 되어 살고 장모도 동거한다는 풍설만 듣고 있었다.

그런데 이번에 이른바 공판을 본다고 가족 전부가 서울로 오던 길에 도중 평산의 처형 집에 아내와 화경이는 두고 어머님만 서울로 먼저 오셨다는 것이다. 어머님은 편지에 쓰길 공판 날짜를 알려 주면 아내가 서울에 오기로 했다고 했다.

이제는 내가 주장하던 것과 힘써온 것이 거의 물거품으로 돌아갔다. 학교에서 학생을 가르칠 때에도 학생들이 나를 숭배하는 것보다 내가 천 배 만 배 학생들을 존중하여 희망을 두고 있었다. 나는 일찍이 교육을 충분히 받지 못하여 망한 나라의 백성이 되었으나 학생들은 훗날 건국영웅이 되리라고 바라던 마음도 허무하게 되어 버렸다. 또한 아내도 평소 자기 형이 헌병의 첩질한다는 말을 들은 후로는 영원히 다시 보지 않겠다고 결심하였건만 내가 이 지경이 되었으니 부득이 찾아갔을 것이다.

그럭저럭 이른바 공판 날짜를 정해졌고 어머님은 왜놈 나가이(永井) 라는 변호사를 고용했다. 예심 심문 때 나가이 놈은 내게 이런 말을 물었다.

"총감부 유치장에 있을 때 벽을 두드려서 양기탁과 무슨 말을 나누었는가?"

나는 나가이(永井) 를 노려보며 대답했다.

"이것은 신문관을 대리한 것인가? 나에 관한 사실은 신문 기록에 상세히 기재되었으니 나에게 더 물을 것 없다."

그러자 놈은 검사 놈과 눈을 끔적이며 실패의 의미를 표시하는 듯했다.

이른바 재판일을 맞았다. 죄수 마차에 실려 경성지방재판소 문 앞에 당도하여 어머님이 화경이를 업고 아내와 함께 문 안쪽에서 기다리고 있는 것을 보며 이른바 2호 법정으로 끌려갔다. 우두머리 자리에 안명근, 다음으로 김홍량이요, 나는 세 번째 자리에 앉히고, 이승길 배경진 한순직 도인권 양성진 최익형 김용제 최명식 장윤근 고봉수 한정교 박형병 14명이 출석하였다.

방청석을 돌아보니 각 학교 남녀 학생과 각자의 친척, 친구들이 와서 모였고 변호사들과 신문기자들도 줄지어 앉았다. 동지들에게 한필호와 신석충 두 사람의 경과를 들어 보니 한필호 선생은 그때 경시총감부에서 피살되었고 신석충은 끌려오다가 재령 철교에서 강에 투신하여 죽었다는 원통한 소식을 알게 되었다.

대강 신문을 마친 후 이른바 판결이라며 안명근은 종신 징역이요, 김홍량 김구 이승길 배경진 한순직 원행섭 박만준 7명은 15년, 원행섭 박만준은 결석이었고, 도인권 양성진은 10년, 최익형 김용제 장윤근 고봉수 한정교 박형병은 7년 또는 5년으로 논고한 후 판결도 그대로 언도되었다.

이상은 강도사건으로 언도한 것이고 그 후에 이른바 보안사건으로 또 재판할 때는 우두머리 양기탁과 안태국 김구 김홍량 주진수 옥관빈 김도희 김용규 고정화 정달하 감익룡 김용규의 조카 등이 선고받았다. 판결되기는 양기탁 안태국 김구 김홍량 주진수 옥관빈은 2년 징역이고 나머지는 1년 혹은 6개월이었다. 그외 이동휘 이승훈 박도병 최종호 정문원 김병옥 등 19명은 무의도(舞衣島) 제주도 고금도 울릉도로 1년 유배를 보내기로 결정되었다.

신민회 사건(105인 사건)과 옥중생활

서대문감옥으로의 이감

며칠 후 서대문감옥에 이감되었다. 동지들은 모두가 앞서거니 뒤서거니로 그곳에 함께 복역하게 되니 날마다 서로 얼굴을 대하는 것만으로도 족히 위로가 되고 간간이 말로도 정을 나누며 지내는 까닭에 고생 중의 즐거움이라는 느낌이 들었다. 뿐인가, 5년 이하로는 세상에 나올 바람도 가질 수 있지만 7년 이상으로는 스스로 옥중 귀신이 될 것으로 믿기 때문에 육체로는 복역을 하지만 정신으로는 왜놈을 금수처럼 보고 쾌활한 마음으로 죽는 날까지 낙천적인 생활을 하기로 작정했다. 동지들도 거의가 지향하는 바가 같으므로 서로 모의하지 않고도 옥중의 행동이 같을 때가 많았다. 그러니 오월동주(吳越同舟)라는 옛말이 참으로 허튼 말이 아닌 것을 깨달을 수 있었다.

옥중에서 평생을 살게 된 동지 가운데 거의가 장성하거나 어린 아들을 두었지만 유독 나는 어린 화경이만 있는 데다 또한 형제 없는 독신이었다. 이를 애석하게 생각한 김용제는 4남1녀를 두었으니 장남은 선량(善亮)이고 다음은 근량(勤亮)이요 다음은 문량(文亮)이요 다음은 순량(順亮)인데 자청하여 문량으로 나의 후사(後嗣)를 잇기로 약속해 주었다.

나의 심리상태가 체포 이전과 이후에 대변동이 생긴 것을 스스로 느낄 수 있었다. 체포 이전에는 십수 년 동안 성경을 들고 교회당에서 설교하거나 교편을 들고 교실에서 학생들을 가르쳤으므로 작은 일 하나에도 양심을 본위 삼았고 사심(邪心)이 발할 때마다 먼저 자신을 꾸짖지 않고는 감히 남의 잘못을 꾸짖지 못하는 것이 거의 습관으로 되었다. 그런 까닭으로 학생들과 알고 지냄에 충실하다는 신망을 받고 지냈으며, 모든 일에 자기로서 비롯하여 남에게 이르는 것(推己及人)이 일상적 습관이 되어 있었다.

그러하건만 어찌 불과 반년 만에 심리에 대변동이 생겼는지 연구하여 보았다. 돌이켜보면 경시총감부에서 신문을 받을 때 와타나베 놈이 17년 후에 다시 마주앉아 오늘 김구가 17년 전 김창수인 것도 모르면서 대담하게도 자기 가슴에 X광선을 붙여서 나의 출생 이후 지금껏 일체 행동을 투시하고 있다며 한 터럭이라도 숨기면 당장 때려죽인다고 위협하던 때부터였을 것이다. 태산만큼 크게 상상하던 왜놈이 겨자와 같이 작아 보이는 것이었다.

도합 일곱 번이나 매달려 질식된 후에 찬물을 끼얹어 회생시키는 일을 당하여도 심지는 점점 더 강고해졌다. 왜놈에게 국권을 빼앗긴 것은 우리의 일시적 국운 쇠퇴이고 일본은 조선을 영구 통치할 자격이 없음이 명약관화하게 생각되었다.

이른바 고등관이라고 모자에 금줄을 두셋씩 붙인 놈들이 나를 앞에 두고 일본 천황의 신성불가침인 권위를 과장하곤 했다. 천황이 재가한 법령에 대하여 행정관리가 털끝만큼도 벗어나는 행위를 할 수 없다거나, 또는 조선 인민도 천황의 적자이므로 똑 같이 자애하는 행복을 받으니 유공자는 상을 주고 죄지은 자는 벌을 주는 법령대로 관리가 공평히 시행한다거나, 그러니 구한국 관리가 자기에게 좋게 하는 인민에게는 죄가 있어도 벌을 주지 않고 미운 자는 죄가 가벼워도 중벌에 처하던 시대와는 하늘과 땅만큼 판이하다는 등… 그렇게 혀가 닳도록 과장하던 그놈의 그 입 앞에서 며칠 후 내가 반문했다.

"그대가 말하지 않았는가? 안악에 가서 보니 김구는 학교를 보아도 급여의 많고 적음을 불문에 부치고 오직 성심으로 학교만 잘 되도록 애쓰는 선생이라고 인민 일반에게 신망을 받더라며 지방의 유공자 가운데 하나라고 하지 않았는가? 더욱이 나에게 오늘까지 범죄사실이 없으니 상을 받을 자의 열에 속할지언정 벌을 받을 사실로 인정될 것이 없다. 그러니 어서 내보내면 곧 학교로 돌아가 개학하겠다."

그 왜놈은 이렇게 대답했다.

"네가 그런 줄은 안다만 논밭을 사들인 땅주인으로서 그 논밭의 뭉우리돌을 골라내는 것이 상례가 아닌가? 너는 비록 범죄사실을 자백하지 않았으나 너의 동류가 다 너도 죄지은 우두머리라고 말하였으니 그것이 증거가 되어 끝내 죄를 면할 수는 없다."

나는 다시 반문했다.

"관리로서 법률을 무시하는 것 아니냐?"

그러자 그놈은 미친 개 모양으로 관리를 희롱한다며 분기탱천하여 죽도록 때리는 것이었다.

그러나 왜놈이 나를 뭉우리돌로 인정하는 것은 참으로 기뻤다. 오냐 나는 죽어도 왜놈에게 대하여 뭉우리돌의 정신을 품고 죽겠고 살아도 뭉우리돌의 책무를 다하고 말리라는 생각이 깊이 새겨졌다. 나는 결심하였다. 나는 죽는 날까지 마귀와도 같은 왜놈의 이른바 법률을 한 끄트머리라도 파괴할 수만 있거든 계속 그렇게 할 것이다. 왜놈 마귀들을 희롱하는 것을 유일한 낙으로 삼아 보통사람들은 맛보기 힘든 별종 생활의 진수를 맛볼 것이다.

서대문에 이감할 때 옥관(獄官)이 내게 이렇게 말했다.

"김구는 오늘 입고 있던 옷을 벗어 집물창고에 봉하여 두는 것과 같이 네 자유까지 맡기고 옥의(獄衣)를 입고 입감(入監)하니 오로지 관리에게 복종하는 길밖에 없다."

나는 이 말을 듣고 수긍하였다. 이튿날 복역은 시킨다면서 간수가 수갑을 풀지는 않고 수갑 검사를 하면서 너무 꽉 잠그는 바람에 하룻밤새 손목이 퉁퉁 부어서 보기에 끔찍하게 되었다. 이튿날 아침 검사 시간에 간수들이 보고 놀라서 이유를 물었다. 나는 대답했다.

"관리가 알지 죄수가 어찌 알겠나?"

간수장이 와서 보고 네가 손목이 이 지경 되었으면 수갑을 늦추어 달라고 청원해야 할 것 아니냐고 한다. 나는 다시 말했다.

"어제 전옥(典獄)의 훈계에 일체를 관리가 다 알아 할 테니 나는 복역만 하라고 하지 않았는가?"

즉시 의사가 와서 치료하였으나 손목뼈까지 수갑 끝이 들어가서 종기의 구멍이 컸던 까닭에 근 20년이 지난 오늘까지 손목에 수종의 흉터가 그대로 남아 있다.

간수장은 말하길, 무엇이든 재소자가 불편한 사정이 있을 때는 간수에게 신청하여 전옥까지도 면회하고 사정을 말할 수 있으니 유념하라고 했다.

감옥의 규정을 보면 수인들이 서로간에 이야기를 나누거나 무슨 소식을 통하지 못하게 되어 있었다. 그러나 우리는 말도 많이 하고 소식도 서로 신속하게 통했다. 40명에 가까운 우리 동지들은 무슨 말이나 의견을 충분히 교환하고 지냈다.

심리상태가 변한 것은 나뿐 아니라 동지들 모두가 평소에 비하여 크게 변하였다. 그 중 고정화는 용모부터 험상인 데다가 마음까지 변하여 옥중에서 이른바 관리들을 괴롭게 하기로 유명했다. 음식을 먹다가 밥에 돌이 있는 것을 발견하고는 땅바닥에서 모래를 쓸어모아 입에 넣었다가 밥과 섞는 것이다. 그것을 싸가지고 전옥 면회를 청하여 가지고 갔다. 그리고는 자기가 받은 1년 징역을 종신형으로 고쳐달라 하였다. 그 이유는 이런 것이었다.

"인간은 모래를 먹고 살 수 없는데 내가 먹는 한 그릇 밥에서 골라낸 모래가 밥의 분량에 못지 않으니 이것을 먹고는 반드시 죽을 것이다. 그러니 이왕 죽을 바엔 징역이나 무겁게 지고 죽는 것이 영광이다. 1년도 종신이고 종신도 종신이 아닌가?"

전옥이 얼굴색이 새빨개져서 식당 간수를 불러 책망하고 밥을 짓는데 극히 주의하여 모래가 없도록 개량하였다.

며칠 후에는 감방에서 동료 수인들이 옷에서 이〔蝨〕를 잡는 것을 보았다. 고 군은 비밀리에 각 사람에게 부탁하여 이를 거두어 모아서 뒤 씻는 종이에 싸놓고 간수에게 전옥 면회를 청하였다. 전옥 앞에 이 모은 것을 내어놓고 하는 말이,

"전에 전옥장의 덕으로 돌 없는 밥을 먹는 것은 감사하나 옷에 이가 끓어서 잠도 잘 수 없고 깨어도 이 때문에 온몸이 근지러워 견기기 힘드오. 구한국시대 감옥에는 수인이 자기 집에서 옷을 가져다 입을 수 있었으나 대일본의 문명한 법률은 그도 허가하지 않으니, 이렇게 불결한 의복을 입으면 질병이 생길까 염려스럽소."

그러자 즉시 각 감방에 새로 만든 의복을 넣어 주고 오래된 옷은 증기기계를 사용하여 간간이 소독하여 주는 까닭에 다시는 이 잡는 사람이 없었다.

그때 서대문감옥은 '경성감옥'이라고 문패를 붙였을 때이고 수인의 총수는 2천 명 미만에 그 대부분은 의병이고 너머지는 이른바 잡범이었다. 옥중에 대다수가 의병이란 말을 들은 나는 심히 다행으로 생각

하였다. 그들은 일찍이 나라의 일을 위해 분투한 의기(義氣) 남아들인 만큼 기백과 절개는 물론 경험으로도 배울 것이 많으리라고 생각했다.

감방에 들어가서 차차 인사를 하며 물어보니 혹은 강원도 의병의 참모장이니 혹은 경기도 의병의 중대장이니 거의가 의병 두령이고 졸병이라는 사람은 볼 수 없었다. 처음에는 극히 존경하는 마음으로 교제를 하였으나 나중에는 마음 씀씀이나 하는 짓거리가 순전한 강도로밖에 보이지 않았다. 참모장이라는 사람이 군규(軍規) 군략(軍略)이 무엇인지 모르는 것은 그렇다 쳐도 의병을 일으킨 목적이 무엇인지도 모르는 사람이 많았고 국가가 무엇인지도 몰랐다. 그저 당시에 무기를 가지고 시골 부락을 휩쓸고 다니며 오랑캐 짓 한 것이 잘한 짓인 양 큰소리쳤다.

내가 처음 13호 방에 들어갔을 때였다. 저녁 식사 후 공장에 사역 나갔던 사람들이 몰려들어와 옷을 입은 후 그중 한 명이 나에게 물었다.

"여보 신참, 어디 살았으며 죄명은 무엇이고 역은 얼마나 졌소?"

나는 일일이 대답하였다. 이 구석 저 구석에 질문과 반박이 잇달아 나왔다.

"여보 신참 똥통을 향해 절하시오."

"좌상(座上)에게 절하시오."

"그 자도 생김생김이 강도질할 때는 무서웠겠는데. 강도질하던 이야기나 좀 들읍시다."

함부로 무질서하게 조리없이 떠드는 판에 어떤 말에 대답할지 몰라 잠잠히 앉아 있었다. 어떤 자가 말하길,

"이게 어디서 먹든 도적놈이야. 사람이 묻는 말에 대답이 없으니. 신문할 때 그 같이 대답을 안 했으면 형을 받지 않지."

조소와 능멸 모욕이 여지가 없었다. 나는 생각하기를 이것은 하등들만 몰아넣은 잡범 방인가 보다 하고 잠잠히 앉아 있었다.

시간이 지나 어떤 조선 간수 한 사람이 와서 나를 보고 물었다.

"56호는 구치감에서 나왔소?"

나는 "그렇습니다" 하고 대답하였다. 그 간수는 말을 이어

"내가 공판할 때도 참관을 하였지만 심히 애석한 일이오. 운수가 다한 탓이니 어찌 하겠소. 마음이나 편히 가질 수밖에 없지요"
하며 대단히 동정하는 빛을 보이고 돌아갔다. 그 다음은 일인 간수들이 몰려와서 나의 명패를 보고 또 내 얼굴을 보고 수군거리는 것이었다.

방에서 한참 야단으로 떠들던 죄수들이 다시금 수군댔다.

"이야! 박 간수 나리가 저 신수(新囚) 보고 존경을 하니 관리가 죄수에게 공대하는 것은 처음 보겠다."

"박 간수 나리의 친족 어른뻘인 게지."

그 중 하나는 정색하며 물었다.

"신수는 박 간수 나리와 무엇 되시오?"

"박 간수인지 이 간수인지 나는 모르오."

"그러면 전에 무슨 높은 벼슬을 지냈소?"

"나는 벼슬하지 않았소."

또 다른 누구는,

"당신 양기탁을 아시오?"

"짐작하지요."

"옳다. 저 신수도 국사범 강도인가 보다. 사흘 전 대한매일신보 사장 양기탁이란 신수가 왔고 그 공범으로 유명한 신사들 여러 명이 역을 졌다고 아무개 간수 나리가 말씀하더라."

"그러면 신수도 신사여서 우리가 묻는 말에 대답도 잘 안 하는가 보다. 아니꼬운 놈, 나도 허왕산(許旺山) 밑에서 당당히 참모장을 지냈어. 여기 들어와서 교만을 부려야 소용없다."

나는 처음에 그 자들이 하등 잡범인 줄로만 알았다가 허위(許蔿)의

부하라는 말을 듣고서 심히 통탄하였다. 저런 자가 참모장이었으니 허위 선생이 실패하였으리라는 것은 불 보듯 뻔한 것 아닌가?

옥중에 전해 오는 이야기가 있었다. 이강년(李康年) 선생과 허위 선생은 왜적에게 붙잡혀 신문과 재판을 받지 않고 사형당했다. 왜적을 욕하고 꾸짖다가 순국한 후에 서대문감옥에서 사용하던 우물 자래정(自來井)이 허위 선생 사형 날부터 물이 붉게 탁해져 폐정(廢井) 되었다고 했다.

그처럼 서릿발같은 절의(節義)에 대해 듣고 생각할수록 자괴감이 끝이 없었다. 정신은 정신대로 아껴 잘 보전한다지만, 왜놈으로부터 마소와 야만의 대우를 받는 내가 당시 의병들의 자격을 가타부타 논할 용기가 있을까. 지금 내가 의병 출신 수인들을 무시하지만 그 영수인 허 선생 이 선생의 혼령이 나의 눈앞에 나타나 엄절(嚴切)한 질책을 하는 듯싶었다.

'예전의 의병은 네가 보는 바와 같이 낫 놓고 기역자도 모르는 무식한 것들이니 국가에 대한 의무도 이해하지 못하는 것이 사실이다. 그러나 너는 일찍이 고후조에게 의리라는 것이 무엇인지 친히 배워 알았을 것이다. 네가 그에게서 배운 금언 중에 삼척동자라도 개나 양을 가리키며 절을 시키면 반드시 크게 화내며 응하지 않는다고 하지 않더냐. 강단에서 신성한 2세 국민에게 그런 이야기를 하여 주던 네가 네 자신의 머리를 숙여 왜놈 간수에게 예를 갖추느냐? 네가 항상 속으로 외는 고인의 시에 "남의 음식을 먹고 남의 옷을 입더라도(食人之食衣人之衣) / 뜻한 바는 평생 어기는 일 없으리(所志平生莫有違)"라는 구절을 잊었느냐? 네가 어려서부터 늙을 때까지 스스로 음식을 지어 먹지 않고 스스로 옷을 지어 입지 않았거늘 대한의 사회가 너를 입혀주고 먹여주고 했던 것이 오늘 왜놈이 먹여 주는 콩밥이나 먹고 붉은 옷이나 입히는 데 순종하라고 너를 먹이고 입힌 것이냐? 명색이야 의병이든 도적이든 왜놈이 순종하는 백성이 아니라고 인정하여 종신이니 10년이니 감금하여 두는 것으로 족히 의병의 가치를 부여할 수 있지 않느냐? 남아는 의(義)로 죽을지언정 구구히 살지 않는다고 평소에 어린 학생을 가르치더니 네가 오늘 사는 것이냐 죽은 것이냐. 네가 개 같은 생활을 참아 지내고 17년 후에 마침내 공을 세워 속죄할 자신이 있느냐?'

이 같은 생각을 하느라 심신이 극도로 혼란되던 차에 마침 안명근 형이 나를 대하여 조용히 이런 말을 했다.

"내가 입감 이후에 아무리 생각하여 보아도 하루를 살면 하루가 욕되고 이틀 살면 이틀이 욕되니 굶어죽을까 생각합니다."

나는 쾌히 찬성하여, 가능하거든 단행하라고 했다.

그 날부터 명근 형은 단식에 들어갔다. 자기 몫의 음식은 다른 수인들에게 돌리고 자기는 굶었다. 연 4, 5일을 굶으니 기력이 탈진하여 운신을 못하게 되었다. 간수가 물으면 배가 아파서 밥을 안 먹는다고 했다. 그러나 눈치 밝은 왜놈들이 병원으로 이감하여 놓고 진찰하여 보아야 아무 병이 없으므로 명근 형을 뒷짐지어 놓고 계란을 풀어 억지로 입에 부어넣었다.

이런 봉변을 당한 명근 형이 나에게 기별했다.

'저는 어쩔 수 없이 오늘부터 음식을 먹습니다.'

나는 이렇게 전했다.

'죽이고 살리는 것을 마음대로 한다는 부처님이라도 이 문 안에 들어오면 달리 방법이 없을 테니 자중하시오.'

신민회 사건(105인 사건)과 2년형 추가

옥중에서 고 이재명 의사의 동지들을 상봉하니 김정익(金正益) 김용문(金龍文) 박태은(朴泰殷) 이응삼(李應三) 전태선(田泰善) 오복원(吳復元) 등과 안중근 의사의 동지 우덕순(禹德順) 등이었다. 초면인데도 마치 오랜 친구와 같아 서로간에 사랑하는 정이 있을 뿐 아니라 마음가짐과 행동거지가 의병수들에 비하면 거의 닭 무리 중에 봉황의 느낌이었다.

김좌진은 침착하고 의연하며 용감한 청년으로 나라 일을 위해 무슨 운동을 하다가 투옥되었다. 그와 더불어서도 친애의 정을 서로 표하니 조금씩 옥중에도 생활의 취미가 있음을 깨달을 수 있었다.

내가 서대문 옥에 들어간 지 며칠 후에 또 중대사건이 발생했다. 왜놈의 이른바 뭉우돌 줍는 두 번째 사건이었다. 첫 번째로는 황해도 안악을 중심으로 하여 40여 명 인사를 타살 징역 유배의 세 방식으로 처결한 것이고, 이어서 평안도 선천(宣川)을 중심으로 일망타진하여 105명을 검거 취조하였다.

그 내용을 보면 이미 첫 번째에 이른바 '보안사건'으로 2년의 형을 집행중인 양기탁 안태국 옥관빈과 유형에 처하였던 이승훈까지 다시 집어넣고 신문을 개시했다. 이는 기왕의 보안법 상으로는 최고형으로 2년을 지운 것이 왜놈들의 심기에 흡족하지 않아 좀더 지우자는 야만스런 생각에서 비롯한 것이었다. 나와 김홍량도 15년에 2년 역을 더하여 합 17년의 역을 졌다.

면회오신 어머님

어느 날 간수가 와서 나를 면회소로 데려갔다. 누가 왔는가 하고 기다리노라니 벽에서 딸깍하고 주먹 하나 드나들 만한 구멍이 열리는데 그곳으로 내다보니 어머님이 서 계셨고 곁에는 왜놈 간수가 지키고 섰다. 근 7, 8개월 만에 얼굴을 뵙는 어머님은 태연하신 낯으로 말씀하

시길,

"애야! 나는 네가 경기 감사나 한 것보다 더 기쁘게 생각한다. 네처와 화경까지 데리고 와서 면회를 청했는데 한 번에 한 사람밖에 허가하지 않는다 해서 네 처와 화경이는 저 밖에 있다. 우리 세 식구는 평안히 잘 있다. 너는 옥중에서 몸이나 잘 있느냐? 우리를 위하여 근심말고 네 몸이나 잘 보전하기 바란다. 만일 식사가 부족하거든 하루에 사식 두 번씩을 들여 주라?"

나는 오랜만의 모자상봉으로 반가운 마음이 드는 한편에 저 같이 씩씩한 기개를 지닌 어머님으로서 개같은 원수 왜놈에게 자식을 보게 해달라고 청원하였을 것을 생각하니 황송하기 그지없었다. 다른 동지들이 면회한 정황을 들어보면 부모처자가 와서 피차에 대면하면 울기만 하다가 간수의 제지로 말 한마디도 못하였다는 것이 보통인데 우리 어머님은 참 놀랍다고 생각되었다. 나는 17년 징역 선고를 받고 돌아와서 잠은 전과 같이 잤으나 밥은 한 끼를 먹지 못한 적이 있는데 어머님은 어찌 저렇게 굳세단 말인가? 탄복하였다.

나는 실로 말 한마디를 못하였다. 그러다가 면회구는 닫히고 어머님이 머리를 돌리시는 것만 보고 나도 끌려 감방으로 돌아왔다. 어머님이 나를 대하여서는 태연하셨으나 돌아 나가실 때는 분명 눈물에 발부리가 보이지 않았을 것이다. 어머님이 면회 오실 때 아내와는 물론 많은 상의가 있었을 것이요 나의 친구들도 주의를 드렸을 것이다. 하지만 마침내 대면만 하면 울음을 참기가 무척이나 힘들 텐데 어머님은 참 놀라운 어른이시다.

옥중생활 이야기

옥중생활을 일일이 기록할 수는 없으나 의·식·주·행(行)을 나누어 당시 체험하고 목격한 것과 내가 어떻게 생활했는지에 대해 사실대로 말하고자 한다.

각 수인들이 이른바 판결을 받기 전에는 자기의 의복을 입거나 자기 의복이 없으면 청색 옷을 주어 입게 했다. 그러다가 기결되어 복역하는 시간부터는 붉은 옷을 입히는데 조선 복식으로 만들어 입혔다. 입동 때부터 춘분까지는 솜옷을 입고 춘분에서 입동까지는 홑옷을 입혔다. 병든 수인에게는 흰옷을 입혔다.

식사는 하루 세 번으로 나누어 주었다. 그 재료는 조선 각 도에서 각기 그 지방에서 가장 값싼 곡물을 선택하기 때문에 각 도마다 감식(監食)이 동일하지 않았다. 당시 서대문감옥은 콩이 절반, 좁쌀 3할, 현미 2할로 밥을 지어 최하 8등식에 250문(刅)부터 시작하여 2등까지 문 수를 늘린 것이었다.

사식(차입)은 감옥 밖의 식당 주인이 수인 친족의 위탁을 받아서 배식 시간마다 밥과 한두 가지 찬(饌)을 가져온다. 그것을 간수가 검사하고 밥을 일(一)자 박은 통에 다식(茶食)과 같이 박아내어 분배하여 주는데 사식 먹는 수인들은 한 곳에 모아서 먹게 했다.

감식(監食)도 등수는 다르나 밥은 같은 것인데 각 공장에나 각 감방에서 먹게 했다. 하루 세 번 밥과 찬을 일제히 분배한 후에는 간수가 머리 숙이는 예를 갖추도록 시켰다. 그러면 수인들은 호령에 좇아 무릎을 꿇었다. 무릎에 두 손을 올려놓고 머리를 숙였다가 왜놈 말로 "모도이"(우리의 군호 '바로'와 같다) 하면 머리를 일제히 들었다가 "키반"(喫飯) 하여야 각 수인이 먹기를 시작했다.

수인들에게 경례를 시키는 간수는 훈화(訓話)를 했다.

"식사는 천황이 너희 죄인을 불쌍히 여겨서 주는 것이니 머리를 숙여서 천황께 예를 갖추고 감사의 뜻을 표하라."

그런데 매번 경례를 할 때 들어보면 각 수인들이 입 안에서 뭔가 중얼거리는 말이 있었다. 나는 이상하게 생각되었다. 밥을 천황이 준다 하여 천황을 향하여 축의(祝意)를 표하는 것인가 하였더니, 마침내 낯이 익은 수인들에게 물어본 즉 입 모아 이렇게 말하는 것이었다.

"당신 일본 법전을 보지 못했소? 천황이나 황후가 죽으면 대사면이 내려 각 죄인을 풀어준다지 않소. 그러므로 우리 수인들은 머리를 숙이고 하느님께 메이지(明治)란 놈을 즉사시켜 줍소서 하고 기도합니다."

나는 그 말을 듣고 너무도 기뻐서 나도 그렇게 하겠다고 했다. 그 후부터는 나도 노는 입에 염불 격으로 매번 식사 때마다 "동양의 대악괴인 왜황(倭皇)을 나에게 전능을 베풀어 내 손에 죽게 합소서" 하고 하느님께 기도하였다.

수인들이 종종 감식(減食)의 벌을 받는 경우가 있었다. 나의 밥을 남을 주거나 남의 밥을 내가 얻어먹다가 간수에게 발견되면 사흘 또는 이레 동안 무거운 벌로는 3분의 2를 줄이고 가벼운 벌로는 2분의 1을 줄여서 먹였다. 감식 벌을 당하기 전에 간수놈들이 함부로 죽지 않을 만큼 때려 주는데 이른바 옥칙(獄則)에 의하면 감식도 벌칙 중에 하나였다.

이 점에 대하여 나는 깊이 연구하였다. 표면으로는 나도 붉은 옷을 입은 복역수이나 정신 상으로 나는 결코 죄인이 아니다. 왜놈의 이른바 '새로운 백성'(新付之民)이 아니고 나의 정신으로는 죽으나 사나 당당한 대한의 애국자이다. 될 수 있는 대로는 왜놈의 법률을 복종치 않는 실제의 사실이 있어야만 내가 살아 있는 본뜻에 맞는다.

나는 하루 한 끼 또는 두 끼를 사식으로 먹으니 밥이 부족하여 애쓰는 수인들을 먹이더라도 건강에 큰 손실은 없으리라는 것을 깨달았다. 나는 한 끼라도 자양 있는 음식을 먹고 있으니 말이다. 그래서 매번 곁에서 먹는 수인에게 내 밥을 주어 먹게 하였다. 첫 번 먹기를 시작할 때 곁에 앉은 수인의 옆구리를 꾹 찌르면 그 사람은 알아차리고 재빨리 자기 몫을 먹은 다음 내 앞에 빈 그릇을 놓는다. 동시에 나는 내 밥그릇을 그 사람에게 주면 간수 놈 보기에 나는 밥을 빨리 먹고 앉아 있는 것으로 보였다.

수인들의 품행이라는 것이 그랬다. 열 번 내 밥을 먹는다면 그 먹을 때는 은혜를 죽어도 잊지 못하겠다고 고마운 말을 하던 자라도 아침밥은 얻어먹고 저녁밥을 다른 사람에게 주면 그 즉시로 욕설을 퍼붓는 것이다. "저 놈이 네 의부(義父)냐? 이야, 효자문 세우겠다" 하면 밥을 얻어먹는 자는 또한 나를 옹호하는 말로 마주 욕설을 했다. 그러다 간수에게 발각되는 경우는 모두 함께 벌을 받게 되었다. 그러니 선을 행하는 것이 도리어 악을 행하는 것으로 되는 경우가 허다한 것이었다.

그러나 내게 대하여는 함부로 못하는 이유가 몇 가지 있었다. 수인 중에 뛰어난 부류인 이재명 의사의 동지들이 거의가 일어에 능통하여 왜놈들로부터 큰 신임을 받는데, 이 사람들이 나에게 대하여 극히 존경하는 것을 수인들도 본 것이다. 수인들에게 임시 신문할 때는 그이들을 통역으로 썼으니, 성행 사나운 자는 하루에도 몇 번씩 불려 다니는 터에 통역들에게 밉보인다면 직접 해가 돌아올지도 모르는 것이다. 또 내가 날마다 밥을 다른 사람에게 주는 것을 보니 훗날 바라는 바가 있는 것이었다.

통틀어 말하자면 우리 동지들의 인격과 재능이 탁월하고 5, 60명이 정신적으로 응결되어 멸시할 수 없었던 것이다. 우리와 다른 사건으로 들어왔어도 똑똑한 이들은 모두 우리와 정의(情義)를 터놓고 지내는 터라 우리는 엄연히 수인들의 영도적 기관이 되어 갔다. 수인의 표면 감독은 왜놈이 하지만 정신적 지도는 우리 동지들이 하게 된 것이다.

숙소로 말하면 감방에서 잡거(雜居)했다. 방의 면적은 왜놈의 '다

다미'석 장 반에 해당하는데 수인 10여 명은 보통이고 어떤 때 어떤 방에는 20여 명을 몰아넣을 때도 종종 있었다. 앉아있는 시간에는 각 수인 번호의 차례로 1, 2, 3, 4열을 지어 앉는다. 저녁 식사 후에 몇 시간은 뜻에 따라 책도 보게 하고 문맹들은 소곤소곤 이야기도 하게 하지만 큰 목소리로 책을 낭독하지는 못하게 했고 더더욱 이야기는 엄금했다. 무슨 말소리가 나면 간수가 와서 누가 무슨 말을 하였는지 물어서 이야기를 했다고 자백하면 그 수인들을 쇠창살 사이로 손을 내놓으라 하여 실컷 때려주었다. 그러니 앉아있는 동안 이 방 저 방에서 아이쿠 아이쿠 소리와 사람 치는 소리가 끊일 새 없었다.

처음에는 그 맞는 것과 그 야차(夜叉) 같은 왜놈들의 만행을 차마 볼 수 없었으나 하도 자주 보아서 그런지 점점 신경이 둔하여져서 그저 예사롭게 보이는 때도 있었다. 우리 독립운동이 시작된 후에 장덕준(張德俊) 의사가 〈동아일보〉 종군기자로 북간도에 출장했을 때 왜놈들이 독립군이나 평민이나 잡히는 대로 끌어다 개 패듯 하는 광경을 보고서 의분을 참지 못해서 당시 장 의사가 왜놈 대장에게 엄중히 항의하자 그 대장놈은 사과를 하고 장 의사를 문밖에서 작별한 뒤 비밀리에 붙잡아 암살하였다는 첩보가 있었다. 옥중 체험을 하여 보니 그 첩보가 사실임을 더욱 명확하게 믿게 되었다.

하루는 내가 최명식 군과 너무 오래 떨어져 지내서 울적한 회포도 풀 겸 한 방에서 지낼 계획을 실행에 옮겼다. 그것은 옴(疥瘡)을 만들어서 감옥 의사에게 진찰을 받아 한 방에 같이 지내는 계획이었다. 옴을 만드는 방법은 이렇다. 가는 철사를 얻어서 끝을 갈아 뾰족하게 만든다. 그것을 감추어두었다가 의사가 각 공장과 감방을 돌며 병든 수인들을 진찰할 때 30분 전에 철사 끝으로 좌우 손가락 사이를 꼭꼭 찔러 두면 찌른 자리가 옴과 같이 솟아오르고 그 끝에서는 맑은 물이 솟는다. 누가 보더라도 옴병으로 보게 된다.

그 방법으로 진찰을 받으니 그 날로 옴 방으로 옮겨져 둘이 함께 그 방에 들어갔다. 그 날 저녁 하도 그리웠던 판에 함께 이야기를 하다가 사토(佐藤)라는 간수놈에게 발각되었다. 누가 먼저 말을 하였나 묻기에 내가 먼저 이야기를 했다고 대답하였다. 창살 밑으로 나오라 하기에 나가 서니 역시 곤봉으로 난타하는 것이다. 나는 아무 소리도 내지 않고 한참 동안 맞았다. 그때 맞은 상흔으로 왼쪽 귀의 연골이 상하여 지금껏 짝귀로 남아있다. 그놈은 명식 군은 용서하고 다시 왜말로 이야기하면 때려준다 하고 물러갔다.

그때에 일부러 옴을 만들어서 방을 옮긴 이유가 한 가지 더 있었으니 감방에 수인의 수가 너무 많았던 것이다. 앉았을 때는 마치 시루에 콩나물 대가리 나오듯 되었다가 잘 때에는 한 사람은 머리를 동쪽으로 한 사람은 서쪽으로 착착 모로 눕는다. 그래도 자리가 없으면 나머지 사람들은 일어서서 좌우에 한 사람씩 힘센 사람이 벽에 등을 붙이고 두 발로 먼저 누은 사람의 가슴을 힘껏 미는 것이다. 드러누운 이들은 아이쿠 가슴뼈 부러진다고 야단을 하는데 내미는 쪽에 또 드러누울 자리가 생기면 서 있던 이가 그 사이에 드러누웠다. 그렇게 해서 몇 명이든지 그 방에 있는 수인들이 다 누운 후에 밀어주던 사람까지 누웠다. 됫박처럼 사개를 물려 짜서 지은 방이 아니면 방이 부서졌을 것이다.

힘써 내밀 때는 사람의 뼈가 상하는 소리인지 벽이 부스러지는 소리인지 우두둑 소리에 소름이 돋았다. 감독하는 간수 놈들은 그런 광경을 보고 떠들지 말라고 개 짖듯 하며 서서 들여다보곤 했다. 노쇠한 이들이 흉골이 상하여 죽는 것을 나도 여러 명 보았다.

종일 노역을 한 수인들인지라 그 같이 끼여서도 잠이 들었다. 처음 누울 때는 남북으로 서로 얼굴을 엇갈리게 하고 모로 누워 잠들었다가도 가슴이 답답하여 잠이 깨면 방향을 바꾸자는 의사가 일치하여 돌아

눕는다. 고통을 바꾸자는 것이다.

입과 코를 마주 대고 숨쉬게는 되어 있지 않지만 잠이 깊이 들 때 보면 서로 키스하는 자가 많고 약한 사람은 솟구쳐 올라 사람 위에서 잠을 잔다. 그러다가 밑에 깔린 사람에게 몰려서 이리저리 굴러다니다가 날을 밝히는 것이 감옥의 하룻밤이었다.

옥고는 여름과 겨울 두 계절에 더욱 심하였다. 여름철 감방에서는 수인들이 내쉬는 숨과 땀에서 증기가 생겨나 서로 얼굴을 분간할 수 없게 된다. 가스에 불이 나서 수인들이 질식되면 방 안으로 무소대를 들이 쏘아 진화하고 질식된 자는 어름으로 찜질하여 살리는데 죽는 것도 여러 번 보았다. 수인들이 가장 많이 죽는 것이 여름철이었다.

겨울철에는 감방에 20명이 있다면 솜이불 넉 채를 들여주는데 턱밑에서 겨우 무릎 아래까지 가릴 수 있었다. 그러니 버선 없는 발과 무릎은 태반이 동창(凍瘡)이 나고 귀와 코가 얼어서 극히 참혹한 꼴이된다. 발가락 손가락이 짓물러서 불구자가 된 수인도 여럿을 보았다.

간수놈들의 심술은, 감방에서 무슨 말소리가 났는데 누가 말을 하였나 물어서 말한 자가 자백을 않고 함께 있는 수인들도 누가 말했다는 고발이 없을 때 여름철에는 방문을 닫고 겨울철에는 방문을 여는데, 이것이 감시의 묘방이었다.

감옥생활에서 가장 고생하는 사람은 신체 장대한 사람들이었다. 내키가 5척 6촌이니 중키에 불과한데 잘 때에 이따금 발가락이 남의 입에 들어가고 추위도 더 받았다.

그놈들이 내게 대하여는 유달리 대우를 하는데 복역시킨다고 말만하고는 실제로는 노역을 시키지 않고 서대문감옥에 와서도 백일 동안수갑을 채워 두었다. 그렇게 좁은 방에 두 손을 묶어 놓으니 잠자리에너무 고통스럽고 함께 있는 수인들도 잠결에 나의 수갑이 몸에 닿으면죽는다고 야단이었다. 그래서 좀 넓은 방에서 지낼 생각으로 옴을 만

들어 그러저러해서 계획은 맞아들었으나 모처럼 이야기를 좀 하다가 그 봉변을 당한 것이었다.

행동의 구속은 더욱 심했다. 아침에 잠을 깨어도 마음대로 일어나지 못하고 반드시 일정한 시간을 지켜서 일시에 호령으로 기침(起寢)을 시켰다. 그리곤 즉시로 간수들이 모든 수인들을 꿇어앉힌 후 한 놈이 수인들을 향하여 왜말로 "기오츠케"(우리말로 기착(起着))를 부르면 수인들은 일제히 머리를 숙였다. 한 놈이 명패를 들고 첫 자리 앉은 수인의 번호부터 끝까지 내어 읽으면 수인마다 자기 가슴에 붙인 번호를 읽는 소리에 입으로 "하이" 하며 머리를 들었다.

그렇게 끝자리 앉은 수인까지 다 맞춰 본 후에는 잘 때 입던 의복은 벗어 꾸려놓고 수건 한 장씩으로 허리 아래를 가리고 맨몸으로 공장까지 갔다. 멀면 백 보 가까우면 오십 보 이내인 거리를 맨몸에 맨발로 빨리도 못 걷고 천천히, 손 활개도 못 치며 벽돌 한 개씩 놓인 것들을 밟으며 공장으로 갔다.

거기서 각기 일옷을 입고 또 열을 지어 쪼그려 앉아 숫자를 점검 받았다. 그런 다음 세면을 시킨 후에 아침밥을 먹고 나서는 곧 일을 시작했다. 노역의 종류는 간단한 철공 목공 직공 피복공 보석(왜말 무시료, 가미니 등) 담뱃갑 제조 새끼(草繩) 꼬기 김매기 빨래 밥짓기 등 여러가지였다.

수인들 중에 품행이 방정하다고 보인 자는 내감(內監) 바깥 일터의 청소부와 병감(病監)의 간병인, 취사장의 취사부로 뽑아 썼다. 이런 특별한 노역에 쓰이는 이는 정승도 부럽지 않다고 했다. 대우도 좀 후하고 고통도 비교적 덜 하기 때문이었다.

감방에서 공장에 나갈 때나 들어올 때 여름철은 그저 그렇지만 겨울철에는 온몸이 꺼멓게 죽어서 들어오고 나간다. 겨울에 공장에 가서 옷을 풀어 보면 틈틈이 눈(雪)이 끼여 있기도 했지만 그것이라도 몸에 입기만 하면 훈훈하게 더운 기운이 돌아왔다.

공장에서 노역을 마치고 저녁을 먹고 감방으로 들어올 때도 역시 일옷을 벗고 맨몸에 수건만 들고 들어와 아침과 같이 점호한 후에야 앉았다가 정한 시간에 자게 했다.

이렇게 구속 정도를 넘어서 가혹하기 짝이 없으니 그에 따라 수인들의 심성도 나빠졌다. 횡령사기죄로 감옥에 들어온 자라도 절도나 강도질을 연구하여 나가는 것이다. 그래서 만기출옥 후에 더 무거운 형을 받고 입감(入監)하는 이들을 종종 볼 수 있었다.

물론 지금의 감옥은 이민족의 압제를 받는 감정이 가득한 곳이니 왜놈들의 꾀와 도량으로는 털끝만큼도 감화를 줄 수 없지만, 그러나 내 민족끼리 감옥을 다스린다 하여도 여간 남이 하는 대로 모방이나 하여서는 감옥을 세워 본 들 조금도 이로울 게 없겠다는 생각이 들었다. 훗날 우리나라가 독립한 후에는 감옥 간수부터 대학교수의 자격으로 쓰고 죄인을 죄인으로 보는 것보다는 국민의 일원으로 보아 선(善)으로 이끄는 데 힘을 모아야 할 것이다. 일반 사회에서도 감옥 간 사람이라 하여 멸시하지 말고 대학생의 자격으로 대우해 줘야 감옥을 세운 가치가 있겠다고 생각되었다.

서대문감옥에는 이어 내려오는 진귀한 보물이 있었다. 예전에 이승만 박사가 자기 동지들과 함께 투옥되었을 때 서양인 친우들에게 연락하여 옥중에 도서실을 설치하고 국내외의 진귀한 서적을 구입하였다. 그리하여 5, 6년간 긴 세월 동안 수감자들에게 구국의 도와 나라를 흥하게 할 길을 가르쳤다. 노역을 쉬는 날에는 서적창고에 쌓인 각종 책자를 방마다 들여주는데 그 중에 이 박사의 손자국과 눈물의 흔적이 얼룩진, 감옥서(監獄署)라는 도장을 찍은 《광학류편》(廣學類編), 《태서신사》(泰西新史) 등의 서적을 보았다. 나는 그런 책자를 볼 때 내용보다도 뵙지 못한 이 박사의 얼굴을 보는 듯 반가워 무한한 느낌이 들었다.

감옥에서 만난 기인(奇人)과 열사

앞에서 의병들의 결점을 대강 말했지만 여기서는 통틀어서 수인들 대다수의 성행(性行)과 견문(見聞)을 대강 말하겠다.

감옥 밖의 보통 사회에서는 듣고 보지 못할 괴이한 특성을 옥중에서 발견했다. 보통 사회에서는 아무리 막역한 친구 사이라도 내가 뉘 집에 가서 강도나 살인이나 절도를 하였노라고 말할 사람이 없을 텐데, 하물며 초면인사 후에 서슴지 않고 내가 아무개를 죽였다(그것도 세상이 다 알고 있는 그 죄로 벌을 받는 중이면 또 몰라도 숨기고 털어놓지 않던 사실), 아무 집에 가서 불한당질 한 것(그 역시 숨겨진 사실)도 나와 아무개가 하였다 따위의 말을 거리낌없이 터놓고 이야기했다.

우선 한 가지 먼저 말할 것은, 어느 날 가마니 짜는 제3공장에서 최명식 군과 내가 청소부의 일을 하던 때였다. 우리는 제조 원료를 각 수인들에게 나눠주고 뜰이나 청소하며 수인들 물건 제조하는 구경이나 하고 있었다. 왜놈 간수가 한 시간 지킬 때는 자유가 없었으나 조선 간수가 반시간 볼 때는 더욱 한가하고 수인 전부가 이야기 모임이라도 연 것처럼 수군거렸다. 조선 간수도 왜놈 간수처럼 말하지 말라는 말소리만은 왜놈 간수보다 더 크게 호령하지만 실제로는 왜놈 간수장이나 부장놈이 오는가 망보는 데 불과했다.

그 틈에 최 씨와 견해가 얼마나 다르고 같은지 시험해 보기로 했다. 2백여 명을 한 번 올라가면서 살펴보고 내려오면서 본 뒤에 그중에 몇째 자리에 앉은 사람이 특이한 인물로 보이는지 그 번호를 써 가지고 서로 맞춰 보아서 소견이 같으면 그 사람의 인격을 조사하여 보기로 했다. 한 번씩 둘러보고 돌아와서 각기 번호 적은 것을 맞춰 보니 소견이 서로 맞았다.

그런 후에 내가 일차 조사해 보기로 약속하고 그 사람을 찾아가서 인사를 청했다. 그 자는 나이가 마흔이 넘어 보이고 똑같은 일옷을 입었으나, 말은 못 들었어도 몸가짐과 눈에서 드러나 보이는 정기 때문에 우리 눈에 띈 것이었다.

나는 물었다.

"당신은 어디가 고향이며 몇 년 형을 받았소?"

"나는 괴산(槐山)에 살았으며 강도 5년형이오. 재작년에 입감되어 앞으로 3년이면 출감되겠소. 당신은?"

"나는 안악에 살았고 강도 15년형으로 작년에 입감하였소."

"하! 짐이 좀 무겁게 되었소."

"초범이시지요?"

"네, 그렇소."

그렇게만 문답하고 왜놈 간수가 오길래 일어서 나와버렸다. 그 자에게 가서 무슨 이야기하는 것을 본 수인 중에 내게 묻는 자가 있었다.

"56호는 그 사람을 기왕에 아셨소?"

"몰랐소. 당신은 그가 누구인지 아시오?"

"그 자, 알고말고요. 남도 도적치고 그 사람 모를 자는 없을 듯하오."

나는 흥미가 당겨 물었다.

"그 어떤 사람이오?"

"그것이 삼남 불한당 괴수인 김 진사입니다. 이 감옥에 같은 일당이 여러 명이 있었는데 더러는 병나 죽고 사형도 받고 풀려난 자들도 많지요."

그 날 저녁에 감방에 들어오니 그 자가 벌거벗고 우리 뒤를 따라서 들어오며,

"오늘부터는 이 방에서 괴로움을 끼치게 됩니다"

하였다.

나는 반기며,

"당신이 이 방으로 전방(轉房)이 되셨소?"

"예, 노형 계신 방이구려."

각각 옷을 입고 점검을 필한 후에 나는 수인들에게 부탁하여 철창 좌우로 귀를 대고 들어 보아서 간수의 발자국 소리가 들리거든 알게 해 달라고 하고 나서 그 자와 얘기를 시작하였다.

"공장에서 잠시 인사를 했지만 정다운 이야기 한마디 못하고 자리를 뜨게 되어 퍽 유감으로 생각하고 들어오던 참이었지요. 노형이 곧 전방이 되어 함께 있게 되니 퍽도 기쁩니다."

"예, 나 역시 동감이올시다."

진사는 나에게 마치 예수교 목사가 세례문답하듯이 질문을 던졌다.

"노형, 강도 15년이라고 하셨지요?"

"예, 그렇습니다."

"그러면 계통으로 추설이오, 목단설이오, 북대요? 행락(行樂)은 얼마 동안이요?"

나는 한마디도 대답을 못했다.

진사는 빙긋이 웃으면서,

"노형이 북대인가 싶으오."

나는 처음 들어 보는 말이라 그렇다는 대답도 못하고 앉아 있었다. 내 곁에 앉아 이야기를 듣던 수인 가운데 한 사람이 김 진사에게 나를 가리키며 말했다.

"이 분은 국사범 강도랍니다. 그런 말씀을 물으셔야 대답 못할 걸요!"

그 사람은 감옥에서 쓰는 말로 '찰(참) 강도'이니 계통 있는 도적이므로 내가 김 진사의 말에 대답하지 못하는 것을 이해시키는 말이었다.

김 진사는 그 말을 듣고 고개를 끄덕였다.

"내 어쩐지 공장에서 노형이 강도 15년이란 말을 할 때 아래위로 살펴보아도 강도 냄새를 발견할 수 없어서 북대인가 보다 했구려."

물론 양산학교 사무실에서 여러 교사들이 모여 지낼 때 여러가지로 우리나라에 이른바 활빈당이니 불한당(不汗黨)이니 하는 비밀결사가 있다는 말을 들은 적이 있었다. 진(鎭)을 치고 성을 빼앗아 살인 약탈을 하고도 동에 번쩍 서에 번쩍 동작이 민활하여 포교와 군대를 풀어도 뿌리를 뽑지 못한다고 했다. 그런 것을 보면 그 공고한 단결과 기민한 훈련이 있을 것임은 분명했다. 그래서 우리도 어느 날이고 독립운동을 하자면 견고한 조직과 기민한 훈련이 없으면 성공치 못할 터인즉 도적의 결사와 그 훈련을 연구하여 볼 필요가 있다 하여 몇 달을 두고 각 교사가 연구하다가 끝내 성과가 없었던 것이 생각났다.

대개 사람 마음이 사흘을 굶어 도둑질할 마음이 발동하지 않을 사람이 드물다 하지만 도적의 마음만 가지고 도적이 될 수는 없다. 설사 한두 명의 좀도둑질은 가능하려니와 수십 명 수백 명의 단체가 되어 기민하게 움직이는 데는 반드시 지휘명령을 발하는 기관과 주동 인물이 있고서야 통솔하여 도적질할 수 있을 것이다. 그러니 그만한 인물이 있다면 그 자격과 지혜와 도량이 정부 관리 이상의 인격자라야 할 것이며 따라서 연구조사하여 볼 필요가 있다 한 것인데 마침내는 단서를 얻지 못했던 것이다.

그 생각을 하고 김 진사에게 바짝 들러붙어서 묻기 시작했다. 내가 자기의 동류 아님을 발표한 이상 김 진사라는 이가 나에게 자기네 내막을 다 말하여 줄까 의문이었지만, 그러나 평소에 애쓰던 것을 이 기회가 아니면 알 수 없다 생각하고 먼저 나의 신분에 대하여 대강 설명하고 이렇게 말했다.

"평소에 귀 단체의 조직훈련을 연구하여 보았으나 단서를 얻지 못하였으며 연구의 목적이 도적을 박멸하자는 것이 아니고 훗날 나라의 일에 참고 응용하자는 것이니 명료하게 설명하여 줄 수 있겠습니까?"

"우리 비밀결사의 내력이 몇백 년이어서 이제는 자연히 공공연한 비밀로 된 것이 사실이오. 그러나 기강이 엄밀한 탓에, 나라가 망함에 따라 그동안 지켜오던 사회기강이 여지없이 추락된 오늘에도 조선에 벌[蜂]의 법과 도적놈의 법은 그대로 남아있다고 자인합니다. 노형을 북대로 생각하고 알지 못하시는 것을 여러 말로 물은 데 대하여 미안합니다. 그런즉 노형이 물은 말에 대하여 먼저 설명을 하고 이어 조직과 훈련과 실행에 몇 가지 예를 들어 말씀하오리다.

우리나라 이씨 조선 이전까지 거슬러올라갈 수는 없으나 조선조 이후에 도적의 계파와 시원(始原)은 이렇습니다. 도적이란 이름부터 명예롭지 않거늘 누가 도적질을 좋은 직업으로 알고 스스로 행하겠습니까만 대개 불평분자들의 반항적 심리에서 비롯한 것이외다.

이성계가 신하로서 임금을 치고 나라를 얻은 이후에 당시 두문동(杜門洞) 72인 같은 사람들 외에도 고려왕조에 충성의 뜻을 지녔던 이들이 많았던 것은 알 만하지요. 그러한 지사들이 비밀리에 연락하거나 또는 집단화하여 약한 이들을 돕고 기운 것을 떠받치고자 하는 선의와 질서 파괴의 보복적 대의를 표방하고 외진 곳에 동지들을 모은 것입니다. 그리하여 이씨 조선의 총애와 녹(祿)을 먹는 자와 또 그 자들의 족속들로 이른바 양반이라 하여 일반 백성을 착취하여 부를 쌓은 자들의 재물을 탈취하여 가난한 백성을 구제한 것입니다. 그런 것을 도적이라는 이름을 붙여 가지고 5백여 년 동안 이씨 조선으로부터 압박 도살을 당하여 온 것이외다.

그런데 강원도에 근거를 둔 자들의 기관 명의(名義)는 '목단설'이고 삼남에 있는 기관은 '추설'이라 하여 왔습니다. '북대'라는 것은 우매한 자들이 그때그때 작당하여 민가(民家)나 털고 빼앗는 자들을 부르는 것인데, 목단설과 추설 두 기관에 속한 도당끼리는 서로 만나면 초면에도 옛친구처럼 동지로 인정하고 상호 부조하지만 북대에게 대하여는 두 설에서 똑 같이 적대시하는 규율을 정해서 북대는 만나기만 하면 무조건하고 사형에 처하는 것이외다.

목단·추 양 설에 최고수령은 '노사장'(老師丈)이고 그 아래에 총사무(總事務)는 '유사'(有司)라 하고 각 지방 주관자도 유사라 합니다. 양 설에서 공동으로 크게 모이는 것을 '큰장 부른다' 하고 각기 단독으로 부하를 소집하는 것을 '장 부른다' 하는 것이외다.

큰장은 전에는 매해 한 번씩 불렀으나 지금 와서는 재알이(왜를 가리킴)가 하도 심하게 구는 탓으로 큰장은 폐지하였습니다. 예전에 큰장을 부른 뒤에는 어느 고을을 털든지 큰 시장을 치는 운동이 생긴 것이외다. 큰장을 부르는 본뜻은 도적질만 하는 것 아니고 설의 공사를 처리하는 것인데, 그때에 크게 시위하는 격으로 한 번 벌이는 것이외다.

큰장을 부르는 통지는, 각 도 각지의 책임자에게 부하 가운데 누구누구 몇 명을 파송하라 하면 어김없이 가는데, 흔히 큰 시장이나 사찰로 부르게 됩니다. 소명을 받고 출정하여 가는 데는 형형색색 떠돌이 장사꾼으로 중으로 상제로 양반행차로 등짐장사로 별별 행색으로 다 가장하여 데리고 갑니다. 한 예를 들면 몇해 전에 하동(河東) 화개장(花開場)으로 큰장을 불렀는데 볼 만했습니다. 그 장날을 이용한 것이지요.

사방에서 장보러 오는 사람들이 길 가득 몰려 들어오는데 도적놈들도 거기 섞여서 들어옵니다. 장이 한창일 때 웬 상여가 하나 들어오는데 상주가 3형제요 그 위에 상복 입은 사람들과 말을 타고 호상(護喪)하는 사람도 많았지요. 상여는 비단으로 맵시 있게 꾸몄고 상여꾼도 차림새를 똑 같이 소복으로 입혔습니다.

그렇게 시내에 들어와서 큰 주점 뜰에 상여를 멈춥니다. 상주들은 죽장을 짚고 아이구 아이구 상여 앞에서 곡을 하고, 상여꾼들에게는 술을 먹이는데 어떤 호상객 하나가 갯국〔狗湯〕한 그릇을 사가지고 상주에게 권합니다. 상주는 온순히 그 자를 향하여,

"희롱은 무슨 희롱을 못해서 상제에게 갯국을 권하는가. 그리 말라" 하여도 갯국을 권하던 호상인은 도리어 더욱 강권하여 기어이 상제들에게 갯국을 먹이려 드는 겁니다. 온유하던 상주들도 차차 노기를 띠고 거절하지요. 아무리 무례한 놈이기로 초상 상제들에게 갯국 먹으라는 놈이 어디 있느냐, 친구가 권하는 갯국을 좀 먹으면 안 되느냐, 차차 싸움이 되어갑니다.

다른 호상인들도 싸움을 말리느라 야단을 치고, 장터 장꾼들의 눈이 다 그리로 집중돼 웃기를 마지아니할 즈음 상주 3형제가 죽장을 들어 상여를 부수고 널〔柩〕을 깨고 널의 뚜껑을 딱 잡아 제치니 시체는 없고 5연발 장총이 가득 들었겠지요.

상주, 호상꾼, 상여꾼이 총 한 자루씩을 들고 4면 길목을 파수하고 출입을 막고 시장에 놓인 돈과 집에 쌓아놓은 부자 상인의 돈 전부를 탈취하여서 쌍계사(雙溪寺)에서 공사를 마치고 헤어졌습니다.

노형이 황해도에 사시니 몇해 전에 청단(靑丹) 장을 치고 곡산(谷山) 군수를 죽인 소문을 들었을 것입니다. 청단장을 칠 때는 내가 총지휘로 도당을 영솔했지요. 나는 어느 양반의 행차로 가장하여 사인교(四人轎)를 타고 하인들을 늘여 세우고 호기있게 달려들어 시장 사무를 무사히 마친 다음 질풍뇌우(疾風雷雨) 식으로 곡산 군아(郡衙)를 습격했습니다. 그리곤 그 군수놈이 원체 인민을 못살게 군다 해서 죽여버렸지요."

나는 물었다. 노형의 이번 징역이 그 일 때문이오?

"아니오. 만약 그 일 때문이라면 5년만 지겠습니까? 이미 면할 수는 없게 되어서 간단한 사건 하나를 실토하고 5년형을 받았소.

조직방법에 대하여는 근본이 비밀결사인만큼 엄밀하고 기계적이므

로 충분히 설명 드리기 어렵지만 노형이 연구하여 보아도 단서를 얻지 못하였다는 점에서부터 말씀드리지요.

도당의 수만 많고 정밀치 못한 것보다는 숫자가 적어도 정밀한 것을 목적하기 때문에 노사장이 각 도 각 지방 책임 유사에게 매년 각 분(分) 설에서 자격자 한 명씩을 정밀 조사하여 보고하도록 합니다. 그 자격자라는 것은 첫째, 눈빛이 강하고 맑을 것, 둘째, 아래가 맑고, 셋째, 담력이 강하여 튼실할 것, 넷째, 성품이 침착할 것. 이상 몇 가지를 갖춘 자를 비밀히 보고하면 윗설에서 다시 비밀조사(보고·추천한 유사도 모르게)를 하여 보고 그 결과 앞뒤가 맞춰질 때는 그 설의 책임 유사에게 전담시켜 그 합격자를 도적놈으로 만듭니다. 그 합격자는 물론 자기에 대하여 보고하고 조사하는 것을 전혀 모르게 하지요.

책임 유사가 노사장의 분부를 받들어 해당 자격자에게 접근하는 방법은 이렇습니다. 먼저 그 자격자가 즐기고 좋아하는 것을 알아보고 색을 좋아하는 자에게는 미색으로, 술을 좋아하는 자에게는 술로, 재물을 좋아하는 자는 재물로 극진한 정을 베풀어 관심을 사서 친형제 이상으로 정의가 밀착케 된 다음 훈련을 시작합니다.

훈련방법의 한 가지를 말하자면, 책임자가 자격자를 동반하여 어디를 가서 놀다가 밤이 깊은 후에 함께 돌아오는데 책임자가 어떤 집 문 앞에 와서 자격자에게 청합니다.

'잠시 동안만 이 문밖에서 기다려 주면 내가 이 집에 들어가서 주인을 보고 곧 나오겠네.'

자격자는 아무 생각 없이 문밖에서 그가 나오기를 기다리며 서 있겠지요. 그런데 갑자기 안마당에서 도적이야 고함 소리가 일어나고 그 집 주위로는 벌써 포교가 달려듭니다. 먼저 문 앞에 서 있던 자격자를 포박하고 안마당으로 쳐들어가 책임자를 포박합니다. 그리고는 깊은 산골짜기로 끌고 가서 신문을 시작하는데 주로 자격자에게 70여 종의 악형으로 고문을 해 봅니다. 그래서 자기가 도적이라고 허튼소리를 하면 그 자리에서 죽여서 흔적을 없애 버리고 끝끝내 도적이 아니라고 고집하는 자는 결박을 풀어준 후에 외진 곳으로 데리고 가서 며칠간 술과 고기를 잘 먹여 가지고 입당식을 거행합니다.

입당식에서는 책임 유사가 정좌하고 자격자를 앞에 꿇어앉히고 입 벌리라고 한 뒤에 검을 빼어 검 끝을 입 속에 넣고 자격자에게 호령합니다.

'위아래 이빨로 검 끝을 힘껏 물어라.'

그런 다음 검을 잡았던 손을 놓고 나서 다시 호령합니다.

'하늘을 쳐다보아라. 땅을 내려다 보아라. 나를 보아라.'

그런 뒤에 다시 검을 입 속에서 빼어 칼집에 넣고 자격자에게 선언하여 알립니다.

'너는 하늘을 알고 땅을 알고 사람을 아니 확실히 우리의 동지로 인정한다.'

식을 마친 후에는 입당자까지 영솔하여 예정된 방침에 의하여 정식으로 강도질을 한 차례 하여 신입당원까지 고르게 장물을 나누어줍니다. 몇 차례만 동행하면 완전한 도적놈으로 되지요."

나는 다시 김 진사에게 물었다.

"동지가 사방에 흩어져서 움직이는데, 동지들 사이에 서로 낯을 모르는 사람도 많을 것이오. 서로 만나서 피차에 동지인 줄 모르면 충돌을 피하기 어렵고 여러가지 불편이 있을 텐데, 그런 것은 어떤 표시로 구별합니까?"

"그렇지요. 우리는 표지(標識)를 자주자주 고치기 때문에 항구적으로 지키는 것은 없지만 반드시 표지는 있습니다. 일례를 들면 몇 해 전 어떤 여인숙에 대상(大商) 몇 명이 자고 가는 것을 알고 야반에 무리를 모아 쳐들어가서 재물을 빼앗았지요. 헌데 갑자기 좌중에서 낯

을 땅에 대고 꿈쩍을 못하는 놈들 가운데 한 놈이 반벙어리 말로

"에구 나도 장(醬) 담을 때 추렴돈 석 냥 냈는데요"

하는 것이었습니다. 저놈 방자스럽게 무슨 수작을 부리니 저놈부터 동여 앞세워라 하여 끌고 와서 물어보았지요. 그랬더니 확실히 동지였습니다. 그런 경우에는 그 동지와도 장물을 함께 나누도록 되어 있습니다.

"나는 혹시 듣건댄 도적을 하여 가지고 장물을 분배하다가 싸움이 되어 그 때문에 탄로나서 체포된다고 하던데 그것이 결점 아니오?"

"그것이 이른바 북대들이 하는 짓거리입니다. 우리 계통 있는 도적은 절대로 그런 추태는 없습니다. 무엇보다도 우리는 그때그때 도적질을 자주하는 것이 아니라 한 해에 한 차례고 많아야 두세 번에 불과합니다. 장물 나누는 데는 더더욱 예로부터 엄정한 규칙에 따라 분배합니다. 백 분에 몇 분은 노사장에게로, 그 다음 각 지방에 공용 몇 분, 조난(遭亂)자 유족 구제비 몇 분을 먼저 뗀 다음 극단의 모험을 떠맡은 자에게 장려금까지 주고 나서 평균 분배합니다. 그러니 그런 병폐는 결코 없습니다.

우리 법에 4대 사형죄가 있습니다. 제 1조에 동지의 처첩을 간통한 자, 2조에 체포되어 신문당할 때 동지들을 실토한 자, 3조에 도적질 나가서 장물을 은닉한 자, 4조에 동지들의 재물을 강탈한 자입니다. 혹시 포교를 피하는 것이라면 높이 날고 멀리 달려서 목숨을 보존할 수 있을지 몰라도 우리 법에 사형을 받고 그물에서 벗어나기는 극히 힘듭니다.

그리고 도적질을 하다가 더 이상 하기 싫거나 나이가 들어 퇴당(退黨) 청원을 하여도 동지가 급한 경우 자기 집에 숨겨달라고 요구하는 한 가지 일에만은 응한다는 서약을 받고 행락(行樂)은 면제해 줍니다."

"행락이 무엇이오?"

"도적질을 일러 행락이라 합니다."

"만일 행락을 하다가 포교에게 체포되면 생환시킬 방법은 없습니까?"

"여보, 우리가 잡히는 족족 다 죽는다면 누백 년 동안에 근거가 소멸되었을 것이오. 우리 떼설이가 민간에만 있는 것이 아니어서 사환계(仕宦界)에 더구나 포도청과 군대에 요직을 가지도록 하였다가 어느 도에서 도적이 잡힌 후에 서울로 보고가 오면 자연 바른 도적 곧 설과 가짜 도적 북대를 변별할 수 있으니 북대는 지방 처결에 맡기고 바른 도적은 서울로 압송합니다. 그래서 동지들을 실토한 자는 사형에 처하도록 하고 자기 사실만 진술한 자는 기어히 살려내 의식도 공급하다가 출옥시킵니다."

김 진사의 말을 듣고 나는 생각하여 보았다. 내가 국사를 위하여 가장 원대한 계획을 품고 비밀결사로 일어난 신민회 회원의 한 사람이나 저 강도단에 비하면 아무것도 아니다. 조직과 훈련이 아주 유치한 것을 깨닫고 자괴를 금할 수 없었다.

당시 옥중의 수인들 중에도 이 같은 강도의 인격이 제일이어서 왜놈에게 빌붙어 순사나 헌병보조원 등 왜관리 노릇을 하다가 입감된 자는 감히 수인들 중에서 고개도 못 들었고, 사기 절도 횡령 등의 잡범도 강도 앞에서는 옴짝할 수 없었다. 수인들의 세계에서 권위는 강도가 잡고 있는 것이었다.

그러나 우리 동지 중에는 목단계 추계 강도보다 월등한 행실을 보이는 이들도 많았다. 고정화의 의식(衣食) 항쟁을 위시하여 고봉수(高鳳洙)의 담임 간수가 고봉수의 발에 채여 거꾸러졌다가 일어난 후에 벌을 주지 않고 도리어 상을 받은 것도 특이했다. (그 왜놈이 수인에게 모욕당한 것을 상관에게 보고하자니 자기 인격이 또 수모를 당할 것 같아 고봉수의 행실이 극히 모범이라고 보고를 했던 것이다.) 또 김홍량은 간수들을 매수하여 보약을 비밀히 갖다 먹고 여러 신문을 보고 있었다.

가장 특출난 행동을 한 이로는 도인권이었다. 도 군은 본시 용강(龍岡) 사람으로 노백린 김희선 이갑 등 여러 장교들로부터 군사학을 배워 일찍이 정교(正校)의 군직(軍職)을 가졌다. 그러다 왜놈에 의해 군대가 해산된 후 향리에 거주하다가 양산학교 교사로 초빙되어 근무하였는데 사람됨이 민활하고 강건했다. 10년형을 받고 복역하는 중에 예수교를 독실하게 믿었다. 왜놈의 이른바 교회사(教誨師)가 일요일이면 불상 앞에 각 수인으로 하여금 머리를 숙여 예불하도록 명하는데 수인들이 심중으로는 천황 급살을 기원하면서도 겉으로는 머리를 숙였다.

그렇게 수백 명이 한 번 호령에 머리를 숙이는 가운데 도인권 한 사람만 머리를 까딱 않고 앉아 있는 것이다. 간수가 이유를 묻자 도 군은 자기는 예수교도이므로 우상에 절하지 않는다고 했다. 왜놈들이 분이 나서 도 군의 머리를 억지로 누르고 도 군은 눌리지 않으려 해서 대소동이 일어났다. 도 군이 말했다.

"일본법에도 종교신앙의 자유가 있고 감옥법에도 수인들이 불교만 믿으라고 하는 조문이 없는데 어디에 근거하여 이같이 턱없이 구는가? 일본의 눈으로 보면 도인권이가 죄인이라 하나 신의 눈으로는 일본인이 죄인 될지도 모른다!"

이렇게 큰 시비가 생겨서 급기야는 교회(教誨) 할 때 불상에 절하는 한 가지는 수인의 자유에 맡긴다는 전옥의 교시가 있었다. 뿐만 아니다. 전옥이 도인권에게 상표 상장을 준다고 하자 도 군은 절대 안 받겠다며 물리쳤다.

"수인에게 상표라는 것은 개전(改悛) 하는 상황이 있는 자에게 주는 것인데 나는 당초에 죄가 없었고 수인이 된 것은 단지 일본의 힘이 나보다 우월했기 때문이다. 사정이 이런데 상이 대체 무엇이냐"
하며 끝내 상을 거절했다.

그 후에 이른바 가출옥을 시킨다는데도,

"내게 죄가 없는 것을 지금에야 깨달았거든 판결을 취소하고 아주
내보낼 것이지, '가출옥'의 '가'(假) 자가 정신에 상쾌하지 못하니 기한
까지 있다가 나간다"
하여 왜놈도 어쩌지 못하니 기한을 채워서 내보냈다.

도인권의 행동은 단지 강도들이 능히 가질 수 없는 정도를 넘어선
것이었다. '고목들로 가득한 산에 잎사귀 하나 푸른'(滿山枯木一葉青)
그의 특별함을 누가 흠모하여 감탄치 않으리오. 불서(佛書)에 나오는
"봉우리는 하늘을 찌르고 계곡은 바닥을 모르는데 벌건 맨몸으로 지나
니, 홀로 하늘과 땅을 걸을 때 누가 나와 함께 하겠느냐"(嵬嵬落落赤
裸裸 獨步乾坤誰伴我)는 구(句)를 도 군을 위하여 되뇌었다.

같은 수인 중에 이종근(李種根)이라는 나이 스물인 청년이 있었다.
의병장 이진룡(李震龍)의 친척 아우인데 어렸을 때부터 일어를 잘 했
다. 러일전쟁 때 왜장(倭將) 아카시(明石)가 통역으로 쓰다가 헌병보
조원으로 썼다. 이진룡이 의병을 일으키던 초에 종근을 불러 사형에
처하려고 하자 종근은 이 의사에게 말했다.

"이 동생이 나이가 어려 큰 뜻을 지각하지 못해 왜의 졸개가 되었으
나 지금이라도 형님을 따라 의병이 되어 왜병을 섬멸하고 장차 공을
세워 속죄케 하여 주시면 어떻겠습니까."

이 의사는 쾌히 승낙했다.

종근은 곧 보조원의 총기를 그대로 메고 이 의사가 실패하기까지
종군하다가 왜에게 생포되어 사형을 받게 되었다. 종근은 이왕에 신
임받던 아카시의 면회를 청하여 용서를 구했고, 그 결과 5년형을 받
았다. 그리고는 왜놈 간수에게 청하여 자기가 낫 놓고 기역자도 모르

니 56호와 함께 같은 방에서 자고 같은 일터에서 일하게 하여 주면 문자를 학습하겠다 하여 허가를 얻은 것이었다. 2년 동안이나 문자를 가르치다 보니 나도 종근의 애호를 많이 받았다.

그러다가 종근은 가출옥으로 옥에서 나오게 되었다. 그 후에 집에서 온 편지를 보니 종근이가 처와 함께 안악까지 가서 어머님께 뵈었다는 말이 있었다.

인천감옥으로의 이감

어느 날 노역을 나갔는데 느닷없이 일을 중지하고 수인들을 한 곳에 모이게 하더니 메이지의 사망을 선포하여 알리는 것이다. 그런 다음 이른바 대사면을 알리는데 먼저 보안 위반 2년은 형 면제가 되어 보안법으로만 징역 살던 동지들은 당일로 출옥되었다. 강도 쪽으로는 명근 형에게는 감형도 해주지 않았지만 15년형 가운데 나 한 사람만 8년을 감하여 7년으로 하고 김홍량 외 몇 사람은 거의가 7년을 감하여 8년으로 되고 10년, 7년, 5년들도 차례로 감형되었다.

그런 후 불과 몇 달 만에 메이지의 처가 또한 사망하여서 남은 형기의 3분의 1을 감하니 5년여의 가벼운 형으로 된다. 그때는 명근 형도 종신을 감하여 20년이라 하였으나 명근 형은 형(刑)을 더하여 죽여줄지언정 감형은 받지 않는다고 하였다. 그러나 왜놈 말은 죄수에게 대하여는 일체를 강제로 집행하는 것이니 감형을 받고 안 받는 것도 수인의 자유에 있지 않다 하였다.

당시는 공덕(孔德)리에 경성감옥을 준공한 후여서 명근 형은 그리로 이감되어 얼굴만이라도 다시 서로 보지를 못하였다. (명근 형은 전후 17년 동안 갇혀 있다가 몇 해 전에 풀려났다. 신천의 청계동에서 부인과 함께 1년여를 지내다가 중·러 접경지대에 있는 자기 부친과 동생이 그리워

권속을 데리고 이주하다가 객사하고 말았다. 원체 장구한 세월 동안 가혹한 고생을 한 탓으로 저항력이 모두 사라져 그다지 심하지도 않은 신병으로 만고의 분과 한을 품은 채 중국령 화룡현(和龍縣)에서 마침내 불귀의 객이 된 것이다.)

그럭저럭 내가 서대문감옥에서 지낸 것이 3년여이고 남은 형기는 불과 2년이라, 이때부터는 확실히 다시 세상에 나가 활동할 신념이 마음에 깃들이기 시작했다. 그리하여 밤낮으로 세상에 나가서는 무슨 사업을 할까 생각했다. 나는 본시 왜놈이 이름지어준 뭉우리돌이다. 뭉우리돌의 대우를 받은 지사들 중에도 왜놈의 불가마 즉 감옥에서 사람으로서 당할 수 없는 학대와 모욕을 받고 세상에 가서는 도리어 왜놈에게 순종하며 남은 목숨을 이어가는 자가 있으니 그는 뭉우리돌 중에도 석회질이 함유되어 다시 세상의 바다에 던져졌을 때 평소의 굳은 의지가 석회처럼 풀리는 것과 같다.

그러므로 나는 다시 세상에 나가는 데 대하여 우려가 적지 않았다. 무엇보다 나 역시 석회질을 품은 뭉우리돌이라면 만기 이전에 성결한 정신을 품은 채로 죽어버리는 것이 낫지 않을까 생각했다.

결심의 표로 이름을 구(九)라 하고 호를 백범(白凡)이라 고쳐서 동지들에게 공포하였다. '龜'를 '九'로 고친 것은 왜의 민적(民籍)에서 벗어남이요 '연하'(蓮下)를 '백범'으로 고친 것은 감옥에서 몇 년간 연구한 결과에 따른 것이다. 우리나라의 하등사회 곧 백정(白丁) 범부(凡夫)들이라도 애국심이 지금 나의 정도는 되어야 완전한 독립국민이 되겠다는 그런 바람을 가지자는 것이다. 복역 중에 뜰을 쓸 때나 유리창을 닦을 때는 이런 생각을 하였다. 우리도 어느 때 독립정부를 건설하거든 나는 그 집의 뜰도 쓸고 창문도 잘 닦는 일을 해 보고 죽게 하여 달라고 하느님께 기도하였다.

나는 잔여 형기의 2년을 채 못 남기고 서대문감옥을 떠나 인천으로 이감케 되었다. 원인은 내가 제 2과장 왜놈과 싸움한 사실이 있는데, 그놈이 비교적 고역이 심한 인천 축항공사를 시키는 곳으로 보낸 것이다. 서대문에는 우리 동지들이 많이 있어 정리(情理)상 위로도 되고 노역 중에도 편의가 많은 터여서 상대적으로 쾌활한 생활을 했다고 할 수 있다. 그런 곳을 떠나 철사로 허리를 묶고 3, 40명 적의군(赤衣軍)에 편입하여 인천감옥 문앞에 당도하였다.

무술년(戊戌年 : 1898) 3월 9일 야반에 탈옥 도주한 이 몸으로 17년 후에 철사에 묶이어서 다시 이곳에 올 줄 누가 알았으랴. 옥문 안으로 들어서며 살펴보니 새로이 감방을 증축하였으나 옛날 내가 앉아 글을 읽던 방은 그대로 있고 산보하던 뜰도 그대로 있었다. 호랑이같이 와 타나베 놈을 통렬히 꾸짖던 경무청은 매춘부들의 검사소로 되었고, 감리사가 시무하던 내원당(來遠堂)은 감옥 집물창고가 되었으며, 지난날 순사와 주사(主事)들이 들끓던 곳은 왜놈의 세계로 바뀌어 버렸다. 마치 사람이 죽었다가 몇십 년 후에 다시 살아나 놀던 고향에 와서 보는 듯하였다.

감옥 뒷담 너머 용동(龍洞) 마루턱에서 옥중에 갇힌 불효한 나를 보시느라 날마다 우두커니 서서 내려다 보시던 선친의 얼굴이 보이는 것 같았다. 그러나 세상도 바뀌고 시대도 변하였으니 오늘 김구가 지난날의 김창수임을 알 사람은 없으리라고 생각했다.

감방에 들어가서 보니 서대문에서 먼저 이감되어 온 낯익은 사람들도 더러 있었다. 한 사람이 곁에 썩 다가앉으며 나를 보고서,

"그분 낯이 매우 익은데… 당신 김창수 아니오?"

참말로 마른하늘에 날벼락이었다. 놀라서 자세히 보니 17년 전에 절도 10년형을 지고 같은 감방에서 지내던 문종칠(文種七)이었다. 나이는 늙었을 망정 젊었을 때 얼굴은 그대로 알겠으나 이마에 전에 없

던 쑥 패인 구멍이 있다.

나는 짐짓 머뭇거렸다. 그 자는 내 얼굴을 자세히 보면서,

"창수 김 서방 지금 내 얼굴에 구멍이 없다고 보시면 아실 것 아니오! 나는 당신이 탈옥한 후에 죽도록 매를 맞은 문종칠이오."

"그만하면 알겠구려."

나는 반갑게 인사하였다. 밉기도 하고 무섭기도 했지만.

"당시에 항구를 들썩거리게 했던 충신이 지금은 무슨 사건으로 감옥에 드셨소?"

"15년 강도요."

그는 입을 비죽거리며,

"충신과 강도는 거리가 너무 먼데요. 그때 창수는 우리 같은 도적놈들과 함께 지내게 한다고 경무관까지 통렬히 꾸짖었는데, 강도 15년 맛이 꽤 무던하겠구려."

나는 문의 말을 탓하기는 고사하고 도리어 빌붙었다.

"여보 충신 노릇도 사람이 하고 강도도 사람이 하는 것 아니오. 한때는 그렇게 놀고 한때는 이렇게 노는 게지요. 대관절 문 서방은 어찌하여 다시 고생을 하시오?"

"나는 이번까지 감옥 출입이 일곱 번째이니 일생을 감옥에서 보내게 됩니다."

"몇 년 형이오?"

"강도 7년인데 5년 되었으니 한 반년 후에는 다시 나가 다녀오겠소."

"여보, 끔찍한 말씀도 하시오."

"자본 없는 장사는 걸인과 도적이지요. 더더욱 도적질에 입맛을 붙이면 별수가 없습니다. 당신도 여기서는 별 꿈을 다 꾸겠지만 사회에 나가만 보시오. 도적질하다가 징역 산 놈이라고 누가 받자를 하오? 자연 농·공·상에는 접근도 못 하지요. 개 눈에는 똥만 뵌다는

말과 같이 도적질해 본 놈은 거기에만 눈치가 뚫려서 다른 길은 밤중이구려."

"그같이 여러 번이라면 어떻게 감형이 되었소?"

"번번이 초범이지요. 옛날 일부터 진술하다가는 바깥바람도 못 쐬게요."

서대문감옥에서 겪은 일이 생각났다. 평소에 같이 무리지어 도적질을 하다가 자기는 중형을 지고 복역하던 중에 다른 동류가 횡령죄를 지고 들어와 서로 만나서 지내는데, 중형을 받은 자가 가벼운 형을 받은 동류를 고발하여 종신징역을 받게 하고 자기는 그 공로로 형을 감하고 후한 대우를 받아 동료 수인들에게 질시를 받는 것이었다. 만일 문 가를 덧나게 하면 감옥에 눈치가 훤한 자로서 고약한 행동을 아니할지 알 수가 없다. 나의 신문 기록에 3개월 징역에 해당하는 사실이 없는데도 17년이나 지워 주는 왜놈들이니 자기네 군관을 죽이고 탈옥한 사실만 발각되는 날에는 아주 마지막인 것이다.

처음 체포 후에 그 사실이 드러났다면 죽든 살든 상쾌하게나 지내버렸을 터인데, 만기가 1년 남짓에 이제껏 당하지 못할 욕, 감내하기 힘든 가학을 다 지내고 나서 세상에 나가겠다는 희망을 가진 오늘이 아닌가. 문 가가 입만 떼었다 하면 나의 일신은 고사하고 늙은 어머님과 어린 처자의 정경(情景)은 어떻겠는가?

문 가에게 대하여 친절 또 친절하게 대우하였다. 집에서 부쳐주는 사식도 틈을 타서 문 가를 주어 먹게 하고 감옥밥이라도 그 자가 곁에만 오면 나는 굶으면서도 문 가를 주어 먹였다. 그러다가 문 가가 먼저 만기출옥이 되고 보니 시원하기가 내가 출옥함만 못지 않았다.

아침저녁 쇠사슬로 허리를 마주 매고 항구 건설 공사장으로 출역을 갔다. 흙 지게를 등에 지고 열 길 높이의 사다리를 밟고 오르내렸다. 여기서 서대문감옥 생활을 회고하면 속담에 누워서 팥떡 먹기라. 불과 한나절에 어깨가 붓고 등창이 나고 발이 부어서 운신을 못 하게 되었다. 그러나 벗어날 도리가 없었다.

무거운 짐을 지고 사다리로 올라갈 때 여러 번 떨어져 죽을 결심을 하였다. 그러나 같이 쇠사슬을 마주 맨 자는 거반이 인천항에서 남의 양화 켤레나 담배갑이나 도적질한 죄로 두 달 석 달 징역 사는 가벼운 죄수들이다. 그 자까지 내가 죽이는 것은 도리가 아니다. 생각다 못하여 노역 일에 잔꾀를 부리지 않고 사력을 다 하여 일을 하였다. 몇 달 후에 이른바 상표를 주었다. 도인권처럼 거절할 용기도 없고 도리어 다행히 생각되었다.

감옥 문밖으로 항구 공사장에 드나들 때 왼쪽 첫 집은 박영문(朴永文)의 물상객주 집이다. 17년 전에 부모 두 분이 그 집에 계실 때 박씨가 후덕한 데다가 더욱 나를 사랑하여 나에게 물심으로 힘을 많이 쏟고 아버님과 동갑이어서 친밀히 지내셨다. 바로 그 노인이 문앞에서 우리가 들어가고 나오는 것을 보고 있었다. 나는 나의 은인이며 아울러 아버님뻘이니 곧 가서 절하고 "저는 김창수입니다" 하고 싶었다. 그렇게 하면 그이가 오죽이나 반겨할까?

왼쪽 맞은편 집은 그 역시 물상객주인 안호연(安浩然) 집인데 안씨 역시 나에게나 부모님에게 극진한 정성과 힘을 다 쏟던 노인이었다. 그도 의연히 그 집에 그대로 살고 있어 들고 날 때 종종 마음으로 절을 하며 지냈다.

출옥과 귀향

6, 7월 더위가 심한 어느 날 갑자기 수인 전부를 교회당(教誨堂)에 모아서 나도 가서 앉았다. 이른바 분감장(分監長)인 왜놈이 좌중을 향하여 55호를 부른다. 나는 대답하였다. 곧 일어나 나오라는 호령에

따라 단상으로 나가니 가출옥으로 방면한다고 선언하는 것이었다.

나는 꿈인 듯 생시인 듯 좌중 수인들을 향하여 고개만 끄덕여 인사를 하고 곧 간수의 인도로 사무실로 가니 이미 준비해 놓은 흰옷 한 벌을 내주었다. 그때부터 적의군(赤衣軍)이 변하야 백의인(白衣人)이 되었다. 임치하였던 금품과 출역 품삯을 계산하여 내준다.

옥문 밖으로 나와 한 걸음 한 걸음 생각하며 걸었다. 박영문이나 안호연을 의당 찾아뵙고 절하여 할 터이나 두 집 모두 여전히 객주 문패를 붙여 놓고 있으니 집안이 조용하지 못할 것은 불문가지이다. 또한 내가 그 두 분을 찾아뵈면 김창수라는 본명을 말하여야 그이들이 깨달을 터이고 그이들이 깨달은 뒤에는 자연 그들 안뜰에도 이야기될 것이다. 남자는 고사하고 부인들이 내가 왔다는 말을 들으면 20년 동안이나 생사를 모르던 터에 기이하다고도 자연 얘기가 퍼질 터이니 그렇게 되면 나의 신변에는 위험천만이다.

박 씨나 안 씨의 집을 지날 때 발길이 떨어지지 않는 것을 억지로 지나치며 옥중에서 친하던 중국인을 찾아가 하룻밤을 잤다. 이튿날 아침 전화국에 가서 안악으로 전화를 걸어 아내를 불렀다. 안악국에서 전화를 받은 직원이 성명을 묻는다.

"김구요."

"선생님 나오셨소?"

"예, 나와서 지금 차 타러 나갑니다."

"예, 그러시면 제가 댁에 가서 말씀드리겠습니다."

"그만 끊습니다."

그 직원은 나의 제자였다.

당일로 경성역에서 경의선 열차를 타고 신막(新幕)에서 하루 자고 이튿날 사리원에서 하차하여 선유진(船踰津)을 넘어 여물평(餘物坪)을 건너갔다. 살펴보니 전에 없던 신작로로 수십 명이 쏟아져 나오는

데 맨앞에 어머님이 나의 걸음걸이를 보시고 눈물을 흘리며 와서 붙들고 말씀하기를,

"너는 오늘 살아오지만 너를 무척이도 사랑하고 늘 보고싶다던 화경이 네 딸은 서너 달 전에 죽었단다. 네게 알게 할 것 없다고 네 친구들이 권하기에 기별도 안 했다. 그뿐 아니라 일곱 살도 안 된 어린것이지만 죽을 때 부탁하기를 나 죽었다고 옥에 계신 아버지께는 기별 마십시오. 아버지가 들으시면 오죽이나 마음이 상하겠소 하더라."

나는 그 후에 곧 화경의 묘지(안악읍 동쪽 기슭 공동묘지)에 가보았다.

어머님 뒤로 김용제(金庸濟) 등 수십 명 친구들이 다투어 달려들어 슬픔과 기쁨이 엇갈리는 얼굴로 인사를 했다. 돌아와 안신학교로 들어갔다. 그때까지 아내가 안신여학교 교원 사무를 보고 교실 한 칸에 거주하였기 때문에 나는 예배당에 앉아서 오는 손님을 맞았다. 아내는 극히 수척한 얼굴로 여러 부인들과 같이 잠시 나의 얼굴을 보는지 마는지 하고서는 음식준비에 골몰했다. 어머님과 아내가 상의하여 내가 전에 친하던 친구들과 같이 앉아 음식 먹는 것을 보겠다는 마음으로 성심을 다 하여 음식을 준비하는 것이었다.

며칠 후에 읍내 친구들이 이인배 집에서 나를 위해 위로회를 열고 나를 청했다. 한편에는 노인들과 한편에는 중노인 즉 나의 친구들과 또 한편으로는 평일 나의 제자인 청년들이 모였다. 음식이 나올 즈음에 느닷없이 기생 한 떼와 악기들이 들어왔다. 나는 놀랐다. 최창림(崔昌林) 등 몇몇 청년들이,

"선생님을 오랜만에 뵈오니 너무 좋아서 저희들은 즐겁게 좀 놀렵니다. 선생님은 아무 말씀 마시고 여러분과 같이 진지나 잡수세요" 한다.

노인들 중에도 내게 대하여 김 선생은 젊은 사람들의 일을 묻지 마시고 이야기나 합시다 하였다. 청년들이 지정하기를 아무 기생으로 김 선생님께 수배(壽盃)를 올려라 하는 말이 끝나자 한 기생이 술잔을 부

어들고 권주가를 불렀다. 청년들이 일시에 기립하여 나에게 청원했다.

"저희들이 정성으로 올리는 수주 한 잔을 마셔 주십시오."

나는 웃으며 사양하였다.

"내가 평소 음주하는 것을 군들이 보았는가? 먹을 줄 모르는 술을 어찌 마시느냐?"

"물 마시듯 마셔보십시오"

하며 기생의 손에 든 술잔을 빼앗아 내 입(口)에 대며 강권하는 것이었다. 나는 그 청년들의 감흥을 감쇄시킬까 하여 술 한 잔을 받아 마셨다. 한편으로 청년들은 내게 술을 권하고 그에 이어 기생의 가무가 시작되었다.

그런데 이인배의 집 앞이 바로 안신학교여서 음악 소리와 기생의 노래 소리가 어머님과 아내의 귀에 들린 것이다. 곧 어머님이 사람을 보내어 나를 부르셨다. 그 눈치를 안 청년들이 어머님께 가서 선생님은 술도 아니 잡수시고 노인들과 이야기나 하십니다 하였다. 그 말을 들으시고 어머님이 친히 오셔서 부르셨다.

나는 어머님을 따라 집으로 왔다. 분노하셔서 책망이 내렸다.

"내가 여러 해 동안 고생을 한 것이 오늘 네가 기생 데리고 술 먹는 것을 보려 한 것이더냐?"

나는 무조건 대죄(待罪) 하였다. 어머님도 어머님이거니와 아내가 어머님께 고발하여 자리에서 물러나오도록 꾀를 낸 것이다. 아내와 어머님 사이에는 예전에는 고부간에 충돌되는 점도 없지 않았으나 내가 체포된 다음부터는 6, 7년간 서울과 본향을 전전하며 별별 고생을 다하는 중에 고부간 일심동체로 반점의 충돌도 없이 지냈다고 했다. 서울에서 지낼 때는 연동(蓮洞) 안득은(安得恩) 여사와 곽귀맹(郭貴孟) 여사의 보살핌도 많이 받았으며, 아내는 경제적인 압박 때문에 화경이를 어머님에게 맡기고 매일 왜놈의 토지국(土地局) 제책공장에서 품앗이도 하였다. 또 어느 서양여자가 아내의 학비를 부담하겠다며 공부를 시켜준다고 했지만 설움에 싸인 어머님과 어린 화경이를 보살필 결심으로 공부도 못 하였다는 둥, 이따금 자기 생각과 맞지 않을 때는 반드시 이런 말을 하여 나를 괴롭게 하였다.

다른 가정에서는 보통 부처간에 말다툼이 생기면 모친은 주로 자기 아들 편을 들지만 우리 집안에서는 아내가 나의 의견을 반대할 때는 어머님이 열 배나 백 배의 권위로 나만 몰아 세운다. 가만 겪다 보니 고부간에 귓속말이 있은 후에는 반드시 내게 불리한 문제가 일어나곤 했다. 그러므로 집안 일에 대하여는 한번도 내 마음대로 하여본 적이 없다고 하여도 과언이 아니다.

내가 아내의 말에 반대만 하면 어머님이 만장(萬丈)의 기염으로 호령하셨다.

"네가 감옥에 들어간 후에 네 동지들의 젊은 처자들 중에 남편이 죽을 곳에 있는데도 불구하고 이혼을 하느니 추행을 하느니 하는 판에 네 처의 절개 있는 몸가짐에 대해서는 나는 고사하고 너의 친구들이 감동하고 인정했다. 그러니 네 처는 결코 박대해서는 못쓴다."

이런 말씀을 하시기 때문에 내외 싸움에 한번도 승리를 못 얻고 늘 실패만 하였다. 어머님은 또 이렇게 분부하셨다.

"네가 체포된 후에 우리 세 식구가 해주 고향에 다녀와 서울로 가려 하니 네 준영 삼촌은 극력으로 만류하더라. 자기가 집이나 한 간 짓고 살림을 차려 드릴 터이니 타처로 가지 말라는 것이다. 형수와 질부가 고생하지 않아도 조밥은 먹으며 살 수 있으니 조카가 돌아올 때까지 같이 지내자면서, 젊은 며느리를 데리고 다니다가 무지한 놈들에게 빼앗기면 어찌하느냐고 야단을 하더라. 하지만 나는 네 처의 성결한 심지를 알기 때문에 그 같은 권유도 아랑곳 않고 서울로 떠난 게다. 네가 장기 복역으로 판결이 난 후에도 아무리 고생되더라도 네가 있는 가까운 곳에 머물며 살려고 했지만 그것도 여의치 못해 다시 환향했다. 그리곤 종산(鍾山) 우종서(禹宗瑞) 목사가 받아주어 그곳에서 지내는데 그때도 준영 숙부는 먹을 쌀을 소에 져서 그곳까지 찾아왔더라. 네 삼촌의 너에 대한 정분이 전보다는 무척 간절했다. 네가 출옥한 줄만 알면 와서 볼 게야. 편지나 하여라. 네 장모도 너에 대하여는 전보다 더욱 애중히 생각하니 곧 통지하거라."

나는 서대문에서 한번은 어머니를 한번은 아내를 면회한 뒤로 매번 면회기간이면 장모가 늘 오는 것을 보고 예전에 그 장녀의 문제로 너무 박하게 한 것도 후회되고 매번 면회하여 주는 데 대해 감사하였다. 준영 삼촌과 장모에게 출옥된 사유를 편지로 알렸다.

안악 헌병대에 출두를 하니 장래 취업에 대하여 질문하는 것이었다. 나는 평소에 아무 기술이 없고 다만 학교에 다년간 근무하였으며 안신학교에서 나의 아내가 교편을 잡고 있으니 보조교사나 하면 어떨까 한다고 했다. 왜 당국은 공식으로는 불가능하지만 비공식으로 일을 돕는다면 경찰은 묵과하겠노라고 했다.

나는 매일 안신학교에서 어린이들을 가르치며 세월을 보냈다. 나의 서신을 본 장모는 좋아라 하며 염치 불구하고 다시 병든 큰딸과 함께 집으로 들어왔다. 정절을 잃고 헌병보조원의 첩이 되었던 큰딸은 몸에 폐렴의 중병을 얻었다. 그로부터 다시 모녀가 함께 살게 됐으나 생활의 방도가 없어 곤경에 빠져 있었던 것이다. 전과 같이 보조원의 첩이라면 문안에 들이지 않았을 터이나 죽을병이 들어 동생의 집으로 오는 것이 미운 마음보다 연민이 느껴져 다 같이 한 지붕 밑에 지냈다.

울적한 나머지 이리저리 다니며 바람이나 쐴 마음도 있었으나 이른바 가출옥 기간이 7, 8개월이나 남아있어서 무슨 볼 일이 있어 어디를 가려면 반드시 그 사유를 헌병대에 청원하여 허가를 받은 후에야 나

다닐 수 있었다. 그러니 청원을 내기 싫어서 이웃 군도 오가지 않았다.

그런 후 가출옥 기간이 끝나자 김용진(金庸震) 군의 부탁을 받아 문화의 궁궁(弓弓) 농장에 추수를 검사해 주고 돌아왔다. 그 사이 해주의 준영 계부께서는 점잖은 조카를 보러 가면서 초라하게 갈 수는 없다며 남의 말을 빌려 타고 와서는 이틀이나 지내도 내가 언제 돌아올지 몰라 섭섭한 마음으로 돌아갔다고 했다. 나도 역시 섭섭했지만 그 해 세밑이 멀지 않았으니 정초를 기다려서 삼촌에게 신정(新正) 문안도 하고 성묘도 하기로 했다.

그리고 새해 정초를 맞았다. 첫 사나흘간은 그곳 어른들도 찾아뵙고 또는 어머님을 뵈러 오는 친구들을 맞기도 하느라 5일에 해주를 가기로 작정했다. 그런데 4일 석양에 재종제 태운(泰運)이가 와서 알리는 것이었다.

"준영 당숙이 별세하였습니다."

단 한 마디를 들으니 경악(驚愕) 천만이었다. 여러 해 동안 옥중 고생을 하던 내가 보고 싶어서 내왕하고 정초에는 볼 줄 알고 기다리다가 끝내 내 얼굴을 못 보고 멀고 먼 길을 떠나실 때 그의 마음이 어떠하였을까? 하물며 당신 역시 딸은 하나 있으나 아들이 없고 4형제 소생으로는 오직 하나뿐인 이 조카를 대하여 영결하고 싶은 마음이 얼마나 간절하였을까?(백부 백영〔伯永〕은 두 아들 관수〔觀洙〕태수〔泰洙〕가 있었으나 관수는 20여 세에 아내까지 얻고 사망하였고 태수는 나보다 2개월 먼저 난 동갑으로 장련에서 나와 함께 살다가 급사하여 역시 후사가 없고, 딸 둘도 모두 출가하여 죽었다. 필영〔弼永〕숙부는 딸 하나뿐이고 준영 숙부도 역시 딸 하나뿐이다.)

이튿날 아침에 태운과 함께 텃골에 도착했다. 장례를 주관하여 텃골 동쪽 기슭에 장사지내고 집안 일을 대충 처리했다. 그리고 선친의 묘소에 나아가 내 손으로 심은 잣나무 두 그루를 살펴보고 다시 안악

276

으로 돌아왔다. 그 후로 다시는 정도 많고 한도 많은 텃골 산천을 보지 못했고 아직 생존해 계신 당숙모와 재종조를 배알치 못하였다.

그 해에 셋째 딸 은경이가 태어났다. 나는 여전히 안신학교에서 가르치고 있었는데 매번 추수 시기에는 김용진의 농장에 가서 타작을 검사해 주었다.

중국으로의 망명

동산평(東山坪) 농감 생활

읍내 생활의 취미가 사라져가서 홍량과 용진, 용정(庸鼎)에게 농촌 생활을 의뢰하였다. 그들은 자기네 소유 중에 산천이 밝고 아름다운 곳을 골라 드리겠으니 농사 감독이나 하라며 쾌히 승낙했다. 나는 매해 추수를 감독하며 시찰한 경험으로 가장 성가시고 말썽 많고 또는 풍토병 구덩이로 옛부터 유명한 동산평(東山坪)으로 보내 달라고 요구하였다. 그들 숙질은 놀랐다.

"동산평이야 되겠습니까. 소작인들의 인품이 극히 험하고 난잡할 뿐 아니라 풍토가 그렇게 나쁜 곳에 가서 어찌 견디려구요."

"나 역시 몇 년간 그곳 동네 작인들의 악습과 못된 풍속을 자세히 살펴 알았으니 그런 곳에 가서 농촌개량에나 취미를 붙이려 하네."

풍토의 문제는 주의하여 지낼 셈 잡고 기어히 동산으로 가겠다고 강력히 청했다. 그이들은 감히 청하지는 못해도 바라던 바여서(固所願不敢請) 다행히 생각했다.

그곳 동산은 본디 궁장(宮庄)인데, 감독관이나 작인이 서로간에 협잡으로 추수에 천 석을 수입하였다면 몇 백 석이라고 관에 보고하여 감독관이 제 배를 채우는 한편 작인들은 수확기에 벼를 베고 운반 타작할 때 모두가 도둑질하여 실제 수확량이 얼마 못 되었다. 감독관도 스스로 도둑질하여 오기를 수백 년이어서 작인의 악습악풍이 극에 달했다.

김씨 가문에서 이 농장을 사들였지만 애초에는 진사 용승이 혼자 한 것이었다. 그랬다가 엄청난 손해를 입고 파산지경에 빠졌는데 우애가 각별한 여러 형제가 그 손해를 분담하기로 하고 동산평을 김씨 가문 공유로 한 것이었다.

오래 전부터 노형극(盧亨極)이란 자가 이곳의 감독관으로 있었는데 소작인들을 자기 집에 모이게 해놓고 도박을 시켜 추수 때 작인 몫의 곡물을 전부 빼앗았다. 도박에 응하지 않는 자는 농작지를 얻기 힘들었다. 그러니 작인의 풍습은 아버지나 형은 도박하고 자식이나 동생은 망보는 것이 보통 습속이었다. 내가 굳이 그곳을 돌보겠다고 요구한 본뜻은 그러한 풍기를 개선코자 함이었다.

정사년(丁巳年 : 1917) 2월에 동산평으로 이주하였다. 나는 어머님께 주의를 드려 작인들 중에 뇌물을 가지고 오는 자가 있으면 내가 없는 사이라도 일절 거절하시라고 하였다. 그러나 내 앞에 담배나 닭, 생선, 과일 등의 물건을 가져오는 이들이 있었고, 그 자들은 반드시 소작지를 청했다. 나는 그들에게 이렇게 말했다.

"그대가 빈손으로 왔으면 생각해 볼 여지가 있으나 뇌물을 가지고 와서 청구하는 데는 그 말부터 듣지 않을 터이니 물건을 도로 가져가고 훗날 다시 빈손으로 와서 말하라."

"뇌물이 아니올시다. 선생께서 새로 오셨는데 내가 그저 오기 섭섭하여 좀 가져왔습니다."

"그대 집에 이러한 물건이 많으면 구태여 남의 농지를 소작할 것 없으니 그대의 소작지는 다른 사람에게 줄 것이다."

그자들은 처음 들어보는 말인 까닭에 어쩔 줄을 몰라했다.

"이것은 전에 감독관님네게 항용 하여 오던 것입니다."

그러나 나는

"이전의 감독관이 어찌 했거나 본 감독관에게 그런 수단을 써서는 안 된다."

하고 매번 돌려보냈다.

그리고 소작인 준수규칙 몇 개 조를 공포하였다.

- -. 작인으로 도박을 하는 자는 소작권을 주지 않을 것임.
- -. 학령아동이 있는 자로서 학교에 입학시키는 자는 가장 좋은 땅 두 마지기씩을 더 줄 것임.
- -. 집에 학령아동이 있는데 입학시키지 않는 자에게는 이왕의 소작지에서 좋은 땅 두 마지기를 회수함.
- -. 농업에 근실한 성적이 있는 자는 조사하여 추수 때 곡물로 상을 수여함.

이상 몇 개 조를 공포한 후에 동네에 소학교를 세우고 교사 한 명을 초빙하고 학생 20여 명을 모집하여 개학하였다. 교원이 부족하므로 나도 시간으로 교과를 맡았다. 소작인으로서 토지를 청구코자 하는 자는 학부형이 아니면 말 붙이기가 어렵게 되었다.

전 감독관 노형극 형제 대여섯은 규범들을 따르지 않고 여전히 나의 농정에 대하여 반대의 입장에 있었다. 노 가 형제의 소작지는 평내에서 상등에 속했다. 그 토지 전부에 소작권 회수의 통지를 보내 놓고 학부형에게 분배하려 하니 한 명도 감히 경작하겠다는 사람이 없다. 이유를 물으니 노 가의 못된 위세가 두려웠던 것이다. 나의 소작지를

280

분배하여 주고, 내가 노 가로부터 회수한 농지를 경작하기로 하였다.

어느 날 칠흑같은 밤인데 문밖에서 김 선생을 부르는 자가 있었다. 밖으로 나가 보니,

"김구야 좀 보자."

한다.

그 자의 음성을 들으니 노형근인 것을 알 수 있었다. 밤중에 무슨 일로 왔느냐고 묻자 노 가는 와락 달려들어 나의 왼편 팔을 힘껏 물고 늘어졌다. 그리고는 힘껏 나를 끌고 저수지 근방으로 갔다. 이웃에 거주하는 동네 사람들이 겹겹이 둘러섰으나 한 명도 감히 싸움을 중재하는 자가 없었다. 나는 생각하였다. 이같이 무작스런 놈에게는 의리도 소용없고 당장에 완력으로 대항할 수밖에 없다. 노 가는 나에 비하면 젊고 힘도 센 놈이었다. 나는 눈에는 눈, 이에는 이로 그놈의 오른쪽 팔을 힘껏 물고 치하포(鴟河浦) 식의 극단 용기를 내어 저항했다. 그러자 노 가는 그만 내 팔을 놓고 물러섰다.

나는 노 가네 여러 형제와 도당들이 몰려와서 근처 인가에 몸을 숨기고 노형근을 선봉으로 파송한 것을 알고 있었다. 나는 큰 목소리로 외쳤다.

"형근이 한 명만으론 나의 적수가 못 되니 너의 노 가의 무리는 잠복해 있지만 말고 도적질을 하든지 사람을 죽이든지 예정계획대로 하여 보려무나."

과연 잠복하여 형세를 엿보던 노형근 무리는 웅성거리기만 하고 나오는 자가 없었다. 형근이 말하길,

"얘, 김구야 이전에 당당한 서울 감독관으로 저수지 물맛을 보고 쫓겨간 자가 얼마나 되는지 아느냐?"

잠복 중에서 한 자가 툭 튀어나와 다른 곳으로 가며 하는 말이,

"어느 날이고 바람 잘 부는 날 두고보자"

했다.

나는 겹겹이 둘러서서 싸움 구경하는 이들을 향하여 말했다.

"여러 사람들은 저 자의 말을 명심하라. 어느 날이고 내 집에 화재가 나면 저 놈들의 짓일 것이니 여러 사람들은 그때 입증하라."

형근이가 물러간 후에 여러 사람들이 나에게 노 가 형제들과 원수를 맺지 말라고 권했다. 나는 준엄하게 꾸짖고 밤을 지냈다. 어머님은 밤으로 안악에 통보하였다.

이튿날 아침 용진 양홍 숙질이 의사 송영서를 데리고 급한 걸음으로 달려들어 나의 상처를 진단하고 소송 수속을 준비했다. 노 가 형제들은 몰려와서 머리를 조아리며 사죄했다. 진, 홍 양 군을 만류하고 노 가에게 다시는 이와 같은 행위가 결코 없을 것이라는 서약을 받아 이 문제는 낙착되었다.

이 이후로는 이미 공포한 농규를 그대로 시행하였다. 나는 날마다 일찍 일어나 작인의 집을 찾아다녔다. 나태하여 늦도록 잠자는 자가 있으면 깨워서 꾸짖어 집안 일을 하도록 하고, 집안이 지저분한 자에게는 청결하게 하도록 시키고, 마른풀을 거두어오게 하여 짚신을 삼고 자리를 짜도록 장려하였다.

수확기에는 평시 작인들의 작업태도 일람표를 비치하였다가 농장주의 허가를 얻은 범위 안에서 근면하게 농사지은 이에게는 후히 상을 주고 태만한 자에게는 다시 태만하면 경작권을 주지 않겠다고 예고했다.

예전 추수 때에는 타작마당에 채무자가 모여들어 곡물 전부를 다 가져가고 작인은 타작기구만 들고 집으로 가는 일이 흔했다. 그런 이들이 나의 감독을 받은 후에는 곡식 보따리를 자기 집으로 옮겨 쌓게 되니 농가 부인들이 더욱 감동하여 나를 집안 늙은이 모양으로 친절하게 대우하는 것이었다. 도박의 풍조도 거의 근절되었다.

그런 참에 장덕준 군이 재령에서 명신여학교 소유의 토지를 관리하게 되어 장 군의 평시 연구와 일본 유학 때 시찰한 농촌개발의 방안을 갖춰 장차 협조하기로 몇 차례 서신이 오갔다. 동산평에서 함께 농토를 간검(看檢)하는 동업자요 겸하여 동지인 지일청(池一淸) 군은 예전 교육 시절부터 지기이므로 힘을 모아 일을 해나가니 그 효과가 더욱 두드러졌다.

중국으로의 망명 출국

딸 은경이가 사망하고 처형 역시 사망하여 그곳 공동묘지에 매장하였다. 무오년(戊午年 : 1918) 11월에 인(仁)이가 태어났다. 인이가 태중에 있을 때 어머님 소망은 물론이고 여러 친구들이 생남하기를 바란 것은 나의 나이가 40여에 더구나 누이도 없는 독신으로 자식이 없음을 걱정한 때문이었다. 인이가 난 후에 김용제는 어머님에게 축하하는 말로,

"아주머님, 손자 장가보낼 때 내가 후행(後行) 갈 거요."

김용승 진사는 작명을 맡아 김린(金麟)이라 한 것을 왜의 민적에 등록된 까닭에 仁으로 고쳤다.

인이 태어난 지 석 달 후, 음산한 겨울의 추위가 지나가고 따뜻한 봄바람이 부는 기미년(己未年 : 1919) 2월이 돌아왔다. 청천벽력과 같이 서울 탑골공원에서 독립만세 소리가 일어났고 독립선언서가 각 지방에 배포되었다. 평양 진남포 신천 안악 온정 문화 각지에서 벌써 인민이 궐기하여 만세를 부르고 안악에서도 준비했다.

장덕준 군은 사람을 자전거에 태워 한 통의 서신을 보냈다. 열어 보니 국가대사가 일어났으니 함께 재령에 앉아서 토의 진행하자는 것이었다. 나는 기회를 보아 움직이겠다고 답장을 보낸 후 밀행하여 진남

포를 건너 평양으로 가려 했으나 그곳 친구들로부터 평양에 무사히 다다르기는 불가능하니 고향으로 돌아가라는 권고를 듣고 그 날로 돌아왔다.

집에 돌아오니 안악에서는 이미 준비가 다 되었으니 나에게도 나가서 함께 만세를 부르자는 청년이 있었다. 나는 그들에게 만세운동에는 참여할 마음이 없다고 하였다. 그들은 선생이 참여치 않으면 누가 앞서 이끄느냐고 했다. 나는 다시금 그들에게,

"독립이 만세만 불러서 되는 것이 아니라 장차의 일을 계획, 진행해야 할 터인즉, 내가 참여하고 안 하고의 문제가 아니니 어서 만세를 부르라"

하여 돌려보내자 그 날 안악읍에서 만세를 불렀다.

나는 그 이튿날 아침 평내의 각 작인들을 지휘하여 농기구를 가지고 일제히 모이도록 하고 지팡이를 짚고 제방에 올라 제방 수리에 몰두하였다. 나의 집을 지키던 헌병놈들이 나의 동정을 보아도 농사 준비만 하여서인지 정오가 되자 유천(柳川)으로 올라가 버렸다.

나는 점심시간에 작인들에게 일을 잘 마치도록 부탁하고 나서 잠시 이웃 동네에 다녀오마 하고 안악읍에 도착하니 김용진 군이 말했다.

"홍량(鴻亮)더러 상해로 가라 했더니 십만 원은 주어야 가지 그렇지 않으면 못 떠난다고 합니다. 그러니 선생부터 가시고 홍량은 뒤따라 가는 것으로 하지요."

지체할 수 없는 형편을 보고 즉시 출발하여 사리원에 도착하여 김우범(金禹範) 군에게서 하룻밤을 묵고 이튿날 아침에 신의주행 기차에 올랐다. 객실 안은 물끓듯하는 말소리가 만세 부르는 이야기뿐이다. 평금천(平金川)은 어느 날 불렀고 연백(延白)은 어느 날 황봉산(黃鳳山)에서 어떻게 불렀고, 평양을 지날 때도 역시 어디서 만세 부르다가 사람 몇 명이 다쳤다고 했다.

"우리가 죽지 않고 독립이 되오?"

"우리 독립은 벌써 되었지요. 아직 왜가 물러가지만 않은 것뿐인즉, 전국에 인민이 다 떠들고 일어나 만세를 부르면 왜놈이 자연 쫓겨나가고야 말지요."

그런 이야기에 주린 것도 잊고 신의주역에서 하차하였다. 그 전날에 신의주에서도 만세를 부르고 21명이 구금되었다고 했다.

개찰구에서 왜놈이 지키고 여행객들을 엄밀 검사했다. 나는 아무 짐보따리도 없이 수건에 여비만 싸서 요대에 잡아맸다. 무엇이냐고 묻는 데는 돈이라 했고 무엇하는 사람이냐는 질문에는 재목상이라고 했다. 왜놈은 "재목이 사람이야?" 하고 가라고 했다.

신의주 시내에 들어가 요기를 하며 공기를 살펴보니 그곳 역시 흥흥했다. 오늘밤에 또 부르자며 아까 통지가 돌았다는 둥 술렁술렁했다. 나는 중국인의 인력거를 불러 타고 바로 큰 다리 위로 지나서 안동현(安東縣)의 한 여관에 들었다. 변성명하여 좁쌀장수로 가장하고 이레를 지내고 이륭양행(怡隆洋行) 배를 타고 상해로 출발하였다.

황해안을 지날 때 일본 경비선이 나팔을 불고 따라오며 정선(停船)을 요구했지만 영국인 선장은 들은 체도 아니하고 전속력으로 경비구역을 지나 나흘 후에 무사히 포동(浦東) 선창에 내렸다. 같은 배에 탄 동지는 모두 열다섯 명이었다. 안동현에서는 아직 얼음덩이가 첩첩이 싸인 것을 보았는데 황포 선창에 내리며 바라보니 녹음이 우거져 있었다.

공승서리(公昇西里) 15호에서 하룻밤을 묵었다. 이때 상해에 모인 인물 중에 내가 평소에 친숙했던 이의 이름으로는 이동녕(李東寧) 이광수(李光洙) 김홍서(金弘敍) 서병호(徐丙浩) 네 사람만 들어 알 수 있었다. 그 외는 구미와 일본에서 건너온 인사들과 중국, 러시아령과 본국에서 온 인사들이었다. 일찍이 중국으로 와 유학하거나 상업을 경영하는 동포의 수는 합쳐서 5백여 명이라 했다.

이튿날 아침, 전부터 상해에 식구들을 거느리고 먼저 와서 살던 김보연(金甫淵) 군이 와서 자기 집으로 인도하여 숙식을 같이 했다. 김군은 장련읍 김두원(金斗元)의 맏아들이고 경신학교 출신으로 일찍이 내가 장련에서 학교 일을 총괄할 때부터 나에게 마음이 움직여 무척 따르던 청년이었다.

이동녕 이광수 김홍서 서병호 등 옛 동지들을 차례로 방문하여 악수를 나누었다. 그때 임시정부가 조직되었다. 이에 대하여는 우리나라 역사에 상세히 오를 터이니 줄이기로 한다. 나는 내무위원의 한 사람으로 피선되었다. 그 후에 안창호 동지는 미주로부터 상해로 건너와 내무총장으로 취임하고 제도는 차장제(次長制)를 채용하였다.

임시정부 경무국장

나는 도산 안창호 동지에게 정부의 문지기를 시켜달라고 청원하였다. 이유는 종전에 본국에 있을 때 나의 자격을 시험키 위하여 순사시험 과목을 혼자 시험쳐 보고 합격하기 어려운 것을 알았던 경험이 있었기 때문이고, 허영에 탐닉하여 실무에 소홀할 우려가 있기 때문이었다. 안 내무총장은 흔쾌히 받아들였다. 자기가 미국에서 보니 특별히 백악관만 지키는 관리를 두고 있었다며 우리도 백범 같은 이가 정부청사를 수호케 되는 것이 좋으므로 국무회의에 제출하여 결정한다 하였다.

이튿날 도산은 나에게 느닷없이 경무국장 사령서를 교부하며 취임하여 시무하도록 강력히 권하는 것이었다. 국무회의의 각부 총장들이 아직 다 취임치 않았으므로 각부 차장이 총장의 직권을 대리하여 국무회의를 진행하던 때였다. 그때 차장들은 윤현진(尹鉉振) 이춘숙(李春

경무국장 시절의 백범

塾) 등 젊디젊은 청년이므로 나이 든 사람에게 문을 여닫게 하고 지나다니기가 미안하다 하여, 백범이 오랫동안 감옥생활을 하여 왜놈의 실정을 잘 알 터이니 경무국장이 적합하다고 인정되었다는 것이다.

"나는 순사의 자격도 되지 못하는데 경무국장이 어찌 가당하겠소?"

하니 도산은 다시 강력히 권했다.

"백범이 만일 고사하여 피한다면 청년 차장들의 부하 되기가 싫다는 것으로 사람들이 생각할 것이오. 그러니 거절말고 공무를 맡아 하시오."

나는 부득이 응낙하고 취임하여 시무하였다.

두 번째 해에 아내가 인이를 데리고 상해로 건너와 함께 지내게 되었다. 본국의 어머님은 장모와 함께 동산평에 계시다가 장모 또한 별세한지라 역시 그곳 공동묘지에 안장하고 민국 4년(1922)에 건너오시니 재미있는 가정을 이루었다.

중국 상해에서 아내 최준례와 단란했던 시절

　그 해 8월에 신(信)이가 태어났다. 경무국에서 접수한 본국 보도에
의하면 왜놈이 나의 국모보수사건을 24년 만에 비로소 알았다 했다.
이 비밀이, 하물며 황해도 평안도에서는 사람마다 다 알던 일이 그만
큼이나 오랫동안 감춰져 온 것은 참으로 드물고 기이한 일이라 하겠
다. 내가 학무총감의 직을 맡아 해서(海西) 각 군을 순회할 때 학교에
서나 공중(公衆)에게 왜놈을 다 죽여 우리 원수를 갚자고 연설할 때는
매번 나를 본받으라며 치하포의 일을 얘기했다. 해주 검사국과 경성
총감부에서 여러 방면의 보고를 수집하여 나의 말 한마디 거동 하나
모두 《김구》라는 제목의 책자에 상세히 기재되었건만 어떤 정탐도 그
사실만은 왜놈에게 보고하지 않았던 것이다.
　그러다가 나의 몸이 본국을 떠나서 상해에 도착한 줄 알고서야 비

아내 최준례의 무덤에서
비문은 김두봉이 썼다(1924년).

로소 그 사실이 왜에게 알려졌다고 했다. 나는 이것 한 가지 일만 보아도 우리 민족의 애국 정성이 족히 장래에 독립의 행복을 누릴 것이라고 예견한다.

임시정부 내무총장 시절과 상처(喪妻)

내무총장. 민국 5년(1923)에 내무총장으로 시무하였다. 그간에 아내는 신이를 해산한 후에 낙상(落傷)으로 말미암아 폐렴이 되어 몇 년을 고생했다. 그러다가 상해 보륭(寶隆)의원에서 진찰을 받고 역시 서양인 시설인 격리 병원에 입원케 되니, 나는 보륭의원에서 마지막 작별을 하고 홍구(虹口) 폐병원에 입원하였다가 민국 6년 1월 1일에 영원의 길을 떠났다. 프랑스 조계 숭산로(嵩山路) 경찰서 후면인 공동묘지에 매장하였다.

나의 본뜻은 우리가 독립운동 기간에는 혼례나 장례에 성대한 의식으로 금전을 소비하는 것에 찬성하지 않았으므로 아내의 장례는 극히 검약하게 하기로 하였다. 그러나 여러 동지들이 아내가 이왕부터 나로 인하여 말할 수 없는 고생을 해온 것은 곧 국사에 공헌한 것이라 하여 나의 장례 주관을 불허하고 각기 금전을 출연하여 장의도 성대하게 지냈고 묘비까지 세웠다.

그 중에도 유세관(柳世觀) 인욱(寅旭) 군은 병원 교섭과 묘지 주선에 정성과 노력을 다하였다. 아내가 병원에 입원할 때에 인이도 병이 중하여 공제의원(共濟醫院)에 입원치료하다가 아내의 장례 후에 완치되어 퇴원하였다. 신이는 겨우 걸음을 익히고 아직 젖을 먹을 때였다. 먹는 것은 우유를 썼으나 잘 때는 반드시 할머님의 빈 젖을 물고야 잠이 들었다. 차차 말을 배울 때는 오로지 할머님만 알고 어머니가 무엇인지를 모른다. 민국 8년(1926)에 어머님은 신이를 데리고 고국으로 가셨다. 9년에는 인이까지 보내라는 어머님의 명령에 따라 환국시키고 상해에는 내 한 몸만, 몸뚱이와 그림자가 서로를 좇게 되었다.

임시정부 국무령(國務領)

국무령(國務領). 같은 해 11월에 국무령으로 피선되었다. 나는 의정원(議政院) 의장 이동녕에게 대하여 내가 김 존위의 아들로서 아무리 오그라든 형편일 망정 일국의 원수가 되는 것은 국가의 위신을 떨어뜨리는 일이니 감히 떠맡을 수 없다고 하였다. 그러나 혁명시기에는 관계없다고 강권하므로 부득이 수락하고 윤기섭(尹琦燮) 오영선

(吳永善) 김갑(金甲) 김철(金澈) 이주홍(李主洪)으로 내각을 조직한 후에 헌법개정안을 의원(議院)에 제출하여 독재제인 국무령제를 고쳐서 평등인 위원제로 개정 실시하여 당분간 위원의 한 사람으로 임무를 맡아 집무했다.

나의 육십 평생을 회고하면 너무도 상식에서 벗어나는 일이 한두 가지가 아니다. 대개 사람이 귀(貴)하면 궁(窮)함이 없겠고 궁하면 귀함이 없을 것이나 나는 귀하지만 또한 궁하고 궁하면 역시 궁한 일생을 지냈다. 국가 독립을 하면 삼천리 강산이 다 내 것이 될지는 알수 없으나 천하의 넓은 큰 지구상에 한 치의 반 간 집도 소유한 것이 없다. 그런 까닭에 과거에는 영화(榮華)로움에 대한 욕망, 그런 심리를 가지고 궁함을 면하여 보려고 버둥거려 보기도 하고 독장수셈도 많이 하여 보았다.

지금 와서는 이런 생각을 한다. 옛날 한유(韓愈)는 〈송궁문〉(送窮文)을 지었지만 나는 〈우궁문〉(友窮文)을 짓고 싶으나 문장을 모르니 그것도 불가능하다. 자식들에게 대하여도 아비된 의무를 조금도 못하였으므로 나를 아비라 하여 자식된 의무를 하여 주기를 바라지도 않는다. 너희들은 사회의 은택을 입어서 먹고 입고 배우는 터이니 사회의 아들인 심성으로 사회를 아비로 삼아 효도하듯 하면 나의 소망은 이제 더 만족이 없을 것이다.

기미년(己未年 : 1919) 2월 26일이 어머님 환갑이어서 약간의 술과 안주를 마련하여 친구들이나 모으고 축하연이나 하자고 아내와 의논하였다. 그렇게 일을 진행하려는 눈치를 아시고 어머님은 극력 만류하셨다.

"네가 1년 추수만 더 지내도 좀 생활이 나을 터이니 한다면 네 친구들은 다 청하여 하루 놀아야 하지 않느냐. 네가 곤난한 중에 무엇을 차린다면 도리어 내 마음이 불안하니 다음으로 미루거라"

하셔서 못하고 말았다.

그로부터 불과 며칠 후에 나라를 떠나게 되고 그 후에 어머님이 상
해로 오셨으나 공적(公的)으로건 사적으로건 재정 상으로도 허락지
않았지만 설사 역량이 있다 하여도 독립운동을 하다가 목숨 잃고 집안
망하는 동포들 수십 수백 명의 참혹한 소식을 매일같이 들으면서 어머
님을 위하여 수연을 준비할 용기부터 없어졌다.

그러므로 나의 생일 같은 것은 입밖에 꺼내지 않고 지냈는데, 민국
8년(1926)에 나석주(羅錫疇)가 식전에 많은 고기와 과일을 사가지고
와서 어머님께 드리는 것이었다.

"오늘이 선생님 생신이 아닙니까? 그래서 돈은 없고 옷을 전당(典
當)하여 고기 근이나 좀 사서 밥해 먹으러 왔습니다."

그리하여 나는 그 날 가장 영광스러운 대접을 받은 것을 영원히 기
념하기로 결심했고 어머님께 대하여 너무도 죄송하여 나의 죽는 날까
지 내 생일을 기념치 않기로 하고 날짜를 써넣지 않고 있다.

옛 친우들의 소식

상해에서 인천의 소식을 들으니 박영문(朴永文)은 별세하였고 안
호연(安浩然)은 살아 있다 하여 믿을 만한 인편으로 회중시계 하나를
사서 보내며 내 소식을 전하여 달라 하였으나 회신은 없었다. 성태영
(成泰英)은 그동안 길림(吉林)을 오갔으므로 통신을 하였다. 유완무
(柳完茂)는 북간도에서 누군가에게 피살되고 나서 아들 한경(漢卿)은
아직 북간도에서 산다고 한다. 이종근(李鐘根)은 러시아 여자를 아내
로 맞아들이고 상해에 와서 종종 만나 보았다. 김형진(金亨鎭) 유족
의 소식은 아직 듣지 못했고 김경득(金卿得) 유족은 탐문 중이다.

나의 지난 일 기록 가운데 들어있는 연월일자는 나는 기억하지 못

해 본국 어머님께 서신으로 물어서 쓴 것이다.

일생 나의 제일 행복이라 할 것은 체질이 튼튼한 것이다. 감옥에 고생한 것이 근 5년인데 하루도 병으로 노역을 쉰 적이 없었다. 인천 감옥에서 학질에 걸려 한나절 노역을 쉬었을 뿐이다. 병원이라는 곳에는 혹 떼고 제중원에 한 달, 상해에 온 후 감기로 20일 동안 치료한 것뿐이다.

기미년에 건너온 이후로 지금까지 10여 년에 그동안 지내온 일에 대해서는 중요하고 진기한 사실들이 많으나 독립 완성 이전에는 절대 비밀로 할 것이므로 너희들에게 알려 주도록 기록하지 못하는 것이 극히 유감이다. 이해하여 주기를 바라고 그만 그친다.

이 글을 쓰기 시작한 지 1년이 넘은 민국 11년(1929) 5월 3일에 종료하였다.

임시정부 청사에서.

白凡逸志

하권

하권을 쓰면서

하권은 중경(重慶) 화평로(和平路) 오사야항(吳師爺港) 1호 임시정부 청사에서 67세 때 집필.

이 책 상권은 53세 때 상해 프랑스 조계 마랑로(馬浪路) 보경리(普慶里) 4호 임시정부청사에서 1년여의 시간을 가지고 기술하였다. 그 동기로 말하면, 약관(弱冠)의 나이에 붓을 던진 후 나이 근 예순이 되도록 큰 뜻을 품고 나의 역량 박약과 재주의 고루함도 아랑곳없이, 성패도 계산치 않고 영욕(榮辱)도 불문하고 국가와 민족을 위하여 30여 년을 분투하였으나 하나도 이룬 것이 없었다.

임시정부를 10여 년 동안 고수하여 왔으나 기미년 이래로 독립운동이 점점 퇴조기에 들어 정부 명의만이라도 지키기가 힘드니 당시 떠돌던 말과 같이 몇몇 동지와 더불어 '외딴 성에 해 질 때'(孤城落日) 슬픈 깃발을 날리며 스스로 헤아렸다. 운동도 부진하고 나이도 관 속에 들 날이 가까웠으니, 호랑이굴에 들어가지 않으면 호랑이를 잡을 수 없다는 식으로 침체한 국면을 추동할 목적으로 한편으로는 미국 하와이 동포들에게 편지하여 금전의 후원을 구걸하며, 한편으로는 철혈남아들을 물색하여 테러(암살 파괴) 운동을 계획할 때 상권의 기술을 마쳤다.

그 후 동경 이봉창 의거와 홍구(虹口) 공원 윤봉길 의거 등이 진행되었으니 천만다행으로 성공되어 이 노추(老醜)의 최후를 고할까 하였다. 그리하여 본국에 있는 자식들이 장성하여 해외로 건너가거든 전하여 달라는 부탁과 함께 상권을 필사하여 미국 하와이의 몇몇 동지들에게 보냈으나 하권을 쓰는 오늘 불행히도 남은 목숨이 이어지고 있고 자식들도 이미 장성하였으니 상권을 부탁한 것은 문제가 없이 되었다. 지금 하권을 쓰는 목적은 나의 50년간 분투한 기록을 읽음으로써 그 많은 과오를 거울로 삼아 그와 같은 전철을 밟지 않도록 하라는 것이다.

전후 정세를 말하자면, 상권을 기술하던 당시 임시정부는 외국인들은 고사하고 한인도 국무위원들과 십수 명의 의정원 의원 이외에는 아무도 드나들지 않았으니 당시 일반의 평판과 같이 이름은 존재하되 실체는 없었다. 그러나 하권을 기술하는 무렵에는 의원과 국무위원들의 의기소침한 기색도 사라지고 내무, 외무, 군사, 재정의 4부 행정이 가위 비약적으로 진전되었다고 할 수 있다.

내정(內政)으로 말하자면 관내 한인의 각당 각파가 일치하여 임시정부를 옹호 지지했고 미국 멕시코 쿠바 각국의 한교(韓僑) 만여 명이 추대하였으며 독립자금을 임시정부로 보내왔다.

외교로 말하면 임시정부 원년(元年) 이후로 국제 외교에 노력을 쏟지 않은 것이 아니나 중국 소련 미국의 정부 당국자들의 비공개적인 찬조는 없지 않았으되 공식적인 응원은 없었다.

오늘에 이르러서는 미대통령 루즈벨트가 "장래 한국이 완전 독립하여야 할 것"이라고 전세계를 향하여 널리 공언하였고, 중국의 입법원장 손과(孫科) 씨는 우리의 3·1운동 23주년 기념대회 공식석상에서 "일본 제국주의를 박멸하기 위한 중국의 방책으로는 먼저 한국 임시정부를 승인하는 것만큼 좋은 것이 없다"고 큰 목소리로 부르짖었다. 임시정부에서는 워싱턴에 외교위원부를 설치하고 이승만 박사를 위원장으로 임명하여 외교와 선전에 노력 중이다.

군정(軍政)으로는 한국광복군이 정식 성립되어 이청천(李靑天)을 총사령으로 임명하고 서안(西安)에 사령부를 두어 병사 모집과 훈련 작전을 계획, 실시 중이다.

재정으로 말하면 민국 2년에서 4년까지는 본국에서의 비밀 출연(出捐)과 미국 하와이 한교의 세금 형식의 납부로 충당했는데, 그 실정이 원년도보다 2년의 액수가 줄어들고 이후 계속 점점 줄어들었다. 그 원인은 왜의 강압과 운동의 퇴축 등이었다. 임시정부 직무도 정체되고 직원들도 총·차장들 중에 투항귀국자가 한두 사람이 아니니 그 나머지는 알 만했다. 중요 원인은 경제적 곤란이었다.

그러던 상황이 윤봉길 의사의 홍구 의거 이후로 내외국인의 임시정부에 대한 태도가 좋게 바뀌면서 정부의 재정 수입고가 해마다 증가되어 23년도 수입이 53만 원 이상에 달하니 임시정부 설립 이래 기록을 깨뜨렸다. 이어서 몇백 몇천 배의 액수로 늘어날 단계에 들어섰다.

상해 프랑스 조계 보경리 4호 2층에서 참담하고 고난한 환경을 극복하기 위하여 최대최후의 결심을 하고 이 일지의 상권을 쓰던 그때에 비하면 임시정부는 약간의 진보상태로 볼 수 있겠다. 그러나 내 자신으로 논하면 날마다 노병(老病) 노쇠를 영접하느라 바쁘다. 상해 시대를 '죽자꾸나' 시대라 하면 중경 시대를 '죽어가는' 시대라 하겠다.

누군가 내게 "종내 소원은 어떻게 죽는 것인가"고 묻는다면, "나의 최대 바라는 것은 독립 성공 후에 본국에 들어가 입성식을 하고 죽는 것이다. 최소한으로는, 미국 하와이 동포들을 만나보고 돌아오다가 비행기 위에서 죽으면 죽은 몸을 아래로 던져 산중에 떨어지면 짐승들 뱃속에, 바다에 떨어지면 물고기들의 뱃속에 장사지내는 것이다"라고 대답했을 것이다.

세상은 고해(苦海)라더니 살기도 힘들고 죽기도 힘들다. 타살보다 자살은 결심만 강하면 쉬울 것 같기는 하지만 자살도 자유가 있는 데서 가능한 것이다. 옥중에서 나도 자살의 수단을 쓰다가 두 차례나 실패(인천감옥에서 장티푸스에 걸렸을 때와 17년 후 신축공사 때) 했다. 서대문감옥에서 매산(梅山) 안명근 형이 굶어죽기로 결심하고 나에게 조용히 물을 때도 나는 찬성하였다. 급기야 실행에 옮겨 사나흘 음식을 끊는 것은 배가 아프네 머리가 아프네 하여 간수의 물음에 응했지만 눈치 빠른 왜놈은 의사에게 진찰케 하여 매산을 결박한 후 계란을 풀어 입을 강제로 열고 삼키게 했다. 결국 매산이 자살을 단념한다고 통고한 것을 보면 자유를 잃으면 자살도 쉬운 일이 아니구나.

나의 칠십 평생을 회고하면 살려고 하여 산 것이 아니고 살아져서 산 것이고, 죽으려고 하여도 죽지 못한 이 몸이 필경은 죽어져서 죽게 되었도다.

상해 임시정부 시절

상해 도착과 임시정부

　안동현에서 기미년 2월 어느 날 영국 상인 솔지의 기선을 타고 15명의 동행들과 함께 4일간의 항해를 마치고 상해 포동 선창에 내렸다. 땅에 오를 때 눈에 선뜻 들어오는 것은 치마도 입지 않은 여자들이 삼판선(三板船)의 노를 저으면서 승객들을 태워 나르는 것이었다. 프랑스 조계에 올라서니 안동현에서 승선할 때는 얼음덩이가 싸인 것을 보았는데 이곳 마찻길 가로수에는 녹음이 우거져 있었다. 솜옷을 입고도 배 안에서 추위 고생을 했는데 이제는 등과 얼굴에 땀이 났다.

　그 날은 일행들과 같이 공승서리(公陞西里) 15호 우리 동포의 집에서 담요만 깔고 방바닥 잠을 잤다. 이튿날은 상해에 모인 동포 중에 친구를 알아보니 이동녕(李東寧) 선생을 위시하여 이광수(李光洙) 서병호(徐丙浩) 김홍서(金弘敍) 김보연(金甫淵) 등인데 김보연은 장련 군 김두원(金斗元)의 맏아들로 몇 년 전에 처자를 거느리고 상해로 왔던 터라 찾아보았다. 자기집에서 함께 지내기를 청하니 그에 응하여 그 날부터 상해 생활이 시작되었다.

주인 김 군을 안내자로 하여 10여 년 동안을 밤낮으로 그리던 이동 녕 선생을 찾았다. 몇 년 전 양기탁(梁起鐸)의 사랑에서 내게 서간도 에 가서 무관학교를 세우도록 권하고, 지사들을 소집하여 장래에 광 복사업을 준비하는 중임(重任)을 전권 위임하던 그때보다는 십여 년 동안 무수한 고생을 겪어서인지 그토록 풍성함이 가득했던 얼굴에 주 름살이 잡히었다. 서로 악수하고 나니 감개무량하여 무슨 말을 해야 할지도 생각나지 않았다. 당시 상해의 한인은 약 5백여 명을 헤아렸 다. 약간의 상업 종사자 및 유학생과 십수 명의 전차회사 검표원(査票 員)을 제외하면 대부분이 독립운동을 목적하고 본국과 일본, 미주, 중국, 러시아령에서 와서 모인 지사들이었다.

본국 13도가 각 대도시는 물론이고 후미진 항구나 궁벽한 시골에서 도 독립만세를 부르지 않는 곳이 없이 물끓듯하고, 해외도 우리 한인은 어느 나라 땅에 거주하든지 정신으로나 행동으로나 독립운동은 일치 하게 전개하였으니 그 원인을 말하면 대체로 두 가지로 나눌 수 있다.

첫째, 이른바 '한일합병'의 진정한 의미를 그전까지는 깨닫지 못했 었다. 단군 개국 이후 명의상으로 이민족의 속국으로 된 때도 있었고, 우리 민족 안에서도 이 씨가 왕 씨를 혁명하고 스스로 왕이 된 전례가 있으므로, 왜놈에게 병탄을 당하여도 당, 원, 명, 청 등의 시대와 같 이 우리가 완전 자치는 하고 명의상으로나 왜의 속국이 되는 것으로 인식하는 동포가 대부분이었다. 안남(安南), 인도에서 행하는 영국 과 프랑스의 정치를 절충하려는 왜놈의 흉계를 꿰뚫어 보는 인사는 백 분의 2, 3에 불과했다. 그러나 합병 후 처음으로 안악 사건을 조작해 낸 것과 두 번째로 선천(宣川) 105인 사건에서 보인 잔학무도함을 보 고 일본이 언제 망할까 하는 악감정이 격발될 분위기가 농후했다.

둘째, 제1차 세계대전이 끝나고 파리강화회의에서 미대통령 윌슨

302

이 민족자결주의를 제창하였다. 이상 두 가지의 원인으로 우리의 만세운동이 폭발했다.

그러므로 상해로 와서 모인 5백여 명의 인원은 어느 곳에서 모여들었건 우리의 지도자인 노(老) 선배들과 한창 나이의 힘있는 청년투사들이었다. 당시 상해에 먼저 도착한 인사들은 이미 신한청년당(新韓青年黨)을 조직하여 김규식(金奎植)을 파리의 대표로 파송하였고 김철(金澈)을 본국 내에 대표로 파견하는 등의 활동을 벌이고 있었다.

그러나 여러 청년들 사이에서 대내외로 운동을 전개해 나가는 데는 정부조직이 절대 필요하다는 목소리가 점점 높아졌고, 각 도에서 상해로 온 인사들이 각기 대표를 보내 임시 의정원을 조직하여 임시정부가 탄생했으니 곧 대한민국 임시정부이다. 이승만을 총리로 임명하고 내무 외무 군사 재무 법무 교통 등의 부서가 조직되었으며 도산 안창호가 미주에서 상해로 와 내무총장으로 취임하였다.

각부 총장들이 먼곳에서 미처 도착하지 못하였기 때문에 차장들을 대리로 하여 국무회의를 진행하던 중에 이동휘 문창범(文昌範)은 러시아령에서, 이시영(李始榮) 남형우(南亨祐) 등은 북경에서 모여들어 정부 사무가 본궤도에 오를 무렵이었다. 서울에서 비밀리에 각 도대표가 모여 이승만을 집정관(執政官) 총재로 임명한 정부를 조직하였으나 본국에서 활동할 수 없으므로 상해로 보내니 뜻하지 않게 두 개의 정부가 만들어졌다.

이에 따라 두 정부를 개편하고 이승만을 대통령으로 임명하였다. 4월 11일에 헌법을 반포하였다. 이와 관련된 기록은 운동사(運動史)와 임시정부회의록에 상세히 기재되어 있으니 간단히 적기로 하고 나에 대한 사실만 쓰기로 한다.

임시정부 경무국장 시기

나는 내무총장인 안창호 선생에게 정부의 문지기를 시켜달라고 청했다. 그는 내가 벼슬을 시켜주지 않은 데 대한 반감이라도 지닌 게 아닌가 하는 의혹과 염려의 기색을 보였다. 나는 종전 본국에서 교육사업을 할 때 어느 곳에서 순사시험과목을 보고 집에 가서 혼자 시험을 쳐서 합격이 못 되었다는 것과 서대문감옥에서 징역 살 때 훗날 만일 독립정부가 조직되거든 정부 뜰을 쓸고 문을 지키는 것을 소원으로 삼았다는 것, 또는 이름을 '구'로, 별호를 백범(白凡)으로 고친 것까지 설명하고 평소 나의 소원을 모두 말하였다.

도산은 쾌히 승낙하며 자기가 미국서 보니 백악관을 지키는 관리가 있었다며 백범 같은 이가 우리 정부청사를 지키는 것이 적당하므로 내일 국무회의에 제출하겠다고 했다. 나는 마음에 홀로 기쁘고 자부심이 생겼다.

이튿날 도산은 뜻밖에도 나에게 경무국장의 임명장을 주며 취임 시무를 권하였다. 나는 고사하였다. 순사의 자격에도 못 미치는 내가 경무국장의 직무를 감당할 수 없다고 하였다. 그러나 국무회의에서, 백범은 다년간 감옥에서 지내 왜놈의 사정을 잘 알고 혁명시기에는 정신을 보고 인재를 등용하는 것이라며 기왕 임명된 것이니 거절하지 말고 공무를 맡으라고 강권하므로 취임 시무하였다.

나는 5년 동안 이 직무를 맡아 했는데, 이 경무국장직은 신문관·검사·판사로 형 집행까지 하게 되는 직책이었다. 범죄자 처분은 간단히 말해 회유(誨諭)가 아니면 사형이었다. 예를 들면 김도순(金道淳)이는 17세 소년으로 본국에서 파견한 정부 특파원의 뒤를 따라 상해에 왔는데 특파원을 체포하려는 왜 영사관에 협조하여 여비 십 원을 받았다. 이 미성년자를 부득이 극형에 처하니, 기성 국가에서는 보지 못할 특종사건이라 할 수 있었다.

경무국 사무로 말하면, 남의 조계(租界)에 얹혀 지내는 임시정부인 만큼 현재 세계 각국의 일반적인 경찰행정과는 달랐다. 왜적의 정탐 활동을 방지하고 독립운동자 가운데 투항자 유무를 정찰하며 왜의 마수가 어느 방면으로 침투하는지 살피는 것이 주임무였다. 이 일에 정복과 사복 경호원 20여 명을 임명하여 활동했다.

홍구(虹口) 왜영사관과 우리 경무국이 대립하여 암투를 벌였다. 당시 프랑스 조계 당국은 우리 독립운동에 대하여 특별히 동정적이었다. 일본 영사로부터 우리 운동자에 대한 체포 요구가 있을 때는 우리 기관에 통지해 주었으며, 급기야 체포 시에는 일경관을 대동하고 빈집을 수색하고 갈 뿐이었다.

한번은 오성륜(吳成倫) 등이 황포 선창에서 왜구 다나카 기이치(田中義一)에게 폭탄을 던졌으나 폭발이 되지 않았다. 그래서 권총을 발사했는데 미국 여행객인 한 여자가 그 총탄에 맞아 죽는 일이 일어났다. 그리하여 일·영·프 삼국 합작으로 프랑스 조계 한인을 대거 체포하는 일이 벌어졌다. 그때는 우리 집이 모친까지 본국서 상해로 오신 때였다.

하루는 이른 아침에 왜놈 경찰 일곱 명이 노기등등하여 침실로 쳐들어왔다. 함께 온 프랑스 경관 서대납(西大納)은 나와는 잘 아는 자로서 사전에 나인 줄 알았으면 애초에 잡으러 오지도 않았을 텐데 왜말과 불어가 달라 체포장의 이름이 김구인 줄 모르고 그저 한인 강도인 줄 알고 체포하려 했던 것이다. 막상 와서 보니 나를 잘 아는 터이라 왜놈들이 달려들어 수갑을 채우려 하자 서대납은 이를 가로막았다. 그리곤 나를 향하여 옷을 입고 프랑스 경무국으로 가자는 뜻을 표하는 것이었다.

그 말에 따라 숭산로 경찰서로 가서 보니 원세훈(元世勳) 등 다섯 명은 먼저 잡아다가 유치장에 구금하여 놓고 내게 왔던 것이다. 내가 유치장에 들어간 후에 왜경이 와서 신문하려 하자 그 프랑스 사람은 허락하지 않았다. 일본 영사가 인도를 요구하는 것도 듣지 않고 나에게 묻기를,

"체포된 다섯 사람은 모두 김 군이 잘 아는 사람들인가?"

나는 다섯 명이 다 좋은 동지라고 대답했다. 그가 또다시 물었다.

"김 군은 이 다섯 명을 담보하고 데리고 가기를 원하는가?"

내가 원한다고 하자 즉시 그들을 석방했다.

몇 해 동안 프랑스 경찰국에 한인 범죄자들이 체포될 때면 나는 배심관으로 임시정부를 대표하여 신문 처리하곤 했다. 그런 까닭에 프랑스 공무국(工務局)에서는 나를 왜경에게 넘기지 않는 것은 물론이고 내가 보증하면 현행범 외에는 즉시 석방시켰다. 왜는 프랑스인과 나의 관계를 알게 된 후부터는 더 이상 체포 요구 같은 것은 하지 않았다. 정탐으로 하여금 김구를 유인하여 프랑스 조계 밖 영국 조계나 중국 지역으로 데리고 오면 포박하여서 중·영 당국에 통보만 하고 잡아갈 의도였다. 나는 그런 의도를 알고부터는 프랑스 조계 밖으로 한 발짝도 넘지 않았다.

프랑스 조계 생활 14년 동안의 기괴한 사건들을 일일히 기록하기가 불가능한 것은 연월일시를 잊어서 순서를 맞추기 어렵기 때문이다.

5년간 경무국장을 맡았을 때 기억나는 일이다. 고등정탐 선우갑(鮮于甲)을 유인하여 포박 신문하니 죽을죄를 자인하며 사형시켜 달라고 했다. 살려 줄 터이니 장차 공을 세워 속죄할 것이냐 물으니 그러기 소원이라 하여 풀어주었다. 그는 상해에서 정탐한 문건을 임시정부에 바쳐 올리겠다고 자원하였으므로 시간을 약속하여 김보연(金甫淵) 손두환(孫斗煥) 등을 왜놈의 등전여관(騰田旅館)에 보냈다. 과연 왜에게 고발하여 체포하는 일은 없었다. 그는 내가 전화로 호출하면 즉

시로 와서 대기하곤 하다가 나흘 후 몰래 도망쳐 본국으로 돌아가서는 임시정부의 덕을 칭송하고 다닌다는 소문이 있었다.

강인우(姜麟佑)는 왜의 경부(警部)로서 비밀 사명을 띠고 상해에 와서 "김구 선생에게 본인이 상해에 온 임무를 보고하겠으니 면회를 허락하겠는가" 하는 편지를 보내왔다. 나는 그를 영국 조계 신세계 식당으로 청했다. 왜놈과 동행하면 족히 나를 체포할 수 있는 곳인데 정각에 가서 보니 강인우 혼자만 와 있었다. 그는 말하기를 "총독부에서 사명을 받은 것은 이러이러한 사건이니 그 점에 주의하시어 선생께서 거짓 보고자료를 주시면 귀국하여 책임 막음이나 하겠습니다"고 했다. 나는 쾌히 승낙하고 자료를 잘 만들어 주었다. 그는 귀국 후에 그 공로로 풍산군수가 되었다고 한다.

구한국 내무대신 동농(東農) 김가진(金嘉鎭) 선생은 '한일합병' 후에 남작의 작위를 받았는데, 기미 3·1선언 이후에 대동당(大同黨)을 조직하여 활동하다가 남은 날들을 독립운동의 발원지에서 보내는 것을 큰 영광 큰 목적으로 여겨 아들 의한(毅漢)군을 데리고 상해로 왔다. 왜 총독은 남작 중에서 독립운동에 참여한 이가 나온 것을 일본의 수치로 여겼다. 그리하여 동농의 며느리의 사촌오빠인 정필화(鄭弼和)를 밀파하여 김동농 선생을 은밀히 회유하여 귀국케 하려는 움직임이 있었다. 경무국에서 이를 간파하여 정을 비밀리에 검거하여 신문한즉 낱낱이 자백하므로 교수형에 처했다.

해주 사람 황학선(黃鶴善)은 독립운동 이전에 상해로 온 청년으로서 우리 운동에 가장 큰 열정이 있어 보여 자연 각지에서 상해로 온 지사들이 황아무개의 집에 숙식케 되었는데 이를 기회로 수립된 지 며칠도 안 된 임시정부를 악평해댔다. 그리하여 새로이 도착한 청년들 중에 동농 선생과 함께 서울에서 열렬히 운동하던 나창헌(羅昌憲) 등이 황아무개의 흉계에 말려들어 정부에 극단적인 악감을 품고 김기제(金

基濟) 김의한 등 십수 명이 임시정부 내무부를 습격한 사건이 일어났다. 당시 정부를 옹호하던 청년들이 극도로 격분하여 육박전이 벌어졌고, 나창헌(羅昌憲) 김기제 두 사람은 중상을 입었다. 내무총장 이동녕 선생의 명령을 받아 포박된 10여 청년은 타일러서 풀어주고, 중상을 입은 나, 김 두 사람은 입원치료케 하였다.

경무국에서 그 분란의 원인 조사에 나서니 경악할 만한 음모가 밝혀졌다. 나, 김 등 활동의 배후에는 황학선이가 활동자금을 댔고 황 아무개의 배후에는 일본영사관에서 자금과 계획을 조달한 것이었다. 황아무개를 비밀 체포하여 신문한즉 나창헌등의 애국열정을 이용하여 임시 정부의 각 총장과 경무국장 김구까지 전부 암살하려 했다는 것이다. 후미진 조용한 곳에 3층 양옥을 세내고 대문에 민생의원(民生醫院)이라는 간판을 붙인 다음(나 군은 의과생이었다) 정부요인들을 유인하여 암살하려던 것이었다.

황 아무개의 신문기록을 가지고 나창헌에게 제시하니 나 군은 크게 놀라면서 처음부터 황아무개에게 속아서 아무 생각 없이 큰 죄를 범할 뻔한 사정을 설명했다. 그러면서 황아무개의 극형을 주장하였다. 그러나 그때는 이미 황의 사형은 집행되었고 나 군등의 행위를 조사중이었다.

언젠가는 또 박 아무개라는 우리 청년이 경무국장 면회를 청하기에 만나 보니 초면에 눈물을 흘리며 품안에서 권총 한 자루와 왜놈이 준 수첩 하나를 내어놓는 것이었다. 며칠 전에 먹고살려고 본국에서 상해로 건너왔다며 이렇게 말했다.

"도착하자마자 일본영사관에서 나의 체격이 건장한 것을 보더니 김구를 살해하고 오면 돈도 많이 주고 본국 가족들에게는 국가 소유 토지를 주어 농사짓게 해주겠다더군요. 만일 불응하면 불령선인(不逞鮮人)으로 엮어버린다고 하기에 받아들였습니다. 프랑스 조계에 와서 선생을 멀리서 보기도 하고 독립을 위하여 애쓰시는 것을 보고서 나도 한인의 한 분자로 어찌 감히 살해할 마음을 품을 수 있겠습니까. 그래서 권총과 수첩을 선생께 바치고 중국의 지방으로 가서 장사나 할까 합니다."

나는 감사의 뜻을 표했다.

나의 신조는 일을 맡길 때는 사람을 의심하지 않고, 사람이 의심되면 일을 맡기지 않으니, 일생을 통하여 이 신조 때문에 종종 화를 입으면서도 천성이라 고치지 못했다.

경호원 한태규(韓泰奎)는 평양 사람인데, 사람됨이 근면하고 성실하여 7, 8년간 일을 맡기는 사이에 안팎 사람들의 신망이 무척 두터웠고, 내가 경무국장을 그만둔 후에도 의연히 경무국 사무를 보았다. 계원(桂園) 노백린(盧伯麟) 형이 어느 날 아침 일찍 나의 집에 와서,

"뒷길가에 어떤 젊은 여자 하나의 시체가 있는데 중국인들이 한인이라고 떠드니, 백범, 어서 나가봅시다."

하는 것이었다.

계원과 가서 보니 명주(明珠)의 시체였다. 명주는 하층 여자로 어떻게 해서 상해로 왔는지 모르지만 정인과(鄭仁果) 황진남(黃鎭南) 등의 식모로도 일했고 청년 남자들과의 추잡한 일도 있는 모양이었다. 언젠가 밤중에 한태규와 함께 왔다갔다하는 것을 보고, 한 군도 청년이니 서로 친한 관계가 있나 보다 하고 생각한 때가 그다지 멀지 않은 것으로 기억된다.

시신을 자세히 살펴보니 피살된 것이 분명했다. 먼저 타박상으로 머리 위에 혈흔(血痕)이 있고 목 부분에 노끈으로 졸랐는데, 그 졸라 죽인 수법이 내가 서대문감옥에서 김 진사로부터 배운 것과 흡사했다. 나는 활빈당에서 사형하는 것을 배워 익혀 경호원들에게 연습시켜서 정탐 처치에 응용했던 것이다.

나는 프랑스 공무국에 달려가서 서대납에게 고발하고 협동조사에 착수하였다. 한태규가 명주와 야간 출입하던 곳의 집집을 돌며 모양이 이러이러한 남녀가 세들어 산 일이 있는지 탐문한 결과 한 달 전에 한아무개와 명주가 동거한 사실을 발견하였다. 그러나 명주의 시체가 있던 곳과는 거리가 원체 멀리 떨어져 있어서 시체가 놓여 있던 근처 셋방 명부를 조사해 보니 10여 일 전에 방 하나를 성이 한이라는 자에게 빌려준 기록이 나타났는데 그 방문을 열고 자세히 살펴보니 마루 위에 핏자국이 있었다.

이렇게 해서 한에게 의혹이 집중되었다. 서대납과 한태규의 체포를 상의하고 나서 한태규를 불러 요즘은 어디서 숙식을 하는지 물었다. 그는 방을 세 얻지 못해 이리저리 다니며 숙식한다고 대답했다. 그때 프랑스 순경이 들어와 그를 체포했다.

배심관으로 신문해 보니 한은 내가 경무국장을 그만둔 뒤 여러가지 사정으로 왜놈에게 매수되었는데, 밀탐을 하며 명주와 비밀 동거하던 중 왜의 주구인 것이 명주에게 알려졌다. 명주는 배운 것 없는 무식한 하류 여자이나 애국심이 두텁고 나 김구를 극히 경애하니 반드시 고발할 태세여서 흔적을 없애기 위해 암살했다는 것이다. 이런 사실 자백에 의거하여 한을 종신징역에 처했다.

이 사건에 대한 조사를 함께 했던 나우(羅愚) 등은 이런 말을 했다. 즉 자기들은 이미 오래 전부터 한 아무개가 돈을 물쓰듯하고 이상한 행동을 해서 십중팔구는 정탐이라고 추측했는데, 하지만 확실한 증거가 없고 단지 혐의만으로 나에게 보고하였다가는 도리어 나로부터 동지를 의심한다는 책망이나 받을까봐 입을 다물고 있었다는 것이다.

그 후 한태규는 감옥 중죄수들과 함께 탈옥을 모의하여 양력 1월 1일 아침에 거사하기로 결정해 놓고 프랑스 간수에게 밀고했다. 간수들이 총 들고 대비하고 있는 중에 감방문들이 정각에 일시에 열리며 칼과 몽둥이, 돌을 든 죄수들이 쏟아져 나오는데 나오는 대로 총을 쏘아 8명의 죄수가 그 자리에서 죽었다. 나머지들은 감히 옴짝하지 못해 탈옥소동은 진정되었다.

재판 때 태규가 8명의 시체를 담은 관 머리에 증인으로 출정했다는 말을 들었다. 그런 악한을 절대 신임했던 나는 세상에 머리를 들 수 없다는 자괴심으로 말할 수 없이 괴로워했는데, 하루는 태규의 편지가 왔다. 읽어 보니 감옥에서 함께 고생하던 죄수를 여덟 명이나 죽인 것을 프랑스 옥관(獄官)이 큰 공로로 인정하여 특전으로 풀려났다며 예전에 지은 죄를 용서하고 써주시기를 원한다는 내용이었다. 한은 나의 회답이 없는 것을 보고 겁이 났던지 귀국하여 평양에서 소매상으로 돌아다니더라는 소문을 들었다.

민족주의와 공산주의의 갈등

상해의 정국(政局)을 말해 보기로 하자. 기미년 즉 대한민국 원년에는 국내 국외가 일치하여 민족운동에만 매진하였다. 그러나 세계사조가 점차 봉건이니 사회주의이니 복잡화됨에 따라 단순하던 우리 운동계에서도 사상이 나누어지고 음으로 양으로 투쟁이 개시되었다. 임시정부 직원 중에서도 공산주의이니 민족주의이니(민족주의는 세계가 규정하는 바 자기 민족만 강화하여 타민족을 압박하는 주의가 아니며, 우리 한국 민족도 독립과 자유를 회복하여 다른 민족과 같은 완전 행복을 향유하자 함이다) 하는 분파적 충돌이 격렬해졌다.

심지어 정부 국무원에서조차 대통령과 각부 총장들 간에 혹은 민주주의로 혹은 공산주의로 저마다 제 갈 길을 갔다. 큰 것만 들자면, 국무총리 이동휘(李東輝)는 공산혁명을 부르짖고 대통령 이승만은 민주주의를 주창하여 국무회의 석상에서도 의견불일치로 자주 쟁론이 일어나 국시(國是)가 서지 못했다. 그리하여 정부 내부에도 괴이한 현상이 속출했다. 예를 들면 국무회의에서 러시아 파견대표로 여운형 (呂運亨) 안공근 한형권(韓亨權) 세 사람을 뽑아 보내기로 결정하고 여비를 마련하던 중에, 이동휘는 금전이 입수되는 것을 보고 자기 심복인 한형권을 비밀리에 먼저 보내 시베리아를 통과한 후에야 공개했다. 이 일로 정부나 사회에 물의가 분분하였다.

이동휘는 호가 성재(誠齋)인데 블라디보스톡에서 성명을 바꾸어 '대자유'(大自由)라고 행세하던 일도 있었다고 한다. 어느 날 그 이 총리가 나에게 공원 산보를 청하기에 함께 갔는데, 조용히 자기를 도와 달라는 말을 하는 것이었다. 나는 좀 불쾌한 생각이 들어 이렇게 대답하였다.

"제가 경무국장으로 총리를 보호하는 터에 무슨 직책상으로 잘못된 일이 있습니까?"

이 씨는 손을 내저으며 아니라고 했다.

"대저 혁명은 유혈(流血)의 사업이니 어느 민족에게나 대사(大事)인 것이오. 그런데 현하(現下) 우리 독립운동은 민주주의인즉 이대로 독립을 하고 나면 다시 공산혁명을 하게 되어 두 번 유혈을 보게 되는 것이오. 이는 우리 민족에게 대불행이니 동생도 나와 함께 공산혁명을 하자는 요청이오. 어떻게 생각하오?"

나는 반문하였다.

"우리가 공산혁명을 하는 데는 제3국제당의 지휘명령을 받지 않고 우리가 독립적으로 공산혁명을 할 수 있습니까?"

이 씨는 고개를 저으며 불가능하다고 답한다. 나는 강경한 어조로 말했다.

"우리 독립운동이 우리 한민족의 독자성을 떠나서 어느 제3자의 지도와 명령의 지배를 받는 것은 자존(自存)을 상실하는 의존성 운동입

312

니다. 선생이 우리 임시정부 헌장에 위배되는 말을 하시는 것은 전혀 옳지 않은 일이고 저는 선생의 지도에 응하여 따를 수 없습니다. 선생이 자중하시길 권고합니다."

이 씨는 불만스런 낯빛으로 나와 헤어졌다.

이 씨가 밀파한 한형권은 단신으로 시베리아에 도착하여 러시아 관리에게 자신이 러시아에 온 사명을 전달했다. 러시아 관리가 즉시 모스크바 정부에 보고하고 러시아 정부는 한국대표를 환영했다. 길가에 한인들을 동원하여 한이 도착하는 정거장마다 한인 남녀들은 태극기를 손에 들고 임시정부 대표를 열렬히 환영했다. 마침내 모스크바에 도착하니 러시아국 최고 수령 레닌 씨가 친히 영접하여 한에게 독립자금이 얼마나 필요하느냐고 물었다. 한은 입에서 나오는 대로 2백만 루블을 요구했다. 레닌은 웃으면서 물었다.

"일본에 대항하는 데 2백만으로 될 수 있는가?"

한이 대답하길 본국과 미국에 있는 동포들이 자금을 조달한다고 하자 레닌은 자기 민족이 자기 사업하는 것은 당연하다면서 즉시 현금 2백만 루블을 러시아 외교부에 명령하여 지급토록 하였다. 그러나 외교부는 금괴 운반 문제로 일차 시험적으로 40만 루블을 지급했다.

한형권이 그 돈을 지니고 서베를린에 도착할 때에 맞추어 이동휘는 비서장 김립(金立)을 밀파하여 한형권을 종용해서 빼돌렸다. 그 금괴는 임시정부로 들어오지 않았다. 김립은 그 돈으로 북간도의 자기 식구들을 위해 토지를 매입했고, 이른바 공산운동자라는 한인 중국인 인도인에게 그 중 얼마를 지급했으며 자기는 비밀리에 상해에 잠복하여 광동(廣東) 여자를 첩으로 맞아 향락에 빠졌다.

임시정부에서 이동휘에게 그 죄를 묻게 되자, 이 씨는 총리의 직을 사임하고 러시아로 도주했다. 한형권은 다시 러시아 수도로 가서 통일운동을 하겠다며 이유를 설명하고 다시 20만 루블을 갖고 상해에 잠입하여 공산당들에게 그 돈을 나누어 주고 이른바 국민대표대회를 소집했다.

한인 공산당은 세 파로 나누어져 있었다. ① 상해에서 설립된 것은 일컬어 상해파로서 그 수령은 이동휘이며, ② 이른바 이르쿠츠크파이니 그 수령은 안병찬(安秉贊) 여운형 등이고, ③ 일본서 공부하던 유학생들로서 일본서 조직된 것으로 이른바 엠엘(ML)파니 일본 후쿠모토 가즈오(福本和夫)와 김준연(金俊淵) 등을 우두머리로 상해에서는 세력이 미약했으나 만주에서는 맹렬한 활동을 하였다. 그밖에도 이을규(李乙奎) 이정규(李丁奎) 형제와 유자명(柳子明) 등은 무정부주의를 신봉하여 상해와 천진(天津) 등지에서 활동이 맹렬하였다.

내무총장 취임과 국민대표회의 해산

상해에서 열린 국민대표회는 잡종 모임이라 할 수 있으니 일본 조선 중국 러시아 등 각처 한인단체의 대표라는 형형색색의 명칭으로 2백여 대표가 모였다. 그 중에 이르쿠츠쿠파와 상해파, 두 파 공산당이 경쟁적으로 민족주의자 대표들을 분열시켰고, 두 파가 서로 목청을 높여 이르쿠츠쿠파는 창조를, 상해파는 개조를 주장하였다. 이른바 '창조'라는 것은 현 임시정부를 취소하고 새로 정부조직을 만들자는 것이고 개조파는 현정부 개조를 주장한 것이었다.

두 가지의 주장이 결국에는 하나로 모이지 않아 그 회는 분열되었다. 창조파에서는 '한국정부'를 조직했고 그 정부의 외무총장인 김규식(金奎植)은 이른바 한국정부를 이끌고 블라디보스톡까지 가서 러시아로부터 승인받으려 했으나 러시아가 받아들이지 않아 수포로 돌아갔다.

국민대표대회에서 두 파 공산당이 서로 투쟁하여 순진한 독립운동자들까지도 나뉘어 혹은 창조 혹은 개조로 전체가 요란하게 되자, 나는 당시 내무총장의 직권으로 국민대표대회의 해산령을 발하니 시국은 안정되었다. 또한 정부의 공금횡령범 김립은 오면직(吳冕稙) 노종균(盧宗均) 등의 청년에게 총살당하니 여론은 통쾌하다는 쪽으로 모아졌다. 임시정부에서는 한형권을 러시아 대표직에서 파면하고 안공근을 주러시아 대표로 파송하였으나 별효과가 없어서 러시아와의 외교관계는 끝내 단절되었다.

상해에서는 공산당들의 운동이 국민대회에서 실패된 후에도 통일의 미명 하에 끊임없이 민족운동자들을 종용했다. 공산당 청년들은 여전히 두 파로 나뉘어 동일한 목적 동일한 명칭의 재(在)중국청년동맹과 주(住)중국청년동맹이 각기 상해의 우리 청년들을 쟁탈하여 처음 주장이던 독립운동을 공산운동화하자고 절규했다.

그러다가 레닌이 공산당 사람들에게 "식민지운동은 복국(復國)운동이 사회운동보다 우선"이라고 천명함에 따라 어제까지 민족운동 즉 복국 운동을 비난하고 조소하던 공산당원들이 돌변하여 독립운동 민족운동을 공산당의 당시(黨是)로 주창하고 나섰다. 민족주의자들은 자연히 찬동되어 유일독립당촉성회(唯一獨立黨促成會)를 결성하였는데, 내부로는 여전히 양파 공산당의 권리쟁탈전이 명으로 암으로 대립되어 한 발짝도 앞으로 나갈 수 없었다. 이에 민족운동자들도 차차 각오가 생겨서 공산당의 속임수를 받아들이지 않게 되었다. 유일독립당촉성회는 결국 공산당의 음모로 해산되었다.

상해 한국독립당과 만주 독립군

그 후 한국독립당이 조직되었다. 순전한 민족주의자 이동녕, 안창호, 조완구(趙琬九), 이유필(李裕弼), 차이석(車利錫), 김붕준(金朋

潘), 김구, 송병조(宋秉祚) 등을 수뇌로 창립되어 이제부터는 민족운동자와 공산운동자가 조직을 따로 가지게 되었다.

공산당들은 상해의 민족운동자들이 자기의 수단에 농락되지 않음을 깨닫고 남북만주로 진출했고 거기서는 상해의 활동보다 일층 백층 더 맹렬하였다. 이상룡(李尙龍)의 자손은 살부회(殺父會)까지 조직하고 있었다. 살부회에서도 체면을 생각해서였는지 회원이 직접 제 손으로 아비를 죽이는 것이 아니라, 너는 내 아비를 죽이고 나는 네 아비를 죽이는 규칙이라 했다.

남·북만주의 독립운동 단체로 정의부(正義府) 신민부(新民府) 참의부(參議府) 외에 남군정서(南軍政署) 북군정서(北軍政署) 등 각 기관에 공산당이 침투하여 여지없이 파괴 훼손하고 인명을 살해하였다. 백광운(白狂雲) 정일우(鄭一雨) 김좌진(金佐鎭) 김규식(金奎植) 등 우리 운동계에 없어서는 안 될 굳건한 장수들을 다 잃었고, 그로 말미암아 국내외 동포의 독립사상이 날로 위축되었다.

더욱이 엎친 데 덮친 격으로 동북 3성(省)의 왕이라 할 수 있는 장작림(張作霖)과 일본의 협정이 성립되어, 독립운동 하는 한인은 잡히는 대로 왜에게 인도하고, 심지어 중국 백성들이 한인 한 명의 머리를 베어 왜놈 영사관에 가져가면 몇십 원에서 3, 4원씩 주었다.

딱히 중국 백성들뿐이런가. 그곳 우리 한인들은 처음에는 아무리 중국 경내에 거주한다 해도 가가호호에서 매년 우리 독립운동 기관의 정의부나 신민부에 착실히 세금을 납부했다. 그런 순박한 백성들도 우리 무장대로부터 못된 위세와 침탈을 당하면서 차츰 등을 돌리게 되어 독립군이 자기 집 자기 동네에 오면 은밀히 왜놈에게 고발하는 악풍이 생겼다. 독립운동자들도 점차 왜에게 투항하는 바람까지 일고 보니 동북 3성(省)의 운동 근거는 자연 취약해졌다. 그러나 왜놈이 알을 품어준 끝에 만주제국(滿洲帝國)이 태어나니 만주는 제 2의 조선이 되어버렸다. 이 얼마나 뼈아픈 일인가.

동북 3성의 정의·신민·참의부와 임시정부의 관계는 어떠하였던가. 임시정부가 처음 조직되었을 때 이 3부는 임시정부를 최고기관으로 인정하고 추대하였다. 그러나 나중에는 점점 할거화하여 군정·민정을 3부에서 합작은 하지 않고 세력을 다투어 서로 전쟁까지 벌였다. "스스로를 업신여긴 후에 남이 자신을 업신여긴다"는 말은 이를 가리킨 격언일 것이다.

정세(情勢)로 말하면 동북 3성 방면에 우리 독립군이 벌써 그림자도 끊겼을 텐데 그 후 30여 년이 지난(독립선언 이전에 근 10년 신흥학교 시대부터 무장대가 있었다) 지금까지 오히려 김일성(金一聲) 등 무장부대가 의연히 산악지대를 배경으로 압록 두만을 넘어 왜병과 전쟁을 벌이고 있었다. 그들은 중국 의용군과도 연합작전을 펴고 있으며 러시아의 후원도 받아서 현상을 유지하고 있으나 관내 임시정부 방면과의 연락은 극히 곤란하게 되었다.

종전 통의(統義) 신민 참의 3부 중 참의부가 임시정부를 시종 옹대하다가 최후에 3부가 통일하여 정의부로 되자 제 얼굴에 침뱉기 식으로 막을 내리게 되는 데는 공산당파와 민족당파의 충돌이 중요 원인이었다. 그리하여 공산이나 민족이나 말로(末路)는 같은 운명으로 귀결되었다.

임시정부 국무령 취임과 국무위원

상해의 정세도 대략 양쪽 다 져서 함께 상처입는 꼴이었지만, 임시정부와 한국독립당으로 민족진영의 잔해만은 남아 있었다. 그러나 임시정부는 인재 구하기도 극히 어렵고 경제도 매우 쪼들렸다. 정부제도는 대통령 이승만이 교체되고 박은식(朴殷植)이 대통령으로 취임

대한민국 임시정부 신년축하식(1920년)

한 직후 대통령 제도가 국무령 제도로 바뀌었다. 초대 국무령으로 취임차 이상룡이 서간도로부터 상해에 와서 인재를 물색했지만 입각 지원자가 없어서 간도로 되돌아갔다. 다음으로 뽑힌 홍면희(洪冕熙) 역시 진강(鎭江)으로부터 상해로 와서 취임한 후에 조각(組閣)에 착수하였으나 역시 응하는 인물이 없어 실패하였다.

임시정부는 마침내 무정부상태에 빠졌으므로 의정원에서 큰 문제가 되었다. 의장 이동녕 선생이 내게 와서 국무령으로서 조각하라는 말로 강권하였으나 사양하였다. 의장은 다시 강권하였으나 나는 두 가지의 이유로 고사하였다. 첫째, 정부가 아무리 오그라든 시기라고 하나 나는 해주 서촌 김 존위의 아들로서 한 나라의 원수가 되는 것은 국가와 민족의 위신에 큰 문제가 되니 안 된다. 둘째, 이·홍 두 사람도 응하는 인재가 없어 실패하였는데 나는 더욱 응할 인물이 없을 것이라는 이유였다.

이러한 두 가지 이유로 따르지 못하겠다는 뜻을 언명하자 이 씨는 말하길 처음 것은 이유 될 것도 없고, 두 번째는 백범이 나서기만 하면 지원자들이 있으니 쾌히 응낙하라는 것이었다. 그리하여 의정원에서 수속을 마치고 무정부상태에서 벗어나도록 하라는 권고에 응하여 국무령으로 취임해서 윤기섭(尹琦燮) 오영선(吳永善) 김갑(金甲) 김철(金澈) 이규홍(李圭洪) 등으로 조각하였다.

조각이 심히 곤란했던 것을 참작하여 나는 국무령제를 국무위원제로 개정하여 의정원에서 통과되었다. 국무회의에 명색으로 주석이 있으나 회의를 열 때 주석(主席)에 앉을 뿐이므로 그 일만 각 위원이 번갈아 하면 되는 것이었다. 그외에는 모든 권리가 평등하니 이로부터 정부의 분규는 가라앉았다. 그러나 경제적으로는 정부의 명의조차 유지할 길이 막연했다. 청사 가옥의 집세라야 불과 30 원이고 직원 월급이라야 20 원 미만이지만 방세 문제로 집주인으로부터 이따금 소송을 당하기도 했다.

다른 위원들은 거의 딸린 가족이 있었으나 나는 민국 6년에 상처하고 7년에는 모친께서 신(信)을 데리고 고국으로 돌아가시고 나 혼자 인이를 데리고 지내다가 모친의 분부에 따라 인(仁)마저 본국으로 보낸 후였다. 몸뚱이와 그림자만 서로 벗하는 신세로 잠은 정청(政廳)에서 자고 식사는 직업을 가진 동포들의 집(전차공사와 공공기차공사 검표원이 6, 70명이었다)에 다니며 걸식하고 지내니 거지는 상등 거지였다.

나의 처지를 알기 때문에 아무렇게나 먹으라는 식으로 대접하는 동포는 없었다. 조봉길(曺奉吉) 이춘태(李春泰) 나우(羅愚) 진희창(秦熙昌) 김의한(金毅漢) 등은 친절한 동지들이니 더 할 말이 없고 여타 동포들도 동정적으로 대접해 주었다.

엄항섭(嚴恒燮) 군은 유지 청년으로 지강(之江) 대학 중학을 마친 후에 프랑스 공무국에 취직했는데, 자기 집 살림보다도 석오(石吾 : 이동녕 선생의 호) 선생과 나처럼 먹고 입기 곤란한 운동자를 구제하기 위해 취직한 것이었다. 그가 그곳에 취직한 것은 월급을 받아 우리에게 음식을 제공하는 것말고도 왜 영사가 우리를 체포하려는 사건을 알아내 피신시키는 일과 우리 동포 중에 범죄자가 있을 때 편리를 도모하키 위한 또다른 두 가지 목적이 있었다.

엄 군의 첫 부인 임 씨는 구식 부인인데 내가 자기 집에 갔다가 나올 때면 전송하러 문밖에 따라나와 아기도 한번 나아 보지 않았으면서도 은전을 한두 개씩 나의 손에 쥐어주는 것이다. 그러면서,

"아기(인) 사탕이나 사주셔요."

했다. 자기 남편이 존경하는 노선배로 친절히 대접하였던 것이다. 그이는 초산에 딸을 낳고 불행히도 세상을 떠나 노가만(盧家灣) 묘지에 매장하였다. 나는 그이의 무덤을 볼 적마다 엄 군이 능력이 부족하면 나라도 능력이 생기는 날 기념묘비나 세우리라 유념하곤 했다. 내가 급기야 상해를 떠나올 때는 그만큼의 능력이야 넉넉했지만 여러 사정이 좋지 못하여 그조차도 뜻대로 되지 않았다. 이 글을 쓰는 오늘에도 노가만 공무국 공동묘지의 임 씨 무덤이 눈에 선하다.

당시 나의 주요 임무가 무엇이었는지 되돌아보자니 그때의 환경이 어떠했는지를 말하게 된다. 민국 원년으로부터 3, 4년을 지내고 보니 당시에는 열렬하던 독립운동자들이 하나둘씩 왜놈에게 투항하여 귀국했다. 임시정부 군무차장 김희선(金羲善)과 독립신문사 주필 이광수(李光洙), 의정원 부의장 정인과(鄭仁果) 등을 위시하여 점점 그 수가 늘어났다.

다른 한편 임시정부 밀파로 귀국하는 동지들도 있었다. 정치로는 연통제(聯通制)를 실시하여 비밀조직으로 서울에 총판부(總辦部)를 두고 13도에 독판(督辦)을 두며 각 군에 군감(郡監), 각 면에 면감(面

監)을 두었다. 임시정부에서 이상의 각 주무장관들을 임명하여 이면으로는 전국을 통치했다. 인민이 비밀 납세도 성심으로 하여 상해임시정부의 위신이 크게 빛났다. 그러나 함경남도에서 연통제가 왜에게 발각되면서 각 조직이 파괴되었으니 비밀사명을 가지고 갔다가 체포된 자가 부지기수였다.

처음에는 열성으로 큰 뜻을 품고 상해로 온 청년들도 점점 경제난으로 취직하거나 행상 노릇을 하였다. 이로 인해 한때 상해의 우리 독립운동자가 천여 명이던 것이 차차 그 수가 줄어들어 수십 명에 불과하게 되었다. 이러니 최고기관인 임시정부의 처지를 충분히 짐작할수 있는 일이다.

나는 처음에는 정부 문지기를 하겠다고 청원하였으나 결국엔 노동총판으로, 내무총장으로, 국무령으로, 국무위원으로, 주석으로 중임을 거의 다 역임하게 되었다. 이는 문지기 자격이 진보된 것이 아니라 임시정부의 인재난 경제난이 극도에 달하여 마치 명예가 쟁쟁하던 집안이 몰락하고 고대광실이 걸인의 소굴이 된 것과 흡사했다.

이 대통령이 취임 시무할 당시에는 중국인사는 물론이고 눈 깊고 코 높은 영국 미국 프랑스의 친구들도 더러 방문하던 임시정부였지만, 이제는 서양인 친구라고는 한 사람도 방문하는 이가 없었다. 서양사람이라고는 공무국의 프랑스 순경이 왜놈을 대동하고 사람 잡으러 오거나 세금 독촉하러 오는 것이 전부다.

그렇지만 매해 크리스마스 때는 최소 수백 원의 물품을 사서 프랑스 영사와 공무국과 예전의 서양 친구들에게 보냈다. 이 일은 어떤 곤란에 처한 중이라도 14년 동안 계속한 연중 행사로, 우리 임시정부가 존재하는 표시라도 그들에게 인식시키는 방법으로 실행했다.

하와이 · 미주 · 멕시코 · 쿠바 동포들의 성금

내가 한 가지 연구 실행한 업무가 있으니 그것이 곧 편지 정책이다. 사면을 돌아보아도 정부사업의 발전은 고사하고 이름이라도 보전할 길이 없으므로, 임시정부가 해외에 있느니 만큼 해외교포에게 의뢰할 수밖에 없다는 생각을 하게 되었다.

해외교포의 수는 중국 동3성이 첫째로 250여만 명이 살고 있었으나 본국과 같이 되어 버렸고, 러시아령이 둘째로 150여만 명이나 공산국가라 민족운동을 금지하니 그곳 동포들에게는 의뢰하기가 불가능했다. 셋째로 일본에는 4,50만 명이 거주하나 의뢰할 수 없고, 미국 멕시코 쿠바에 네 번째로 만여 명이 살고 있었는데 그들의 대다수가 노동자이지만 그곳의 서재필(徐載弼) 박사 이승만 박사 안창호 박용만(朴容萬) 등의 훈도를 받아서 애국심만은 무척이나 두터웠다.

나는 그곳 동포들에게 사정을 알려 정부에 성금을 바치게 할 계획을 정했다. 그러나 영어에 문외한이라 겉봉도 쓸 수 없고 동포들 중에 몇몇 친지가 있었으나 주소도 알 수 없었다. 엄항섭 안공근 등의 도움으로 그곳 몇 사람의 주소와 성명을 알아내서 내가 임시정부의 처지를 극진히 설명하고 동정을 구하는 편지를 쓰고, 엄 군이나 안 군에게 겉봉을 쓰게 하여 우송하는 것이 유일한 업무였다.

수신인이 없어 반환되는 경우도 있었지만 대개는 회답하는 동포들이 점차 늘어났다. 그런 가운데 시카고의 김경(金慶) 같은 이는 "집세를 내지 못해 정부의 문을 닫게 되었다"는 보도를 보고 즉시 공동회를 소집하여 미화 200여 달러의 출연금을 모아 보내온 일도 있었다. 김경 씨 역시 얼굴도 몰랐지만 애국심으로 이와 같은 의거를 행한 것이다.

미국 하와이 멕시코 쿠바의 동포들이 이 같은 애국심을 지녔거늘 그동안 정부에 성금을 바치는 일에 소홀했던 까닭은 무엇인가? 다름 아니라 정부에서 1년에도 몇 차례씩 각료가 바뀌고 헌법도 자주 변경됨에 따라 정부의 위신이 추락된 데 원인이 있었다. 또한 정부의 사정을 자주 알리지도 않아서 동포들이 정부를 신임하지 않았던 것이다.

그러다가 나의 통신이 진실성이 있는 데서 점차 신념이 생기기 시작하였다. 그리하여 하와이의 안창호(安昌鎬), 가와이의 현순(玄楯) 김상호(金商鎬) 이홍기(李鴻基) 임성우(林成雨) 박종수(朴鍾秀) 문인화(文寅華) 조병요(趙炳堯) 김현구(金鉉九) 안원규(安源奎) 황인환(黃仁煥) 김윤배(金潤培) 박신애(朴信愛) 심영배(沈永倍) 등 제씨가 나와 정부에 정성을 쏟기 시작했다.

샌프란시스코의 〈신한민보〉(新韓民報) 쪽도 차츰 정부에 관심이 생겼는데, 김호(金乎) 이종소(李鍾昭) 홍언(洪焉) 한시대(韓始大) 송종익(宋宗翊) 최진하(崔鎭河) 송헌주(宋憲澍) 백일규(白一圭) 등 제씨의 힘이 컸다.

또한 멕시코에서 김기창(金基昶) 이종오(李鍾旿), 쿠바의 임천택(林千澤) 박창운(朴昌雲) 등 제씨가 임시정부를 후원했다.

동지회 쪽에서는 이승만 박사를 필두로 이원순(李元淳) 손덕인(孫德仁) 안현경(安賢卿) 제씨도 정부 후원에 참여하였다. 그리하여 미국 하와이 멕시코 쿠바의 한교(韓僑)는 전부가 정부의 유지발전에 공동책임을 지게 되었다.

하와이의 안창호 임성우 등 제씨가 편지로 의사타진하기를, "당신이 정부를 지키고 있는 것은 감사하나 당신 생각에 우리 민족에 큰 빛이 날 무슨 사업을 하고 싶은데 거기 쓸 자금이 문제된다면 주선하겠다"는 것이었다.

나는 이렇게 회답했다. "지금 무슨 사업을 하겠다고 말할 계제는 아니지만 간절히 하고 싶은 일이 있으니 조용히 자금을 모았다가 보내라는 통지가 있을 때 보내달라." 그러자 그리하겠다는 승낙의 회신이 왔다. 그때부터 나는 민족에 생색될 일이 무엇이며 내가 그런 일을 할 수 있을까 골몰했다.

이봉창 의사의 의거

이봉창 의사와의 면담

내가 재무부장이면서 민단장(民團長)을 겸임하던 때였다. 하루는 한 중년 동포가 민단을 찾아왔다.

"일본서 노동을 하다 독립운동을 하고 싶었는데 상해에 가정부(假政府：일인의 지칭)가 있다 하여 며칠 전 상해로 왔습니다. 돌아다니다가 전차 검표원에게 물었더니 보경리 4호로 가라고 하기에 찾아왔습니다. 근본은 서울 용산에 살고 성명은 이봉창(李奉昌)입니다."

"상해에 독립정부가 있으나 아직 운동자들을 먹이고 입힐 역량이 없소. 소지한 금전이 있습니까?"

"지금 가지고 있는 돈은 여비하고 남은 것으로 10여 원뿐입니다."

"그러면 생활문제를 어찌할 방법이 있소?"

"그런 것은 걱정 없습니다. 나는 철공장에서 작업을 할 수 있는데 노동하면서는 독립운동 못합니까?"

나는 날이 저물었으니 오늘은 근처 여관으로 가고 내일 다시 이야기하자면서 민단 사무원 김동우(金東宇)더러 그에게 여관을 잡아 주도록 했다.

그는 언어가 절반은 일어이고 동작이 일인과 흡사하여 특별히 조사할 필요가 있었다. 며칠 후 그가 술과 국수를 사다가 민단 주방에서 직원들과 함께 먹는데, 술이 반쯤 오르자 민단 직원들과 주담(酒談)하는 말소리가 문밖으로 흘러나왔다. 곁에서 들어보니 이 씨는 이런 말을 했다.

"당신들 독립운동을 한다면서 일본 천황을 왜 못 죽입니까?"

"일개 문무관도 쉽게 죽이지 못하는데 천황을 죽이기가 쉽겠소?"

"작년에 동경에서 천황이 능행(陵行) 한다며 행인들은 엎드리라고 하더군요. 엎드려서 생각하기를 내게 지금 폭탄이 있다면 간단하지 않겠는가 싶었습니다."

젊은이들은 주방에서 술 마시고, 나는 거기서 흘러나오는 이 씨의 말을 유심히 들었다. 그날 저녁 나는 이 씨가 머무는 곳을 조용히 방문하여 흉금을 털어놓고 서로간에 속내 이야기를 다 쏟아냈다.

이 씨는 과연 의기(義氣) 남자로서 일본에서 상해로 건너올 때에는 살신성인(殺身成仁) 할 큰 결심을 가슴에 품고 임시정부를 찾아온 것이었다. 그는 이런 말을 했다.

"제 나이가 31세입니다. 앞으로 다시 31세를 더 산다 한들 과거 반생(半生)의 삶에서 방랑생활을 맛본 것에 비한다면 늙은 생활이 무슨 재미가 있겠습니까. 인생의 목적이 쾌락이라면 31년 동안 육신으로는 인생쾌락을 대강 맛보았으니 이제는 영원한 쾌락을 도모하렵니다. 그래서 우리 독립사업에 헌신하겠다는 목적으로 상해로 왔습니다."

나는 이 씨의 위대한 인생관에 감격하여 흐르는 눈물을 참을 수 없었다. 이봉창 선생은 겸손한 태도로 국사(國事)에 헌신함에 지도를 청했다. 나는 쾌히 승낙했다.

"1년 안에 군의 행동에 대한 준비를 마치겠소. 헌데 지금 우리 정부에 자금이 궁해져서 군을 보살펴 줄 능력이 없고, 군의 장래 행동을 위하여는 우리 기관 가까이에 있는 것이 불편할 테니 어떻게 하면 좋겠소?"

"그러시다면 더욱 좋습니다. 저는 어릴 때부터 일본말에 능숙했습니다. 일본서 지낼 때 일본사람의 양자가 되어 기노시타 세이조(木下昌藏)라는 이름으로 행세했고 이번 상해 오는 도중에도 이봉창이라는 본성명은 쓰지 않았습니다. 그러니 준비하실 동안 저는 일인으로 행세하고, 또 제가 철공을 할 줄 아니까 일인의 철공장에 취직하면 봉급을 많이 받을 수 있습니다."

나는 물론 대찬성이었다. 그에게 우리 기관이나 우리 사람들과의 왕래나 교제를 빈번히 하지 말고 순전히 일인으로 행세할 것과 한 달에 한 번씩만 밤중에 와서 알리라고 주의시킨 다음 홍구(虹口)로 떠나보냈다.

그는 며칠 후에 와서 알리기를 일인 철공장에 팔십 원 월급으로 취직하였다 했다. 그 후부터는 종종 민단 사무실에 술과 고기, 국수를 사 가지고 와서 직원들과 술 마시고 노는데 취하면 일본 노래를 유창하게 하며 호방하게 노는 까닭에 '일본 영감'이라는 별명을 얻게 되었다.

어느 날은 일인 행색으로 하오리에 게다를 신고 정부문을 들어서다가 중국 하인에게 쫓겨난 적도 있었다. 그리하여 이동녕 선생과 다른 국무원들로부터 한인인지 일인인지 판단키 어려운 의심스런 인물을 정부 문안에 출입케 하는 것은 직무 수행에 소홀한 것 아니냐는 꾸지람을 받기도 했다. 나는 조사 연구하는 사건이 있다고 했지만, 여러 동지들이 강경한 책임 추궁은 하지 않으면서도 불쾌한 생각만은 동일한 듯했다.

이봉창의 동경 투탄 의거

　시간은 흘러 그럭저럭 1년 가까이 되었다. 미국 하와이와의 통신에 아직 항공편은 열리지 않아 왕복에 거의 두 달이 걸리던 때였다. 하와이에서 명목을 정한 금액 미화 몇백 달러가 도착했다. 나는 그 돈을 받아서 거지 차림으로 허리끈 속에 감추어 숨기고 걸식생활을 그대로 계속하니, 남루한 내 옷 속에 천여 원의 돈이 있으리라고는 나말고 아무도 알 수 없었다.

　그때가 12월 중순이었다. 나는 프랑스 조계 중흥(中興)여관으로 이봉창 선생을 비밀히 불러 함께 자며 일본행에 관한 제반 문제를 상의하였다. 돈을 준비하는 외에 폭탄도 준비했다. 왕웅(王雄 : 김홍일의 중국 이름)을 시켜 병기창(兵器廠)에서, 그리고 김현(金鉉)을 시켜 하남성 유치(劉峙) 방면에서 하나씩 두 개의 수류탄을 얻어서 간직하여 두었다.

　수류탄 두 개를 가지고 가도록 하는 까닭은 하나는 일본 천황을 폭살하는 데, 또 하나는 자살용으로 준비한 것이었다. 사용법과 아울러 무엇보다 자살에 성공하지 못했을 때 체포되면 신문에 응할 말들을 지시했다. 이튿날 아침 품속에서 지폐 한 뭉치를 꺼내 주고는 일본행 준비를 다 하여 놓고 다시 오라며 작별하였다.

　이틀 후에 다시 와서 중흥여관에서 최후의 하룻밤을 함께 보낼 때 이 씨는 이런 말을 했다.

　"그저께 제가 선생께서 다 헤진 옷 속에서 많은 돈을 꺼내 주시는 것을 받아 가지고 갈 때 눈물이 났습니다. 일전에 민단 사무실에 가 보니 직원들이 밥을 굶는 듯해서 제가 돈을 내어 국수를 사다가 같이 먹은 일이 있었거든요. '그 날 밤에 함께 자면서 하시던 말씀은 일종의 훈화로 들었는데, 작별하시며 생각도 못한 돈 뭉치를 주시다니.

이봉창 의사

프랑스 조계에서 한 발짝도 발을 내디딜 수 없는 선생은 내가 이 돈을 가져가서 내 마음대로 써도 돈을 찾으러 올 수 없을 텐데, 과연 영웅의 도량이구나.' 그런 생각을 했습니다. 제 일생에 이런 신임을 받은 것은 선생께로부터 처음이요 마지막입니다."

그 길로 안공근의 집에 가서 선서식을 행하고 폭탄 두 개와 함께 다시 3백 원을 주면서 다음과 같이 말하였다.

"선생은 마지막 가시는 길이니 이 돈은 동경 가실 때까지 다 쓰시고 동경에 도착하자마자 곧 전보하시면 다시 송금하오리다."

그리고 사진관으로 가서 기념사진을 찍었는데 나의 얼굴에 자연히 처연한 기색이 있었는지 이 씨가 내게 권하는 것이었다.

"저는 영원 쾌락을 향유코저 이 길을 떠나는 터이니 우리 두 사람이 기쁜 낯빛을 띠고 사진을 찍으십시다."

그리하여 나 역시 미소를 띠고 사진을 찍었다.

차에 올라타 앉은 이봉창은 머리 숙여 마지막 인사를 했고 무정한 자동차는 한 줄기 경적 소리를 내며 홍구 방면을 향하여 질주했다.

10여 일 후 "1월 8일에 물품을 방매하겠다"는 동경발 전보를 받았다. 2백 원을 마지막으로 부쳐 주었는데 나중에 온 편지에 "돈을 미친 것처럼 다 써버려서 주인 밥값까지 부채가 있었는데 2백 원을 받았으니 다 갚고도 남겠다"고 하였다.

1년 전부터 워낙 독립운동계가 침체되어 있어서 우리 임시정부로서는 군사공작을 못 한다면 테러 공작이라도 하는 것이 절대 필요했다. 그런데 왜놈이 중·한 양민족의 감정을 악화시키려고 이른바 만보산(萬寶山) 사건을 조작해 내 조선에서 중국인 대학살 사건이 일어났다. 인천 평양 경성 원산 등 각지에서 한인 무뢰배가 일인의 사주를 받아서 중국인을 닥치는 대로 때려죽였다.

또 만주에서는 9·18 전쟁이 일어나 중국은 굴욕적으로 강화(講和)했는데, 이 전쟁 때 한인 부랑자들이 일본을 업고 중국인들에게 극단적 악행을 저질렀으니 중국인의 무식계급은 물론이고 유식계급 인사도 민족감정을 말하는 것을 자주 보게 되었다. 우리로서는 극히 우려할 만한 사태였다.

급기야 상해서도 이따금 대로상에서 중한 노동자간에 충돌이 빚어졌다. 그때 임시정부 국무회의에서 특권을 부여받아 '한인애국단'(韓人愛國團)을 조직한 나는 첫 번째로 동경사건을 주관했던 것이다. 암살 파괴 등의 공작을 실행하되 자금과 사람의 사용에 전권을 가지고 운용하여 성공 또는 실패의 결과만 보고하면 되었다. 그래서 1월 8일이 임박하였으므로 국무위원(國務委員)에 한하여 그동안의 경과를 보고하고 첫 번째 사건이 일어나면 우리는 좀 곤란할 것이라고 했다.

1월 8일 신문에 "이봉창 일황 저격, 명중은 안 돼"라고 실렸다. 나는 무척 불쾌했으나 여러 동지들은 나를 위로했다. 비록 일황이 즉사한 것만은 못하나 우리 한인의 정신상으로는 일본의 신성불가침인 천황을 죽인 것이며, 한인이 일본에 동화되지 않았다는 사실을 세계 만방에 웅변으로 증명한 것이니 충분히 성공한 셈으로 칠 수 있다는 것이었다. 그리고는 이제부터 백범은 주의하라는 부탁을 하는 것이었는데, 과연 이튿날 아침 프랑스 공무국에서 비밀 통지가 왔다.

"지난 10여 년 동안 프랑스가 김구를 극히 보호하여 왔으나 이번에 김구가 부하를 보내어 일황에게 폭탄을 투척한 사건에 대하여 일본이 반드시 체포인도의 문제를 제기할 터인즉 프랑스가 일본과 개전(開戰) 결심을 하기 전에는 김구를 보호하기가 불가능하다"는 취지였다.

한인 이봉창 저격일황 불행부중(韓人 李峯昌 狙擊日皇 不幸不中)

중국의 국민당기관지인 청도(靑島)의 〈민국일보〉(民國日報)가 큰 활자로 "한인 이봉창 일황 저격, 불행히도 빗나가"(韓人 李峯昌 狙擊日皇 不幸不中)라고 제호를 뽑아 보도하였다. 이에 그곳의 일본 군경이 민국일보사를 쳐들어가 때려부셨다. 단지 청도뿐 아니라 복주(福州) 장사(長沙) 등 기타 많은 지방신문들에서도 "불행히도 빗나갔다"(不幸不中)의 제호를 단 곳이 많았다. 이 일을 기화로 왜가 중국정부에 항의를 제기함에 각 신문사의 폐쇄 처분으로 일을 마무리지었다.

일본인들은 한인에게 당한 일개 사건만으로 침략전쟁을 개시하기가 체면이 서지 않았던지 상해서 일본 승려 한 명을 중국인이 살해했다는 두 가지 이유(일본 《신어사전》〔新語辭典〕에서 참조)로 상해 1·28 사변을 일으켰다.

왜는 개전 중이어서 그런지 나를 체포하기 위한 심한 요구는 없는 듯했다. 그러나 안심할 수 없었던 동지들은 숙식을 일정케 하지 말라고 권했다. 그래서 낮에는 움직이지 않고 밤에는 동지의 집이나 창기(娼妓) 집에서 잤다. 식사는 동포 집으로 가면 밥 한 그릇 간장 한 종지라도 누구나 정성으로 대접해 주었다.

상해사변이 개시된 후 19로군(路軍) 채정해(蔡廷楷)의 군대가 용감히 싸웠고, 중앙군으로는 제5군장 장치중(張治中)이 참전하여 전쟁이 격렬했다. 상해 갑북(閘北)에서는 일본군이 불을 지르고 남녀노유(男女老幼)를 화염 속에 던져 넣어 살해하는 목불인견의 참극이 연출되었다.

프랑스 조계 안에도 곳곳에 후방 병원을 세워 전사자의 시체와 부상병들을 트럭으로 가득 실어 날랐다. 나무 판자 사이로 붉은 피가 흘러나오는 것을 보며 가슴 가득한 열성으로 경의를 표하는데 눈물이 빗물처럼 흘러내렸다. 우리는 언제나 저와 같이 왜와 혈전을 벌여 우리나라 강산을 충성의 피로 물들일 수 있을까. 눈물이 너무 흘러 길에서 보는 사람들이 수상히 여길까 하여 그 자리에서 물러났다.

동포들의 호응과 지원

동경사건이 세계에 알려지자 미국 하와이 멕시코 쿠바에서 기왕에 나를 동정하던 동지들은 극도로 흥분되어 나에 대한 애호와 신임을 천명하는 서신이 태평양 위로 눈꽃처럼 날아들었다. 그 중에는 이전에 임시정부를 반대하던 동포들이 태도를 바꾸어 보내온 서신도 있었다. 다시 하고 싶은 일을 하라며 금전의 후원이 더욱 광범위하게 일어나고 중국 전쟁과 더불어 다시 우리 민족의 영광될 사업을 하라는 부탁이 답지했다.

그러나 목마르니 우물 파는 격으로 준비가 없이 무슨 일을 할 수 있으랴. 우리 청년들 중 워낙 장한 뜻을 품고 상해로 왔던 이들로 친히 믿는 지사며 제자인 나석주 이승춘(李承春)이 있었다. 그러나 나 의사는 몇해 전 총과 폭탄을 품고 경성에 잠입하여 동양척식회사에 침입, 7명의 일본인을 사살하고 자살하였다. 그리고 이승춘은 천진에서 체포되어 사형당했다.

다행히 현재 상해에 거주하는 믿을 만한 청년 중에도 1·28에 발생한 상해사변에서 우리 민족에 영광될 만한 사업을 강구하는 이들이 있었다. 왜군 진영에서 우리 한인 노동자를 채용하는 것을 기회로 그 중의 몇 명과 결탁하여 홍구 방면에 보내 일본군 밑에서 일하도록 했다. 그들이 일본인 노동자들과 함께 군용창고에 무난히 출입할 수 있으므로 알아보도록 한즉 포탄 창고와 비행기 격납고에 소이탄을 장치할 수 있다는 것이었다.

그리하여 왕웅에게 부탁하여 상해 병기창에 교섭하여 소이탄을 제조키로 하고 날마다 독촉하던 차에 상해협정(淞滬協定)이 조인된 것이다(중국쪽 대표는 곽태기(郭泰祺)였다).

일이 틀린 것을 한탄하던 즈음, 열혈 청년들이 비밀히 찾아와 나라일에 헌신할 터이니 자격에 적당한 일감을 생각해 보시어 써달라고 청하는 것이었다. 청년들은 동경사건을 보고 나서 김구의 머릿속에는 부단히 무슨 연구가 있을 것으로 생각하는 모양이었다. 이덕주(李德柱) 유진식(兪鎭植)에게는 왜총독 암살을 명하여 먼저 입국시키고 유상근(柳相根) 최흥식(崔興植)에게는 만주의 혼조 시게루(本藏番) 등을 암살하도록 명하여 기회가 오면 진행하려고 했다.

윤봉길 의사의 의거

윤봉길 의사와의 만남

그 무렵, 동포 박진(朴震)의 종품(鬃品 : 말총으로 만든 모자와 일용품) 공장에서 직공으로 일하다가 지금은 홍구의 채소시장에서 장사를 하는 윤봉길(尹奉吉) 군이 어느 날 조용히 찾아왔다.

"제가 채소를 등에 지고 매일 홍구 방면으로 다니는 것은 큰 뜻을 품고 천신만고 끝에 상해로 왔던 목적을 이루기 위한 것이었습니다. 그럭저럭 상해사변도 중국의 굴욕으로 정전협정이 성립되는 형세이니, 아무리 생각해 보아도 어디에서 목숨을 바쳐야 할지 모르겠습니다. 선생님이 동경사건과 같은 경륜을 지니고 계실 것으로 믿사오니 부디 지도하여 주시면 은혜 백골난망이겠습니다."

예전에 공장 구경을 다니며 보았던 윤 군은 진실한 청년 직공으로 학식도 있는 터여서 생활을 위하여 노동을 하거니 생각했었다. 이제 마음을 터놓고 이야기를 하여 보니 살신성인의 크고 큰 뜻을 품은 의기(義氣)의 남자가 아닌가. 나는 감복하는 말로,

"뜻이 있는 자는 언제가 반드시 일을 이루니(有志者 事竟成) 안심하시오. 내가 요즘 생각하던 것이 있으나 적임자를 구하지 못하여 번민하던 차였습니다. 상해사변중에 실행하려고 경영하던 일이 있었는데 준비가 다 되지 않아 실패했지요. 그런데 지금 신문을 보니 왜놈이 전승(戰勝)의 위세를 드높인다며 4월 29일 홍구공원에서 이른바 천황의 천장절(天長節) 경축전례식을 성대하게 거행한다는군요. 이날 무용(武勇)을 뽐낸다며 위세 등등할 터이니 군은 일생의 큰 목적을 이 날에 달성하는 것이 어떻겠소?"

윤 군은 흔쾌히 받아들이며,

"저는 이제부터는 흉중에 일점 번민이 없어지고 아주 평안해집니다. 준비해 주십시오."

하고 자기 숙소로 돌아갔다.

홍구공원 투탄 의거의 준비

운이 다하면 천복비(薦福碑)에도 벼락이 떨어진다(運退雷轟薦福碑)는 격으로 왜놈의 상해 〈일일신문〉(日日新聞)에 왜 영사관이 자기네 주민들에게 알리는 공고문이 났다. 4월 29일 홍구공원에서 천장절 축하식을 거행하니 그 날 식장에 참례하려면 물병 1개와 점심 도시락, 국기 하나씩을 가지고 입장하라고는 것이었다.

나는 즉시 서문로(西門路)의 왕웅(김홍일, 金弘逸) 군을 방문하여 일본 사람들 어깨에 메는 물병과 도시락을 사서 보낼 테니 상해 병기창장 송식표(宋式驫)에게 교섭하여 속에 폭탄을 장치해서 사흘 안에 보내달라고 부탁했다.

왕군이 돌아와서 보고하기를,

"내일 오전에 선생님이 병기창으로 오셔서 폭탄 실험하는 것을 직

김홍일 · 왕백수(중국인)와 함께

접 보시랍니다. 제가 모시러 올 때니 함께 가십시다."

　나는 좋다 하고 이튿날 아침에 강남 조선소를 찾아갔다. 내부에 병
공창이 한 자리를 차지하고 있는데 규모는 크지 못하고 대포나 소총
등을 수리하는 것이 주임무인 듯했다. 물통과 도시락 두 종류 폭탄의
실험을 기사 왕백수(王伯修)가 지휘했는데 그 방법은 이런 것이었다.
마당 가운데에 굴을 파고 둘레 사면을 철판으로 두른다. 폭탄을 굴 속
에 설치하고 뇌관 끝에 긴 노끈을 연결한다. 그리고는 직공 한 명이
노끈의 끝을 끌고 수십 보 밖에서 엎드려 잡아당기니 토굴 속에서 벼
락치는 소리가 진동하며 파편이 날아오르는 데 일대 장관이었다.

　실험 규칙 상 뇌관 20개를 실험해서 20개 모두가 폭발해야만 실물
(實物)에 장치한다고 하는데 이번 실험은 성적이 양호하다는 말에 나
는 마음속으로 무척 기뻐했다. 상해 병기창에서 이같이 친절하게 20

336

여 개의 폭탄을 무료로 제작해 주는 이유가 무엇인가? 바로 이봉창 의사의 은혜였다. 자기네가 제공한 폭탄의 위력이 약해서 일황을 폭살치 못한 것을 창장부터 유감으로 알던 터에 김구가 요구한다니 정성껏 제작해 주는 것이었다.

이튿날 그들은 위험한 물건을 우리가 운반하기는 곤란할 것으로 여겨 병기창의 차로 서문로 왕웅 군 집까지 가져다 주었다. 나는 거지 복색인 중국옷을 벗어버리고 넝마전(廛)에 가서 양복 한 벌을 사 입었다. 그러고 보니 엄연한 신사라. 물통과 도시락을 한 개씩 두 개씩 프랑스 조계 안의 친한 동포들의 집으로 운반했다. 주인도 모르도록, 다만 귀한 약품이니 불(火)만 조심하도록 일러 까마귀 떡 감추듯 하였다.

당시 동경사건 이후에 우리 동포들의 나에 대한 동정은 더욱 비할 데 없이 깊었다. 그러므로 본국 풍속이면 내외(內外)라도 할 처지이지만 오랜 동안의 해외생활로 마치 형제친척처럼 되어서 남자들보다 오히려 부인들의 나에 대한 애호가 더욱 두터웠다. 어느 집을 가든지 "선생님 아이 좀 안아 주세요", "내 맛있는 음식 하여 드리리다" 하였다. 내가 아이를 안아주면 아이들이 잘 잔다며 부인들은 아이가 울기만 하면 내게 안겨 주는 것이었다. 그런 까닭에 던져주는 밥은 먹지 않은 듯하다.

윤봉길 홍구공원 의거의 성공

4월 29일이 차츰 다가왔다. 말쑥하게 일본식 양복으로 갈아입은 윤봉길 군은 날마다 홍구 쪽 공원으로 가서 식장 설비하는 것을 살펴보고 그 날 자기가 거사할 위치를 확인했다. 시라카와(白川) 대장의 사진을 구하고 일장기를 사들였다. 그리고는 보고들은 것을 보고하던 중 이런 말을 했다.

"오늘 홍구에 가서 식장 설비를 구경하는데 시라카와 놈도 왔더군요. 제가 그놈의 곁에 서게 되니 '어떻게 내일까지 기다리나. 오늘 폭탄을 가져왔으면 지금 당장 쳐죽일 텐데' 하는 생각이 났습니다."

나는 윤 군에게 이렇게 주의시켰다.

"여보, 그것이 무슨 말이오? 사냥 포수도 꿩을 쏠 때 두들겨 날게 한 후 쏘아서 떨어뜨리고, 나무 밑의 사슴도 쏘지 않다가 달릴 때 사격하는 것은 상쾌함을 음미하기 위한 것이라오. 그러니, 군은 내일의 성공에 대한 자신감이 약해서 그러는 것이오?"

"아닙니다. 그놈이 곁에 선 것을 볼 때 돌연 그런 생각이 나더란 말씀입니다."

나는 다시 윤 군에게 말했다.

"나는 이번 일의 성공을 이미 확실히 알고 있습니다. 군이 일전에 나의 말을 듣고 나서 하시던 말씀 중에, 이제는 가슴에 번민이 그치고 조용하여진다고 했는데 그것을 성공에 대한 확실한 증거로 믿고 있습니다. 돌이켜보면 내가 치하포(鴟河浦)에서 스치다(土田讓亮)를 죽이려 할 때 가슴이 몹시 울렁거리던 중에 고능선 선생이 가르치신 '가지 잡고 나무를 오르는 것이 그다지 대단할 것은 없으니, 벼랑에 매달려 잡은 손을 놓을 수 있어야 장부라 할 수 있다'(得樹攀枝無足奇 懸崖撒手丈夫兒)는 구절을 생각했소. 군과 나의 결심하고 행동하는 것이 같은 까닭이오."

윤 군은 내 말을 가슴으로 듣는 듯한 얼굴이었다.

윤 군을 여관으로 보내고 나는 폭탄 두 개를 가지고 김해산(金海山) 군의 집에 가서 그 내외와 상의하였다.

"윤봉길 군을 내일 아침 일찍 중대임무와 함께 동북 3성으로 파송할 터이니 저녁에 쇠고기를 사다가 내일 새벽 아침밥을 좀 해주시오."

이튿날이 바로 4월 29일이었다. 새벽에 윤 군과 같이 김해산 집으로 가서 마지막으로 한 식탁에 앉아 아침밥을 먹었다. 윤 군의 기색을 살펴보니 태연자약했다. 밭에 일나가려는 농부가 일부러 자던 입에 밥먹듯 하니, 얼마나 어려운 공작을 떠나는 것인가는 밥을 먹는 모양으로도 알 수 있었다.

김해산 군은 윤 군의 침착하고 용감한 태도를 보고 조용히 나에게 이렇게 권고했다.

"선생님, 지금 상해에서 우리의 행동이 있어야 민족적 체면을 보전할 마당에 무엇 때문에 윤 군을 구태여 다른 곳으로 파송하십니까?"

나는 두루뭉수리로 대답했다.

"모험사업은 실행자에게 전적으로 맡기는 것이니 윤 군 마음대로 어디서나 하겠지요. 어디서 무슨 소리가 나는지 들어봅시다."

그러자 일곱시를 치는 종소리가 들렸다. 윤 군은 자기 시계를 꺼내 나에게 주며 내 시계와 바꾸자고 청했다.

"제 시계는 어제 선서식 후에 선생님 말씀에 따라 6원을 주고 산 것인데 선생님 시계는 2원짜리이지 않습니까. 제게는 한 시간밖에 소용이 없는 물건입니다."

나는 기념물로 받고 내 시계를 주었다. 윤 군은 거사 장소로 떠나기 위해 차에 오르면서 다시 지니고 있던 돈을 꺼내 나의 손에 들려 주었다.

"왜, 약간의 돈을 가지는 것이 무슨 방해가 되오?"

"아닙니다. 차비 내고도 5~6원은 남겠습니다."

그럴 즈음 차가 움직였다. 나는 목멘 소리로 훗날 지하에서 만나자고 말했다. 윤 군이 차창을 사이에 두고 나를 향하여 머리를 숙이자 차는 부르릉 소리를 내며 천하영웅 윤봉길을 태운 채 홍구공원을 향하여 질주했다.

나는 그 길로 조상섭(趙尚燮)의 상점에 들어가서 편지 한 장을 썼다. 그것을 점원 김영린에게 주어 급히 안창호 형에게 보냈다.

윤봉길과 백범

"오늘 오전 10시경부터 댁에 계시지 마세요. 무슨 큰 사건이 일어날 듯합니다."

그 길로 다시 석오(石吾) 선생의 처소로 가서 일의 진행상황을 보고하고는 점심을 먹고 나서 소식을 기다렸다. 오후 한 시쯤 되어 곳곳에서 많은 중국 사람들이 술렁거리는데 하는 말들이 똑 같지 않았다. 홍구공원에서 중국인이 폭탄을 던져서 많은 수의 일본인이 즉사하였다는 둥, 고려인이 한 것이라는 둥…

엊그제까지 채소 바구니를 메고 날마다 홍구로 다니며 장사하던 윤봉길이 하늘도 놀라고 땅도 뒤흔들 대사건을 연출할 줄이야 우리 사람인들 알았겠는가? 김구 외에는 이동녕 이시영 조완구 등 몇 사람이 짐작할 수 있었을 뿐이다. 그러나 바로 이 날 거사한다는 것은 오로지 나 하나만 알고 있었던 까닭에 석오 선생께 가서 보고하고 정확한 소식을 기다린 것이다. 그러자 오후 두세 시경에 다음과 같은 신문 호외가 나왔다.

'홍구공원 일본인들의 경축 단상에서 대량의 폭탄이 폭발하여 민단장 가와바타(河端)는 즉사하고, 시라카와(白川) 대장과 시게미츠(重光) 대사, 우에다(植田) 중장 노무라(野村) 중장 등 문무대관이 모두 중상 운운.'

일본인들 신문에서는 중국인의 짓이라고 했다가 다음날에는 각 신문에서 똑 같이 윤봉길의 이름자를 특대 활자로 실었다. 그와 동시에 프랑스 조계에 일대 수색이 벌어졌다.

나는 안공근 엄항섭 두 사람을 은밀히 불러 이제부터 군들의 집안 살림은 내가 떠맡을 테니 우리 사업에 전념하라고 부탁했다. 그리고 당분간 피신처로 미국인 피치(費吾生)의 집에 교섭한즉 그는 목사였

환국 후 윤봉길 의사 가족과 함께(1946년 4월 26일)

던 부친이 생존 당시 우리를 크게 동정했던 터여서인지 크게 환영하여 일강(一江) 김철과 안, 엄 군과 나까지 네 사람이 그의 집으로 이주하여 2층을 전부 쓰게 되었다. 식사까지도 피치 씨 부인이 극진히 정성을 다해 준비해 주니 윤 의사의 희생의 공덕을 벌써부터 받기 시작한 것이다.

나는 프랑스 조계 내의 우리 동포들의 전화번호를 조사했다. 피치 씨 집의 전화로 이따금 우리 동포가 체포되었다는 보고를 들었다. 경제적으로, 또는 서양 변호사를 고용하여 법률적으로 체포된 동포들의 구제를 시도했지만 별 효과가 없었다. 그러나 돈을 주어 체포된 동지들의 집안 살림도 돕고 피신하려는 이에게는 여비를 주는 등의 사무를 집행했다. 체포된 사람은 안창호 장헌근(張憲根) 김덕근(金德根) 외 소년 학생들이었다.

날마다 왜놈들이 사람을 잡으려고 미친개처럼 돌아다니는 판이어서 우리 임시정부와 민단 직원들은 물론 심지어 부녀단체인 애국부인회까지도 아예 집회할 엄두도 낼 수 없게 되니 동포들 사이에 비난이 일기 시작했다. 이번 홍구사변을 주모하고 획책한 사람은 따로 있는데 자기가 사건을 감추어 관계없는 사람들만 잡혀가게 하는 것은 안

피치 선교사 내외와 함께 해방후 경교장에서

될 말이라는 것이다.

이는 이유필(李裕弼) 등 일부 인사의 말이었다. 안창호 선생은 나의 편지를 보고도 당일만은 무방하리라고 여겨 그를 찾아갔다가 체포되었으니 자기 불찰인 셈이었지만 어떻든 주모자가 아무 발표가 없어 사람들이 함부로 붙잡혀간다는 원성이었다.

그래서 나는 진상을 세상에 공개하자는 말을 꺼냈다. 함께 앉은 안공근은 말도 안 된다며 반대했다.

"형님이 프랑스 조계에 계시면서 그런 발표를 하는 것은 극히 위험합니다."

나는 한사코 고집하여 엄항섭으로 하여금 선언문을 기초하도록 했다. 그런 다음 피치 부인에게 영문 번역을 부탁해 로이터 통신사에 보내니, 동경사건과 상해 홍구사건을 주모하고 계획한 이는 김구요 집행자는 이봉창과 윤봉길이라는 사실이 세상에 알려졌다. 신천사건과 대련사건은 다 실패했으나 아직 발표할 때가 아니라고 판단되어 이상의 양대 사건만을 우선 발표한 것이다.

윤봉길 의거의 대성과

한편 상해에서 중대사건이 발생된 것을 알고 남경(南京)에 머물고 있던 남파(南坡) 박찬익(朴贊翊) 형이 상해로 와서 중국 인사들 쪽으로 활동하여 그 결과 물질적으로 여러가지 편의가 많았다.

낮에는 동포 가운데 잡혀간 이들의 가족에게 전화를 걸어 위로하고, 밤에는 안, 엄, 박 등의 동지가 출동하여 그 가족들을 구제하고 관련된 교섭작업을 행했다. 그러는 중에 나는 중국 인사들인 은주부(殷鑄夫) 주경란(朱經瀾) 사량소(査良釗) 등의 만나자는 요구에 응하기 위하여 밤중에 차편으로 홍구 방면과 정안사로(靜安寺路) 방면으로 돌아다녔다. 평소 프랑스 조계 밖으로는 한 발짝도 걸음을 옮기지 않던 나의 움직임에 대변동이 일어난 셈이었다.

여기서 우리에 대한 중국 인사들의 태도와 미국 하와이 멕시코 쿠바 한교(韓僑)들의 나에 대한 태도, 관내 우리 인사들의 나에 대한 태도에 대해 간략히 말하겠다.

첫째 중국인들인데, 무엇보다 만보산 사건에서 보듯 중국인들의 우리에 대한 악감정은 동경사건 이후에도 사라지지 않고 있었다. 양민족간 감정악화 정책을 편 왜구가 조선의 곳곳에서 한인 무뢰배를 총동원하여 중국인 상인과 노동자까지 닥치는 대로 때려죽였으니, 중류 이상에서는 왜구의 독계(毒計)로 알지만 하류계급에서는 여전히 '고려인의 중국인 타살'로 알았다. 더구나 1·28 상해사변 때 왜병은 중국인 민가를 불지르는 한편으로 최영택(崔英澤) 같은 악한을 사주하였으니, 이들은 중국인 민가에 들어가 모두가 보는 앞에서 자기 것인

양 중국인의 재물을 빼앗아간 일도 수없이 많았다. 그리하여 주로 기차나 전차의 한인 검표원들이 중국인 노동자들로부터 까닭없는 구타를 당하는 일이 자주 일어나곤 했다. 그러다가 바로 이 4·29 윤봉길 의거로 말미암아 중국인과 한인 사이의 감정은 호전되어 극히 돈독해진 것이다.

둘째, 미국·하와이·멕시코·쿠바의 한교들의 신망은 전무후무할 만큼 대단했다고 자신하고 싶다. 동경사건이 완전 성공은 되지 못하였으나 조금이라도 민족에게 영광이 되었던 터에 홍구사건이 압도적인 성공을 거둔 데서 말미암은 것이다. 과연 이때 이후로는 임시정부에 대한 납세와 나에 대한 후원이 격증하여 점차 사업이 확장되는 단계로 나아가게 되었다.

셋째, 관내 우리 독립운동자 쪽에서의 나에 대한 태도는 낙관적이기보다는 비관적인 쪽이 더 많았다. 4·29 의거 이후로 자연 신변이 위험하게 된 이상 평소 친지들의 만나자는 청에 함부로 응할 수 없게 된 것이 그들의 나에 대한 유일무이한 불만이었다.

지난달에는 박 대장이라는 별명의 전차 검표원(사리원 사람)의 혼인 잔치의 청첩을 받고 잠시 축하차 그 집에 들어갔다. 주방에서 부인들에게 부탁하여 나는 속히 가야겠으니 빨리 국수 한 그릇만 달라고 했다. 냉면 한 그릇을 서둘러 먹고 담배 한 대를 피어 물고 그 집 문간을 나서니 바로 또 우리 동포의 가게이다. 왔던 길이니 잠시 들르려고 가게로 들어갔다. 미처 앉기도 전에 주인이 내 옆구리를 쿡 찌르며 손으로 길 위를(하비로〔霞飛路〕) 가리키기에 보니 왜경 10여 명이 길에 줄지어 서 전차 지나가기를 기다리고 있었다. 나는 다시 피할 곳이 없어 서서 유리창으로 왜놈의 동향을 살폈다. 그들이 쏜살같이 박 대장의 집으로 들어가는 것을 보고서 그 가게를 나와 전차선로를 따라 김의한 군의 집으로 들어갔다. 박 대장의 집에 가서 보았던 그 부인이

전하길, 바로 전에 왜놈들이 들어와 방금 들어온 김구가 어디 있느냐
고 물으며 심지어 아궁이 속까지 뒤지다가 갔다는 것이다. 이 일은 모
르는 사람이 없었다.

임시정부 이동의 대장정(大長征)

가흥(嘉興) 피신과 60만 원 현상

이번 4·29 의거 이후 나에게 1차로 20만 원 현상이 걸렸고, 2차로는 일본 외무성과 조선총독부와 상해주둔군사령부 3부 합작으로 현상금 60만 원이 걸렸다.

나를 만나고자 하는 남경정부 요인에게 나의 신변 위험을 말하였더니 그는,

"김구가 온다면 비행기라도 보내겠소"

라고까지 했다고 한다.

아무리 위험하여도 모험적으로 일하지 않고 한가한 생활이나 하고 있어서 되느냐는 등의 말도 들렸다. 그 속내는 자기들과도 좀 같이 지내며 일도 함께 하자는 뜻이었다. 그러나 난들 어찌 여러 사람들에게 두루 만족을 줄 도리가 있는가. 어느 쪽에는 도탑게 하고 어느 쪽에는 박하게 할 수 없으니 모두 물리치고 피치 씨 댁에서 20여 일을 지내며 비밀활동을 했다.

하루는 피치 부인이 급히 2층에 올라오더니,

"우리 집이 정탐에게 발각된 모양이니 속히 이 집을 떠나셔야겠어요"
하고는 아래층으로 가서 전화로 자기 남편을 불렀다. 그리고 자기네
차에 그 부인은 나와 내외간처럼 나란히 앉고 피치 선생은 운전수가
되어 마당에서 차를 타고 질주했다. 문밖을 나가면서 보니 프랑스인
러시아인 중국인 등(일본인은 보이지 않았다) 각국 정탐이 문 앞과 주
위에 줄지어 섰으나 미국인의 집이라 어쩔 수 없어 손대지 못했던 것
이다.

프랑스 조계를 지나 중국 지역에 차를 세우고 나와 공근은 기차역
으로 가서 당일로 가흥(嘉興) 수륜사창(秀綸沙廠)으로 피신하였다.
그곳은 남파(南坡) 박찬익 형이 은주부(殷鑄夫)와 저보성(褚補成) 제
씨에게 주선하여 마련한 곳으로 엄 군의 식구와 김의한 일가와 석오
선생은 며칠 전 이미 이사해 와있었다.

상해에서 피치 부인이 내게 알려준 내용인즉 이러했다. 자기가 아
래층에서 유리창으로 문밖을 살펴보니 웬 중국인 노동자 행색의 사내
가 동저고리 바람으로 주방으로 들어오더라는 것이다. 따라가서 웬
사람이냐고 물었다. 그 사람의 대답은,

"나는 양복점 사람인데 댁에 양복 지을 것이 있는지 물어보려고 왔
습니다."

피치 부인이 말했다.

"내 주방 하인에게 양복 짓는 것을 묻다니, 수상하다."

그러자 그가 품속에서 프랑스 경찰의 정탐 신분증을 내어 보였고,
외국인 집에 함부로 침입하느냐고 따지자 뭐라 말도 못하고 돌아갔다
는 것이다. 생각해 보면 그 집을 정탐들이 주목하게 된 원인은 우리가
피치 씨 집의 전화를 함부로 썼기 때문인 듯했다.

광동(廣東) 사람 장진구(張震球)

　나는 그때부터 가흥 생활을 이어나가게 되었다. 아버님의 외가쪽 성을 따서 장(張) 씨로 행세하고 이름은 진구(震球)로, 또는 장진(張震)이라고도 하였다. 가흥은 저보성(호는 혜승〔慧僧〕) 씨의 고향인데 절강성장(浙江省長)도 지낸 저 씨는 그 지역에서 존경받는 덕망 높은 신사였다. 그리고 그의 맏아들 봉장(鳳章 : 漢雛)은 미국유학생으로 그 현의 동문밖 민풍지창(民豊紙廠)의 고등기사였다.

　그 집은 남문 밖에 있었는데 구식 집으로 그다지 굉장하고 빼어난 집은 아니었지만 사대부의 저택으로 보였다. 저 선생은 자신의 수양 아들 진동손(陳桐蓀) 군의 정자를 나의 침소로 정해 주었다. 호숫가에 반(半) 양식으로 잘 지은 집으로 수륜사창과도 가까워 마주보이는 곳이고 풍경도 무척 아름다웠다.

　나의 실체를 아는 이는 저 씨 부자와 그 댁 며느리, 그리고 진(陳) 동생 내외뿐인데 가장 곤란한 것은 언어 문제였다. 비록 광동인(廣東人)으로 행세는 하지만 중국말을 너무도 모르는 중에 상해말과도 또 다르니 벙어리처럼 굴어야 했다.

　가흥에 산은 없으나 호수는 낙지발같이 사통팔달하여 7~8세 어린 아이라도 다 노를 저을 줄 아는 듯했다. 토지는 무척 비옥하며 각종 물산이 풍부했고 인심과 풍속이 상해와는 딴 세상이었다. 상점에는 에누리가 없었고 가게에 고객이 무슨 물건을 두고 갔다가 며칠 후에라도 찾으면 잘 보관하였다가 공손히 내어준다. 상해에서는 보기 드문 아름다운 기풍이었다.

　진 동생 내외는 나를 인도하여 남호(南湖) 연우루(烟雨樓)와 서문(西門) 밖 삼탑(三塔) 등을 구경시켜 주었다. 명나라의 임진란 때 일본군이 그곳에 침입하여 인근 부녀들을 잡아다가 사원에 가두어 놓고 한 승려에게 지키도록 했다고 한다. 그 승려는 밤중에 부녀들을 모두 풀어주었고, 왜놈들은 그를 때려죽였는데 핏자국이 아직 돌기둥에 나타난다고 했다.

동문 밖 10리쯤에는 한나라 주매신(朱買臣)의 묘가 있고 북문 밖에는 낙범정(落凡亭)이 있었다. 서치(書痴)로서 글 읽는 것말고는 아무것도 모르는 주매신에게 아내 최(崔) 씨가 농사일을 나가며 보리나락을 보아달라고 당부했다. 그러나 아내가 밭에서 돌아와 보니 주매신은 소나기에 보리가 떠내려가는 것도 모르고 책만 읽고 있었고, 더 이상 참을 수 없었던 그의 아내는 목수에게 개가해 버렸다. 그 후 주매신이 등과(登科)하여 회계 태수(會稽太守)가 되어 돌아오는 길에 보니 자기 아내가 길옆에 서서 조아리고 있는 것이었다. 뒤의 수레에 태우도록 하여 관사에 들어가 그 여자를 불렀다. 주매신이 귀한 몸이 된 것을 본 최 씨가 다시 아내 되기를 원한다고 하자 그는 물 한 동이를 길러오게 하여 땅에 쏟고는 그 물을 다시 주워담아 한 동이가 되거든 함께 살자고 했다. 최 씨가 그대로 시험해 보았지만 물이 동이에 차지 않는 것을 보고 낙범정 앞 호수에 빠져 죽었다는 것이다. 그런 사적까지 다 구경했다.

상해의 비밀첩보에 따르면 왜구의 활동은 더욱 사나워졌다고 했다. 상해에는 김구의 흔적이 없으니 분명 상해-항주선(線)이나 북경-상해선 방면으로 도피해 숨었으리라 보고 왜구가 양쪽 철로선으로 첩보원들을 보내 밀탐하고 있다며 극히 주의하라는 것이었다. 일본영사관의 일인 관리가 보내준 비밀 정보는 또 오늘 아침 수색대가 상해-홍주 길로 떠났으니 만일 김 씨가 그 방면에 잠복하였거든 길가 정거장에 사람을 보내 일본경찰의 행동을 주목하라는 당부였다. 정거장 부근에 사람을 보내 몰래 살피게 하니 일본경찰이 변장하고 차에서 내려 눈이 벌게지도록 이곳저곳을 순찰하다 가는 것을 보았다고 했다.

세상에 기괴한 일도 있었다. 4·29 의거 이후 상해에서 일본인이 '김구 만세'라는 유인물을 배포했다는데 그 실물은 얻어 보지 못했다. 일본인으로서 우리의 돈을 받아먹으며 밀탐한 이들도 몇 명 있었다. 위혜림(韋惠林) 군이 주선한 몇 명이었는데 매우 신용이 있었다.

해염(海鹽) 피신

일이 이 지경까지 이르니 부득불 가흥에 오래 머무는 것도 위험하다 하여 나만은 다시 가흥을 떠나야 했다. 그러나 이젠 어디로 간들 안전하겠는가. 저한추(褚漢雛)의 처가가 해염현(海鹽縣) 성내에 있었고 거기서 서남쪽으로 십몇 리를 가면 해염 주(朱) 씨 산당(山堂)이 있는데 피서별장이었다. 한추 형은 재취 후 첫 아들을 낳은 자기 부인과 상의하였고, 나는 한추 형의 미인과 단 둘이서 기선으로 하루거리인 해염성내 주 씨 공관에 도착하였다.

주 씨 사댁은 해염현 내에서 가장 큰 가옥이라고 했다. 규모가 굉장하여 나의 숙소는 뒤쪽 양옥 한 채인데 대문 앞에는 돌을 깐 마차길이고 그밖에는 호수여서 선박들이 오갔다. 대문 안쪽으로는 정원이고 협문으로 들어가면 사무실 즉 집안일을 전담하는 총경리가 매일 주 씨댁의 생계를 관장하는 곳이었다. 예전에는 4백여 명의 식구가 공동식당에서 함께 식사를 하였다는데 최근에는 식구 대부분이 사·농·공·상의 직업을 따라 분산하였고 나머지 사람들은 개별 취사를 원하므로 물품을 분배하여 자취한다고 했다.

가옥 구조는 벌집과 같아서 각각 서너 개의 방과 앞쪽으로 화려한 객청(客廳)이 한 칸씩 있었다. 이런 구식 건축물 뒤쪽으로는 몇 개의 2층 양옥이 있고 그 뒤쪽은 화원(花園)이고 다시 그 뒤쪽은 운동장이었다. 해염의 3대 화원 중에 주가(朱家)의 화원이 제2요 전가(錢家)

의 화원이 제일이라 하기에 전가 화원도 구경하였는데, 화원의 설비는 주가보다 낫고 가옥의 설비는 전가가 주가만 못했다.

주 씨 집안에서 하룻밤을 보내고 차편으로 노리언(盧里堰)까지 가서 하차하여 서남산령(西南山嶺)의 근 5~6리를 걸었다. 저 씨 부인은 친정 하녀에게 나의 식료와 각종 육류를 들게 하고 뒷굽이 높은 구두를 신은 채 칠팔월 염천(炎天)에 손으로 땀을 씻으며 산고개를 넘었다. 그때 거기에 활동사진 기구가 있었더라면, 내 일행의 이 행로를 촬영하여 영구적 기념품으로 제작해 자손만대에 물려주고 싶은 마음이 간절했지만, 방법이 없었다.

우리 국가가 독립이 된다면 우리 자손이나 동포 중 누가 저 씨 부인의 용감함과 친절을 흠모하지 않겠는가. 활동사진은 찍어두지 못했지만 글로라도 기록하여 후세에 전하고자 이 글을 쓴다.

산정에 올라 주 씨가 지은 길가 정자에서 휴식하고 다시 걷기 시작했다. 몇백 걸음을 가니 산중턱에 양옥 한 채가 숨어 단아한 모습을 보이고 있었다. 안으로 들어가자 집 지키는 고용인 가족들이 나와서 저 부인을 정중히 맞았다. 저 부인은 고용인에게 자기 친정에서 가지고 온 육류와 과일 채소를 건네며, 저 양반의 식성은 이러이러하니 주의하여 모시고, 등산하면 하루 3각(角)을 받고 어떤 곳은 얼마를, 응과정(鷹窠頂)을 가면 4각만 받으라고 명하고는 당일로 고별하여 본가로 돌아갔다.

그 산당은 피서 장소였지만 저 부인 친정 숙부를 매장하고부터는 그의 묘소 제청(祭廳)이 되었다. 나는 날마다 묘지기를 데리고 다니며 산과 바다의 풍경을 감상하는 데 무한한 취미가 생겼다. 본국을 떠나 상해에 도착한 후 14년간 남들로부터는 남경 소주(蘇州) 항주의 산천을 완상(玩賞)하고 이야기하는 말도 들었으나 나는 상해에서 한 발짝도 떠나지 못하여 산과 강이 몹시도 그리웠다. 그러던 차에 날마다 산에 오르고 물 가까이로 가니 그 취미는 비할 데 없이 유쾌하였다.

산 위에서 앞을 내다보면 바다 위에는 범선(帆船)과 기선들이 오가고 좌우로는 푸른 소나무와 단풍이 어우러졌다. 그 광경은 어쩔 수 없이 떠도는 자에게 슬픈 가을 바람의 느낌을 가져다주었다. 나는 세상 속의 시간은 잊어버린 채 산을 거닐고 물을 바라보는 것이 매일의 일과였다. 14년 동안의 산수(山水)에 대한 주림을 열 며칠 동안 물리도록 만끽했다.

산지기를 따라 응과정에 가 보았다. 산 위에 비구니 암자가 하나 있어 늙은 비구니가 나와 맞았다. 묘지기는 잘 아는 사이인지 인사를 나누고는 나에 대해 설명했다.

"저 귀한 손님은 해염 주 씨 댁의 큰아씨가 모시고 온 광동인입니다. 약을 드시느라 산당으로 와 머물고 계신데 구경하러 여기 왔습니다."

노 비구니는 나를 향하여 고개를 끄덕이더니,

"아미타불, 멀리서 잘 오셨는지요. 아미타불, 내당(內堂)으로 들어갑시다, 아미타불."

나는 입에서 염불 소리가 끊이지 않는 이 도력 높은 비구니를 따라 암자 안으로 들어섰다. 각 방에서 붉은 입술 분바른 얼굴에 승복을 맵시 있게 입은, 목에는 긴 염주를 걸고 손에는 짧은 염주를 쥔 어린 비구니들이 나와 머리를 낮추며 추파를 보내는 양으로 인사를 하는 것이었다. 상해 팔선교(八仙橋)의 야계굴(野鷄窟)을 구경하던 광경이 회상되었다.

묘지기가 내 시계줄 끝에 작은 지남침(指南針)이 있는 것을 보고 하는 말이,

"뒤쪽 산 근처에 바위가 하나 있는데 그 바위 위에 지남침을 놓으면 지북침(指北針)으로 둔갑한답니다."

식후에 따라가서 바위 위에 동전 하나 놓을 만한 오목히 패인 자리

에 지남침을 놓으니 과연 지북침이 되는 것이었다. 나는 광물학에 대해서는 모르나 필시 자석광이나 자철광인 듯했다.

해변 5리쯤에 진(鎭)이 있었는데 하루는 그 날이 장날이니 구경 가지 않겠는가 하기에 좋다 하고 따라갔다. 지명은 잊었지만 보통 진이 아니라 해변 요새였다. 포대도 있는데 옛날 식의 작은 성으로 임진란 때 세웠다고 했다. 성 안에는 인가도 즐비하고 관청도 한두 곳 있는 듯했다. 성안을 한 바퀴 돌며 대강 구경하는데 벽진(僻鎭)이라 그런지 장꾼들은 별로 없었다.

한 국수집에 들어가 점심을 먹는데 노동자와 경찰과 나이든 주민 등이 수군거리며 나를 주시하더니 산지기를 부르고 내게도 직접 물었다. 나는 광동 상인이라고 서투른 중국말로 대답하고, 벽을 사이에 두고 산지기가 답하는 것을 들으니 "해염 주가 큰아씨가 산당에 모셔다 둔 손님"이라고 대담하게 말하는 것이었다. 이만 보아도 주가의 세력을 알 수 있었다.

무슨 연유인지도 모른 채 산으로 돌아와 산지기에게 물으니 그가 대답하길,

"그까짓 경찰들 영문도 모르고 장 선생이 광동인이 아니라 일본인 아니냐고 묻더군요. 그래서 주가의 큰아씨가 일본인과 동행하겠는가 하였더니 아무 말도 못 하던데요."

며칠 후에 안공근과 엄항섭, 진 동생이 산으로 왔다. 응과정의 빼어난 경치를 즐기고 나서 나는 그들과 함께 다시 가흥으로 돌아갔다. 다른 까닭이 아니었다. 그 날 그 진에서 경찰이 캐물은 뒤에 즉시 산당을 은밀히 감시했다고 한다. 그러나 별다른 단서를 얻지 못해 경찰 국장이 해염의 주가에까지 출장하여 산당에 머물고 있는 광동인의 정체를 조사했다는 것이다. 저 부인의 부친은 사실대로 말을 했고, 그러자 경찰국장은 크게 놀라며 "정말 그렇다면 진력 보호하겠다"고 했

다는 것이다. 나는 지각없는 시골 경찰을 완전히 믿을 수 없어 가흥으로 돌아간 것이다.

그 길에 해녕현(海寧縣) 성에 들어가 청나라 건륭(乾隆) 황제가 남방을 순시할 때 술 마시던 누각의 방도 구경하였다. 가흥에 돌아와 작은 배를 타고 날마다 남호(南湖) 방면으로 뱃놀이 가는 것을 일삼고, 시골로 가서 닭을 사 배 위에서 삶아 먹으니 그 맛이 비할 데 없었다.

중국 농촌의 견문

가흥 남문 밖, 운하로 10여 리인 엄가빈(嚴家浜)이라는 농촌에는 진 동생의 농토가 있고 그 마을의 손용보(孫用寶)라는 농사꾼은 진 동생과 아주 친한 사이여서 나는 손용보의 집에 머물게 되었다. 날마다 촌동네 노인이 되어 식구들이 전부 밭으로 나가고 빈 집에서 젖먹이가 울면 나는 아이를 안고 밭으로 아이엄마를 찾아갔다. 아이엄마는 황공무지해했다.

오뉴월은 양잠(養蠶) 시기이다. 집집마다 돌아다니며 양잠하는 것을 살펴보고 부녀들이 실 잣는 것을 보았다. 60여 세 노파가 일을 하는데 물레 곁에 솥을 걸고 물레 아래쪽에는 발판을 달았다. 오른발로 발판을 누르면 바퀴가 돌고 왼손으로는 장작불을 일으켜 고치를 삶으며 오른손으로는 물레에 실을 감는 것이었다. 나는 어릴 적부터 우리나라에서 부인들이 길쌈하는 것을 보았는데, 여기서 실 잣는 것과 비교하면 천양지판이었다. 나는 물어보았다.

"올해 춘추가 어찌 되시오?"

"예순 몇이오."

"몇 살부터 이 기계를 사용하였습니까?"

"일곱 살 때부터요."

"그러면 근 60년 이전에도 이 기계로 실을 뽑았습니까?"

"네, 바뀐 게 없어요."

나는 실제로 7~8세 어린이가 실 잣는 것을 보았으니 의심치 않았다.

농가에 기숙하느니 만큼 나는 농기구와 그 사용법을 면밀히 조사해 보았다. 설사 구식일지라도 우리나라의 농기구에 비하면 퍽 진보되었다고 생각했다. 전답에 물 대는 것 하나만 보아도 나무 톱니바퀴로, 마소로, 남녀 몇 사람이 밟아 돌려 한 길 이상으로 호수의 물을 끌어 올려 물을 대니 그 얼마나 편리한가.

모내기 또한 그렇다. 모심는 날에 벼 베는 날짜까지 미리 계산하니 이른 벼는 80일, 중간 벼는 100일, 늦은 벼는 120일이라고 했다. 우리나라에서 줄모는 일본 사람들의 발명인 것으로 알았으나 중국에서는 고대로부터 줄모를 심었다는 사실은 김매는 기계를 보아도 알 수 있었다.

농촌을 시찰한 나는 한마디하지 않을 수 없다. 중국의 한 · 당 · 송 · 원 · 명 · 청 각 시대마다 우리나라에서 관개사절(冠蓋使節)이 중국을 오갔다. 북방 시대는 관두더라도 남방 명나라 시대에 우리의 선인(先人)들이 사절로 다닐 때, 그들은 모두 장님들이었던가? 필시 허깨비나 좇고 국가의 계책은 무엇이며 민생은 무엇인지 생각도 못한 것이니 어찌 통탄스러운 일이 아닌가!

문영(文永)이라는 조상은 면화씨를, 문로(文勞)라는 조상은 물레를 중국에서 들여왔다 하나, 그 외에는 말인즉 오랑캐라 지칭하면서도 명대(明代)의 의관 · 문물을 '모두 중국제도를 존중한다'(悉遵華制)라 하여 좇았으니 — 예를 들어 망건과 갓처럼 실제 아무 이익도 없고 불편과 고통만 주는 망종 기구들 — 생각만 하여도 치가 떨렸다.

우리 민족의 비운은 사대사상에서 비롯한 것이라 하지 않을 수 없다. 국리민복의 실제는 도외시하고 주희(朱憙)의 학설 같은 것은 원래 주희의 것 이상으로 강고한 이론을 주창했다. 그리하여 사색(四色) 당파가 생겨 몇백 년을 아웅다웅하니 민족적 원기는 모두 소진되어 남은 것이 없고 발달한 것은 오로지 의존성뿐이니 망하지 않고 어쩌겠는가.

개탄할 일이다. 오늘날 보아도 청년들이 늙은이들을 지칭하여 노후(老朽)니 봉건잔재니 하는 것은 긍정할 부분도 없지 않지만, 그러나 그들 청년들은 또 어떤가. 사회주의자들이 강경 주장하기를 "혁명은 유혈적 사업이니 한 번은 괜찮아도 민족운동 성공 후에 또다시 사회운동을 하는 것은 절대 반대"라 하더니, 러시아 국부 레닌이 "식민지 민족은 민족운동을 먼저 하고 사회운동은 후에 하는 것이 옳다"는 말에 조금도 주저없이 민족운동을 한다고 떠들지 않는가. 정자(程子)와 주자(朱子)의 방귀도 "향기로운 냄새"라고 주장한다면서 비웃던 그 입과 혀로 레닌의 방귀는 "달콤하다"고 말할 듯하니, 청년들은 정신 좀 차릴지어다.

나는 결코 정·주(程朱) 학설의 신봉자도 아니고 마르크스와 레닌주의의 배척자도 아니다. 우리 국가의 특성과 민도(民度)에 맞는 주의와 제도를 연구 실시하려고 머리를 쓰는 자는 있는가? 만일 없으면 이보다 더 슬플 일은 없을 것이다.

여사공과의 만남

엄가빈에서 다시 사회교(砂灰橋)의 엄항섭 군 집으로 와 오룡교(五龍橋) 진 동생 집에서 숙식했다. 낮에는 주애보(朱愛寶)의 작은 배를 타고 인근 운하로 농촌 구경 다니는 것이 유일한 일과였다.

가흥 성내에는 몇 개의 고적이 있었다. 고대에 치부(致富)로 유명한 도주공(陶朱公)의 집터(鎭明寺)에는 축오자(畜五杅)와 그밖에 연못을 파서 만든 양어장이 있었는데 문 앞에 '도주공 유지(遺址)'라는 비석이 서 있었다.

하루는 무료하여 동문으로 가는 대로변 광장으로 나가 보았다. 그곳에는 군경(軍警)의 연병장이 있어 군대가 훈련하는데, 오가는 사람들이 운집하여 훈련 광경을 보고 있길래 나도 걸음을 멈추고 구경하고 있었다. 그런데 연병장에서 한 군관이 나를 유심히 쳐다보다가 갑자기 뛰어와 내게 묻는 것이다.

"어느 지방 사람이오?"

"광동인이오."

그 군관이 광동인일 줄 어찌 알았겠는가. 그 자리에서 보안대 본부로 끌려가 취조를 받게 되었다. 나는 이렇게 밝혔다.

"나는 중국인이 아닌데 그대의 단장을 면대하여 주면 본래 신분을 직접 필담으로 설명하겠다."

단장은 오지 않고 부단장이 얼굴을 내밀었다.

"나는 한인인데 상해 홍구사건 이후 상해에 머물기가 곤란하여 잠시 이곳 저한추의 소개로 오룡교 진 동생의 집에서 지내고 있소. 성명은 장진구요."

경찰은 그 길로 남문 저 씨 댁과 진 씨 댁에 가서 엄밀 조사를 벌인 모양이었다. 네 시간쯤 지나 진 형이 와서 담보하여 풀려났다. 저한추 군은 나에게 이렇게 권고했다.

"김 선생의 피신방법에 좀 문제가 있습니다. 김 선생은 홀아비이신데, 나의 친우 중 과부로 나이가 서른쯤 된 중학교 교사가 있는데 보시고 뜻이 맞으면 처로 맞는 것이 어떻겠습니까?"

그러나 나는 중학교 교사라면 나의 비밀이 당장에 탄로날 테니 안 된다 하고, 차라리 여자 뱃사공이나 가까이 두어 의탁하면 주(朱) 여인이 일자무식이어서 나의 비밀이 보장될 것이라고 했다.

그리하여 이때부터는 아예 선상 생활을 이어갔다. 오늘은 남문호수에서 자고, 내일은 북문 강편에서 자고, 낮 시간에는 땅위에서 걸어다니기나 할 뿐이었다.

임시정부의 개편과 독립군 장교 양성

장개석(蔣介石) 면담과 낙양군관학교 한인반

나는 잠복한 반면에 박남파(朴南坡 : 박찬익) 엄일파(嚴一坡 : 엄항섭) 안신암(安信菴 : 안공근) 세 사람은 부단히 외교와 정보 방면에 치중하여 활동했다. 물질상으로도 중국인 친우의 동정은 물론 내가 상해를 탈출한 소식이 알려지면서 미주 동포들로부터의 원조도 점차 늘어나 활동 비용은 그다지 궁하지 않았다.

박남파 형은 예전에 남경에서 중국국민당 당원으로 중앙당부에 취직한 적이 있었기 때문에 중앙요인 중에도 친숙한 인사들이 많았다. 그래서 중앙 방면으로 교섭한 결과 중앙당부 조직부장이며 강소성(江蘇省)의 주석인 진과부(陳果夫)의 소개로 장개석 장군의 면담 통지를 받게 되었다.

안공근과 엄항섭을 대동하고 남경에 도착하였다. 공패성(貢沛誠), 소쟁(蕭錚) 등의 요인이 진과부의 대리로 환영나와 중앙반점(中央飯店)에 숙소를 정하였다. 다음날 밤에 중앙군사학교 안의 장 장군의 자택으로 향했다. 진과부의 차에 남파를 통역으로 대동하였다.

중국 복식을 한 장 씨는 온화한 낯으로 맞아주었다. 서로간에 수인사를 나눈 후에 장 씨는 간명한 어조로 말했다.

"동방 각 민족은 손중산(孫中山) 선생의 삼민주의에 부합되는 민주적 정치를 하는 것이 마땅할 듯하오."

나는 그렇다고 대답한 후에 일본의 대륙 침략의 마수가 시시각각으로 중국에 침투하니 주변을 물리쳐 주시면 필담으로 몇 마디 올리겠다고 했다. 장 씨가 이를 받아들여 진과부와 박남파를 문밖으로 내보낸 후 붓과 벼루를 친히 가져다주었다. 나는 이렇게 썼다.

"선생이 백만 원 돈을 허락하면 2년 이내에 일본 조선 만주 세 방면으로 대폭동을 일으켜 일본의 대륙 침략의 교량을 파괴할 것입니다. 어찌 생각하시는지요."

장 씨는 붓을 들어 쓰길 "계획서를 작성하여 상세히 제시해 주시오"라고 하여 알겠다 하고 물러나왔다.

다음날 간략한 계획서를 보냈다. 그랬더니 진과부 씨가 자기 별장에서 연회를 베풀고 장 씨의 뜻을 대신 밝히는 것이었다. 그는 말하기를,

"특무공작으로는 천황을 죽이면 천황이 또 있고 대장을 죽이면 대장이 또 있지 않소. 장래 독립하려면 군인들을 양성해야 하지 않겠소?"

이에 대한 나의 대답은,

"감히 청할 수는 없으나 바라는 바이며, 장소와 자금의 문제일 뿐이오."

그리하여 장소는 낙양분교(洛陽分校)로, 자금은 발전하는 데 따라 제공한다는 약속 아래, 1기에 독립군 군관 100명씩 양성하기로 결의했다.

이에 따라 동 3성에 사람을 파견하여 옛 독립군들을 소집하니 이청천(李靑天) 이범석(李範奭) 오광선(吳光善) 김창환(金昌煥) 등의 장

교와 그 부하인 수십 명의 청년들, 그리고 관내 북평 천진 상해 남경 등지에 있던 청년들을 모두 모아 100명을 제1차로 학교에 들어오도록 했다. 이청천 이범석은 교관과 영관(領官)으로 학교에 들어와 시무하도록 했다.

그때 우리 사회에서는 또 다시 통일 바람이 일어나 대일전선통일동맹(對日戰線統一同盟)의 주동으로 논의가 분분했다. 하루는 의열단장 김원봉(金元鳳) 군이 특별면회를 청하기에 남경 진회(秦淮) 강변에서 비밀리에 만났다. 김 군이 말했다.

"현재 일어나고 있는 통일운동에 부득불 참가하겠으니 선생도 동참하는 것이 어떻겠습니까?"

나는 김 군에게 물었다.

"내 소견에는 통일이라는 큰 줄거리는 동일하나 동상이몽으로 보이는데, 군의 소견은 어떠하오?"

"제가 통일운동에 참여하는 주된 목적은 중국인들에게 공산당이라는 혐의를 면하고자 하는 것입니다."

나는 그렇게 목적이 각각 다른 통일운동에는 참가하고 싶지 않다고 했다.

그로부터 이른바 5당통일회의가 개최되니 의열단(義烈團), 신한독당(新韓獨黨), 조선혁명당(朝鮮革命黨), 한국독립당(韓國獨立黨), 미주대한인독립단(美州大韓人獨立團)이 통합하여 조선민족혁명당(朝鮮民族革命黨)이 탄생했다.

그 5당통일 때 임시정부를 눈엣가시로 생각하는 의열단원 중 김두봉(金枓奉) 김약산(金若山) 등의 임시정부 취소운동이 극렬했다. 당시 국무위원이던 김규식 조소앙(趙素昻) 최동오(崔東旿) 송병조(宋秉祚) 차이석(車利錫) 7인 중 김규식 조소앙 최동오 양기탁 유동렬 5인이 통일에 심취하여 임시정부 파괴에는 관심이 없었다. 이에 김두봉은 임시 거처가 있던 항주에 아예 자리를 잡고 송병조 차이석 두 사람에게도 "5당 통일이 되는 이 시점에 명패만 남은 임시정부를 존재케 할 필요가 없으니 취소하여 버리자"며 강경한 주장을 폈다. 송, 차 두 사람은 강경하게 반대했으나 국무위원 7인 중 5인이 직무를 저버리니 국무회의를 진행할 수 없었다.

이렇게 무정부상태라는 조완구 형의 친서를 받고 격분한 나는 급히 항주로 내달았다. 가서 보니 그곳에 주재하던 김철(金澈)은 이미 병사했고, 5당 통일에 참여하였던 조소앙은 벌써 민족혁명당에서 탈퇴한 상황이었다.

임시정부 개편과 한국국민당

당시 항주에 거주하던 이시영 조완구 김붕준(金朋濬) 양소벽(楊小碧) 송병조 차이석 등의 의원(議員)들과 임시정부 유지 문제를 협의한 결과 의견이 일치되었다. 일동이 가흥에 도착하여 이동녕 안공근 안경근 엄항섭 김구 등이 남호(南湖)에 놀잇배 한 척을 띄우고 배 위에서 의회를 열었다. 이 자리에서 국무위원 3인을 보선(補選)하니 이동녕 조완구 김구와 송병조 차이석 등 도합 다섯 명이 되어 비로소 국무회의를 진행케 되었다.

5당 통일이 모양을 갖출 당시부터 우리 동지들은 단체 조직을 주장하였으나 나는 극력 만류했다. 남들은 통일을 하는 판에 비록 그 내용이 복잡해서 아직 참가는 하지 않았으나 내가 어찌 차마 다른 단체를 조직하겠느냐는 것이 이유였다. 그러나 지금은 조소앙의 한독당(韓獨黨)이 재출범하고 있으니 이제는 내가 단체를 조직하여도 통일 파괴자는 아니었다. 임시정부가 자주 위태로운 처지에 빠지는 것은 든든한 배경이 없기 때문이다. 이제 임시정부를 형성하였으니 정부 옹호

가흥시절의 임시정부 요인(1935년)

를 목적으로 하는 단체가 하나쯤은 필요하다고 여겨 한국국민당(韓國國民黨)을 조직하였다.

낙양군관학교의 한인 학생 문제로 남경의 일본 영사 스마〔須麻〕가 중국에 엄중 항의하고 더욱 경비사령관 곡정륜(谷正倫)에게 교섭하길, "대역(大逆) 김구를 우리가 체포하겠는데 급기야 체포할 때 입적(入籍)이니 무엇이니 딴 말 하지 말라"고 했다 한다. 곡 씨는 "일본에서 큰 상금을 내걸었으니 김구를 내가 체포하면 상금을 내게 달라"고 했다며 나더러 남경에서 근신하라고 친히 당부했다. 그리고 낙양군교 한인 학생은 겨우 1기를 마쳤을 뿐인데 이후로 다시는 받지 말게 하라는 상부 명령에 따를 수밖에 없다는 것이었다. 중국에서 한인군관 양성은 이로써 종막을 고했다.

나의 남경 생활도 점점 위험기에 들어서고 있었다. 왜구가 남경에서 나의 족적을 냄새 맡고 암살대를 상해에서 남경으로 파송했다는 보도가 있었다. 부자묘(父子廟) 근방에 사람을 보내 주시해 보도록 하니 일곱 명의 일본 사복경찰이 무리를 이루어 순찰하더라고 했다. 나는 어쩔 수 없이 가흥의 여사공 주애보를 매달 15원씩 본가에 보내주는 조건으로 데려다가 회청교(淮淸橋)에 방을 세내어 동거에 들어갔다. 직업은 고물상이라 칭하고 전처럼 광동 해남도(海南島) 사람으로 가장했다. 경찰이 호구조사를 와도 애보가 나서서 다 설명하고 나는 직접 말하는 것을 삼갔다.

노구교(蘆溝橋) 사건으로 왜구가 중일전쟁을 도발하여 중국은 항전을 개시하였다. 한인의 인심도 불안케 되는데 5당 통일로 된 민족혁명당은 족족 분열되어 조선혁명당(朝鮮革命黨)이 또 하나 생기고 미주대한인독립단(美州大韓人獨立團)은 탈퇴했으며 본래의 의열단 분자들만이 민족혁명당을 지지하게 되었다. 그같이 분열되는 까닭은 겉으로만 민족운동을 표방할 뿐 이면으로는 공산주의를 실행하려 한다는 것이었다.

시국은 점점 급박해졌고 우리 한국국민당과 조선혁명당, 한국독립당, 그리고 미국 하와이의 각 단체를 연결하여 민족진선(民族陣線)을 결성했다. 그리하여 임시정부를 옹호 지지하게 되니 정부는 차츰 탄탄한 길로 나아가게 되었다.

임시정부의 이동

상해의 전세(戰勢)는 점점 중국측이 불리하게 되어 남경에 대한 왜놈들 비행기의 폭격이 날마다 더 심해져 갔다. 내가 거주하는 회청교 집에서 초저녁에 적기의 위협을 받다가 경보 해제 후에 취침하여 잠이 깊이 들었다. 홀연 잠결에 공중에서 기관포 소리가 들리는 것이었다.

깜짝 놀라 일어나 방문 밖으로 나서자 벼락소리가 진동하며 내가 자던 방의 천장이 무너져내렸다. 뒷방에서 자는 보애를 불러내니 죽지는 않았다. 뒤쪽 여러 방에 함께 사는 사람들도 모두 먼지를 뚫고 나오는데 뒷벽이 무너졌다. 밖에는 시체가 무수했다. 도처에 커다란 불빛이 하늘에 일렁거리는데 하늘의 색은 붉은 담요와도 같았다.

날이 밝자 마로가(馬路街)의 어머니 댁을 찾았다. 여기저기 죽은 이들과 다친 이들이 길마다 가득한 것을 보면서 어머니 댁의 문을 두드리니 어머니께서 친히 나와 문을 여시는 것이었다.

"놀라셨지요?"

어머니는 웃으면서,

"놀라기는 무엇을 놀라. 침상이 들썩들썩하더군. 그래 사람이 많이 죽었나?"

"예, 오면서 보니 이 근처에서도 사람들이 다쳤던데요."

"우리 사람들은 다치지 않았을까?"

"글쎄 말입니다. 지금 나가서 보렵니다."

곧 나와서 백산(白山) 이청천의 집으로 가 보았다. 집이 흔들려서 놀라고 황겁했으나 별고는 없었고, 남기가(藍旗街)의 대다수 학생들과 가족들도 무고하니 천만다행이었다. 성암(醒菴) 이광(李光) 댁의 자녀는 일곱 명인데 심야에 경보를 듣고 대피하던 도중에 잠자는 천영(天英) 하나를 두고 왔다는 사실을 뒤늦게 알고 담 넘어 들어가 자는 아이를 안고 온 일화도 있었다.

남경이 시시각각으로 위험해지자 중국정부는 중경(重慶)을 전시 수도로 정하고 각 기관이 앞다퉈 옮겨갔다. 우리 광복진선 3당의 구성원과 그 가족 등 백여 명은 물가가 싼 호남(湖南) 장사(長沙)로 우선 이주하기로 결정했다. 상해와 항주는 물론 율양(溧陽)의 고당암(古堂菴)에서 선도(仙道)를 닦고 있는 우강(雩岡) 양기탁(梁起鐸) 형에게까지 각지 식구들의 남경 올 여비를 보내고 소집령을 발하였다.

나는 안공근을 상해로 파견하여 자기 가족과 특히 큰형수(안중근 의사의 부인)는 기어이 모시고 오도록 거듭 부탁하였다. 그런데 가족을 거느리고 온 것을 보니 자신의 가속(家屬)들뿐 큰형수는 없었다. 나는 크게 꾸짖었다.

"양반의 집에 화재가 나면 사당(祠堂)의 신주부터 껴안고 나오거늘, 혁명가가 피난을 하면서 나라를 위해 살신성인한 의사의 부인을 왜구의 점령구에 버리고 오는 것은 군의 도덕에는 물론 혁명가의 도덕으로도 생각할 수 없는 일이다."

그리고 또 물었다.

"군의 가족도 단체생활 범위 안으로 들어오는 것이 오늘날 생사고락을 같이 하는 본뜻에 합당하지 않은가?"

안공근은 자기 식구만 중경으로 이주케 하고 단체 편입은 원하지 않았으므로 본인의 뜻에 맡겼다.

나는 안휘(安徽)의 둔계(屯溪) 중학에 재학중인 신(信)을 불러 어머니를 모시고 안공근 식구와 같이 영국 기선으로 한구(漢口)를 향해 떠났다. 대가족 백여 명 식구는 중국의 목선 한 척에 행장까지 가득 싣고 남경으로부터 소개(疏開)하였다.

어머니를 모시고 먼저 한구에 도착하여 장사(長沙)로 가니 선발대로 먼저 떠났던 조성환(曹成煥) 조완구 등은 진강(鎭江)에서 임시정부의 문서와 장부를 가지고 남경 일행보다 며칠 먼저 도착해 있었다. 남경 일행도 풍랑 중에 무사하였으나 남기가(藍旗街) 사무소의 급수 담당 고용원이었던 채(蔡) 군이 익사한 것 하나만은 불행한 일이었다. 사람됨이 충실하니 데리고 가라는 어머니의 명령을 받들어 동행했는데, 무호(蕪湖)에서 풍랑중에 물을 긷다가 실족했던 것이다.

남경서 출발할 때 주애보는 본향인 가흥으로 보냈다. 그후 이따금 후회되는 것은 송별 때 여비 백 원밖에 더 주지 못했기 때문이다. 근 5년 동안 한갓 광동인으로만 알고 나를 위했고 모르는 사이에 유사 부부처럼 되었던 것이다. 나에 대한 공로가 없지 않은데 뒷날을 기약할 수 있으리라 믿고 돈으로라도 넉넉히 돕지 못한 것이 유감천만이다.

한구까지 동행한 공근의 식구는 중경으로 이주하였고 백여 식구 동지와 동포들은 공동생활을 할 줄 몰라 각자 집을 세내고 각자 취사하였다.

어머님의 추억

어머니의 생활문제를 누락하였으니 거슬러올라가 기록하기로 한다. 내가 처를 잃은 것은 상해(上海) 시절 민국(民國) 6년 1월 1일이었다. 처는 신을 낳고 아직 몸이 회복되지 않았고 영경방(永慶坊) 10호 2층에 살 때였다. 세면수를 어머님께 버려달라고 하기가 황송했는지 세숫대야를 들고 아래층으로 내려가다가 발을 헛디며 계단으로 굴렀다. 그 빌미로 늑막염이 폐병으로 되어 서양인이 경영하는 홍구의 폐병원에서 사망했다. 내가 그곳에 갈 수 없는 형편이었기에 보륭의원에서 나는 최후작별을 하였다. 임종은 문병 갔던 김의한(金毅漢) 내외가 지켜보았고 나는 그 보고를 듣고 알게 되었다. 미주에서 상해로 온 유세관(柳世觀)이 처가 입원할 때와 장례식 때 많은 수고를 하여 주었다.

어머님은 세 살배기 신을 우유를 먹여 길렀다. 밤에 잘 때는 어머니의 빈 젖을 물려 재웠다. 상해에서 우리 생활은 극도로 어려웠다. 그때 독립운동하던 동지들은 취직한 이들과 자영업자를 제외하면 수십 명에 불과했다. 어머니께서는 청년과 노인들의 굶주림을 애석히 생각하시나 구제방법이 없었다. 두 손자도 상해 생활로는 보육이 불가능

어머니 곽낙원과 아들 신의 귀국을 보도한
1925년 11월 《동아일보》

하여 본국으로 돌아가고자 하셨다. 그 무렵 우리 집 뒤쪽의 쓰레기통 안에는 근처 야채상이 버린 배추 겉대가 많았는데, 어머님은 매일같이 밤이 이슥해지면 먹을 만한 것을 골라오셨다. 그것들을 소금물에 담가 두었다가 찬거리로 하려고 항아리를 여러 개 만드셨다.

아무리 생각해도 상해 생활을 유지하기 어렵다고 본 어머님은 네 살도 안 된 신을 데리고 귀국의 길을 떠나셨다. 나는 인(仁)을 데리고 여반로(呂班路)에 단칸방을 빌려 석오 선생과 윤기섭(尹琦燮) 조완구 등 몇몇 동지들과 함께 지냈다. 어머님께서 담가 주신 우거지 김치를 오래 두고 다 먹었다.

어머님께는 귀국하실 때 여비를 넉넉히 드리지 못하여 겨우 인천에 상륙하시자 곧 여비가 바닥이 났다고 했다. 떠나실 때 그런 말씀을 드린 바도 없건만 어머님은 인천의 동아일보 지국으로 가서 사정 이야기를 하셨다. 그러자 그 지국에서는 상해 소식으로 신문에 기사가 나서 이미 알고 있었다며 서울 갈 여비와 차표를 사서 드렸고, 서울에 도착해 다시 동아일보사를 찾아가자 다시 사리원까지 보내 주었다고 했다.

상해를 떠나실 때 나는 이렇게 부탁했다. 사리원에 도착하신 후 안악 김홍량 군에게 통지하여 보아서 영접을 나오거든 따라가시고 소식이 없거든 송화(松禾) 득성리(得聖里, 水橋 동쪽 10여 리) 이모댁(張雲龍 이종제 집)으로 가시라고 하였다. 부탁대로 안악으로 도착 통지를 하였으나 아무 회신이 없어서 송화로 가셨던 것이다.

두세 달 후 음력 정초에 안악에서 김선량(金善亮, 庸濟의 맏아들) 군이 어머니를 찾아와 배알하고 안악으로 모셔갈 의사를 알렸다. 그 이유는 이런 것이었다.

"경찰서에서 일본사람이 여러 차례 우리 집으로 와서 야단을 벌였습니다. 할머님을 안악이 아닌 중간쯤에 계시게 하고 우리 집안에서 할머님께 금전을 보내어 상해 계신 김 선생님에게 독립자금을 공급하는 것 아니냐고 말입니다. 그래서 집안 어른들이 가서 모셔오라기에 왔습니다."

어머니는 크게 노하여 말씀하셨다.

"내가 사리원에서 왔다는 통지를 하였을 때는 아무 대답이 없다가 지금 일본 순사의 심부름으로 왔느냐?"

선량은 곡진히 말씀드렸다.

"그리 된 것도 정이 없어서가 아니옵고 여러가지 사정이 얽힌 때문이었으니 용서하시고 같이 가십시다."

"네 말 잘 알았다. 날씨가 따뜻해지거든 해주 고향에 다녀서 안악으로 가마."

하시고 어머님은 선량을 돌려보냈다.

어머님은 봄철에 득성리를 떠나서 도고로(陶古路) 임선재(林善在, 셋째 삼촌의 사위)의 집과 백석동(白石洞) 손진현(孫鎭鉉, 고모의 아들) 집을 방문하시고 해주 텃골의 김태운(金泰運, 재종제)과 몇몇 친척들과 함께 아버님 묘소를 마지막으로 다녀서 안악으로 가셨다.

먼저 선량의 집으로 들어가셨는데 김 씨 집안에서 이를 알고는 다정히 지내던 용진(庸震) 홍량(鴻亮) 등이 와서 배알하며 어머님 오시기 전에 주택과 여러 집기와 식량, 의복까지 다 준비하였으니 평안히 지내시라며 모셔갔다고 했다.

어머님께서는 밤낮으로 상해에 두고 온 아들 손자를 잊지 못하시고 생활비에서 절약하여 약간의 금전도 보내주셨다. 하지만 그런들 붉은 화로에 한 점 눈송이밖에 안 되니, 그것을 아시는 어머님은 다시 인을 보내라고 명하신다. 김철남(金鐵南 : 永斗) 군의 삼촌 편으로 인까지 귀국하니 나는 혈혈단신으로 한 점 혈육도 없게 되었다.

세월이 흐르는 물과 같아 나의 나이 오십여라. 과거를 회상하고 장래를 추상(推想)하니 내 신세가 가엾구나. 서대문감옥에서 발원하기를 천우신조로 우리도 어느 때 독립정부가 성립되거든 정부 문지기를 하다가 죽더라도 한이 없다고 했다. 이제 그 소원을 넘어서 최고 직위까지 지낸 나의 책임을 무엇으로 이행할까 생각했다. 나는 모험사업에 착수할 결심을 하고 백범일지를 쓰기 시작하여 1년 2개월 만에 탈고하였다. 지내 온 사실들에 써넣은 연월일자는 매번 본국에 계신 어머니께 편지를 올려 답을 받아 기입한 것이었다. 하편을 쓰고 있는 지금도 어머니께서 생존하셨더라면 많은 도움을 받았으련만, 슬프구나!

어머님이 안악 계실 때 동경 이봉창 의거가 일어났다. 그때 경찰들이 집을 포위하여 며칠을 경계하였고 홍구사건 때는 더욱 심했다고 했다. 나는 비밀히 어머니께 알렸다.

"어머니께서 아이놈들을 데리고 다시 중국에 오셔도 몇해 전처럼 굶주림을 겪지는 않을 상황이니 나올 수만 있으시거든 오십시오."

어머님은 본시 용감하기로 말하면 여자로서 다른 누구도 따를 수 없는 분이니, 안악경찰서에 출국원을 제출하였다. 이유는 "연로하여 죽을 날이 많이 남지 않았으니 생전에 손자 두 녀석을 데려다 제 아비에게 맡기겠다"는 것이었다.

다행히 안악경찰서에서 허가를 받아 행장을 꾸리던 즈음에 경성경시청에서 요원을 안악으로 파견하여 어머님을 위협하며 회유했다.

"상해에서 우리 일본 경관들이 당신 아들을 체포하려 하여도 찾지 못하는 터이니 노인이 말못할 고생을 당할 것 없소. 상부 명령으로 당신 출국은 불허하니 그리 알고 집으로 돌아가서 편안히 지내시오."

이 말을 들은 어머님은 크게 노하며 말하시길,

"내 아들을 찾는 데는 내가 그대네 경관보다 나을 터이고, 언제는 출국을 허가한다기에 가산 집물을 다 처리하게 해놓고 지금은 출국 불허 운운하니 남의 나라를 빼앗아 이같이 정치를 해서 오래 갈 줄 아느냐!"

노인이 너무 흥분하여 혼절하시니 경찰은 김 씨 집안에 위탁하여 보호를 명하고 다음에 와서 다시 모친께 물었다.

"여전히 출국할 의향인가?"

"그같이 말썽 많은 출국은 하지 않기로 결심했다."

어머니는 이렇게 말씀하시고 돌아오셔서 목공을 불러 가옥을 수리하고 가구 집물을 준비하여 영영 거기서 살 계획임을 보여주었다. 그리고 몇 달 후 송화에 동생 병문안을 간다며 신이를 데리고 자동차표를 사서 신천읍까지 오셨다. 신천서는 재령, 사리원을 거쳐 평양에

윤봉길 의사 의거 후 어머니, 아들 인 · 신과 재회(1934년)

도착해서 숭실중학에 재학중이던 인을 불러내 안동행 직행열차에 올랐다.

대련에서 일본 경찰이 조사하는데 인이 어린 동생과 늙은 할머니를 데리고 위해위(威海衛)의 친척집에 의탁코저 간다니까 잘 가라고 특별히 허가해 주었다고 했다. 어머님께서는 상해 공근 군의 집으로 가서 하룻밤을 보내고 가흥 엄항섭 군의 집으로 오셨다는 소식을 나는 남경에서 들었다. 즉시 가흥으로 가 이별 후 9년 만에 어머님을 뵙고 저간에 본국에서 지낸 형편을 자세히 들었다. 그리고 어머님의 첫 말씀에 큰 은전을 받았으니 그것은 다름 아니라 어머님께서 이렇게 말씀하신 것이었다.

"나는 지금부터는 '너'라는 말을 고쳐서 '자네'라 하고 잘못하는 일이라도 말로 꾸짖고 회초리는 쓰지 않겠네. 들어보니 자네가 군관학교를 하면서 많은 청년들을 거느린다니 남의 사표(師表)가 된 듯하여 나도 체면 보아주자는 것일세."

나는 나이 60이 다 차서 어머님께서 주시는 큰 은전을 입었다. 그 후에 남경으로 모셔다가 1년을 경과한 후 남경 함락이 가까워오자 장사(長沙)로 모시고 간 것이다.

남경에서 맞은 어머니 생신 때 청년단과 우리 오랜 동지들이 돈을 모아 생신잔치를 벌이려 했는데, 그것을 눈치 챈 어머님은 그 돈을 그냥 주면 입맛대로 음식을 만들어 먹겠다고 하셨다. 그래서 그 돈을 드리자 "권총을 사서 일본놈들을 죽이라"며 오히려 더 보태서 청년단에 하사하셨다.

장사(長沙) 임시정부와 남목청(楠木廳) 사건

이제부터는 다시 장사 생활의 대강을 기록하기로 하자. 백여 명의 남녀노유와 청년들을 이끌고 사람도 땅도 생소한 호남성 장사에 간 것은 단지 많은 식구가 딸린 터에 곡가(穀價)가 아주 싼 데다 장래 홍콩을 통하여 해외통신을 계속할 계획이 있었기 때문이었다. 선발대를 보내고 안심을 못 한 채 뒤미처 장사에 도착하자 천우신조로 이왕에 잘 아는 장치중(張治中) 장군이 호남성 주석으로 취임하는 것이었다. 그리하여 만사가 순탄하고 신변보호도 잘해 주어 우리의 선전 등 공작도 유력하게 진전되었다. 경제 방면으로는 남경 때부터 중국 중앙에서 매달 다소의 보조도 있었고 그밖에 미국 한인 교포의 원조도 있어서 물가가 워낙 싼 탓으로 난민치고는 고등난민의 격을 지니게 되었다.

나는 본국을 떠나 상해에 도착한 후 우리 사람이 아닌 한 초면에 인사할 때 본 이름을 내놓지 못하고 늘 변성명(變姓名)의 생활을 계속해왔으나, 장사에 도착한 이후는 거리낌없이 김구로 행세했다.

당시 상해와 항주, 남경에서 장사로 와 모인 식구는 광복진영 원동(遠東) 3당 당원과 가족, 그리고 임시정부 직원들이었는데 이따금 일행 중에서 3당 통일 문제가 제기되었다. 조선혁명당의 주요 간부는 이청천 유동렬 최동오 김학규(金學奎) 황학수(黃學秀) 이복원(李復源) 안일청(安一淸) 현익철(玄益哲) 등이었고, 한국독립당의 간부는 조소앙 홍진(洪震) 조시원(趙時元) 등이었으며, 내가 창립한 한국국민당은 이동녕 이시영 조완구 차이석 송병조 김붕준 엄항섭 안공근 양묵(楊墨) 민병길(閔丙吉) 손일민(孫逸民) 조성환(曹成煥) 등이 간부였다.

3당 통일문제를 협의하기 위하여 5월 6일에 조선혁명당 당부인 남목청(南木廳)에 모여 밥이나 먹자 하여 나도 출석했다.

그리고는 정신을 차려 보니 나의 거처가 아니고 병원인 듯한데 몸이 극히 불편하다. 내가 어디에 온 것이냐고 묻자 남목청에서 술마시고 졸도하여 입원했다고 하였다. 의사가 자주 와서 내 가슴을 진찰하는데 무슨 상흔(傷痕)이 있는 듯하여 어찌 된 것이냐고 물었다. 졸도할 때 상 모서리에 부딪혀서 조금 다쳤다고 하기에 나 역시 그렇게 믿고 아무 의심도 하지 않았는데 그 후 한 달이 가까워서야 입원하게 된 진상을 알게 되었다.

엄항섭 군이 상세히 보고한 내용은 이랬다. 그 날 남목청에서 연회가 열릴 때 조선혁명당원 이운한(李雲漢)이 돌입하여(그는 남경 시절에 상해로 특무공작을 가고 싶다 하여 내가 금전 보조도 해줬던 인물이다) 권총을 난사한 것이었다. 첫 번째 총알에 내가 맞고 두 번째에 현익철이 중상, 세 번째에 유동렬이 중상, 네 번째에 이청천이 경상을 입었다. 현익철은 병원에 당도하자 곧 절명했고, 나와 유동렬은 입원 치료하여 상태가 좋아 곧 함께 퇴원할 수 있을 것이라 했다.

범인은 성(省) 정부의 긴급명령으로 체포 구속되었고 혐의가 있는 박창세(朴昌世) 강창제(姜昌濟) 송욱동(宋郁東) 한성도(韓成道) 등도 구금되었다고 했다. 가장 큰 의혹은 강창제와 박창세 둘에게 있었다. 예전에 상해에서 이유필의 지휘로 병인(丙寅) 의용대라는 특무공작기관을 설립했던 이 두 사람은 일종의 혁명 난류(亂類)로, 금전을 지닌 동포에게 강도짓도 하고 일본의 정탐을 암살하기도 하며 직접 뒤쫓기도 했다. 우리 사회에서 신용은 없었지만 반혁명분자로 규정하기는 어려웠다.

수십일 전에 강창제가 나에게 청하기를 상해에서 박창세가 장사로 올 마음이 있으나 여비가 없어 오지 못한다니 보조해 달라고 청하기에 상해 쪽 기관에 위탁하여 처리하겠다고 했다. 그 이유는, 박제도(朴濟道, 창세의 맏아들)가 일본영사관의 정탐이 된 것을 나는 자세히 알고 있었는데 그런데도 박창세가 그 아들의 집에서 잘 지내고 있다는 데 특별히 주의한 것이었다. 여비가 없어 오지 못한다던 그 박창세가 장사에 와서, 나도 한번 만나 보았다.

이운한은 필시 강·박 두 사람의 악선전에 이용당한 것으로, 정치적 감정으로 충동되어 '남목청 사건'의 주범이 된 것이었다. 경비사령부 조사 결과, 박창세가 장사로 온 후 즉시 상해로부터 박창세에게로 2백 원의 금전이 몰래 지급되었으나, 이운한은 체포(수십 리 떨어진 기차역까지 걸어갔다)되었을 때 수중에 단지 18전을 지니고 있을 뿐이었다. 이운한은 범행 후 유동렬의 사위(수양딸의 남편) 최덕신(崔德新, 동오의 아들)에게 권총을 들이대고 10원을 강요하여 장사를 탈출했다. 이런 정황을 볼 때도 그는 강·박의 마수에 이용된 것이 사실인 듯싶다.

나중에 전황이 좋지 못하여 장사도 위급한 지경에 이르자 중국 법정은 이 주범과 종범들에 대해 법대로 죄를 다스리지 못해 모두 풀어 주었다. 이운한까지도 옥에서 나와 거지꼴을 하고 귀주(貴州) 방면으로 오는 것을 구양군(歐陽群)이 만나서 말까지 주고받았다는 보고를 중경에서 들었다.

남목청 사건이 일어나자 당시 장사에서는 일대소동이 벌어졌다. 경비사령부에서는 그때 장사에서 출발하여 무창(武昌)으로 향하던 기차를 다시 장사까지 되물려 범인 수색을 하였고, 우리 정부로서는 광동으로 요원을 파견하여 중한합작으로 범인 체포에 주력하였다. 성 주석인 장치중 장군은 상아(湘雅)의원으로 친히 와서 나의 치료에 어떤 방법을 쓰든 비용은 성 정부가 부담하겠다고 했다.

나는 남목청에서 차에 실려 상아의원에 도착했는데 의사가 진단해 보고는 가망 없다고 선언했다고 한다. 입원 수속도 필요 없이 문간에서 숨이 끊어지기만을 기다릴 뿐이었는데, 12시에서 3시까지로 목숨이 연장되는 것을 본 의사가 네 시간 동안만 목숨이 이어지면 방법이 있을 듯하다고 하여 급기야 종이 네 번 울린 후에 우등병실에 입원시키고 치료에 착수하였다는 것이다.

그때 안공근은 중경에 안착했던 자기 가족과 광서(廣西)로 이주한 작은형 정근(定根) 가족까지 이주시킬 목적으로 홍콩에 가 있었고, 인이 역시 상해 공작 가는 길에 홍콩에 머물고 있었다. 자동차에 실려 간 내가 의원 문간에서 의사 진단으로 가망 없다는 선고를 받자마자 즉시 홍콩으로 전보가 갔는데 내용인즉 여지없는 '총 맞아 피살'이었다. 그리하여 며칠 후 인과 공근이 장례에 참석한다며 장사로 돌아왔던 것이다.

당시 한구(漢口)에서 전황을 주재하던 장개석 장군은 하루에도 몇 차례씩 전문(電問)을 보내왔다. 한 달 후 퇴원할 때에는 장 씨의 대리로 나하천(羅霞天) 씨가 치료비 3천 원을 가지고 장사로 와 위문하였다.

퇴원 후에는 즉시 내 발로 걸어 어머님께 가 뵈었다. 어머님께서는 사실대로 고하지 않고 지내오다가 거의 퇴원할 무렵 신이 말씀드렸다는데, 막상 가서 뵈니 동요의 빛은 조금도 없이,

"자네의 생명은 하느님께서 보호하시는 줄로 아네. 사악함이 올바름을 범할 수는 없지. 한갓 유감은 한인의 총을 맞고 살아난 것이 일인의 총에 죽은 것만 못하네."

이 말씀뿐이었다. 그리고는 당신이 손수 지은 음식을 먹으라 하셨다.

엄항섭 군의 처소에서 정양하고 있으려니 하루는 갑자기 신기(神氣)가 불편하여 구역질과 함께 오른쪽 정강이가 마비되는 것이었다. 다시 상아의원에 가서 진찰을 받았는데 X선으로 심장 근처에 박혀 있던 탄환을 검사해 보니 위치가 변동되어 오른편 갈비뼈 쪽으로 옮겨와 있었다. 서양인인 외과주임의 주장은 본시 심실(心室) 곁에 있던 탄환이 대혈관을 통과하여 오른쪽 옆구리로 옮아갔는데 불편하면 수술도 어렵지 않고 그대로 두어도 생명에는 아무 지장이 없다는 것이다. 오른쪽 다리의 마비는 탄환이 대혈관을 압박하기 때문인데 작은 혈관들이 확대되면서 증세가 줄어든다고 했다.

중경 임시정부와 광복군

임시정부의 중경(重慶) 도착

이때는 장사에 적기 공습이 심하고 중국 기관들도 피난 중이었다. 3당 간부들이 회의한 결과 광동으로 가서 남녕(南寧)이나 운남(雲南) 방면으로 해외와 연락망을 유지할 계획을 세웠다. 그러나 피난민이 인산인해를 이루니 백여 명 식구와 산처럼 쌓인 짐을 끌고는 근처 시골로 옮겨가기도 지극히 힘든 지경이었다.

절룩거리는 다리를 끌고 성 정부 장 주석을 방문하여 광동 이주를 상의했다. 그는 철로와 기차 한 칸을 우리 일행 전용으로 무료로 내주도록 명령을 내리고 광동성 주석 오철성(吳鐵成) 씨에게 소개장을 친필로 작성하여 주니 큰 문제는 해결되었다.

대가족 일행보다 하루 먼저 출발하여 광주(廣州)에 도착했다. 이전부터 중국군 계통에 복무하던 이준식(李俊植) 채원개(蔡元凱) 두 사람의 주선으로 임시정부 청사는 동산백원(東山柏園)에 정하고, 대가족 전부를 아세아여관(亞細亞旅館)에 수용케 되었다.

그리하여 나는 안심하고 홍콩으로 갔는데, 특히 안정근 안공근 두 사람에게 부탁할 큰 일이 있기 때문이었다. 그 일이란 그들의 형수인 안 의사 부인을 상해에서 모셔내어 왜놈의 점령구에서 벗어나도록 하는 것이었다. 당초 남경에서 장사로 대가족을 이주하기로 정하고 공근을 상해에 밀파할 때 부탁한 바 있었다. 상해-남경간 철도가 전쟁 때문에 불통이던 때라 자동차로 자기 가족을 남경으로 이주할 때 형수 댁 식구를 데리고 오라 하였으나 성공치 못했던 것이 일대 유감이었던 것이다.

홍콩에서 마침 비밀공작으로 상해로 파견되던 유서(柳絮)와 같이 안군 형제와 회의하면서 나는 형수를 상해의 적 치하에서 벗어나게 해야 한다고 강경하게 주장했으나 그들은 난색을 보였다. 나는 이치를 따지며 꾸짖었다.

"양반의 집에 화재가 나면 사당부터 옮겨 내는 것처럼 우리 혁명가로서 의사 부인을 적 치하에서 구출하는 것 이상의 급선무는 없다"고 했지만, 그러나 실은 그때는 이미 불가능한 일이었다.

또 한 가지 유감스런 일이 있었다. 남경에서 대가족을 장사로 이주하려 할 때 이전부터 선도(仙道)를 연구하고자 율양(溧陽) 대부진(戴埠鎭) 고당암(古堂庵)에서 중국 도사 임한정(任漢廷)에게 의탁 수도하는 양기탁 선생에게 여비를 보내, "장사로 출발하니 즉시 남경으로 와서 함께 가자"고 하였으나 기일 안에 도착하지 않아서 그냥 떠났던 것이다.

광주(廣州)에서 적기 공습이 심하여 대가족과 어머님은 불산(佛山)으로 보내고 시내 어느 로(路)에 판공처(辦公處)를 두어 사무원들만 지키게 했다.

두 달을 광주에서 머물렀다. 중국정부가 전시 수도를 중경으로 정하였으므로 장개석 장군에게 전보로 청하였더니 중경으로 오라는 회신을 보내왔다. 조성환(曹成煥) 나태섭(羅泰燮) 두 동지와 함께 중-한(重漢) 철도로 다시 장사에 도착했다. 장치중 성 주석을 면회하고 중경행의 편의를 요청하자 쾌히 승낙하여 공로(公路) 통행표 석 장을 주고 귀주성 주석 오정창(吳鼎昌) 씨에게 보내는 소개장을 만들어 보내주었다. 우리는 중경을 향해 출발하여 10여 일 후에 귀양(貴陽)에 도착하였다.

몇 해 동안 남중국의 토지 비옥하고 물산 풍부한 곳만 보아서 그런지는 모르나, 귀양시에서 오가는 사람 가운데 극소수를 제외하면 절대다수가 깁고 기운 누더기 차림이었고 얼굴에는 굶주려 푸른빛이 돌았다. 산천은 돌만 많고 흙은 적어서 농가에서 흙을 지어다가 바위 위에 뿌리고 씨앗을 틔우는 것을 보아도 흙이 극히 귀한 것을 알 수 있었다.

그 중에도 한족(漢族) 보다 이른바 묘족(苗族) 들의 형색이 극히 궁핍하고 행동이 야만스러워 보였다. 중국어를 모르는 나로서는 언어로는 한족과 묘족을 구별하기 힘들었으나 묘족 여자는 옷차림이 판이했고 묘족 남자는 눈빛에 나타나는 야만으로 구별할 수 있었다. 그러나 묘족화한 한인도 많은 듯했다.

묘족도 4천여 년 전 삼묘씨(三苗氏) 의 자손이러니 삼묘씨는 전생에 무슨 업보인지 누천 년 역사상에 자손 중 특출한 인물이 있다는 역사의 기록을 본 적이 없다. 그래서 나는 삼묘씨라는 것은 고대의 명칭이 잔존한 것일 뿐 근대에는 없어진 줄 알았다. 그러나 이제 묘족도 수십 수백 종별로 변화되어 호남 광동 광서(廣西) 운남 귀주 사천(四川) 서강(西康) 등지에 널리 퍼져 있는 형세이다. 근대에 한족화한 묘족 중에 영걸(英傑) 이 있다는데 전해오는 풍설로는 광서의 백숭희(白崇禧) 장군과 운남 주석 용운(龍雲) 등이 묘족이라 하나 그 선조들을 알지 못하는 나로서는 사실 여부를 말할 수 없다.

귀양에서 여드레를 보내고 중경까지 무사히 도착하였다. 그러나 그 사이에 광주가 함락되어 대가족의 소식이 무척 염려되었다. 그런 중에 일행이 고요(高要)로 계평(桂平)으로 해서 유주(柳州)에 도착했다는 전보를 받고 적이 안심이 되었다. 그러나 중경 근처로 이사를 시켜 달라는 데는 큰 문제였다.

중국 중앙으로서도 차량 부족으로 군수품 운송에 차량 천 대도 부족한 판에 백 대밖에 없으니 도와주고 싶어도 도와줄 수 없는 형편이라는 것이다. 중국 교통부와 중앙당부에 누차 교섭하여 차량 여섯 대와 여비까지 조달받아 식구들과 짐을 운송할 수 있었다.

식구들이 정착지를 어느 곳으로 할 것이냐고 묻기에 귀양서 중경 오면서 길가 풍경을 보던 중에 기강(綦江)이 좋아 보여서 그곳으로 정했다. 청사(晴簑) 조성환 형을 파견하여 집과 약간의 가구 등을 준비하도록 하고 미국 하와이로 중경 이주를 통지했다. 그리곤 날마다 회신을 받아 보려고 우정총국에 몸소 왕래했다.

어머님의 별세

하루는 우정국을 갔더니 인이가 와서 인사를 했다.

"유주서 할머님이 병이 나셨는데 빨리 중경으로 가시겠다고 하셔서 신과 함께 형제가 모시고 왔습니다."

따라가 뵈니 나의 숙소인 홍빈(鴻賓)여관 맞은편이었다. 모시고 홍빈여관으로 와서 하룻밤을 지낸 후 김홍서(金弘敍) 군이 자기 집으로 모시기로 하여 남안(南岸) 아궁보(鵝宮堡) 손가화원(孫家花園)으로 가셨다. 당신의 병은 인후증(咽喉症)으로 의사의 말을 듣건대 광서의 풍토병이라고 했다. 고령만 아니면 수술을 할 수 있고 초기이면 대처할 방법이 있으나 때가 너무 늦었다고 했다.

어머님께서 중경으로 오실 줄 알고 노쇠하신 어머님을 모시겠다는 성심을 품고 중경으로 일가족을 거느리고 온 이가 있었다. 유진동(劉振東) 군과 그 부인 강영파(姜暎波)로서, 유 군은 상해에서 동제대학(同濟大學) 의과를 졸업하고 고령(牯嶺) 폐병요양원 원장으로 개업하다가 고령이 전쟁 마당이 될 것을 간파하고 의창(宜昌)과 만현(萬縣)을 거쳐 중경으로 왔다. 그들 내외는 상해 학생 시절부터 나를 특별히 애호하던 동지들로서, 내가 어머니를 잘 모시기 힘든 처지인 줄을 알고 내외가 모실 테니 나는 마음놓고 독립 사업에 전념하라는 것이었다. 그들이 그런 성심을 품고 남안에 당도한 때는 어머님께서는 인제 의원에서도 두 손을 놓아 퇴원하여 돌아가실 날만 기다리던 때였다. 두고두고 한스럽다.

다시 소급하여 중경에 처음 도착하여 진행한 일을 기록한다. 세 가지 일로 정리될 수 있겠다. 첫째는 중국 당국과 교섭하여 차량을 얻어내 이사 비용을 마련해 유주로 보낸 일. 둘째, 미국 하와이 각 단체에 임시정부와 직원 가족의 중경 이주를 통지하고 원조를 청한 일. 셋째, 각 단체의 통일 문제 제기.

나는 남안 아궁보 조선의용대와 민족혁명당 본부를 방문하였다. 김약산(金若山 : 김원봉)은 계림(桂林)에 있었으나 윤기섭(尹琦燮) 성준용(成俊用) 김홍서(金弘敍) 석정(石丁) 최석순(崔錫淳) 김상덕(金尙德) 등의 간부가 즉시 환영회를 열어 주었다. 그 자리에서 통일 문제를 제기하여 민족주의 단일당을 주장하니 모두 한 뜻으로 찬성하였다.

그리하여 나는 한 걸음 더 나아가 유주에 있는 독립운동가와 미주, 하와이 동포들의 일치를 촉구하였다. 미주와 하와이에서 다음과 같이 회답이 왔다.

"통일은 찬성하나 김약산은 공산주의자여서 우리 미국 교포와는 입장이 다릅니다. 선생이 공산당과 합작하여 통일하는 날에는 인연과 관계가 끊어지는 줄 알고 통일운동을 하시오."

어머니 곽낙원 여사의 장례식(1939년)

　　나는 약산과 상의한 결과 연명(聯名) 선언으로 민족운동이야말로
조국광복에 필요하다고 발표하였다. 유주의 국민당 간부들로부터는
좌우간 중경 가서 토론하여 결정하자는 회답이 왔다.

　　기강 선발대가 도착하고 이어서 백여 식구들이 모두 탈 없이 안착
하였건만, 유독 어머님만은 병이 점점 중태에 빠져 당신도 회생치 못
할 것을 각오하신 듯했다.

　　"어서 독립에 성공하도록 노력하여 성공해서 귀국할 때는 나의 유
골과 인이 어미의 유골까지 가지고 돌아가 고향에 매장하거라."

　　어머님께서는 50여 년 고생하다가 자유독립되는 것도 보지 못하고
돌아가시니 원통하기 짝이 없구나. 어머니는 대한민국 21년(1939) 4월
26일 손가화원에서 돌아올 수 없는 길을 가셨다.

　　5리 떨어진 화상산(和尙山) 공동묘지에 석실을 만들어 모셨다. 어
머니는 생전에도 대가족중 최고령이시므로 존장 대접을 받으시더니

사후에도 매장지 부근 현정경(玄正卿) 한일래(韓一來) 등 수십 명 한
인 연하자들의 지하(地下) 회장인 듯싶다.

예전에 노복(奴僕)을 쓰던 시대는 말할 것도 없고, 국가가 병탄당
한 후에 서울과 지방을 막론하고 동포들의 양심이 발동하여 "내가 일
인의 노예가 되고 어찌 차마 내 동포를 종으로 사용하겠느냐" 하여 노
복제는 폐지하고 고용제를 사용했다. 어머님의 일생 생활은 노복은
물론이고 80 평생에 '고용' 두 글자도 상관이 없었다. 돌아가실 때까
지 손수 옷을 꿰매고 밥을 지었으며 일생에 남의 손으로 당신 일을 시
켜 보지 못하신 것도 특이하다 하겠다.

3당 통합과 한국독립당

대가족이 기강에 안착하자 조완구 엄항섭 등 국민당 간부들을 초청
하여 통일 문제를 토의하여 본즉 나의 의사와는 정반대였다. 간부는
물론이고 국민당 전체 당원뿐 아니라 조선혁명당 한국독립당 양당도
한 목소리로 연합조직을 주장한다는 것이었다. 이유는 주의(主義)가
같지 않은 단체와는 단일 조직이 불가능하다는 것이다.

나의 생각은 이런 것이었다. 즉, 각 당이 자기 본체를 그대로 둔 채
연합조직을 한다면 통일기구 내에서 각기 자기 단체의 발전을 도모할
터이니 도리어 마찰이 극심할 것이다. 또 예전에는 사회주의자들이
민족운동을 반대하였으나 지금은 사회운동은 독립 완성 후 본국에 가
서 하고 해외운동은 순전히 민족적으로 국권 광복에만 전력하자고 공
산주의자들도 극력 주장하고 있으니 다 해체하고 하나로 모일 수 있지
않느냐는 것이다.

이에 대해서 국민당 간부들은 이렇게 대답했다.

"이사장 의견이 그러면 속히 기강에 동행하여 우리 국민당 전체 당

원들과 두 우당(友黨) 당원들의 의사가 일치되도록 노력해야 합니다. 그렇지 않으면 성공키 어려울 것입니다. 유주에서 국민당은 물론이고 조선혁명당과 한국독립당의 우당 당원들까지도 연합론이 우세하니 말입니다."

나는 어머님의 상을 당한 후 건강이 좋지 못하여 휴양 중이었으나 일이 이러하니 기강행을 강행했다. 기강에 도착한 후 8일간은 국민당 간부와 당원 회의로 단일적 통일이라는 의견일치에 도달했고, 두 우당 동지들과는 근 한 달 만에 의견일치를 얻어냈다. 이리하여 기강에서 7당 통일회의를 개최하니 한국국민당, 한국독립당, 조선혁명당 이상 광복진선 원동(遠東) 3당과 조선민족혁명당, 조선민족해방동맹, 조선민족전위동맹, 조선혁명자연맹 등 민족전선연맹 소속 4개 단체였다. 이 4개 단체 가운데 개회 후 대다수의 논점이 단일화되는 것을 간파한 해방, 전위 양맹은 자기 단체의 해체를 원치 않는다는 이유를 설명하고(그들은 공산주의자의 단체로서 민족운동을 위하여 자기 단체를 희생할 수는 없다고 예전부터 주장해 왔으니 크게 놀랄 것도 괴이쩍을 것도 없었다) 퇴장했다.

그리하여 그대로 5당 통일의 단계로 들어서 순전한 민족주의적 신당을 조직했다. 각 당 수석대표들이 새로 작성한 8개 조항의 협정에 친필 서명하고 며칠간의 휴식에 들어갔다. 그런데 민족혁명당 대표 김약산 등이 돌연 주장하기를,

"통일 문제 제창 이래로 순전히 민족운동을 역설하였으나 민족혁명당의 간부는 물론이고 의용대원들까지도 공산주의를 신봉하는 터에 지금 8개 조를 고치지 않고 단일조직을 하면 청년들이 전부 달아나게 되니 탈퇴한다"

고 선언하여 결국 통일회의는 결렬되었다.

나는 3당 동지들과 미국 하와이의 각 단체에 대해 사과하고, 원동 3당 통일회의를 계속해서 열어 '한국독립당'이 새로이 탄생했다. 7당이니 5당이니 하는 통일은 실패하였으나 3당 통일이 완성될 때 하와이 애국단과 가와이 단합회가 자기 단체를 해체하고 한국독립당 하와이 지부로 성립되니 실은 3당이 아니고 5당이 통일된 것이다. 한국독립당 집행위원장은 김구, 집행위원으로는 홍진 조소앙 조시원 이청천 김학규 유동렬 안훈 송병조 조완구 엄항섭 김붕준 양묵 조성환 박찬익 차이석 이복원, 감찰위원장은 이동녕, 감찰위원은 이시영 공진원(公鎭遠) 김의한 등이었다.

임시의정원에서는 임시정부 국무위원을 개선(改選)하고 국무회의 주석은 종래의 윤회(輪回) 주석제를 폐지하고 회의에 주석인 외에 대내외에 책임을 지는 권한을 부여하였다. 나는 국무회의 주석으로 임명되었고, 미국 수도 워싱턴에 외교위원부를 설치하여 이승만 박사를

한국청년전지공작대 환송(1939년 11월 17일)

위원장으로 임명해서 취임하였다.

광복군 창설

내가 중경에 도착한 이후 중국 당국에 교섭한 결과 교통수단이 곤란한 때에 차량 5~6대를 무료로 얻어내 대가족과 많은 짐들을 수천 리 험로에 무사히 운송하였다. 또한 진제위원회(振濟委員會)에 교섭하여 토교(土橋) 동감(東坎) 폭포 위쪽의 구역을 사들인 다음 기와집 세 채를 세웠고, 길가의 2층 기와집 한 채를 사들여 백여 식구가 둥지를 틀게 했다.

그밖에 우리 독립운동에 대한 원조를 청함에 냉담한 태도가 보이므로 중앙당부와 새로운 교섭에 들어갔다.

"중국이 대일항전으로 이렇게 곤란한 때에 도리어 원조를 구하는 것이 심히 미안한 노릇이오. 마침 미국에 만여 명의 한인교포들이 있어 나를 오라고 합니다. 미국은 부국이고 장차 미일간 개전(開戰)을 준비중이라 대미 외교도 개시하고 싶고 여비도 문제가 없으니 여권 수속만 청구하오."

나의 말에 당국자가 이렇게 대답했다.

"선생이 중국에 있느니 만큼 중국과 어느 정도 관계를 맺고 해외로 나가는 것이 좋지 않겠소?"

"나 역시 그런 생각으로 몇 년간 중국의 수도를 따라왔으나 중국이 5~6개의 대도시를 상실한 나머지 홀로 싸우는 것만도 극도로 곤란한 것을 본 이상에는 한국 독립을 원조해 달라고 요구하기가 극히 미안한 까닭이오."

당국자 서은증(徐恩曾)은 책임지고 나의 계획서를 상부에 올릴 테니 1부를 작성하여 보내라고 했다. 이에 계획서를 작성해서 광복군(光復軍) 즉 한국국군(韓國國軍)의 조직을 허가하는 것이 3천만 한민족을 총동원할 수 있는 요체임을 설명하여 장개석 장군에게 보냈다. 즉시 회신이 왔다. 김구의 광복군 계획을 기꺼이 허락한다는 것이었다.

나는 임시정부에서 이청천을 광복군 총사령관으로 임명하고, 미국 하와이 동포들로부터 원조받은 3~4만 원 등 가진 역량을 다하여 중국과 서양 인사들을 초청하며 우리 한인을 총동원하여 중경 가릉빈관(嘉陵賓館)에서 광복군 성립 전례식(典禮式)을 거행하였다.

이어서 30여 명의 간부를 선발해서 서안(西安)으로 보내 연전에 서안에 먼저 보냈던 조성환 일행과 합류하여 한국광복군사령부를 설치하도록 했다.

여기에 나월환(羅月煥) 등의 한국청년전지공작대가 광복군으로 귀속되어 광복군 제5지대가 되었다. 예전의 간부 가운데 이준식(李俊植)을 제1지대장으로 임명하여 산서성(山西省) 방면으로, 고운기(高

한국광복군총사령부 성립 전례식 기념(1940년 9월 17일)

雲起 : 公鎭遠)를 제2지대장으로 임명하여 수원성(綏遠省) 방면으로, 김학규(金學奎)를 제3지대장으로 임명하여 산동성 방면으로 각각 배치하여 징모(徵募), 선전, 정보 등의 사업을 착수 진행케 했다.

　강남 강서성 상요(上饒)에서 중국 제3전구사령부 정치부에 시무 중이던 황해도 해주 사람 김문호(金文鎬) 군은 일본 유학생으로 큰 뜻을 품고 중국에 건너와 각지를 유람하다가 절강성 동남 금화(金華) 방면에서 정탐 혐의로 체포되었다. 신문을 받을 때 마침 일본에서 같이 공부한 중국인 친구를 만나 동창들과 함께 제3전구사령부에 복무하게 되었다. 그러던 중 김구라는 이름이 신문에 실리는 것을 보고 먼저 편지로 그곳 사정을 전달하다가 나중에는 중경으로 와서 모든 사실을 보고했다. 이에 상요(上饒)에 한국광복군 징모처 제3분처를 설치하고 김문호를 주임으로, 신정숙(申貞淑 : 鳳彬)을 회계조장으로, 이지일(李志一)을 정보조장으로, 한도명(韓道明)을 훈련조장으로, 선전조는 주임 김문호 겸임으로 각각 임명하여 상요로 파견하였다.

모든 당·정·군의 비용은 미주 하와이 멕시코 쿠바 한인 교포들이 가슴 가득한 열성으로 보내는 것을 대략 분배하여 3부 사업을 진행했다. 그런 한편으로 장개석 장군 부인 송미령(宋美齡) 여사의 부녀위로 총회에서 중국돈 10만 원의 특별위로금 보조를 받기도 했다.

한인 대가족과 조국에 바친 영혼

광복군 제3징모처 신봉빈 여사의 내력이 하도 이상해서 기록해 둔다. 내가 몇해 전 흉부에 총을 맞고 장사 상아의원에서 치료받던 때다. 하루는 병상에 앉아 밖을 내다보고 있었는데 방문이 반쯤 열리더니 어떤 여자가 봉함편지 하나를 나의 방에 던져넣고는 사라지는 것이다. 마침 방안에 있던 전임 간호사 당화영(唐華英)에게 그 편지를 집어달라 하여 읽어 보았다.

영문을 알 수 없는 기묘한 일이었다. 우편으로 온 서신이 아니고 인편으로 온 것인데, 상덕(尙德) 포로수용소에 포로로 갇혀 있는 봉빈이라는 여자가 석방시켜 주기를 청원한 진정서였다. 그녀는 상해에 부인과 함께 살다가 4·29 홍구 사건 후 귀국한 이근영(李根永)의 처제요 당시 민단 사무원으로 체포되어 귀국한 송진표(宋鎭杓 : 본명 張鉉根)의 아내라고 했다.

"언니와 남편으로부터 선생님이 언니 집에 오시면 냉면을 말아 대접해 드렸던 이야기도 듣고 하여 우러러 사모하여 왔습니다. 그런데 상업관계로 갔던 산동(山東) 평원(平原)에서 중국유격대에 체포되어 이곳까지 오는 길에 장사를 지나왔으나 선생님 계신 곳을 알지 못해 그대로 상덕까지 끌려왔습니다. 부디 이 사지에서 구출하여 주십시오."

나는 아무리 생각해 봐도 이 편지의 내력을 알 수 없었다. 이 여자가 이근영의 처제인 것만은 의심할 바 없고 기왕에 본국에서부터 나를 들어 알고 있다는 것도 사실일 것이다. 그러나 갇혀 있는 사람의 편지가 어떻게 해서 여기까지 왔으며 본국에서 내 이름자는 들었다고 치더라도 지금 내가 장사의 상아의원에서 입원치료하는 것을 수백 리 상덕 수용소에서 어떻게 알고 편지를 보냈단 말인가. 우표도 없고 날짜 소인도 없는 순전히 인편으로 보낸 편지이니, 아까 방문밖에서 그림자만 얼씬하고 사라진 여자는 천사였던가?

어떻든 조사하여 볼 필요가 있다고 인정되어 퇴원 후 한구(漢口) 의장(蔣) 위원장에게 청구하여 포로를 직접 조사하는 특권을 얻어냈다. 노태준(盧泰俊) 송면수(宋冕秀) 두 사람을 상덕에 파견하여 조사한 결과는 이러했다.

상덕포로수용소에는 한인 포로가 30여 명이고 일인은 수백 명인데, 모두 한데 섞여 있어서 포로로서도 한인은 일인의 지휘를 받게 되어 있었다. 운동체조도 일인이 명령 지도하고 모든 일에 일인의 권리가 많은데 그중 신봉빈은 극단적으로 일인의 지휘와 간섭을 거부하고 유창한 일어로 극렬하게 일인에게 항쟁한 것이었다.

이를 본 중국 관리들은 신봉빈이 인격자인 것을 알게 되어 비밀 신문으로 봉빈의 배일사상이 어디서 기인한 것인지 조사했다.

"중국에서 활동하는 한국 독립운동자 중에 친숙한 사람이 있는가?"

봉빈은 김구를 잘 안다고 대답했다. 관리가 다시 묻기를,

"그렇다면 김구가 지금 어디 있는가?"

"모른다."

"김구에게 편지를 보내 구원을 청하면 김구가 너를 구원하여 주리라는 믿음이 있는가?"

"김구 선생이 알기만 하면 필연코 나를 구원해 줄 것이다."

조사한 관리는 바로 장사 사람이었고, 5월 6일 사건으로 장사 일대에 대소동이 일어났으므로, 김구가 저격을 당하여 상아의원에서 치료 중이라는 소식은 모르는 사람이 없었다. 이 관리가 장사의 자기 집에 오는 편에 봉빈의 편지를 가지고 왔던 것이다. 상아의원으로 와서 김구가 어느 방에 있는지 알아본 후 나의 방문 밖에는 헌병파출소가 감시하므로 직접 전달하지 못하고 친한 간호부에게 부탁하여 편지를 방안으로 던져 넣게 한 것이다. 관리는 편지 넣는 것을 보고는 바로 그곳을 떠났다고 했다. 그 후로는 수용소에서 봉빈을 특별히 대우했다고 한다.

장사가 위태로워져서 광주로 후퇴했다. 그런 후 나는 중경 가는 길에 다시 장사까지 기차를 타고, 장사에서부터는 자동차로 상덕을 지나게 되었는데, 시간 관계로 포로수용소를 찾아보지 못하고 신봉빈에게 한 통의 편지만을 전했다. 중경에 가서 구원의 방도를 강구할 생각이었다.

그런데 중경에 와서 알아보니 이미 의용대에서 포로 해방을 교섭하여 신봉빈 등의 일부가 이미 석방되었다는 것이다. 신봉빈은 누누히 내게 오기를 요구했다고 한다. 나는 김약산 군에게 편지를 보내 신봉빈을 계림에서 중경으로 데려다가 만나보았고, 기강과 토교(土橋) 대가족들과 함께 지내도록 하다가 상요로 보냈다.

봉빈은 비록 여성이나 총명 과감하여 전시공작의 효과와 능률로 중국 쪽에서까지 찬사를 받는다고 했다. 봉빈 자신도 항상 사람들을 놀라게 할 공헌을 해 보이겠다고 다짐하고 있으니 장래가 촉망된다.

비통한 일이다. 대가족에 끼지 못한 식구들이 있으니 상해의 오영선(吳泳善) 이의순(李義橓, 이동휘의 딸) 내외와 그 자녀들이다. 그들 중 오영선 군이 몸에 탈이 나 거동을 못하는 바람에 대가족 편입이 불가능했다. 그 오영선 군이 몇해 전 작고했다는 소식이 들렸는데 상해가 완전히 적에게 함락되었으니 손 쓸 여지가 없었다.

다음은 이명옥(李溟玉) 군의 가족이다. 명옥 군은 본시 금천(金川) 사람으로 3·1운동에 참가하여 일본의 정탐을 암살한 후 상해로 건너와 민단 사무원이 되었다. 그 처자가 나온 후부터는 생활을 위하여 영상(英商) 전차 검표원으로 근무했는데, 내가 남경으로 이주한 후에도 종종 비밀 공작으로 왕래하다가 일본놈들에게 체포되어 본국에서 20년 징역을 언도받았다.

명옥 군의 부인 이정숙(李貞淑) 여사는 그대로 자녀를 데리고 상해 생활을 계속했다. 내가 남경에 있을 때는 생활비를 보조해 주었는데, 대가족으로 편입하도록 통지했으나 부인은 상해를 떠날 수 없다고 했다. 상해에서 생활해야 본국 감옥에 있는 남편과 두 달에 한 번씩의 편지 교환을 할 수 있다는 성심 때문이었다. 그러다가 맏아들 호상(好相)이 조선의용대에 참가하여 절강성 동부 일대에서 공작하게 되었다.

호상은 어머니와 동생들이 그리웠던지 두세 사람의 동지를 대동하고 상해에 잠입 활동하면서 간간이 자기 어머니에게 비밀히 다녀가곤 하다가 왜구에게 발각되었다. 이 부인은 체포되었고 사랑하는 아들 호상의 소재에 대해 엄중한 신문을 받았으나 털어놓지 않아 그 자리에서 타살 당하였다.

호상은 동지 세 사람과 기차를 타고 도망하던 중 차안에서 네 사람이 체포되었다. 체포되자 곧 본국으로 호송되었는데 그 배 안에서 누이동생을 만나게 되었다. 어머니와 어린 동생은 왜놈들에게 피살되고 자기는 본국으로 압송되는 길이라는 말에 호상은 기절해 죽었다고 했다.

아프구나! 슬프구나! 하느님도 무심하시지, 어린 아들 어린 딸까지 독수(毒手)에 목숨을 잃었다는 말인가!

그런데도 이렇게 인간이라며 살고 있다니! 나라 망한 이후로 왜구의 일가족 도륙이 무릇 몇 백 몇 천이겠는가만 기미(己未) 이래 상해에서 운동하던 영역에서는 이명옥 군이 당한 참극이 첫 순위에 꼽힐 것이다. 모든 우리 동포자손들에게 한마디를 남기나니, 광복 완성 후에 이명옥 일가를 위하여 충렬문을 수안(遂安) 본향에 세워 영구 기념케 하기를 부탁하여 둔다.

처음부터 대가족들과 같이 움직이던 이들 중에는, 장사 사건으로 말미암아 왜구의 사냥개 이운한에게 총을 맞아 순국한 현익철(호는 默觀) 군은 나이 오십 전이었고 사람됨이 강개하며 아는 것이 많았다. 과거 만주에서 정의부의 수뇌로 왜구와 공산당과 장작림과 그 친일 부하들에게 3면으로 포위된 중에서도 독립운동을 위하여 격렬히 투쟁하였다. 그러다 결국 왜구에게 체포되어 신의주 감옥에서 중징역을 살고 나와 보니 만주는 완전히 왜구의 천지가 되어 있으므로 관내로 들어왔다.

그는 이후 이청천 김학규 등의 옛 동지들과 조선혁명당을 조직하였고, 남경에서 의열단이 주도한 민족혁명당을 함께 조직했다가(이른바 5당 통일) 탈퇴하고 광복진선 9개단체(원동의 조선혁명당, 한국독립당, 한국국민당과 미주국민회, 하와이국민회, 애국단, 부인구제회, 단합회, 동지회)에 참가했다가 남경에서 장사로 가는 대가족에 편입하였다. 부인 방순희(方順熙)와 어린 아들 종화(鍾華)를 데리고 장사에 도착했다.

그후 3당 통일부터 실현하여 함께 고생하며 같이 가자는 묵관의 제의에 응하여 회의를 약속하고 나 역시 모임에 참석했는데 불행히도 묵관 한 사람만 운명한 것이다.

나중에 광주에서 조성환, 나태섭 두 동지와 함께 중경으로 오던 길에 장사에서 귀양 가는 차를 기다리게 되었는데 그때가 바로 음력 추석날이었다. 나는 현묵관의 묘소를 참배하겠다고 주장했지만 두 동지가 극력 만류하여 둘만 술과 안주를 가져가서 참배했다. 아직 완전히 회복되지 않은 몸으로 먼길을 가는데 내가 묵관의 묘 앞에 당도하면 애절 통절하여 정신적으로나 신체적으로 무슨 변이나 나지 않을까 걱정되어 동행을 못하게 했다는 것이다.

장사에서 귀양행 차를 타고 가던 중에 두 동지는 길가 산중턱에 서 있는 비석을 손으로 가리키며 저것이 현묵관 묘라 하기에 나는 목례를 보냈다.

'군의 불행으로 말미암아 우리 사업에 크나큰 지장이 생겼으나 어찌 하겠소. 군은 편히 쉬시라. 그대의 부인과 자식들은 내가 안전하게 보호하리니.'

무정한 자동차는 비석조차 제대로 보여주지 않고 질주하였다.

어머님께서는 중경에서 세상을 하직하셨고, 대가족이 기강으로 와서 1년을 지낸 후 석오 이동녕 선생이 71세 노령으로 작고하여 그곳에 안장하였다. 선생을 내가 처음으로 만난 것은 30여 년 전 을사조약 때로 서울의 상동(尙洞) 예수교당에서 진사 이석(李石)으로 행세할 때 만나 함께 상소(上疏) 운동에 참가하였다. 합병 후 다시 양기탁 사랑에서 비밀히 모여 서간도의 무관학교 설립과 장래 독립전쟁의 목적을 세우고 선생에게 그 일을 위임했다. 그리고 기미년에 상해에서 또다시 상봉하여 20여 년을 고초도 함께 겪고 사업도 함께 벌이며 한 마음 한 뜻으로 지냈다.

선생은 재덕이 출중한데도 일생을 자기만 못한 동지를 도와서 앞에 내세우고 자기는 남의 부족한 점을 보완하고 고치도록 이끌었다. 이는 선생의 일생의 미덕인데 선생의 최후 일각까지 애호를 받은 사람은 바로 나 한 사람이었다. 석오 선생이 세상을 떠나신 후로는 무슨 일만 만나면 곧 선생부터 떠올리니 이제는 고문(顧問)이 없었기 때문이다. 비단 나 하나뿐이겠는가. 우리 운동계의 대손실이었다.

그 다음은 손일민 동지의 사망이다. 나이 육십에 늘 병을 안고 살다가 필경은 기강에서 한줌 흙이 되었다. 그는 청년 시절부터 나라를 되찾겠다는 큰 뜻을 품고 만주 방면에서 여러 해 동안 활동했다. 그러다 북경으로 남경으로 장사로 광주로 유주로 기강까지 대가족에 편입되었던 것인데, 자녀가 없고 육십 가까운 미망인뿐이었다.

기강에서 대가족이 2년여를 지내는 사이에 괴이한 초상도 치렀다. 조소앙의 부모는 함께 70여 세 고령이었는데 그 모친이 별세한 후에 부친이 물에 투신하여 자살했다. 사랑에 못 이긴 죽음이었는지 세상을 비관한 것이었는지 모르나 희귀하고 괴이쩍은 사건이었다.

대가족이 토교로 이사한 후 근 2년 만인 민국 24년(1942) 2월에 김광요(金光耀)의 모친이 폐병으로 별세한 후 송신암(宋新岩：秉祚) 동지가 65세에 병사하였다. 그는 임시의정원 의장으로 한국독립당 중앙집행위원과 임시정부 고문 겸 회계검사원 원장을 지냈다. 일찍이 국무위원 7인 가운데 대다수가 직을 버리고 남경 의열단이 주창한 5당 통일로 달아났을 때 차이석 위원과 함께 정부를 고수한 공로자이다. 그런 그가 임시정부의 국제적 승인 문제가 떠오르는 이때 천추의 한을 품고 돌아올 수 없는 먼 길을 떠나 토교에 한 줌 흙으로 남은 것은 오랫동안 영웅들로 하여금 눈물로 옷깃을 적시게 할 일이다.

임시정부와 독립당과 광복군은 삼위일체로 중심인물은 한독당원들이었다. 한국혁명의 늙은 선배들이 모여있는 곳이라 사망률이 생산율을 초과하는 것은 어쩔 수 없는 사실이었다.

이제 대가족 명부를 작성하여 후세에 전하려 한다. 기미운동으로 말미암아 상해로 와서 살던 5백여 동포가 거의 대가족으로 지칭될 수 있으나, 지금 이 일지에 기재하는 대가족은 홍구 사건으로 인하여 상해를 떠난 동지들과 그 가족들이 대부분이다. 손일민 이광(李洸) 등 동지들은 북경 방면에 여러 해 거주하다가 노구교(蘆溝橋) 중일전쟁

발발 이후 남하하여 남경으로 가족을 이끌고 와 합류하였다.

　대부분이 상해로부터 떠나온 가족들이지만 그 중에서도 남경을 떠나올 때 두 파로 나뉘어 빠져나왔으니, 김원봉 군의 조선민족혁명당과 우리측으로는 한국국민당 조선혁명당 한국독립당 3당이었다. 동시에 남경을 떠난 김원봉은 동지들과 가족들을 거느리고 한구를 거쳐 중경으로 이주했고, 나는 동지들과 그 가족들을 거느리고 한구를 거쳐 장사에서 8개월, 장사를 떠나 광주에서 3개월, 광주 떠나 유주 도착, 유주서 몇 달 후 기강, 기강에서 근 1년 후 토교 동감(東坎)으로 왔다. 이곳에서 새로 지은 가옥 네 채에 대부분의 가족이 거주했다. 그외에는 중경의 당부(党部)·정부·군부의 기관에 복무하는 동지들과 그 가족들이다. 대가족 명부는 별지로 작성한다.

白凡逸志
계속편

중경 임시정부의 활동과 일제의 항복

임시정부가 중경에 머물게 된 이후 공작의 진행 성과는 아래와 같다.

통일 문제

중경에 도착한 다음날 우리 일행보다 먼저 중경에 도착한 단체인 조선민족혁명당 간부와 당원들이 중경 남안(南岸)의 아궁보(鵝宮堡) 손가화원(孫家花園)을 방문했다. 김두봉 윤기섭 김홍서 최우강(崔右崗) 성주식(成周寔) 등(김원봉은 광서〔廣西〕 유주에 출장중이었다)과 그 부근에 함께 머물고 있는 민족해방동맹 현정경(玄正卿) 김성숙(金星淑) 박건웅(朴健雄) 등 공산당을 자처하는 간부들이 민족혁명당 본부의 긴급소집으로 환영회를 거행하였다. 그 자리에서 나는 오늘은 우리의 주의(主義)를 논의할 때가 아니고, 민족적으로 조국을 광복한 후 각각의 주의로써 당적 결합을 할 셈하고 지금은 각 단체가 합동 통일해야 한다고 제의했다. 이에 대해 거의가 찬동하여 통일 공작을 개시하였다.

그러나 우리 임시정부를 옹대(擁戴) 추수(追隨)하는 일행 중에 한국국민당은 내가 이사장이고, 한국독립당은 조소앙·홍진(洪震)이 간부요, 조선혁명당의 간부는 이청천·김학규·현묵관 등인데, 그들은 아직 광서 유주에서 도착하지 못한 때였다. 중국 중앙당부와 교섭하여 화물차 일곱 량을 유주에 보내서 중경으로 데려오려고 했으나 70여 명의 인원이 거주할 가옥을 마련하기도 힘든 일이고, 적기의 폭격 위험도 피할 겸 중경에서 4백 리 떨어진 기강현성(綦江縣城)에 임시 거주케 했다. 나는 통일 공작을 실행키 위하여 중경의 민혁·해방 양 단체 간부들과 동행하여 기강에 가서 5당 통일회의를 개최했다. 여러 날 토의한 끝에 해방·민혁 양 단체는 민족주의를 신봉할 수 없다는 이유로 탈퇴하고 필경은 3당통일로 한국독립당이 성립되었다. 한국독립당의 주요 강령은 한국 임시정부를 옹호 지지한다는 것이었다. 그러므로 한국독립당원이 아니면 입각할 자격이 없었다.

광복군 조직공작의 성과

　　중국이 대일전쟁을 5년간이나 계속하고 있는 중에 우리는 군대를 조직하지 못한 것이 그야말로 통탄할 일이었다. 그리하여 한국광복군 조직계획안을 작성하여 중국의 장개석에게 제청하였던 바, 장 주석은 찬동한다는 뜻을 알려왔으나 당시 전쟁으로 정부 사무가 분망한 가운데 우리 광복군 조직을 추진함에 중국 정부만 믿고 있을 수는 없었다. 그래서 미주 한인 동포들이 보내온 금액 중 비상 준비의 목적으로 저축한 4만 원 전부를 가지고 가장 화려한 가릉빈관(嘉陵賓館)에서 중경의 외교사절을 초대하여 광복군 성립 전례식을 성대히 거행하였다. 중국 중앙정부 요인들과 각 사회단체 간부들이며 각국 대사 공사를 전부 초청하였더니 당시 중경 경비총사령 유치(劉峙) 상장(上將)을 위시하여 중국의 친우들도 다수 참석하였고, 체코·터키·프랑스 등 대사들도 참석함으로써 중국에서 열린 외국인 연회(宴會)로서는 굴지의 대성황을 이루어 내외의 인기가 비등하였다. 당시 연합국의 신문 기자들도 참석하여 광복군 소식은 각국에 널리 선전되었다.

중국 중앙정부 군사후원회로부터 한국 광복군의 이른바 9개행동준승(準繩)을 발포하였는데 각 조항 중에는 우호적인 것도 있었고 모욕적인 것도 있었다. 그러자 임시정부와 광복군 간부들은 준승 접수 여부에 대하여 의논이 비등하였다. 그러나 그것을 돌려보내서 고치려면 시일만 지연될 것이니, 우선 접수하여 진행하면서 합당치 않은 조건을 시정하기로 하였다. 총사령부를 중경에 두고 총사령 이청천, 참모장 중국인, 재무과장 중국인, 고급참모 최용덕(崔用德), 한인참모장 왕일서(王逸曙), 제1지대장 김원봉, 제2지대장 이범석, 제3지대장 김학규(金學奎)를 임명하였다.

제1지대는 중경 남안에 설치하였는데 대원이 5십 명 미만이요, 제2지대는 섬서성 서안 남부 두곡(杜曲)에 두니 대원이 2백여 명이요, 제3지대는 안휘성 부양에 두니 대원이 3백여 명이었다. 몇 개월 전에는 광복군이 유명무실하여 연합국의 인기를 끌 아무 것도 없었으나, 어느 날 홀연 우리 임시정부 정청으로 가슴에 태극기를 붙이고 일제히 애국가를 부르며 들어서는 이들이 있었다. 이는 화북 각지 왜군 중에 한인 학병청년들이 모험탈주하여 부양으로 오는 자들을 제3지대장 김학규의 지령으로 정부에 호송한 것이다. 이것이 중경에서 일대 화제가 되었다.

중국의 각계인사들이 50여 명 청년의 환영회를 중한문화협회 연회장에서 개최하니, 서양의 각 통신사 기자들과 각국 대사관원들도 호기심으로 참석하여 청년들에게 임의로 질문과 답변을 주고받았다. 그런 중에 우리 청년이 말한 바 중요한 것으로는 이런 것이 있었다.

서안 광복군 제2지대에서 OSS 책임자 도노반과
(1945년 8월)

"우리는 어려서부터 일본의 교육을 받아와서 우리의 역사는 고사하고 우리 언어도 능숙하지 못한 터입니다. 일본에 유학중 징병으로 전장에 나서게 되어 가족과 작별 인사를 나누러 귀가하였더니 부모와 조부모님들이 비밀히 교훈하길 우리의 독립정부가 중경에 있으니 왜군의 앞잡이로 끌려다니다가 개죽음하지 말고 우리 정부를 찾아가서 독립전쟁을 하다가 영광스러운 죽음을 하라는 하명을 받았습니다. 그리하여 왜군 진영에서 탈주하다가 더러는 죽고 더러는 살아서, 우리 정부를 찾아온 것입니다."

이 말에 한인동포는 말할 나위도 없고 연합국 인사들의 감격이 넘쳤던 것이다.

제2지대는 OSS 주관자 서전트 박사와 이범석 지대장이 합작하여 서안에서 비밀훈련을 실시하고 본디 개성 출신으로 우리말에 능숙한 윔스 중위는 부양에서 김학규 대장과 합작하여 비밀훈련을 실시하였다. 3개월의 훈련을 마치고 조선으로 밀파하여 파괴·정탐 등의 공작을 개시할 참이었다. 미국 작전부장 도노반 장군과 대일 공작을 협의키 위하여 미국 비행기를 타고 서안으로 가서 정중한 회담을 가진 바 대강 이렇게 진행되었다.

제2지대 본부 사무실 정면의 오른쪽 태극기 밑에는 내가 앉고, 왼쪽 성조기 밑에는 도노반이 앉고 도노반 앞에는 미국 훈련관들이, 내 앞에는 제2지대 간부들이 나란히 앉은 후에 도노반 장군이 정중한 선언을 발표했다. 오늘 이 시간부터 아메리카합중국과 대한민국 임시정부 사이에 적 일본에 항거하는 비밀공작이 시작된다… 도노반과 내가 정문으로 나오는 장면을 활동사진반들이 촬영함으로써 의식(儀式)은 종료되었다.

이튿날은 미국 군관들의 요청에 따라 비밀훈련을 받은 학생들을 실지로 실험해 볼 목적으로 두곡(杜曲)에서 다시 동남쪽으로 40리 떨어진, 고대 한시(漢詩)로 유명한 종남산(終南山)의 한 고찰(비밀훈련소)까지 자동차로 갔다. 산기슭까지 가서 다시 5리 가량 걸어서 도착하니, 시간이 마침 정오이므로 미국 군대식으로 점심을 들게 되었다. 먼저 냉수를 여러 통 가져다 뜰에 놓고 국과 물그릇으로 겸용하는 쇠그릇을 1인당 각 1개씩 분배한 후, 종이갑 1개씩을 분배하는 것이었다. 그 속을 헤쳐보니 과자 비슷한 것이 5개씩 들어있고 여러가지 통조림과 담배 네 개와 휴지까지 들어 있었으며 또한 종이로 싼 가루 한 봉지를 냉수와 섞으니 훌륭한 고기국이 되니 이로써 점심은 만족할 만한 것이었다. 미국 군대의 일상 개전(開戰) 중의 식량이라 간단한 서양요리이지만 누구든지 그것을 먹고 부족한 사람은 없을 것이다. 군대 음식 하나만으로 왜병과 비교할지라도 왜적이 패배할 것임은 명확한 사실이라 하겠다. 만족스런 점심을 마치고 때는 아직 8월 상순이라 참외와 수박 등을 먹었다.

이어서 우리 청년 학생들을 훈련시키는 미국 장교들이 각자 담임한 과목을 실지 실험하는 광경을 관람하였다. 먼저 심리학 박사가 각 학생들을 심리학적으로 시험하여 모험심이 풍부한 자는 파괴술을, 지력이 강한 자는 적정 정탐으로, 눈밝고 손 빠른 자는 무선전기 사용술을 분과하여 훈련한 것이다. 심리학자가 시험성적의 개요를 보고하는데 특히 한국 청년들에 대해 앞으로 크게 촉망된다고 말하는 것이었다.

청년 일곱 명을 인솔하고 종남산 봉우리에 올라가서 몇백 길 절벽 아래로 내려가 적정을 탐지하고 올라오는 것이 목표였는데 소지품은 오로지 몇백 길의 숙마 밧줄뿐이었다. 청년 일곱 명이 회의한 결과 그 숙마 밧줄을 여러 번 매듭지은 다음 한 끝을 봉우리 바위에 매고 다른 한 끝을 절벽 아래로 떨어뜨린 후 그 줄을 타고 내려가서 나뭇가지를 하나씩 입에 물고 올라오니 목표는 이로써 달성된 것이었다.

"앞서 중국 학생 4백 명을 모아 훈련하면서 시험해 보았을 때도 발견하지 못한 이 해답을 귀국 청년 7명이 발견하는 성과를 올렸으니 참으로 전도유망한 국민이오"라는 큰 찬사를 받았다.

그런 다음 폭파술과 사격술, 비밀히 강을 건너는 기술 등의 실험을 차례로 시찰하고 나서 당일로 두곡에 귀환하여 하룻밤을 묵고 이튿날은 서안에 중국 친우들을 방문했다. 40리 길인 서안으로 들어가서 호종남(胡宗南) 장군을 방문했으나 호 장군은 출장중이어서 참모장이 대신 접견했다. 이어서 성 정부를 방문했다. 막역한 친우인 성 주석 축소주(祝紹周) 선생이 이튿날 저녁을 자기 사랑에서 함께 하자고 청하여 승낙했다. 성 당부(黨部)에서는 나를 위하여 연회를 개최하겠다 했고 서안부인회에서도 특히 나를 환영하기 위하여 연극을 준비한다고 했다. 또 각 신문사 주최로 환영회를 개최하겠다는 요청도 받았다.

일제의 항복 소식

그 날은 우리 동포 김종만 씨 댁에서 유숙하고 다음날 서안의 명소를 대충 둘러보고 축 주석의 사랑에서 저녁을 들었다. 날씨가 무척 더운 때여서 접객실에서 수박을 먹으며 담화하는 중에 홀연히 전화벨이 울렸다. 축 주석은 놀란 듯 자리에서 일어나며 중경에서 무슨 소식이 있는 듯하다며 전화실에 들어갔다가 뛰어나오는 것이었다. 그러면서 하는 말이 "왜적이 항복한답니다".

나는 이 소식을 들을 때 희소식이라기보다 하늘이 무너지고 땅이 갈라지는 느낌이었다. 몇 년을 애써서 참전을 준비했다. 산동반도에 미국의 잠수함을 배치하여 서안훈련소와 부양(阜陽) 훈련소에서 훈련받은 청년들을 조직적 계획적으로 각종 비밀무기와 무전기를 휴대시켜 본국으로 침투케 할 계획이었다. 국내 요소에서 각종 공작을 개시하여 인심을 선동하며, 무전으로 통지하여 비행기로 무기를 운반해서 사용하기로 미국 육군성과 긴밀한 합작을 이루었는데 한 번도 실시하지 못하고 왜적이 항복한 것이다. 이제껏 해온 노력이 아깝고 앞일이 걱정이었다.

즉시 축 씨 사랑을 떠나 차가 큰길을 지날 때 벌써 군중은 인산인해를 이루고 만세 소리가 성내를 진동했다. 약속한 환영준비는 전부 취소하고 밤으로 두곡에 귀환하였다. 우리 광복군은 자기 임무를 달성치 못하고 전쟁이 종식되니 실망과 낙담의 분위기에 잠겼고, 미국 교관과 군인들은 말할 수 없이 기쁘고 들떠 질서의 문란함도 깨닫지 못하는 상태에 달했다.

미국측은 순전히 한국군 수천 명을 수용할 목적의 병사(兵舍)를 짓기 위해 종남산에서 목재를 운반하며 벽돌 등을 수송해 거대한 공사를 진행하고 있었는데 그 날부터 일제히 중지되고 말았다. 나의 원래 생각은 서안에서 훈련을 마친 청년들은 본국으로 돌려보내고 부양으로 가서 그곳에서 훈련받은 청년들을 아울러 본국으로 보낼 예정이었으나 그 역시 물거품이 되었다.

중경으로 돌아오는 것도, 갈 때에 그랬으니 올 때도 당연히 군용기로 와야 했으나 질서가 문란한 관계로 군용기를 탈 수 없어 여객기를 타고 중경으로 귀환했다. 내가 중경으로 오는 동시에 미국 군인 몇 명과 이범석 지대장과 우리 청년 4~5명이 서울로 출발하였는데 그 후 소식을 들으니 영등포에 도착하여 하룻밤을 묵었으나 왜적 잔당의 항거로 다시 서안으로 왔다는 것이다.

중경에 돌아와 보니 중국 사회 역시 전쟁중의 긴장하던 기분이 돌변하야 각계각층이 혼란한 국면을 이루었고 우리 한인사회 또한 무심히 혼란한 상태에 빠져 있었다. 임시정부에서는 그 사이 의정원을 개회하고 국무원 총사퇴를 하느니 임시정부를 해산하고 본국에 돌아가자느니 의론이 백출하다가, 주석이 다시 중경으로 돌아온다는 소식이 있으니 책임자의 의견을 들은 후 결정하기로 하고 사흘 동안 정회중이었다.

나는 의정원에 출석하여 개회 벽두에 이렇게 선언했다.

"임시정부 해산 운운은 천만부당하고 총사직도 불가하다. 우리가 장래 서울에 들어가 전체 국민에게 정부를 도로 바칠 때 총사직하는 것이 옳다."

그때 14개조항의 원칙을 결정하고 입국하려 할 때 미국측에서 기별이 오길 미국군정부가 서울에 있으니 개인 자격으로 들어오라는 것이었다. 그리하여 의론이 분분하다가 필경은 개인자격으로 입국하기로 결정하였다.

중경 7년 생활의 사정 개요

7년간의 중경 생활이 종막을 고하게 되니 만감이 교차하여 말의 조리와 일의 두서를 잡기 어려웠다. 남안 화상산(和尙山)의 모친 묘소와 앞서 간 아들 인의 묘지를 찾았다. (묘지는 돌담을 둘레에 세우고 차제에 조손의 분묘를 모셨다.) 생화를 드리고 축문을 낭독한 후 묘지기를 불러 돈을 후하게 주어 분묘를 잘 보살펴 주도록 부탁하고 돌아왔다. 입국할 행장을 준비하기 위해 가죽 상자 8개를 사서 정부문서를 수습하고 중경의 5백여 명 동포의 앞뒤 문제와 임시정부가 중경을 떠난 이후 중국정부와 연락관계를 유지하기 위해 중화대표단을 설치하였다. 단장은 박찬익으로 임명하고 이하 간부는 민필호(閔弼鎬)·이광(李光)·이상만(李象萬)·김은충(金恩忠) 등을 선임하였다. 마침내 중경을 떠나게 되었으니 7년간의 허다한 사정을 모두 설명할 수는 없고 개요를 들어 몇 가지 말하고자 한다.

첫째, 동포들에 대한 관계. 전쟁을 계속하는 중에 중경은 과연 중국의 전시수도였다. 평시에는 수만 명에 불과하던 것이 전쟁으로 인하여 함락구 각지에서 관리와 인민이 중앙정부로 집중됨으로써 인구가 격증하여 백여 만에 달했다. 가옥은 평시에 비해 몇백 배로 늘었으나 주택난이 극도에 달하여 여름철에는 노숙자가 태반이었다. 식량은 배급제인데 배급소 문앞은 사시사철 장사진을 이루었고 구타와 욕설 등 허다한 다툼이 계속 연출됐다. 그러나 우리 동포들은 특히 인구 대장을 작성해 중국 상부와 교섭하여 인구비례로 한꺼번에 양곡을 타왔다. 화물차로 운반해와 미곡은 다시 도정하여 사람들을 시켜 집집마다 배달하여 주었다. 쥐와 참새의 해를 막기 위하여 집집마다 쌀독을 비치해 주었다. 그외 반찬등을 위해서 돈을 지급했고 음료수까지 사람을 시켜 배달했으니 전시임에도 불구하고 동포의 생활은 단체로 규율이 잡혀 안전했다.

비단 중경뿐 아니라 남안과 토교에 거주하는 동포들도 중경과 같은 방식으로 한인촌을 이루어 중국의 중산층 정도의 생활은 유지했다. 그러나 곳곳마다 생활이 궁핍하다는 원성도 있었던 것이 사실이다. 나는 그 말을 들을 때마다 우리 동포들의 이곳 이 생활은 지옥 생활인 줄만 알고 살아가기 바란다고 말하였다.

다음 가족생활 관계를 말하자면, 내 일생을 통하여 가족을 한데 모아 가정생활을 영위한 것은 시간상으로 보더라도 짧다. 열여덟 살에 공부를 그만둔 후 마침내 방랑생활에 접어들었으니, 장련읍 사직동 생활 때 모친을 모시고 종형남매 일가에 거주하며 2~3년을 지냈고, 그 후로는 문화, 안악 등지에서 몇 개월 몇 년간 거주하였으나 역시 유랑생활이었다.

가장 시간이 장구하다 할 곳은 상해 프랑스 조계에서 4년간 생활한 것이 가족생활이라 볼 수 있고, 그 후로 처를 잃은 이후 10여 년간 모친은 인과 신을 데리고 본국에서 지내시고 나만 혈혈단신으로 동포들의 집에 의탁하거나 혹은 새우잠을 자는 집단생활을 계속했다. 모친이 9년 만에 다시 중국으로 오셨으나 모친께서는 모친대로 인과 신을 데리고 따로 생활하시고 나는 나대로 동포의 집과 혹은 중국 친우의 집에서 의탁생활을 계속하였다. 중경생활도 역시 마찬가지였다.

폭격의 참상과 중경 임시정부

다음은 전쟁중 왜적 비행기의 습격에 곤란 당하던 사실을 몇 가지 말하겠다. 남경 시기에 적기의 폭격이 심했는데 남경에서 나는 청회교(清淮橋)에 숨어지내고 모친께서는 마로(馬路) 거리에 주거하실 때였다. 적기의 야습이 있어 위험한데도 불구하고 구경하려고 침대를 떠나 문밖으로 나서며 하늘을 바라보았다. 비행기가 비둘기 떼같이 날아오는 중에 돌연 벽력이 진동하며 내가 자는 방의 천장이 쏟아져 내리며 내가 누웠던 침대를 덮는 것이었다. 내가 만일 문밖으로 나가지 않았던들 분명 천장에 압사했을 것이다. 가슴이 놀랍고 서늘했다.

그리고 나서 문밖을 나가본 즉 정거장인데 시체가 제멋대로, 앉아 죽은 사람, 엎드려 죽은 사람 또는 반동강난 시체 등, 참혹한 광경은 눈뜨고 볼 수 없었다. 즉시 마로 거리로 모친 댁을 찾아보니 천행으로 안전하시었다. 놀라시지나 않으셨는지 여쭈니, "잠이 깊이 들었을 때 침상이 움직이더니 그것이 폭탄 때문이었나?" 이같이 말씀하시는 것이었다. 남경을 떠난 후 장사(長沙)에서 또 여러 차례 폭격을 당했으나 별 위험은 없었고, 광동 역시 위험은 없었으며, 중경에서는 4~5년 동안 내내 그 모양으로 지내는 터인데 침식(寢食)은 짬짬이 하고 오직 일은 피난뿐이었다.

중경에서 폭격을 당할 때 중국의 국민성이 위대한 것을 깨달았다. 높고 큰 집들이 삽시간에 재가 되는데 그 집 주인들은 한편으로는 가족중 사망자를 매장하고 생존자는 불붙은 나머지 기둥과 서까래를 모아서 임시 가옥을 건설하는 것이었다. 그러면서도 웃는 얼굴로 비장한 빛을 띠지 않으므로, 나는 그들을 볼 때 이런 생각을 하지 않을 수 없었다. 만일 우리 동포들이 저 지경을 당하였다면 화가 나느니 성이 나느니, 홧김에 술을 마신다, 성난 김에 싸움질을 한다, 소란만 일으키고 태만하지나 않을까 생각되었던 것이다.

중경 폭격이 더욱 심하던 그 하루는 아침부터 저녁까지 방공호에서 지냈다. 우리 임시정부가 떠나올 때까지 네 번 움직였으니 그 고해파란만은 영원히 잊을 수 없다. 첫 번째는 양류(楊柳) 거리, 두 번째는 석판(石坂) 거리, 세 번째는 오사야항(吳師爺巷), 네 번째는 연화지

(蓮花池)에서 종막을 고하였다. 양류 거리에서부터 폭격 때문에 버틸
수 없어 석판 거리로 이전하였으나 그 거리에서 일어난 화재로 전소되
어 심지어 의복까지 소실되었고, 오사야항에서는 화재는 근근히 면하
였으나 폭격 때문에 가옥이 완전히 파괴된 것을 다시 중수(重修)하였
다. 그러나 인원은 많고 건물은 협소한 관계로 그 건물은 정부 직원주
택으로 사용하고 네 번째의 정청을 연화지에 70여 칸 건물을 세내어
사용하였는데, 집세가 1년에 40만 원이었다. 이 건물은 특히 장 주석
이 보조하여 정부가 중경을 떠날 때까지 사용하였다.

　오사야항에 있을 때 폭격이 가장 심했던 4월 어느 날이었다. 그 날
은 새벽부터 아홉 시간을 방공호 속에서 지냈다. 금탕(金湯) 거리의
사설 방공호였는데 집마당 앞으로 입구가 나서 들어갔다. 나중에 나
와서 보니 그 가옥은 전부 부서지고 말았다. 급히 돌아와 보니 내 집
도 대문 입구에 폭탄이 떨어져 폭발되어 담장과 기와가 전부 무너져
내려 다시 중수하였다. 그 날 남안에서 동포 서너 명이 사망했다는 급
보를 듣고 즉시 가서 조사해 보니 폭사자는 신익희(申翼熙) 씨의 조카
와 김영린(金永麟)의 처라, 다만 통탄할 뿐이었다.

　그 날 중경에서 엄청난 수의 폭사자가 발생했다. 18제(十八梯) 방
공동(防空洞)에서 관청보도는 4백여 명이라 했고 시민들 사이의 소문
은 8백여 명이라 하여 실지로 둘러보았다. 내가 고서를 읽으며 공부
할 때 '시체가 산처럼 쌓였다'라는 문구를 보고 문인들의 표현으로만
생각했다. 그런데 그 날 교장구(較場口)에 나가서 보니 들것으로 방
공동에 흩어진 시체를 모으는데 어린이 시체는 들 것 하나에 두셋씩,
성인은 한 명씩 모아 쌓놓으니 과연 시체가 산처럼 쌓였다는 문구를
예나 지금이나 똑같이 쓰지 않을 수 없었다.

　그처럼 참혹하게 죽은 원인은 단지 폭탄에 맞아 죽은 것뿐만 아니
라 방공호에서 질식한 이유도 컸다. 시체들의 형상을 보니 남녀간에

412

의복이 성한 것이 없고 몸에도 상처가 많았다. 방공호 속에서 질식하여 최후발악의 몸부림 때문에 비롯한 사실이었다. 그러면 이렇게 싸워대도록 방공호 속에서 나오지 못한 원인은 어디 있는가? 실은 지휘하던 경관이 방공호의 문을 밖에서 채운 채 급히 도망쳤기 때문이었다. 그 과실로 경비사령 유치(劉峙) 상장은 크게 문책당하였다.

그 산처럼 모아 놓은 시체를 운반하는 것을 보니 화물차에 물건 싣는 것과 다를 바 없었다. 화물차가 흔들리면서 시체가 땅으로 떨어지는 일도 있었다. 이 시체는 목을 매어서 화물차 뒤에 달아놓으니 땅에 끌려가는 꼴이라, 참으로 눈뜨고 볼 수 없는 참혹한 광경이었다. 그런데 그 많은 시체 중에 대다수가 밀매음하던 여자들이었으니 그 까닭은 본래 교장동 부근이 밀매음촌이었기 때문이다.

크게 불행한 곳에서 간혹 행복한 일도 볼 수 있다. 방공호 속에 피난한 그이들은 귀중품을 전부 휴대하였던 것이다. 경관들이 지휘하여 죽은 이들이 휴대하였던 귀중품을 수집하니 금은보석도 역시 시체들처럼 산같이 쌓였다. 그 험한 시체를 운반하기 위하여 방공호에 출입하던 인부들이 귀중품을 몸에 감춘 것만도 큰 금액이어서 부자가 되었다는 말까지 있었다.

그 중 또 한 가지 참혹한 것은 친척들이 모두 살아 있는 사람들은 저마다 가족의 시체를 찾아가는데 어떤 곳은 집조차 검은 벽돌과 재만 남은 빈 터에 시체를 가져다 놓고 통곡하니 차마 귀로 들을 수 없고 눈으로 볼 수 없었다.

중경은 전쟁 이전에는 상업을 하는 일개 선창 도시였다. 왼쪽의 가릉강(嘉陵江)과 오른쪽의 양자강(楊子江)이 합류하는 곳이니 천여 톤의 기선이 정박하여 화물들의 집산이 이루어지는 중경 항구였다. 옛 이름은 파촉(巴蜀)이니 고대의 파(巴) 장군이 개척한 곳이며 연화지(蓮花池)에는 파 장군의 분묘가 완전한 상태로 남아있었다.

그곳의 기후로 말하자면 9월 초순에 시작하여 이듬해 4월까지 운무 (雲霧) 때문에 하늘의 해를 보는 일이 드물고 저기압인 분지이다. 지면에는 악취가 흩어지지 못하므로 공기의 불결이 극도에 달할 때에는 인가와 공장에서 뿜어내는 석탄연기에 눈뜨기가 힘들었다. 우리 동포 삼사백 명이 육칠년 거주한 기간에 순전히 폐병으로 사망한 이만 칠팔십 명에 달하니, 총계 숫자로 1할 내지 2할이다. 놀라지 않을 수 없다. 듣건대 외국의 영사관이나 상인들이 3년 이상 거주하지 않으려 한다는 중경에 육칠년간 거주하다가 큰아들 인이도 역시 폐병으로 사망하였으니 알고도 불가피하게 당한 셈이다. 그 기억을 떨쳐버릴 수 없다.

다음은 우리가 토교에 거주하던 것을 대강 말하고자 한다. 대가족 인 식구가 기강으로 이주한 후 중경과 거리가 멀어 내왕이 불편했다. 그런데 중경서 기강 쪽으로 40리 거리에 토교라는 촌 시장이 있었다. 그곳에 화탄(花灘) 계곡과 폭포가 있고 그 폭포 위에는 동감(東坎) 이 라는 이름의 작은 지역이 있는데 그곳 토지를 20년 기한으로 조차(租借) 하여 반양옥 3동을 건축하였다. 서양 선교사들이 우리를 위하여 예배당과 청년회관으로 사용하도록 양옥 1동을 증축하여 주고 시가에 는 2층 민가 1동을 사들여 백여 명의 식구를 수용하였다. 그곳은 중경 에 비하면 주택난도 완화되었고 공기도 신선했다. 나는 종종 토교에 가서 몸소 도로 수선과 식목 재배, 제방 축석등의 일을 근로생활층을 동정하는 심정으로 몸소 실행했다.

그리던 조국에의 환국

귀국하는 길에서

왜적이 투항한 후에는 우리도 고국에 돌아갈 준비에 착수해 임시정부의 역사적 문서들을 정리했다. 중경을 떠날 때 중국 공산당 본부에서 주은래(周恩來) 동필무(董必武) 등이 우리 임시정부 국무원 전체를 초청하여 송별연이 있었다. 또한 중앙정부 장개석 선생을 위시하여 중앙정부와 중앙당부, 각계명망가 수백 명이 모인 연회가 있었다. 우리측 임시정부 국무위원과 한국독립당 간부들을 초청한 자리로서 중·한 국기를 교차한 중국 국민당 중앙당부 대연회장에서 융숭하고 극진한 연회가 베풀어졌다. 장개석 주석과 송미령 여사가 앞에 나와 장래 중한의 영구 행복을 도모하자는 연설과 우리측의 답사로 끝마쳤다.

국무위원과 일반 직원이 비행기 두 대에 분승하게 되었다. 11월 5일 선발로 떠난 나는 13년 전에 떠났던 상해의 공기를 다시 숨쉬게 되었다. 중경 출발 5시간 후 상해에 착륙하니 오후 6시였다. 비행장에는 내외국 친우들의 환영으로 남녀를 막론하고 인산인해를 이루었으

중국 국민당의 임시정부 송별연(1945년 11월)

니 그 비행장은 즉 홍구 신공원이었다. 그동안은 왜 영사관이 인접해 있어서 14년 동안 상해에서 생활하면서도 신공원에 간 것은 금시 처음이었다.

신공원을 나와서 시내로 들어가는데 상해에 거주하는 동포 6천 명이 아침 여섯 시부터 저녁 여섯 시까지 도열하여 나를 고대했다 하여 차를 세우고 내리니 한 길 남짓한 축대가 있었다. 그 단 위에 올라서서 동포들을 향하여 인사말을 하고 시내 양자반점에서 유숙하였다. 시내에 들어와서 알고 보니 그 신공원 축대 위에 올라 인사하던 곳이 즉 13년 전 윤봉길 의사가 왜적 시라카와(白川) 등을 폭살한 곳이었다. 왜적들이 그곳을 기념하기 위하여 군사훈련 장교들의 지휘대로 쓴다 했다. 이 말을 듣고 보니 13년 전 그 날의 기억도 새롭고 감개무량하였다. 세상만사 모두가 어찌 무심하고 우연이다 하겠는가.

상해에 거주하는 동포의 수는 13년 전보다 몇십 배가 늘어나 있었

대한민국임시정부 환국 기념(1945년 11월 3일)

다. 그러나 왜적과의 전쟁으로 말미암아 생활난이 심해진 까닭에 각종 공장과 사업 방면에 부정한 업자들이 속출했다. 전날 독립정신을 끝까지 굳게 지키며 왜놈의 앞잡이가 되지 않은 자는 불과 10여 인이니, 선우혁(鮮于爀) 장덕로(張德櫓) 서병호(徐炳浩) 한진교(韓鎭敎) 조봉길(曹奉吉) 이용환(李龍煥) 하상린(河相麟) 한백원(韓栢源) 원우관(元宇觀) 등이었다. 그들의 굳은 뜻을 가상히 여겨 서병호의 자택에서 만찬회를 개최하고 기념사진을 촬영하였다.

민족반역자로 변절한 안준생(安俊生; 안준생은 왜놈을 따라 본국에 돌아와 왜적 伊藤博邦에게 부친 의사의 죄를 사(謝)하고 미나미(南) 총독을 아비라 칭하였다)을 체포하여 교수형에 처하도록 중국 관헌에게 부탁하였으나 관원들이 실행치 않았다.

상해의 동포들 전부가 모여 대성황리에 환영회를 개최하였다. 13년 전에 보았던 어린 아이들은 장성했고 장정들은 노쇠하여 옛 얼굴을 찾아보기 어려웠다.

옛 프랑스 조계의 공동묘지로 가서 먼저간 아내의 묘를 찾아보았으나 예전의 장소로 가본 즉 분묘가 흔적조차 없었다. 의아해하는 참에 뒤따르는 묘지기가 10년 전에 이장한 사실을 알리고 그곳으로 안내하는 것이었다. 다시 찾아 이장한 묘를 살펴보고 그럭저럭 10여 일을 지낸 후 다시 미국 비행기로 본국을 향해 떠나게 되었다.

조국에의 귀환

고국을 떠난 지 27년 만에 희비가 엇갈리는 심정으로 상공에 높이 떠서 신선한 공기를 호흡하며 상해 출발 3시간 만에 김포비행장에 착륙하였다. 착륙 즉시 눈앞에 보이는 두 가지 감격이 있으니 하나는 기쁨이요, 하나는 슬픔이었다. 책보를 메고 길 위에 줄지어 돌아가는 학생들의 모습을 보니 내가 해외에 있을 때 우리 동포의 후손들은 왜적의 악정에 주름을 펴지 못하리라 우려하던 바를 넘어서 활발명랑한 기상을 보여 주니 우리의 민족장래가 유망해 보였다. 이것이 기쁨 하나였다. 그 반면에 차창으로 내다보이는 동포들의 가옥은 빈틈없이 겹칠듯 이어져 있으나 집과 땅이 하나인 양 납작 붙어 있으니 이것을 볼 때 동포의 생활수준이 저만치 저열하다는 것을 짐작할 수 있었다. 이것이 유감의 하나였다.

듣자니 많은 동포들이 환영하기 위하여 여러 날 모여들어 고대하였다는데 이 날은 출영나온 동포가 그다지 많지 않은 까닭이 미군을 경유하기 때문에 통신이 철저하지 못했던 것 같다고 했다. 노구를 자동차에 의지하고 차창으로 좌우를 바라보며 서울에 도착하니 의구한 산천도 나를 반겨주는 듯했다. 나의 숙소는 죽첨정(竹添町) 최창학(崔昌學) 씨 사가로 정해 놓아 그리 안내 받았고 국무위원들과 그외 일행은 한미(韓美) 호텔에 숙소를 정하였다.

도착 직후 윤봉길 이봉창 김경득의 유가족이 있거든 찾아오도록 신문에 알렸더니 윤봉길 의사의 자제가 덕산(德山)으로부터 찾아왔고, 이봉창 의사의 질녀가 서울에서 찾아왔다. 김경득 선생의 아들 윤태(允泰)는 이북에서 오지 못하고 그 친딸과 친척 등은 강화 김포 등지로부터 찾아왔다. 기쁜 마음과 슬픈 마음으로 맞았다. 친척과 떨어져 조상의 묘를 버리고 고향 떠난 지 27년 만에 고국에는 돌아왔으나, 내가 태어난 그리운 고향은 이른바 38선 장벽 때문에 돌아가 보지 못하고, 재종형제들의 전가족과 종매 등의 가족들은 상경하여 기쁘게 상봉했을 뿐이다.

국내에서 환영 선풍이 일어나자 군정청의 각 소속기관과 각 정당·사회단체며 교육계, 교회, 공장 등 각종 부문이 끊임없이 연합환영회를 조직했다. 내 자신과 일행은 개인의 형식으로 입국하였으나 국내

임시정부 요인 2진 환국 기념촬영(1945년 12월)

동포들은 정식으로 임시정부 환영회라는 크게 쓴 글씨가 태극기와 아울러 창공에 흩날리고 수십만 겨레가 총출동하여 일대 성황리에 시위 행렬을 진행하니 해외에서 겪은 풍상과 만난신고를 알고 동정하는 듯 싶었다.

행렬을 마친 후 연회석을 덕수궁에 정하였으니 그 역시 눈부신 성황을 이루었다. 서울에 있는 기생이 총출동하여 그 숫자만 4백 명 이상이요, 식탁이 4백여 개이며, 필설로 형용하기 어려울 만한 성황이었다. 하지 중장을 비롯하여 미군정 간부들과 참석한 동포들의 수는 헤아릴 엄두를 낼 수 없었다. 덕수궁 광장이 좁디좁아 보였다. 비단 서울만이 아니었다. 인천·개성 등 지방 각지에서 임시정부 환영회를 일제히 거행하였다. 그러나 38선 이북에서는 이와 반대로 환영회 대신 무쌍한 욕설을 해댄다 하니 참으로 탄식과 더불어 쓴웃음을 지었을

420

민주의원 회의를 마치고 인정전 앞에서 이승만과 함께(1946년 여름)

뿐이다.

지방 순회와 옛 추억

그럭저럭 민국 28년(1946)을 맞이하자 38선 이남이나마 지방 순회를 시작하게 되었다. 제1차로 인천을 순시하니 인천은 의미심장한 역사적 장소라, 이미 쓴 이야기들을 대강 다시 음미하게 된다.

스물 두 살 때 인천감옥에서 사형 선고를 받았다가 스물 세 살 때 탈옥 도주하였고, 마흔 한 살 때에는 17년 징역을 받고 인천감옥으로 이감하게 되었다. 17년 전에 탈옥하였던 그 감옥을 다시 철망에 얽히어 들어가니, 말없는 감옥도 나를 아는 듯 내가 있던 자리는 의구하게 나를 맞아주나 17년 전 김창수는 김구로 이름을 바꾸었고 또한 기나긴 세월이 흐른 까닭에 아는 사람은 별로 없었다. 그곳에 구속된 몸으로 징역살이를 축항(築港) 공사로 했다. 그 항구를 바라보니 나의 피땀이 젖어 있는 듯하고, 구속된 이 몸을 면회하러 부모님이 내왕하시던 길에는 눈물 흔적이 남아 있는 듯 49년 전 옛날의 기억이 새롭고 감개무량했다.

감회를 금하지 못하는 중에 인천 순시는 대환영리에 마치고 제2차로 공주 마곡사를 시찰키 위하여 공주에 도착하니 충청남북도 열한 개 군의 10여 만 동포들이 운집하여 환영회를 거행하는 것이었다. 감격리에 환영회를 마치고 공주를 떠나 고 김복한(金福漢) 선생의 영정과 면암(勉菴) 최익현(崔益鉉) 선생의 영정을 찾아 배알하고 동민의 환영 속에 유가족을 위로했다.

마곡사를 향하는 길에는 각군의 정당·사회단체의 대표자만 350명 이상이 뒤따랐고 소식을 들은 마곡사에서는 승려들이 선발대로 공주까지 출영하였다. 마곡사 어귀에는 남녀 승려들이 도열하여 지극한 정성으로 환영하니 그 이유는 옛날 일개 승려의 몸으로 일국의 주석이 되어 오신다는 감격이었다. 48년 전 중이 되어 중립을 쓰고 목에 염주를 걸고 바랑을 지고 드나들던 길을 좌우를 살펴보며 천천히 들어가니 의구한 산천은 나를 반겨주는 듯했다.

법당문 앞에 당도하니 대웅전에 걸려 있는 주련(柱聯)도 변치 않고 나를 맞아주었다. 그 글귀를 48년 전 그 옛날에는 무심히 보았으나 오늘 자세히 보니 "물러나와 속세를 보니 마치 꿈속의 일만 같구나"(却來觀世間 猶如夢中事)라 쓰여 있었다. 이 글을 보며 과거사를 생각하니 과연 나를 두고 이른 말이 아닌가 생각되었다. 지나간 옛날 용담(龍潭) 스님에게 보각서장(普覺書狀)을 수학하던 염화실(拈花室) 그 방에서 의미심장하게도 하룻밤을 유숙하게 되니, 승려들은 나를 위하여 밤에 지성껏 불공을 올렸다. 사찰은 예나 이제나 똑같은 기상으로 나를 환영하여 주나 48년 전에 보던 승려들은 한 명도 없었다. 이튿날 아침 영원히 잊지 않을 기념으로 무궁화와 향나무 한 그루를 심고 마곡사를 떠났다.

제3차로 예산 시량리(柿梁里) 윤봉길 의사의 본댁을 방문하니 때는 4월 29일이었다. 윤 의사의 기념제를 거행하고 다시 서울로 귀환하였다.

3열사의 유해 봉환

즉시로 일본에 머물고 있던 박열(朴烈) 동지에게 부탁하여 조국 광복에 몸을 바쳐 무도한 왜적에게 각각 학살당한 윤봉길·이봉창·백정기 3열사의 유골을 환국케 하고 나는 국내에서 장의 준비를 진행했다. 그러던 중 유골이 부산에 도착하였다는 기별을 듣고 영접차 특별열차로 부산을 향했다. 말없이 개선한 3열사의 유골봉환식을 거행하고 영구(靈柩) 봉환을 위해 부산역을 출발했는데 부산역전을 비롯하여 서울까지 각 역전마다 사회단체와 교육기관은 물론 일반 인사들이 운집 도열하여 추도식을 거행하니 산천초목도 슬퍼하는 듯 감개무량했다.

서울에 도착한 즉시 영구는 태고사에 봉안하고 뜻있는 동포들은 누구를 막론하고 경의를 표할 수 있게 했다. 그리고 장의(葬儀)에 임하여 장의위원회 책임자들이 장지를 널리 알려 구했으나 여의치 못하여 결국 내가 결정하여 용산의 효창공원으로 선택해서 봉장케 하였다.

서울의 역사에서 처음 보는 장례식이었다. 미군정 간부들도 전부 참석하였으며 호위를 위해 미군까지 출동하겠다는 것을 만류했다. 그러나 조선인 경관은 물론 지방 각지에 산재한 육해군 경비대까지 집합하고 각 정당단체와 교육기관이며 각 공장부문 일반인사들이 총출동하여 태고사로부터 효창공원까지 인산인해를 이루었다. 전차와 자동차 등 각종 차량과 일반 보행까지 모두 일시 정지하였다. 슬픈 곡을 연주하는 음악대를 선두로 사진기자들이 사이사이에 늘어섰고 다음은 제전을 드리는 화봉대(花峰隊)와 창공에 흩날리는 만장대(輓章隊)며 그 뒤에 3의사의 상여는 여학생대가 운구하니 지난날 국왕의 인산(因山) 때 이상으로 공전의 대성황을 이루었다.

장지에는 제일 윗자리에 안 의사의 묘역을 잡아놓고 차례로 3의사의 유골을 봉장하니 그날 참석한 유가족의 애도의 눈물과 각 사회단체의 추도문 낭독에 태양이 빛을 잃은 듯했다. 사진촬영으로 장례식은 종료되었다.

삼남 순회

그 얼마 후 삼남(三南) 순회를 다시 시작하게 되었다. 제1차로 비행기편으로 김포를 출발해 제주도에 착륙하니 제주도에 주재한 미군 정청을 비롯하여 각 정당단체와 교육계, 교회 및 각 공장 부문이 총출동하여 일대 성황리에 환영회를 베풀어주었다. 고(高)·부(夫)·양(梁) 3씨의 시조인 삼성전(三聖殿)에 참배한 후 그 아래 삼성혈(三聖穴)을 시찰했다. 그리고 해안으로 나가 제주도의 특색인 해녀들이 잠수하여 해산물을 채취하는 광경을 구경하였다. 때가 장마철이어서 작정했던 한라산 구경은 날씨 때문에 취소하고 귀환하였다.

그후 다시 삼남 시찰을 위해 열차편으로 부산역에 도착하여 거기서부터는 자동차로 진해에 가서 해군총사령장관 손원일(孫元一)의 안내로 그가 지휘하는 해안경비대의 열병식을 지켜보았다. 그리고 나서 과거 임진란 때 충무공 이순신 장군이 왜적을 섬멸한 한산도 제승당(制勝堂)을 찾아 충무공 영정에 참배했다. 좌우를 살펴보니 유적의 이름을 새긴 현판이 땅에 있으므로 연고를 물었더니 왜정시대에 떼고 달지 못한 것이라 했다. 이때껏 보관한 것이 다행이라 생각하여 즉시 그 현판을 걸게 하고 돌아나와 진해를 시찰했다. 진해는 조선의 요새로 해군의 근거지일 뿐 아니라 각종 해산물이 풍부하게 생산되는 곳이었다. 그곳에서 경비함을 타고 통영에 상륙하여 여수, 순천 등지를 시찰한 바 도처에 환영회가 끊임없었다.

보성군 득량(得粮)면 득량리(옛 이름은 松谷)는 48년 전 망명할 때 삼 개월여를 지낸 곳으로 같은 씨족 사람들이 마을을 이룬 곳인데 지금까지 거주하는 씨족 사람들은 물론 지방동포들의 환영 역시 성황을 이루었다. 입구의 도로를 수리하고 솔문(松門)을 세웠으며 남녀 동포들이 출영하여 도열하고 있었다. 차를 세우고 걸어서 동네로 들어가니 내가 48년 전 유숙하며 글을 읽던 고 김광언(金廣彦) 씨의 가옥은 예전 그대로 남아 나를 환영하나 불귀의 객이 된 김광언 씨에 대한 감회를 금할 수 없었다. 그 옛날 내가 식사하던 그 자리에 다시 한번 음식을 대접코자 한다 하여 마루 위에 병풍을 두르고 정결한 자리에 편안히 앉으니 눈앞에 보이는 산천은 의구하나 인물은 옛날에 보던 사람은 별로 없었다.

모이신 동포 중에 나를 알 사람이 있느냐 물으니 동네 여자 노인 한 분이 대답하길 "제가 일곱 살 때 선생님 글공부하시던 자리에서 놀던 기억이 새롭습니다" 했고, 씨족 중 한 사람인 김판남(金判男) 씨가 또 한 48년 전 나의 필적이 완연한 책 한 권을 가지고 나와 옛일이 어제 같다고 말하니 이 두 사람뿐이었다. 그 중에 또 잊지 못할 한 가지 사실이 있으니, 즉 48년 전 나와 동갑인 선(宣)씨 하나가 나와 막역하게 지내다가 내가 그 동네를 떠날 때 그 부인의 손으로 만든 필낭(筆囊) 1개를 작별 기념으로 주어서 받은 일이 뇌리에 뚜렷한 것이다. 그 선씨를 물으니 그는 이미 세상을 떠나고 그 부인과 가족은 보성읍 부근에 거주하는데 그 노부인도 역시 옛일을 잊지 않고 지금 가시는 보성읍으로 출영한다는 소식을 전해 주었다.

그 날 그 동네를 떠나 보성읍에 다다르니 과연 그 부인이 전가족을 이끌고 출영 나온 것을 보고 참으로 감격스러웠다. 만난 자리에서 나이를 물으니 나와 역시 동갑이었다. 과거사를 잠시 얘기하고 만남과 헤어짐의 예를 마친 후 그곳에서 환영회에 참석하고 강연했다.

보성을 떠나 광주까지 가는데 그 환영 열기는 필설로 다하기 어려웠다. 역으로 통하는 길마다 수많은 동포들이 기다렸다 환영하니 어떤 날은 서너 차례나 거친 적도 있었다. 그로부터 며칠 후 광주에 도착하여 보니 도처에서 동포들이 선물한 각종 기념품과 해산물, 육산물, 금품 등이 한 차 가득했다. 광주에 전재민(戰災民)이 많다는 말을 듣고 시장을 초청하여 전재민 구휼에 조금이라도 보태어 쓰라는 부탁과 함께 그 물품들을 모두 건네주었다.

광주 환영회를 마치고 나주로 향하는 도중에 함평군을 지나는데 동

426

포 한 무리가 길을 막고는 잠시라도 함평읍에 들러달라고 소원하는 것이었다. 부득이 함평읍에 당도하여 학교 광장에서 수많은 동포를 상대로 환영강연을 했다. 저물어 나주읍에 도착하여 팔각정(八角町) 이 진사 댁의 소식을 탐문한즉 그 댁은 함평읍이라며 아까 만세를 선창한 이가 이 진사의 둘째아들이라는 것이었다. 세월이 많이 흐르다 보니 함평 이 진사 댁을 나주로 착각한 것을 깨달았다. 함평군 함평면 함평리 이재혁(李在赫), 이재승(李在承) 등이 이 진사(지금은 이 승지)의 손자인데 그 얼마 후 예물을 가지고 서울로 찾아왔기에 그때 착각했던 사실을 말하고 미안하다고 사과했다.

그때 나주를 떠나 김해에 도착하니 때마침 수로왕릉 가을 제사였다. 김씨와 허씨들이 다수 모인 자리에서 참배 준비로 사모각대(紗帽角帶)를 내주었다. 태어나고 처음으로 사모각대를 차리고 참석 배알하였다. 그 길로 다시 창원과 진전(鎭田)으로 향했다. 과거 상해 체류시 본국으로 파견하여 운동하다가 결국 옥중 신고(辛苦)를 받아 그 여독(餘毒)으로 세상을 떠난 이교재(李敎載) 지사의 유가족을 방문하여 위로했다. 그 다음 진주를 향해 애국 열기(烈妓) 논개의 옛 혼을 위로하는 마음으로 촉석루를 둘러보았다.

그리고 전주에 도착하니 무수한 남녀동포가 출영한 중에 특히 김맹문(金孟文) 씨와 그 사촌형제 김맹열(金孟悅), 고종사촌형 최경열(崔景烈) 세 사람은 나의 이력에서 두터운 관계로 맺어진 이들이다. 내가 스물 한 살 때 신천 청계동 안태훈 진사(안중근 의사 부친) 댁에서 만난 김형진(金亨鎭) 씨의 아들과 조카, 생질인 것이다. 전주 동포들의 성대한 환영을 마친 후에 김맹문 등 세 사람 전가족을 상대로 특별 환영리에 기념사진까지 촬영하니 피차간 고 김형진 씨에 대한 감회를 금할 수 없었다.

다음으로 목포, 군산, 강경 등지를 일일이 시찰했다. 모두 잊지 못

유인석 선생 묘소 참배(1946년)

할 역사가 맺혀 있는 곳이다. 목포에는 노동자로 변장하여 지게를 지
고 찾아가 양봉구(梁鳳九) 동지를 상대하던 기억이 새로워 그의 유가
족 관계등 기타 내역을 탐문하였으나 결국 단서를 얻지 못했다. 군산
을 거쳐 강경에 도착하여 공종렬(孔鍾烈) 씨의 소식을 탐문해 본즉 젊
어서 자살하고 종내 자손도 없는 터이며, 당시 공 씨 집안에 돌발했던
괴변은 그 친척간에 일어난 일이었다고 했다.

그 다음 춘천 가정리(柯亭里)의 의암(義庵) 유인석(柳麟錫) 선생
묘전에 참배하고 그 유족을 위문한 후 서울로 귀환하였다. 얼마후 강
화를 순시하기 위해 인천에서 경비선을 타고 무의도(舞衣島)에 도착
하여 그곳 동포들에 환영과 강연을 마치고 강화에 도착하였다. 46년
전 김경득(金卿得) 씨의 셋째아들 진경(鎭卿)이 집안을 꾸려나갈 때
내가 변성명하고 그 사랑에서 사숙(私塾)을 개설하고 교편을 잡았었

428

다. 그런 지 석 달 만에 본색이 드러나 떠나온 그 집이 어디인지 탐문하였더니 예전 그대로 온전히 남아있다 하여 찾아 보았다. 환영하는 친척들과 기념사진을 촬영하고 합일(合一) 학교 운동장에서 환영과 아울러 강연할 때, 이 자리에 과거 나에게 수학한 학생 30명 중 참석한 이 있거든 나오시라고 재삼 불렀으나 결국 한 사람도 없었다.

그 저녁에야 한 사람이 경관과 함께 들어와 말하길 제가 바로 선생님의 제자입니다 하는 것이었다. 그러면 내 앞에서 수학한 기억이 나느냐 물으니 눈에 선하다고 대답한다. 그러면 아까는 왜 운동장에 오고도 대답하지 않았느냐고 물으니 강연을 듣고 너무도 감격한 나머지 눈물을 금할 수 없어서 대답을 못 하였다고 대답하는 것이었다.

38선 이남 서부 일대 순회

삼남 일대를 이같이 대강 시찰하고 서울로 돌아와 얼마간 정양한 후 다시 38선 이남 서부 일대를 시찰키로 했다. 제1차로 개성에 도착하여 열여덟 열아홉 살 때 유람하던 명승고적 만월대와 선죽교를 둘러보고 개성 특산 고려인삼 제조공장을 시찰했다. 개성의 각 정당 사회단체는 물론이고 일반 남녀노소 동포들이 총출동한 환영식을 마친 후 이튿날은 배천 온천을 경유하여 연안 온천에 도착하니 역전마다 출영하는 동포들의 감격은 이루 측량할 수 없었다. 환영과 아울러 인사의 말을 대강 마치고 연안 온천에서 하룻밤을 유숙한 후 연안읍을 향하는 길에 이 효자의 묘가 기억에 새로웠다. 배알하기 위해 시골 노인에게 길이 바뀐 일이 있는지 물었더니 49년 전과 변함이 없다는 것이었다.

이 효자의 묘 앞에 도착하여 차를 세우고 효자 고 이창매(李昌梅)의 족적을 밟아 묘 앞에 참배했다. 49년 전 철망에 갇혀 해주감옥으로

부터 인천감옥으로 이감 중에 효자 이창매의 이야기를 듣고 감격하여 그 묘 근처에 앉았던 자리를 눈짐작으로 다시 찾아 앉았다. 묘지와 산천도 옛날과 다름없이 변하지 않은 모습으로 나를 환영할 뿐 아니라 좌우로 경호하며 따르는 경관들도 49년 전 나를 구속하여 가던 경관들과 흡사했다. 그러나 문득 뒤를 돌아보니 그 옛날 구속되어 가는 내 뒤를 따라오시던 어머님이 좌정하셨던 그 자리도 옛날과 다름없건만 어머님의 얼굴만은 뵐 수 없으니 앞이 캄캄하여 옛생각에 흐르는 눈물을 참을 수 없었다.

중경에서 운명하실 때 "나의 원통한 생각을 어찌하면 좋으냐" 하시던 최후의 말씀이 생각났다. 이 날 이 자리에 어머니와 아들이 함께 앉아 과거의 일을 이야기하지 못하실 줄 예측하신 말씀 같아 나의 가슴은 잠시 울분을 진정키 어려웠다. 지금 촉산 한 모퉁이, 사람도 땅도 생소한 서촉(西蜀) 화상산(和尚山) 남쪽 기슭에 조손(祖孫)이 같이 누워 계실 생각을 하니 슬픈 감회를 금할 수 없고 영혼이라도 고국에 돌아오시어 이 몸과 같이 환영을 받으신다면 다소 위안이나 되지

430

않을까 만감이 교차하였다.

그러나 이는 내 개인의 감상이고, 연안의 동포들은 남녀노소를 막론하고 총출동하여 그곳의 제일 넓은 학교 운동장이 좁도록 운집, 도열하여 성대한 환영을 베풀어주었다. 아울러 강연을 마치고 그 길로 청단(靑丹)에 도착하니 역시 환영하는 동포들의 열정은 도처에 일반이었다. 그러나 이른바 38선 때문에 태어난 곳을 멀리 바라볼 뿐이요, 돌아서 서울로 향하게 되니 그때의 한없이 원통한 포회는 필설로 다할 수 없다.

저물녘에 배천에 도착하여 종일 기다리고 서있던 동포 대중을 향하여 간단한 인사 겸 강연을 마치고 그곳에서 유숙했다. 그곳은 40년 전 군수 전봉훈 씨의 초청을 받아 사범 강습을 개최하고 양서 지방에 명성이 자자한 최광옥 선생을 주임 강사로 모셨던 곳이다. 강습 진행 중에 불행히 최 선생이 객사(폐병으로)하여 읍내 유지들과 전 군수와 협의하여 배선 남산 위에 있는 운동장 옆에 안장했었다. 그리고 떠난 지 40년 만에 비로소 이곳에 당도하니 도처에 옛 기억의 감상은 측량하기 어려웠다.

이튿날 배천을 떠나 서울로 향하는 길에 장단 고랑포(皐浪浦)를 경유하여 선조 경순왕릉에 참배했다. 능촌(陵村)에 거주하는 경주 김씨들이 미리 나의 행로를 예상하고 제사를 정성껏 준비해 놓았다. 예배후 그곳을 떠나 문산에 도착하여 역시 환영과 강연을 마치고 서울에 귀환하니 서부 지방 순회는 그로써 마쳤다.

1949년 6월 22일 백범 근영

나의 소원

민족국가

네 소원이 무엇이냐 하고 하나님이 내게 물으시면 나는 서슴지 않고,
"내 소원은 대한독립이오"
하고 대답할 것이다. 그 다음 소원은 무엇이냐 하면 나는 또,
"우리나라의 독립이오"
할 것이요, 또 그 다음 소원이 무엇이냐 하는 세 번째 물음에도 나는
더욱 소리를 높여서,
"나의 소원은 우리나라 대한의 완전한 자주독립이오"
하고 대답할 것이다.

동포 여러분! 나 김구의 소원은 이것 하나밖에는 없다. 내 과거의
70평생을 이 소원을 위하여 살아왔고 현재에도 이 소원 때문에 살고
있고 미래에도 나는 이 소원을 달성하려고 살 것이다.

독립이 없는 나라의 백성으로 70평생에 설움과 부끄러움과 애탐을
받은 나에게는 세상에 가장 좋은 것이 완전하게 자주독립한 나라의 백

성으로 살아보다가 죽는 일이다. 나는 일찍이 우리 독립정부의 문지기가 되기를 원하였거니와 그것은 우리나라가 독립국만 되면 나는 그 나라에 가장 미천한 자가 되어도 좋다는 뜻이다. 왜 그런고 하면 독립한 제 나라의 빈천이 남의 밑에 사는 부귀보다 기쁘고 영광스럽고 희망이 많기 때문이다. 옛날 일본에 갔던 박제상(朴堤上)이,

"내 차라리 계림의 개, 돼지가 될지언정 왜왕의 신하로 부귀를 누리지 않겠다"

한 것이 그의 진정이었던 것을 나는 안다. 제상은 왜왕이 높은 벼슬과 많은 재물을 준다는 것을 물리치고 달게 죽임을 받았으니 그것은

"차라리 내 나라의 귀신이 되리라"

함이었다.

근래에 우리 동포 중에는 우리나라를 어느 큰 이웃나라의 연방에 편입하기를 소원하는 자가 있다 하니 나는 그 말을 차마 믿으려 아니하거니와 만일 진실로 그러한 자가 있다 하면 그는 제정신을 잃은 미친놈이라밖에 볼 길이 없다.

나는 공자, 석가, 예수의 도를 배웠고 그들을 성인으로 숭배하거니와 그들이 합하여서 세운 천당, 극락이 있다 하더라도 그것이 우리 민족이 세운 나라가 아닐진대 우리 민족을 그 나라로 끌고 들어가지 아니할 것이다. 왜 그런고 하면 피와 역사를 같이 하는 민족이란 완연히 있는 것이어서 내 몸이 남의 몸이 못 됨과 같이 이 민족이 저 민족이 될 수는 없는 것이 마치 형제도 한 집에서 살기 어려움과 같은 것이다. 둘 이상이 합하여서 하나가 되자면 하나는 높고 하나는 낮아서 하나는 위에 있어서 명령하고 하나는 밑에 있어서 복종하는 것이 근본 문제가 되는 것이다.

이에 대하여 일부 소위 좌익의 무리는 혈통의 조국을 부인하고 소위 사상의 조국을 운운하며 혈족의 동포를 무시하고 소위 사상의 동무

와 프롤레타리아트의 국제적 계급을 주장하여 민족주의라면 마치 이미 진리권 외에 떨어진 생각인 것같이 말하고 있다. 심히 어리석은 생각이다. 철학도 변하고 정치, 경제의 학설도 일시적이어니와 민족의 혈통은 영구적이다. 일찍이 어느 민족 내에서나 혹은 종교로 혹은 학설로 혹은 경제적 정치적 이해의 충돌로 하여 두 파 세 파로 갈려서 피로써 싸운 일이 없는 민족이 없거니와 지내어 놓고 보면 그것은 바람과 같이 지나가는 일시적의 것이요 민족은 필경 바람 잔 뒤에 초목모양으로 뿌리와 가지를 서고 걸고 한 수풀을 이루어 살고 있다. 오늘날 소위 좌우익이란 것도 결국 영원한 혈통의 바다에 일어나는 일시적인 풍파에 불과한 것을 잊어서는 아니된다.

이 모양으로 모든 사상도 가고 신앙도 변한다. 그러나 혈통적인 민족만은 영원히 성쇠흥망의 공동운명의 인연에 얽힌 한 몸으로 이 땅 위에 나는 것이다.

세계 인류가 네요 내요 없이 한 집이 되어 사는 것은 좋은 일이요 인류의 최고요 최후인 희망이요 이상이다. 그러나 이것은 멀고먼 장래에 바랄 것이요 현실의 일은 아니다. 사해동포(四海同胞)의 크고 아름다운 목표를 향하여 인류가 향상하고 전진하는 노력을 하는 것은 좋은 일이요 마땅히 할 일이나 이것도 현실을 떠나서는 안 되는 일이니 현실의 진리는 민족마다 최선의 국가를 이루어 최선의 문화를 낳아 길러서 다른 민족과 서로 바꾸고 서로 돕는 일이다. 이것이 내가 믿고 있는 민주주의요 이것이 인류의 현 단계에서는 가장 확실한 진리다.

그러므로 우리 민족으로서 하여야 할 최고의 임무는 첫째로 남의 절제도 아니 받고 남에게 의뢰도 아니하는 완전한 자주독립의 나라를 세우는 일이다. 이것이 없이는 우리 민족의 생활을 보장할 수 없을 뿐더러, 우리 민족의 정신력을 자유로 발휘하여 빛나는 문화를 세울 수가 없기 때문이다. 이렇게 완전한 자주독립의 나라를 세운 뒤에는, 둘째로 이 지구상의 인류가 진정한 평화와 복락을 누릴 수 있는 사상을 낳아 그것을 먼저 우리나라에 실현하는 것이다.

나는 오늘날의 인류의 문화가 불완전함을 안다. 나라마다 안으로는 정치상, 경제상, 사회상으로 불평등, 불합리가 있고, 밖으로 국제적으로는 나라와 나라의, 민족과 민족의 시기, 알력, 침략, 그리고 그 침략에 대한 보복으로 작고 큰 전쟁이 끊일 사이가 없어서 많은 생명과 재물을 희생하고도 좋은 일이 오는 것이 아니라, 인심의 불안과 도덕의 타락은 갈수록 더하니 이래 가지고는 전쟁이 끊일 날이 없어 인류는 마침내 멸망하고 말 것이다. 그러므로 인류세계에는 새로운 생활원리의 발견과 실천이 필요하게 되었다. 이야말로 우리 민족이 담당한 천직이라고 믿는다.

이러하므로 우리 민족의 독립이란 결코 삼천리 삼천만의 일이 아니라 진실로 세계 전체의 운명에 관한 일이요, 그러므로 우리나라의 독립을 위하여 일하는 것이 곧 인류를 위하여 일하는 것이다.

만일 우리의 오늘날 형편이 초라한 것을 보고 자굴지심을 발하여 우리가 세우는 나라가 그처럼 위대한 일을 할 것을 의심한다 하면 그것은 스스로를 모욕하는 일이다. 우리 민족의 지나간 역사가 빛나지 아니함이 아니나 그것은 아직 서곡이었다. 우리가 주연배우로 세계 역사의 무대에 나서는 것은 오늘 이후다. 삼천만의 우리 민족이 옛날의 희랍민족이나 로마민족이 한 일을 못한다고 생각할 수 있겠는가.

내가 원하는 우리 민족의 사업은 결코 세계를 무력으로 정복하거나 경제력으로 지배하려는 것이 아니다. 오직 사랑의 문화, 평화의 문화로 우리 스스로 잘 살고 인류 전체가 의좋게 즐겁게 살도록 하는 일을 하자는 것이다. 어느 민족도 일찍이 그러한 일을 한 이가 없었으니 그것은 공상이라고 하지 말라. 일찍이 아무도 한 자가 없길래 우리가 하자는 것이다. 이 큰 일은 하늘이 우리를 위하여 남겨 놓으신 것임을 깨달을 때 우리 민족은 비로소 제 길을 찾고 제 일을 알아본 것이다. 나는 우리나라의 청년남녀가 모두 과거의 조그맣고 좁은 생각을 버리고 우리 민족의 큰 사명에 눈을 떠서 제 마음을 닦고 제 힘을 키우기로 낙을 삼기를 바란다. 젊은 사람들이 모두 이 정신을 가지고 이 방향으로 힘을 쓸진대 30년이 못하여 우리 민족은 괄목상대하게 될 것을 나는 확신하는 바이다.

정치 이념

나의 정치 이념은 한 마디로 표시하면 자유다. 우리가 세우는 나라는 자유의 나라라야 한다.

자유란 무엇인가. 절대로 각 개인이 제 멋대로 사는 것을 자유라 하면 이것은 나라가 생기기 전이나 저 레닌의 말처럼 나라가 소멸된 뒤에나 있을 일이다. 국가생활을 하는 인류에게는 이러한 무조건의 자유는 없다. 왜 그런고 하면 국가란 일종의 규범의 속박이기 때문이다. 국가생활을 하는 우리를 속박하는 것은 법이다. 개인의 생활이 국법에 속박되는 것은 자유 있는 나라나 자유 없는 나라나 마찬가지다. 자유와 자유 아님이 갈리는 것은 개인의 자유를 속박하는 법이 어디서 오느냐 하는 데 달렸다. 자유 있는 나라의 법은 국민의 자유로운 의사에서 오고 자유 없는 나라의 법은 국민 중의 어떤 일 개인 또는 일 계급에서 온다. 일 개인에서 오는 것을 전체 또는 독재라 하고 일 계급에서 오는 것을 계급독재라 하고 통칭 파쇼라고 한다.

나는 우리나라가 독재의 나라가 되기를 원치 아니한다. 독재의 나라에서는 정권에 참여하는 계급 하나를 제하고는 다른 국민은 노예가 되고 마는 것이다.

독재 중에도 가장 무서운 독재는 어떤 주의 즉 철학을 기초로 하는 계급 독재다. 군주나 기타 개인 독재자의 독재는 그 개인만 제거되면 그만이어니와 다수의 개인으로 조직된 한 계급이 독재의 주체일 때에는 이것을 제거하기는 심히 어려운 것이니, 이러한 독재는 그보다도 큰 조직의 힘이거나 국제적 압력이 아니고는 깨트리기 어려운 것이다. 우리나라의 양반정치도 일종의 계급독재이어니와 이것은 수백 년 계속하였다. 이탈리아의 파시스트, 독일 나치의 일은 누구나 다 아는 일이다.

그러나 모든 계급독재 중에도 가장 무서운 것은 철학을 기초로 한 계급독재다. 수백 년 동안 이조 조선에 행하여 온 계급독재는 유교, 그중에도 주자학파의 철학을 기초로 한 것이어서 다만 정치에서만 독재가 아니라 사상, 학문, 사회생활, 가정생활, 개인생활까지도 규정하는 독재였었다. 이 독재정치 밑에서 우리 민족의 문화는 소멸되고 원기는 마멸된 것이었다. 주자학 이외의 학문은 발달하지 못하니 이 영향은 예술, 경제, 산업에까지 미쳤다. 우리나라가 망하고 민력이 쇠잔하게 한 가장 큰 원인이 실로 여기 있었다. 왜 그런고 하면 국민의 머리 속에 아무리 좋은 사상과 경륜이 생기더라도 그가 집권계급의 사람이 아닌 이상, 또 그것이 사문난적이라는 범주밖에 나지 않는 이상 세상에 발표되지 못하기 때문이었다. 이 때문에 싹이 트려다가 눌려 죽은 새 사상, 싹도 트지 못하고 밟혀 버린 경륜이 얼마나 많았을까. 언론의 자유가 어떻게나 중요한 것임을 통감하지 아니할 수 없다. 오직 언론의 자유가 있는 나라에만 진보가 있는 것이다.

지금 공산당이 주장하는 소련식 민주주의란 것은 이러한 독재정치 중에도 가장 철저한 것이어서 독재정치의 모든 특징을 극단으로 발휘하고 있다. 즉 헤겔에게서 받은 변증법, 포이어바흐의 유물론 이 두 가지와 아담 스미스의 노동가치론을 가미한 맑스의 학설을 최후의 것으로 믿어 공산당과 소련의 법률과 군대와 경찰의 힘을 한 데 모아서 맑스의 학설에 일점일획이라도 반대는 고사하고 비판만 하는 것도 엄금하여 이에 위반하는 자는 죽음의 숙청으로써 대하니 이는 옛날의 조선의 사문난적에 대한 것 이상이다. 만일 이러한 정치가 세계에 퍼진다면 전 인류의 사상은 맑스주의 하나로 통일될 법도 하거니와 설사 그렇게 통일이 된다 하더라도 그것이 불행히 잘못된 이론일진대 그런 큰 인류의 불행은 없을 것이다. 그런데 맑스의 학설의 기초인 헤겔의 변증법 이론이란 것이 이미 여러 학자의 비판으로 말미암아 전면적 진리가 아닌 것이 알려지지 아니하였는가. 자연계의 변천이 변증법에 의하지 아니함은 뉴턴, 아인슈타인 등 모든 과학자들의 학설을 보아서 분명하다.

그러므로 어느 한 학설을 표준으로 하여서 국민의 사상을 속박하는 것은 어느 한 종교를 국교로 정하여서 국민의 신앙을 강제하는 것과 마찬가지로 옳지 아니한 일이다. 산에 한 가지 나무만 나지 아니하고 들에 한 가지 꽃만 피지 아니한다. 여러가지 나무가 어울려서 위대한 삼림의 아름다움을 이루고 백 가지 꽃이 섞여 피어서 봄들의 풍성한 경치를 이루는 것이다. 우리가 세우는 나라에는 유교도 성하고 불교도 예수교도 자유로 발달하고 또 철학으로 보더라도 인류의 위대한 사상이 다 들어와서 꽃이 피고 열매를 맺게 할 것이니 이러하고야만 비로소 자유의 나라라 할 것이요, 이러한 자유의 나라에서만 인류의 가장 크고 가장 높은 문화가 발생할 것이다.

나는 노자(老子)의 무위(無爲)를 그대로 믿는 자는 아니어니와 정치에 있어서 너무 인공을 가하는 것을 옳지 않게 생각하는 자이다. 대개 사람이란 전지전능할 수가 없고 학설이란 완전무결할 수 없는 것이므로 한 사람의 생각, 한 학설의 원리로 국민을 통제하는 것은 일시 속한 진보를 보이는 듯 하더라도 필경은 병통이 생겨서 그야말로 변증

법적인 폭력의 혁명을 부르게 되는 것이다. 모든 생물에는 다 환경에 순응하여 저를 보존하는 본능이 있으므로 가장 좋은 길은 가만히 두는 길이다. 적은 꾀로 자주 건드리면 이익보다도 해가 많다. 개인 생활에 너무 잘게 간섭하는 것은 결코 좋은 정치가 아니다. 국민은 군대의 병정도 아니요 감옥의 죄수도 아니다. 한 사람 또는 몇 사람의 호령으로 끌고 가는 것이 극히 부자연하고 또 위태한 일인 것은 파시스트 이탈리아와 나치 독일이 불행하게도 가장 잘 증명하고 있지 아니한가. 미국은 이러한 독재국에 비겨서는 심히 통일이 무력한 것 같고 일의 진행이 느린 듯하여도 그 결과로 보건대 가장 큰 힘을 발하고 있으니 이것은 그 나라의 민주주의 정치의 효과이다. 무슨 일을 의논할 때에 처음에는 백성들이 저마다 제 의견을 발표하여서 헌헌효효하여 귀일할 바를 모르는 것 같지마는 갑론을박으로 서로 토론하는 동안에 의견이 차차 정리되어서 마침내 두어 큰 진영으로 포섭되었다가 다시 다수결의 방법으로 한 결론에 달하여 국회의 결의가 되고 원수의 결재를 얻어 법률이 이루어지면 이에 국민의 의사가 결정되어 요지부동하게 되는 것이다.

이 모양으로 민주주의란 국민의 의사를 알아보는 한 절차, 또는 방식이요 그 내용은 아니다. 즉 언론의 자유, 투표의 자유, 다수결에 복종, 이 세 가지가 곧 민주주의다. 국론 즉 국민의 의사의 내용은 그때그때의 국민의 언론전으로 결정되는 것이어서 어느 개인이나 당파의 특정한 철학적 이론에 좌우되는 것이 아님이 미국식 민주주의의 특색이다. 다시 말하면 언론, 투표, 다수결 복종이라는 절차만 밟으면 어떠한 철학에 기초한 법률도 정책도 만들 수 있으니 이것을 제한하는 것은 오직 그 헌법의 조문뿐이다. 그런데 헌법도 결코 독재국의 그것과 같이 신성불가침의 것이 아니라 민주주의의 절차로 개정할 수가 있는 것이니 이러므로 민주 즉 백성이 나라의 주권자라 하는 것이다. 이

440

러한 나라에서 국론을 움직이려면 그 중에서 어떤 개인이나 당파를 움직여서 되지 아니하고 그 나라 국민의 의견을 움직여서 된다. 백성들의 적은 의견은 이해관계로 결정되거니와 큰 의견은 그 국민성과 신앙과 철학으로 결정된다. 여기서 문화와 교육의 중요성이 생긴다. 국민성을 보존하는 것이나 수정하고 향상하는 것이 문화와 교육의 힘이요, 산업의 방향도 문화와 교육으로 결정됨이 큰 까닭이다. 교육이란 결코 생활의 기술을 가르치는 것만을 의미하는 것이 아니다. 교육의 기초가 되는 것은 우주와 인생과 정치에 대한 철학이다. 어떠한 철학의 기초 위에 어떠한 생활의 기술을 가르치는 것이 곧 국민 교육이다. 그러므로 좋은 민주주의의 정치는 좋은 교육에서 시작될 것이다. 건전한 철학의 기초 위에 서지 아니한 지식과 기술의 교육은 그 개인과 그를 포함한 국가에 해가 된다. 인류 전체로 보아도 그러하다.

　이상에 말한 것으로 내 정치이념이 대강 짐작될 것이다. 나는 어떠한 의미로든지 독재정치를 배격한다. 나는 우리 동포를 향하여서 부르짖는다. 결코 독재정치가 아니되도록 조심하라고. 우리 동포 각 개인이 십분의 언론자유를 누려서 국민 전체의 의견대로 되는 정치를 하는 나라를 건설하자고. 일부 당파나 어떤 한 계급의 철학으로 다른 다수를 강제함이 없고, 또 현재의 우리들의 이론으로 우리 자손의 사상과 신앙의 자유를 속박함이 없는 나라, 천지와 같이 넓고 자유로운 나라, 그러면서도 사랑의 덕과 법의 질서가 우주 자연의 법칙과 같이 준수되는 나라가 되도록 우리나라를 건설하자고.

　그렇다고 나는 미국의 민주주의 제도를 그대로 직역하자는 것은 아니다. 다만 소련의 독재적인 '민주주의'에 대하여 미국의 언론자유적인 민주주의를 비교하여서 그 가치를 판단하였을 뿐이다. 둘 중에서 하나를 택한다면 사상과 언론의 자유를 기초로 한 자를 취한다는 말이다.

나는 미국의 민주주의 정치제도가 반드시 최후적으로 완성된 것이라고는 생각지 아니한다. 인생의 어느 부분이나 다 그렇듯이 정치형태에 있어서도 무한한 창조적 진화가 있을 것이다. 더구나 우리나라와 같이 반만 년 이래로 여러가지 국가 형태를 경험한 나라에는 결점도 많으려니와 교묘하게 발달된 정치 제도도 없지 아니할 것이다. 가까이 이조 시대로 보더라도, 홍문관(弘文館), 사간원(司諫院), 사헌부(司憲府) 같은 것은 국민 중에 현인의 의사를 국정에 반영하는 제도로 맛있는 제도요, 과거제도와 암행어사 같은 것도 연구할 만한 제도다. 역대의 정치제도를 상고하면 반드시 쓸 만한 것도 많으리라고 믿는다. 이렇게 남의 나라의 좋은 것을 취하고 내 나라의 좋은 것을 골라서 우리나라에 독특한 좋은 제도를 만드는 것도 세계의 문운에 보태는 일이다.

내가 원하는 우리나라

나는 우리나라가 세계에 가장 아름다운 나라가 되기를 원한다. 가장 부강한 나라가 되기를 원하는 것은 아니다. 내가 남의 침략에 가슴이 아팠으니 내 나라가 남을 침략하는 것을 원치 아니한다. 우리의 부력은 우리의 생활을 풍족히 할만 하고 우리의 강력은 남의 침략을 막을 만하면 족하다. 오직 한없이 가지고 싶은 것은 높은 문화의 힘이다. 문화의 힘은 우리 자신을 행복되게 하고 나아가서 남에게 행복을 주겠기 때문이다. 지금 인류에게 부족한 것은 무력도 아니요 경제력도 아니다. 자연과학의 힘은 아무리 많아도 좋으나 인류전체로 보면 현재의 자연과학만 가지고도 편안히 살아가기에 넉넉하다. 인류가 현재에 불행한 근본 이유는 인의가 부족하고 자비가 부족하고 사랑이 부족한 때문이다. 이 마음만 발달이 되면 현재의 물질력으로 20억이 다

편안히 살아갈 수 있을 것이다. 인류의 이 정신을 배양하는 것은 오직 문화다. 나는 우리나라가 남의 것을 모방하는 나라가 되지 말고 이러한 높고 새로운 문화의 근원이 되고 목표가 되고 모범이 되기를 원한다. 그래서 진정한 세계의 평화가 우리나라에서, 우리나라로 말미암아서 세계에 실현되기를 원한다. 홍익인간(弘益人間)이라는 우리 국조 단군의 이상이 이것이라고 믿는다. 또 우리 민족의 재주와 정신과 과거의 단련이 이 사명을 말하기에 넉넉하고 우리국토의 위치와 기타의 지리적 조건이 그러하며 또 1차 2차의 세계대전을 치른 인류의 요구가 그러하며 이러한 시대에 새로 나라를 고쳐 세우는 우리의 서 있는 시기가 그러하다고 믿는다. 우리 민족이 주연배우로 세계의 무대에 등장할 날이 눈앞에 보이지 아니하는가.

이 일을 하기 위하여 우리가 할 일은 사상의 자유를 확보하는 정치양식의 건립과 국민교육의 완비다. 내가 위에서 자유의 나라를 강조하고 교육의 중요성을 말한 것이 이 때문이다.

최고 문화 건설의 사명을 달성할 민족은 일언이폐지하면 모두 성인을 만드는 데 있다. 대한 사람이라면 간 데마다 신용을 받고 대접을 받아야 한다. 우리의 적이 우리를 누르고 있을 때에는 미워하고 분해하는 살벌, 투쟁의 정신을 길렀었거니와 적은 이미 물러갔으니 우리는 증오의 투쟁을 버리고 화합의 건설을 일삼을 때다. 집안이 불화하면 망하고 나라 안이 갈려서 싸우면 망한다. 동포간의 증오와 투쟁은 망조다. 우리의 용모에서는 화기가 빛나야 한다. 우리 국토 안에는 언제나 춘풍이 태탕(馱蕩)하여야 한다. 이것은 우리 국민 각자가 한번 마음을 고쳐먹으면 되고 그러한 정신의 교육으로 영속될 것이다.

최고 문화로 인류의 모범이 되기로 사명을 삼는 우리 민족의 각원은 이기적 개인주의자여서는 안 된다. 우리는 개인의 자유를 극도로 주장하되 그것은 저 짐승들과 같이 저마다 제 배를 채우기에 쓰는 자유가 아니요 제 가족을, 제 이웃을, 제 국민을 잘 살게 하기에 쓰이는 자유다. 공원의 꽃을 꺾는 자유가 아니라, 공원의 꽃을 심는 자유다.

우리는 남의 것을 빼앗거나 남의 덕을 입으려는 사람이 아니라 가족에게, 이웃에게, 동포에게 주는 것으로 낙을 삼는 사람이다. 우리 말에 이른바 선비요 점잖은 사람이다.

그러므로 우리는 게으르지 아니하고 부지런하다. 사랑하는 처자를 가진 가장은 부지런할 수밖에 없다. 한없이 주기 위함이다. 힘드는 일은 내가 앞서 하니 사랑하는 동포를 아낌이요 즐거운 것은 남에게 권하니 사랑하는 자를 위하기 때문이다. 우리 조상네가 좋아하던 인후지덕(仁厚之德)이란 것이다.

이러하므로 우리나라의 산에는 삼림이 무성하고 들에는 오곡백과가 풍성하며 촌락과 도시는 깨끗하고 풍성하고 화평할 것이다. 그러나 우리 동포, 즉 대한 사람은 남자나 여자나 얼굴에는 항상 화기가 있고 몸에서는 덕의 향기를 발할 것이다. 이러한 나라는 불행할래야 불행할 수 없고 망하려하여도 망할 수 없는 것이다. 민족의 행복은 결코 계급투쟁에서 오는 것도 아니요, 개인의 행복이 이기심에서 오는 것이 아니다. 계급투쟁은 끝없는 계급투쟁을 낳아서 국토에 피가 마를 날이 없고 내가 이기심으로 남을 해하면 천하가 이기심으로 나를 해할 것이니 이것은 조금 얻고 많이 빼앗기는 법이다. 일본의 이번 당한 보복은 국제적 민족적으로 그러함을 증명하는 가장 좋은 실례다.

이상에 말한 것은 내가 바라는 새 나라의 용모의 일단을 그린 것이어니와 동포 여러분! 이러한 나라가 된다면 얼마나 좋겠는가. 우리네 자손을 이러한 나라에 남기고 가면 얼마나 만족하겠는가. 옛날 한토의 기자(箕子)가 우리나라를 사모하여 왔고 공자께서도 우리 민족 사는 데 오고 싶다고 하셨으며 우리 민족을 인(仁)을 좋아하는 민족이라 하였으니 옛부터 그러하였거니와 앞으로는 세계 인류가 모두 우리 민

444

족의 문화를 이렇게 사모하도록 하지 아니하려는가.

　나는 우리의 힘으로 특히 교육의 힘으로 반드시 이 일이 이루어질 것을 믿는다. 우리나라의 젊은 남녀가 다 이 마음을 가진다면 아니 이루어지고 어찌하랴.

　나도 일찍이 황해도에서 교육에 종사하였거니와 내가 교육에서 바라던 것이 이것이었다. 내 나이 이제 70이 넘었으니 몸소 국민교육에 종사할 시일이 넉넉지 못하거니와 나는 천하의 교육자와 남녀학도들이 한번 크게 마음을 고쳐먹기를 빌지 아니할 수 없다.

1947년.

38선상에 김구 선생 일행(1948년 4월 19일)

서거 당시

빈소

백범 김구 선생 연보

연도 (나이)	내 용
1876 (1)	(양 8.29, 음 7.11) 안동 김씨 김자점의 방계(傍系) 후손으로, 황해도 해주 백운방 텃골에서 아버지 김순영(金淳永)과 어머니 곽낙원(郭樂園)의 외아들로 태어남. 아명은 창암(昌巖).
1878~1879 (3~4)	천연두를 앓음. 어머니가 예사 부스럼 다스리듯 죽침으로 고름을 짜 얼굴에 벼슬자국이 생김.
1880~1882 (5~7)	5세 때 강령 삼가리(三街里)로 이사. 아버지 숟가락 부러뜨려 엿 사 먹는 등 개구쟁이 행동으로 부모님의 꾸중을 들음. 7세 때 해주 텃골 본향으로 다시 돌아옴.
1883~1886 (8~11)	아버지는 존위(尊位)에서 도존위(都尊位)에 천거되었다가 3년이 못되어 면직. 아버지는 불평이 많아 가끔 양반 구타. (1884.4) 큰아버지 백영(伯永) 사망. (1885) 어릴 때 젖을 준 핏개댁(稷浦宅) 사망.
1887 (12)	집안 어른으로부터 갓을 쓰지 못하게 된 사연을 듣고 양반이 되기 위해 공부하기로 결심. 아버지가 청수리 이 생원을 선생으로 모셔다 글방을 차려줘 공부 시작.
1888~1889 (13~14)	(1888) 할아버지 김만묵(金萬黙) 별세. 아버지가 갑자기 뇌졸중으로 전신불수, 호전되어 반신불수. 부모님은 무전여행으로 문전걸식하며 고명한 의원을 찾아 떠돌아다님. 백범은 큰어머니 댁·장연 재종조 누이 댁 등을 전전.
1890~1891 (15~16)	(1890.4) 할아버지 대상. 그 직후 부모님과 더불어 다시 고향으로 돌아가 서당에 다님. 서당 선생의 수준에 회의. 아버지, 《토지문권》 등 실용문서를 배울 것을 권함. 이와 아울러 《통감》, 《사략》 등을 읽음. 정문재에게 면비학생으로 《대학》과 한·당시와 과문 등을 배움.
1892 (17)	임진년 경과에 응시하여 낙방, 매관매직의 타락상을 보고 서당 공부 폐지. 석 달간 두문불출하고 《마의상서》로 관상 공부, 마음 좋은 사람이 되기로 결심. 그 외 《지가서》, 《손무자》, 《오기자》, 《육도》, 《삼략》 등을 탐독. 집안 아이들을 모아 1년간 훈장.

연도 (나이)	내 용
1893 (18)	(정초) 포동 오응선을 찾아가 동학 입도, 창수(昌洙)로 개명. 　동학 입도 몇 달 후 연비가 수천 명이 되어 '아기 접주'라는 　별명을 얻음.
1894 (19)	(가을) 해월 최시형에게 연비 명단 보고차 보은에 가서 접주 첩지를 　받음. (9월) 황해도 15명의 접주가 회의하여 거사 결정, 　백범은 '팔봉 접주'로 선봉에 섬. 해주성 공격에 실패하고 　구월산 패엽사로 후퇴, 군대 훈련. 안태훈, 백범 측에 밀사를 보내 　상부상조하기로 밀약. (12월) 홍역을 치르는 와중에 같은 동학군 이동엽의 공격으로 대패. 　몽금포로 피신. 3개월간 잠적.
1895 (20)	(2월) 신천군 청계동 안태훈에게 몸을 의탁. 유학자 고능선 　(高能善)을 만나 위정척사론(衛正斥邪論) 전수받음. (5월) 김형진을 만나 백두산 월편 기행, 만주까지 감. (11월) 돌아오는 길에 김이언 의병의 고산리전투에 참가하나 패함. 　귀향 후 고능선의 장손녀와 약혼하나 김치경의 훼방으로 파혼.
1896 (21)	(2월) 다시 중국으로 떠났으나 안주에서 단발령의 정지와 삼남 의병 　소식을 듣고 돌아오기로 결심. (3.9) 치하포에서 일본인 육군중위 스치다(土田讓亮)를 국모보수 　(國母報讐)로 살해 응징. (5월) 해주옥에 투옥. (7월) 인천감옥으로 이송. 옥중에서 장티푸스에 걸림. 자살을 　기도하나 주위 사람들에 의해 살아남. (8~9월) 세 차례 심문받음. (10월) 인천감리서에서 사형을 선고받음. (11월) 법부에서 김창수의 교수형 건의, 고종은 판결 보류. 　미결수로 감옥 생활을 시작. 감옥에서 《대학》, 《세계역사》, 　《세계지지》, 《태서신사》 등으로 서양 근대문물을 접함.
1897 (22)	강화인 김주경이 백범 구명운동을 벌이지만 가산만 탕진하고 블라디보스토크 방면으로 잠복.
1898 (23)	(3월) 탈옥. 대신 부모가 투옥. 백범은 삼남으로 도피. (늦가을) 마곡사(麻谷寺)에서 중이 됨. 법명은 원종(圓宗).

연도 (나이)	내 용
1899 (24)	(봄) 금강산으로 공부하러 간다고 마곡사를 떠남. (4월) 부모 만남. (5월) 평양 대보산 영천암 방장으로 장발의 걸시승(乞詩僧) 생활. (9~10월경) 환속하여 해주 본향으로 돌아옴. 작은아버지가 　　　농사일 권유.
1900 (25)	(2월) 김두래(金斗來)로 변명하고 강화 김주경을 찾아감. 　　　김주경을 만나지 못하고 동생 진경의 집에서 3개월 훈장. 　김주경의 친구 유완무와 그의 동지들을 만남. 유완무의 권유로 　이름을 구(龜)로 고치고 자는 연상(蓮上), 호는 연하(蓮下)로 함. (11월) 부모를 연산으로 모시기 위하여 고향으로 돌아감. 　　　도중 고능선 선생 찾아뵙고 논쟁, 세대가 다른 것을 느낌. (음 12.9, 양 1901.1.28) 아버지가 돌아가심.
1902 (27)	(1월) 여옥과 맞선보고 약혼. 우종서의 권유로 탈상 후 기독교 　　　믿기로 결심.
1903 (28)	(1월) 약혼녀 여옥 병사. (2월) 부친 탈상 후 기독교에 입문. 장련읍 사직동으로 이사. 　　　오인형의 사랑에 학교 설립. 장련공립보통학교 교원이 됨. (여름) 평양 예수교 주최 사범강습소에서 최광옥을 만남. 그의 　　　권유로 안신호와 약혼했으나 곧 파혼. 　　　장련군 종상위원(種桑委員)으로 임명됨.
1904 (29)	(12월) 최준례(崔遵禮)와 결혼. 최준례, 경성 경신여학교에 입학. 　　　장련 사직동에서 근 2년 살고, 장련 읍내로 이사.
1905 (30)	(11월) 진남포 엡윗 청년회 총무 자격으로 경성 상동교회에서 　　　열린 전국대회 참가. 전덕기 · 이준 · 이동녕 · 최재학 등과 함께 　　　을사5조약 파기 청원 상소를 올리고 공개연설 등 구국운동. (12월) 신교육을 실시하기로 하고 고향에 돌아와 교육사업에 매진.
1906 (31)	장련에 광진학교를 세움. 장련에서 신천군 문화로 이사. 종산의 서명의숙(西明義塾) 교사. 일본군의 종산마을 약탈 저지. 첫딸 낳음.

연도 (나이)	내 용
1907 (32)	(1월) 김용제 등의 초청으로 안악으로 이사, 양산학교 교사. 　　첫딸 사망. (여름) 면학회와 양산학교의 '하기 사범강습회' 주최하여 　　교사 양성에 매진. 최광옥 · 이광수 등이 강사로 참여.
1908 (33)	(여름) 제 2차 하기 사범강습회 성황리에 개최. (9월) 양산학교 중학부 개설, 중학부는 이인배 · 김홍량이 담당, 　　백범은 소학부 담당. (가을) 황해도 교육자들과 해서교육총회를 조직. 학무총감 피선.
1909 (34)	해서교육총회 학무총감으로 황해도 각 군을 순회하며 환등회 · 강연회를 열어 계몽운동. (10월) 안중근 의사의 이토 히로부미 저격 사건과 연루되어 　　체포되었으나 한 달여 만에 불기소 처분. (12월) 양산학교 소학부와 더불어 재령 보강학교 교장 겸임. 　　당시 나석주, 이재명 등과 만남.
1910 (35)	둘째딸 화경(化慶) 태어남. (11월) 경성 양기탁의 집에서 신민회 회의. 양기탁 · 이동녕 · 안태국 · 　　이승훈 · 주진수 · 김도희 등과 함께 서울의 도독부(都督府) 　　설치, 만주 이민과 무관학교 창설 등을 결의. 안악으로 돌아옴. (12월) 안명근, 양산학교로 백범을 찾아옴.
1911 (36)	(1월) 일본 헌병에게 체포되어 김홍량 · 도인권 등과 함께 경성으로 　　압송. 총감부 임시 유치장에서 혹독한 고문을 당함. 　　종로구치감으로 이감. 어머니가 옥바라지. (7월) 경성 지방재판소에서 징역 15년 판결, 서대문감옥으로 이감 　　(죄수번호 56호). 감옥에서 의병 · 신사 등을 만남. 　　특히, 활빈당 간부 김진사에게서 비밀결사의 요령을 들음.
1912 (37)	(9월) 명치(明治) 일왕이 죽어 15년형이 7년으로 감형. 　　다시 명치의 처가 죽어 5년으로 감형. 이름 구(龜)를 구(九)로, 　　호 연하(蓮下)를 백범(白凡)으로 고침.
1914 (39)	인천감옥 이감(죄수번호 55호). 17년 전의 감방 동료였던 문종칠을 만남. 매일 쇠사슬에 묶인 채 인천항 축항공사에 강제노역. 투신자살을 결심하나 곧 마음을 고쳐 열심히 일해 상까지 받음.

연도 (나이)	내 용
1915 (40)	둘째딸 화경 사망. (8월) 가출옥. 아내가 교원으로 있는 안신학교로 감.
1916 (41)	문화 궁궁농장 간검(看檢). 셋째딸 은경(恩慶) 태어남.
1917 (42)	(1월) 준영(俊永) 숙부 별세. (2월) 동산평 농장의 농감이 되어 소작인들을 계몽하고 학교를 　　세움. 셋째딸 은경 사망.
1918 (43)	(11월) 아들 인(仁) 출생.
1919 (44)	(3월) 3·1운동으로 안악에서도 만세운동. 어머니, 환갑잔치 사양. (3.29) 안악에서 출발, 평양·신의주·안동을 거쳐 상해로 망명. (9월) 상해 임시정부의 경무국장이 됨. 국무총리 이동휘의 　　공산주의운동 권유 물리침.
1920 (45)	(8월) 아내 최준례, 아들 인을 데리고 상해로 옴.
1922 (47)	어머니도 상해로 옴. (2월) 임시의정원 보궐선거에서 의원으로 선출됨. (9월) 임시정부 내무총장이 됨. 차남 신(信) 출생. (10월) 여운형·이유필 등과 한국노병회(韓國勞兵會)를 조직하고 　　초대 이사장이 됨.
1923 (48)	(6월) 임시정부 내무총장 자격으로 국민대표회의 해산령 내림. (12월) 상해교민단에서 의경대(義警隊) 설치, 고문에 추대됨.
1924 (49)	(1월) 아내 최준례, 상해 홍구 폐병원에서 사망. 불란서 조계 숭산로 　　공동묘지에 매장. (6월) 내무총장으로 노동국총판을 겸임.
1925 (50)	나석주 의사가 옷을 저당 잡혀 생일상을 차려줘 가장 영광된 생일을 보냄. (11월) 어머니 곽낙원, 차남 신을 데리고 고국으로 돌아감.

연도 (나이)	내 용
1926 (51)	(12월) 국무령에 선출됨.
1927 (52)	(3월) 임시정부, 3차개헌을 통해 국무령제를 집단지도체제인 국무위원제로 개편. 국무위원에 선출됨. (8월) 임시정부 내무장이 됨. 한국유일독립당 상해 촉성회 집행위원이 됨. (9월) 장남 인, 고국으로 보냄.
1928 (53)	(3월) 《백범일지》 상권 집필 시작. 임시정부의 활동 침체로 독립운동가들이 임정을 떠나자, 백범은 미주 교포들에게 편지 보내어 자금지원을 요청.
1929 (54)	(5월) 1년 2개월 만에 《백범일지》 상권 탈고. (8월) 상해 교민단 단장에 선출.
1930 (55)	(1월) 이동녕 · 안창호 · 조완구 · 조소앙 · 이시영 · 김두봉 · 안공근 · 박찬익 · 윤기섭 · 이유필 · 엄항섭 · 차이석 · 김붕준 · 송병조 등과 한국독립당 창당. (11월) 임시정부 재무장이 됨.
1931 (56)	일본요인 암살을 목적으로 한인애국단(韓人愛國團)을 창단. 하와이 · 멕시코 · 쿠바 등지의 교포에게 편지로 금전적 도움을 얻어 의열투쟁 계획.
1932 (57)	(1.8) 이봉창 의사 동경에서 일왕 히로히토(裕仁) 저격 의거. (4.29) 윤봉길 의사 상해 홍구공원에서 일왕 생일 경축식장에 폭탄을 던져 시라카와(白川) 대장 등을 즉사시킴. 미국인 피치 씨 집에 피신. (5월) 한인애국단원 이덕주 · 유진식, 조선총독 암살을 위해 국내에 파견했으나 체포됨. 한인애국단원 유상근 · 최흥식 등, 관동군 사령관 혼조 시게루(本庄繁)를 암살하기 위하여 만주로 파견했으나 대련에서 체포됨. 상해 각 신문에 상해폭탄 의거의 주모자가 김구 본인임을 발표. 상해에서 탈출. 임시정부, 상해에서 항주로 옮김. 군무장이 됨. (6월) 임시정부에서 사임. 가흥 · 해염 등으로 피신하여 광동인 장진구(張震球) 또는 장진(張震)으로 행세함.

연도 (나이)	내 용
1933 (58)	(5월) 박찬익을 통해 장개석과 면담. 필담 결과 낙양군관학교 　　한인훈련반 설치에 합의하고 92명을 입교시켜 훈련에 들어감.
1934 (59)	(2월) 중국 중앙육군군관학교 낙양분교에 한인특별반 설치. (4월) 9년 만에 가흥에서 어머니와 아들 인 · 신 만남. (12월) 남경에서 중앙군관학교 한인 학생을 중심으로 　　한국특무대독립군(韓國特務隊獨立軍) 조직.
1935 (60)	(5월) 임정 해소의 부당성을 지적한 〈임시의정원 제공(諸公) 　　경고문〉 발표. 조소앙 등 임정국무위원 5명 사직. (10월) 임정의정원 의원 16인, 가흥 남호에서 선상 비상회의. 　　이동녕 · 김구 · 조완구 등을 국무위원으로 보선. (11월) 이동녕 · 이시영 · 조완구 · 엄항섭 · 안공근 등과 함께 　　임시정부를 옹호하기 위하여 한국국민당을 조직.
1936 (61)	환갑을 맞이하여 이순신의 진중음(陣中吟) ‘서해어룡동(誓海魚龍動) 맹산초목지(盟山艸木知)’를 휘호로 씀.
1937 (62)	(8월) 한국국민당 · 한국독립당 · 조선혁명당 · 한인애국단 및 　　미주 5개 단체를 통합하여 한국광복운동단체연합회 결성. 　　중일전쟁으로 호남성 장사로 피난하기로 하고 대가족 백여 　　식구는 목선으로 남경을 떠남. 백범, 안공근을 상해에 파견하여 　　안중근 의사의 유족을 모셔오게 했으나 성사되지 못함.
1938 (63)	(5월) 3당 합당 문제가 활발해져 남목청에서 회집. 백범, 이운환의 　　저격으로 중상, 한 달간 상아의원에 입원. 현익철은 절명. (7월) 임시정부, 장사가 위험하여 광주로 옮김. (10월) 임시정부, 유주로 옮김.
1939 (64)	(4월) 어머니 곽낙원(81세), 중경에서 인후염으로 작고. (5월) 임시정부, 유주에서 사천성 기강으로 옮김. 　　김원봉과 공동명의로 〈동지 · 동포 제군들에게 보내는 공개신 　　(公開信)〉을 발표. (8월) 기강에서 7당통일회의 개최. (11월) 조성환을 단장으로 군사특파단을 구성하여 섬서성 서안으로 　　파견.

연도 (나이)	내 용
1940 (65)	(5월) 한국독립당 · 조선혁명당 · 한국국민당을 통합하여 한국독립당 결성. 중앙집행위원장이 됨. (9월) 임시정부, 기강에서 중경으로 옮김. 중경 가릉빈관에서 광복군 창설. (10월) 임시정부, 헌법을 개정하고 주석이 됨. (11월) 서안에 한국광복군 총사령부를 설치하고 간부 30여 명을 파견.
1941 (66)	(6월) 임시정부 주석의 자격으로 미국 대통령 루스벨트에게 임시정부 승인을 요청하는 공함을 보냄. (10월) 임시정부 승인 문제로 중국 외교총장과 회담. 《백범일지》 하권 집필을 시작. (11월) 임시정부, 〈대한민국건국강령〉 제정 발표. (12.10) 임시정부, 일본에 선전포고.
1942 (67)	(3월) 임시정부, 〈3 · 1절 선언〉을 발표하여 중 · 미 · 영 · 소에 대해 임시정부 승인을 요구. (5월) 임시정부, 조선의용대의 광복군 편입과 김원봉을 광복군 부사령관 임명. (10월) 김원봉 등 좌파, 임시의정원에 참여.
1943 (68)	(3월) 임시정부, 중경에서 3 · 1운동 24주년 기념식 거행. (7월) 장개석 총통과 회담. 전후 한국독립 지원 요청. (8월) 주석직 사임을 발표. (9월) 주석에 복직.
1944 (69)	(4월) 임시정부, 제 5차 개헌을 단행하여 주석의 권한을 강화. 주석으로 재선됨. (9월) 장개석을 면담하고 임시정부 승인을 요구.

연도 (나이)	내 용
1945 (70)	(2월) 임시정부, 독일에 선전포고. (3월) 장남 인(28세), 부인 안미생(安美生)과 딸 효자(孝子)를 　　　남기고 세상을 떠남. (4월) 광복군의 OSS 훈련을 승인하고 중국전구사령관 　　　웨드마이어 중장을 방문. (7월) 한국독립당 대표대회에서 중앙집행위원장에 선출. (8월) 서안으로 가서 미군 도노반 장군을 만나 광복군의 　　　국내진입작전에 합의. (8.10) 섬서성 주석 축소주로부터 일본 항복 소식 들음. (8.18) 중경으로 귀환. (9월) 국내외 동포에게 고함을 통해 임시정부의 당면정책 14개항 　　　발표. (11.23) 상해를 거쳐 제1진으로 환국. (12월) 서울운동장에서 열린 임시정부 환영회 참석. 　　　모스크바 3상회의 결정에 반대하여 신탁통치반대 　　　국민총동원위원회를 조직.
1946 (71)	(2월) 비상국민회의를 소집하고 의장에 선출됨. 남조선국민대표 　　　민주의원 총리에 선임됨. (4월) 한독당 · 국민당 · 신한민족당, 한독당으로 통합. 　　　중앙집행위원장에 선출. (7월) 이봉창 · 윤봉길 · 백정기 3의사 국민장으로 효창원에 모심. (8월) 연합국 원수 및 정당 대표에게 임시정부 수립의 지원을 　　　요망하는 메시지 발표. (10월) 좌우합작 7원칙 지지성명 발표.
1947 (72)	(1월) 반탁독립투쟁위원회를 조직하고 제2차 반탁운동 전개. (2월) 비상국민회의를 확대하여 국민의회 조직. (3월) 인재양성을 위해 건국실천원양성소 개설. (5월) 한독당원들에게 제2차 미소공동위원회에 불참할 것을 성명. (10월) 한국독립당 중앙집행위원회에서 남북대표회의 의결. (11월) 한독당, 정당협의회 참가 보류. (12월) 국사원에서 《백범일지》 출간.

연도 (나이)	내 용
1948 (73)	(1월) UN 한국위원단에 통일정부 수립을 요구하는 6개항 의견서를 보냄. (2월) 통일정부 수립을 절규하는 〈3천만 동포에게 읍고함〉 발표. 　　　김규식과 공동으로 남북회담을 제안하는 서신을 북한에 보냄. (3월) 김규식 · 김창숙 · 조소앙 · 조성환 · 조완구 · 홍명희와 　　　7인 공동성명을 발표하여 남한총선거 불참 표명. (4월) 남북연석회의 참여. 〈공동성명서〉 발표. (5월) 평양에서 서울로 귀환. (7월) 북한의 단정수립에도 반대한다는 입장 밝힘. 　　　통일독립촉진회 결성. (8월) 어머니 곽낙원과 부인 최준례, 맏아들 인의 천장식을 　　　기독교회 연합장으로 거행. (9월) 이동녕 · 차이석 선생 천장식, 사회장으로 효창원에 모심. (11월) 미 · 소 양군 철퇴 후 통일정부 수립이 가능하다는 담화발표.
1949 (74)	(1월) 서울에서 조국의 통일을 위한 남북협상을 희망한다고 발언. 　　　금호동에 백범학원을 세움. (3월) 마포구 염리동에 창암학원을 세움. (6.26) 12시 36분, 경교장에서 육군소위 안두희의 흉탄에 맞아 　　　운명. (7.5) 국민장 거행. 효창원에 안장.

연도 (나이)	내 용
1962 (서거 13주년)	(3.1) 대한민국건국공로훈장 중장(重章)에 추서.
1969 (서거 20주년)	(8.23) 남산에 동상을 세움.
1999 (서거 50주년)	(4.9) 어머니 곽낙원 여사와 장남 김인, 국립대전현충원 애국지사 　　　제 2묘역으로 이장. (4.12) 부인 최준례 여사 효창원으로 이장. (6.26) '서거 50주년'.
2002 (서거 53주년)	(10.22) 서울 용산구 효창동에 백범기념관 준공

468

백범학술원총서 간행사

　백범 김구 선생은 우리들이 모두 아는 바와 같이 온 생애를 겨레와 조국의 자유해방 독립통일에 바치신 우리 민족의 위대한 지도자요 영원한 스승이시다. 백범 선생은 우리나라가 통일되고 자유로우며 높은 문화를 가진 진정한 민주주의 국가가 되어 전세계 인류와 함께 손잡고 세계평화를 형성 발전시켜 나갈 것을 간절히 소원하셨다. 이 과제는 21세기에 아직도 우리들이 성취해야 할 문제로 남아있다.

　우리들은 이에 백범 선생의 사상과 정신을 학습하고 발전적으로 계승실천하여 우리들의 미래를 개척하면서 자유롭고 자주독립하며 세계평화에 기여하는 통일조국을 건설하여 높은 문화창조의 꺼지지 않는 정신적 원동력을 공급받기 위해 〈백범학술원총서〉를 간행하게 되었다.

　백범 선생의 사상과 정신을 배우는 이 총서가 독자들에게 나라사랑 겨레사랑 세계인류사랑의 바탕 위에서 진정한 자유와 민주주의와 높은 문화를 가진 통일조국을 건설하고 모든 민족이 서로 존중하면서 진정한 세계평화를 건설하기 위한 정신적 원동력을 형성 공급하는 데 한 몫을 수행할 것을 확신한다.

2002년 2월
백범학술원장 신용하

경교장(1948년)

보다 큰 사상과 보다 큰 실천!
"나는 우리나라가 세계에서
가장 아름다운 나라가 되기를 원한다."

백범김구전집

백범김구선생전집
편찬위원회 편

46배판 | 양장본 | 전 12권, 한정판

나남
nanam   Tel. 031) 955-4601
            www.nanam.net